중국 현대교육가

타오싱즈

中國 現代教育家 陶行知

임형택(林亨澤) 번역(飜譯)

정인재(鄭仁在) 감수(監修)

서강대학교출판부

중국 현대교육가 타오싱즈

中國 現代教育家 陶行知

초판 1쇄 발행 | 2016년 12월 26일

번　　역 | 임형택(林亨泽)
감　　수 | 정인재(鄭仁在)
발 행 인 | 유기풍
편 집 인 | 우찬제
발 행 처 | 서강대학교출판부

주　　소 | 서울특별시 마포구 백범로 35(신수동)
전　　화 | (02)705-8212
팩　　스 | (02)705-8612
등　　록 | 제313-2002-170호(1978년 9월 28일)

ISBN 978-89-7273-306-5 93370

값 23,000원

중국 현대교육가 타오싱즈
中國 現代教育家 陶行知

임형택(林亨澤) 번역(飜譯)
정인재(鄭仁在) 감수(監修)

서강대학교출판부

序

중국 타오싱즈연구회 부회장 겸 비서장 여덕웅(呂德雄)

타오싱즈는 중국의 위대한 인민교육자이고, 위대한 민주주의 전사이며, 애국자이십니다. 1891년 10월 18일, 중국 안휘성(安徽省) 흡현(歙縣)에서 출생하였고, 1946년 7월 25일, 상해에서 돌아가셨습니다. 금릉대학(金陵大學)[현 난징대학] 문학과, 미국 일리노이대학 도시행정학, 컬럼비아대학교 교육대학원에서 교육을 받았습니다. 1917년 가을, 중국으로 돌아와 난징고등사범학교, 국립동남대학 교수 및 교무주임, 중화교육개진사 총간사 등의 직무를 차례로 담당하셨습니다. 그는 난징 효장향촌실험사범학교(후 효장학교), 공학단(工學團), 육재학교와 사회대학을 잇달아 창립하셨습니다.

생활교육이론은 타오싱즈 교육사상적 이론의 핵심이며, "생활 즉 교육(生活卽教育)", "사회 즉 학교(社會卽學校)", "가르침과 배움과 실행의 합일(教學做合一)"의 세가지 큰 주장을 포함하고 있습니다. 그의 주요 저작으로는 《중국교육개조(中國教育改造)》, 《고묘고종록(古廟敲鐘錄)》, 《재부자유담(齋夫自由談)》, 《행지서신(行知書信)》, 《행지시가집(行知詩歌集)》등이 있으며, 현재 출판물은 《타오싱즈전집(陶行知全集)》12권이 있습니다. 타오싱즈는 실천을 하였고, 이론이 있었기에, 당시 중국 국가정서에 적합한 현지화된 현대교육의 길을 탐색해 내었고, 중국평민교육, 향촌교육, 사범교육, 아동교육, 창조교육, 민주교육의 현대적 발전을 추진하였으며, 오늘날에도 여전히 강력한 교훈의 의의와 지도의 작용을 가지고 있습니다.

타오싱즈 사상의 발전은 왕수인(王守仁)과 존 듀이(John Dewey)의 덕분입니다.

타오싱즈는 일찍이 1910년 금릉대학(金陵大學)에서 공부하던 시기에, 왕양명(王陽明)의 심학(心學)이론을 연구하고, 신봉하기 시작하였습니다. 왕양명(王陽明)은 주희(朱熹)의 "선지후행(先知后行)"적 관점에 반대하였고, 그는 "지행합일(知行合一)" 즉, 앎(知)과 행위(行)는 동시에 발생하는 작용인 것이라고 여겼습니다. 왕양명은 말하기를 "앎의 진실되고 독실한 곳이 행위이며, 행위가 명백하게 깨닫고 정밀하게 살피는 곳이 앎이다" "앎은 행위의 주의(主意)이고, 행위는 앎의 공부이다. 앎은 행위의 시작이고, 행위는 앎의 완성이다"라고 하였습니다. 왕양명은 또한 "지경행중(知輕行重)"[지식은 가볍고 행위는 중요하다]을 주장했는데, "진실한 앎은 바로 행동하기 때문이고, 행위하지 않는 것은 진실한 앎이라고 할 수 없다"고 여긴 것입니다.

당시의 타오싱즈는, 바로 지식욕이 특별히 왕성한 청년이었습니다. 그는 분발하여 지식을 추구하였으며, 목적은 장래 그의 인생의 큰 뜻을 성실히 실행하고, 실현해 나아가 나라를 구하고 인민을 구하기 위한 것이었습니다. 그때 타오싱즈는 "지행합일(知行合一)"설을 받아들였고, 특별한 것은 "지경행중(知輕行重)"의 사상입니다. 1912년, 그는 계속 사용하고 있던 "타오원쥔(陶文濬)"[도문준]의 이름과 동시에, 별도로 또한 "타오즈싱(陶知行)"[도지행]이라는 이름을 지었으며, 이듬해 "타오싱즈(陶行知)”[도행지]가 필명으로 쓰이게 됩니다. 1917년 미국 유학에서 귀국한 후, 그는 정식으로 “싱즈(行知)”[행지]로 개명합니다. 왕양명 심학(心學)에 대한 철저한 분석을 통해, 타오싱즈는 중국 전통이념이 심사숙고하여 행동하는 것을 중시하여, 자주 이론을 생각하고 본질을 무시하며, 문을 닫고 학문을 하여, 실제로 일하는 사람보다 중국의 책바보가 많아졌고, 현실에 맞지 않는 담론가들이 많이 조성되었다고 여겼습니다. 그러나 왕양명의 심학(心學)은, “지경행중(知輕行重)”이며, “지행합일(知行合一)”입니다. 가르치고 지도하는 사람들은 일을 만나면 우선 체계적으로, 먼저 즉시 하기 시작하며, 어려움을 만나면, 현장에서 해결하고, 다시금 더욱 깊이 들어갑니다. 이는 전체 중국사회의 효율을 제고할 수 있으며, 현실적 의의가 매우 큽니다.

그 후 효장학교(曉庄學校)에서 일하는 기간에, 그의 사상은 실천하는 중에 큰 변화가 발생하는데, 앎(知)과 행위(行)에 대한 관계에 새로운 인식이 생겼습니다. 그는 왕양명의 관점에 대해서, “내가 체험으로 얻은 바는, 꼭 그 반대이다”라고 하였습니다. 그는 프랭클린(Benjamin Franklin), 와트(James Watt) 등 사람들은 모두 먼저 실천이 있었고, 그런 후에 비로소 새로운 발명의 창조가 있었다고 여겼습니다. 그래서 이전의 믿고 받들었던 관점을 거꾸로 뒤집기로 결정하였고, “행동은 앎의 시작이고, 앎은 행동의 완성이다(行是知之始, 知是行之成)”를 확인하였습니다. 1931년 그는 한 수의 짧은 시《삼대인(三代人)》를 지었습니다 : “행동은 아버지이고, 지식은 아들이며, 창조는 손자이다(行動是老子, 知识是兒子, 創造是孫子)”[행동이 없으면 지식이 없고, 지식이 없으면 창조가 없다는 뜻] 1934년 7월 16일에 이르러, 그는《생활교육(生活敎育)》반월간에서 공개적으로 선언하며, 타오싱즈(陶行知)로 개명합니다. 그는 나의 이론은 바로 행동(行)하고, 알고(知), 행동(行)하는 것이라고 해석한 적이 있습니다. 행동은 앎의 시작이고, 앎은 또한 거꾸로 행동을 이끌어 올 수 있습니다. 이름을 바꾼 것은, 명칭과 실제를 서로 일치하는 것을 힘써 추구한 것입니다.

타오싱즈는 맨 처음 듀이의 교육이론과 실천체계를 발전시킨 중국학자이고, 또한 맨 처음 듀이의 이론을 도시로부터 농촌까지 확장시킨 사람입니다. 그와 함께 행동한 사람들과 다른 것은, 타오싱즈는 중국과 미국 사이의 사회와 교육조건은 매우 큰 차이가 존재하는 것을 매우 강하게 의식하였으나, 그와 함께 행동한 사람들은 단지 듀이의 교육이론을 받아들이고 유지했을 뿐입니다. 그래서, 타오싱즈가 듀이의 교육이론을 운용하는 것은 하나의 분석, 비판, 그리고 혁신의 과정입니다. 그의 가장 현저한 성취는 바로 그가 듀이의 교육사상에 대한 깊은 이해와, 전환과 실천인데, 바로 듀이의 교육은 사회개혁의 도구이고, 학교는 즉 사회이며, 교육은 즉 생활 및 진보주의적, 아동중심적, 실천주의적 교육학이었던 것입니다. 타오싱즈가 귀국 후 처음 7년에, 그는 완전히 듀이의 이론을 따라서, 중국의 환경 가운데 작은 민주사회 같은 학교를 창건하는 것을 시도하였습니다. 그러나, 그는 이런 종류의 방식은 실현될 수 없으며, 중국 당시의 사회, 정치, 경제와 교육 상황에 적합하지 않다는 것을 발견하였습니다. 그는 중국의 학생은 항상 학교가 학생들에게 제공해 주는 배움의 지식이 제한받는다는 것을 의식하기 시작하였습니다. 학교 안의 사람은 학교 밖의 사람에게 배움이 미칠 수 없는데, 농민의 지식과 경험이 예가 되고, 학교 밖의 사람도 학교 안으로부터의 생활 가운데서 이익을 얻을 수 없습니다. 그리하여, 그는 자신의 이론을 사용하여, 그는 듀이의 교육이론을 180도 전환시켜, 즉

"사회 즉 학교"를 제창하였고, 학교를 운영하는 범위를 더욱 많은 교육 자료와, 더욱 많은 교육 방식과, 더욱 많은 교육 수단과, 더욱 넓은 교육 환경과, 더욱 많은 학생과 교사의 모든 사회를 포괄하는 것으로 확대하였습니다; "생활 즉 교육"을 제창한 것은, 타오싱즈가 듀이로부터의 "교육 즉 생활"을 인정한 것이며, 즉 사회생활과 정치생활을 위해, 실용주의적 교육철학 가운데서 자연스럽게 파생되어 나오는 것을 준비한 것입니다. 중국 대중을 교육하는 목적에 도달하기 위하여, 타오싱즈는 동시에 듀이를 거쳐서 만들어진 배움의 원칙을 "가르침과 배움과 실행의 합일(教學做合一)"의 원칙으로 바꿉니다.

타오싱즈가 선도한 "생활 즉 교육(生活卽教育), 사회 즉 학교(社會卽學校), 가르침과 배움과 실행의 합일(教學做合一)"적인 "생활교육(生活教育)"학설은 실천 중의 끊임없는 총정리와 발전에서 독특한 당대의 가치를 가지고 있습니다. 미국의 저명한 학자이자 컬럼비아대학교 교육대학원 철학, 교육학 교수인 데이빗 T.한센(David T.Hansen)이 편집 출판한 《교육의 윤리적 시각 - 실천적 철학(Ethical Visions of Education: Philosophies in Practice)》중에서, 가장 세계적 영향력을 가지고 있는 10대 교육사상가를 소개하였는데, 그 중 타오싱즈는 유일한 중국 교육사상가입니다. 이것으로 타오싱즈 교육사상의 국제적인 영향력과 인정도를 충분히 설명할 수 있습니다. 저명한 역사학자이자 호북성(湖北省) 타오싱즈 연구회 회장 장개원(章開沅)선생은 2016년 10월 18일 무한(武漢)에서 거행된 타오싱즈 교육사상 국제학술연구토론회에서 축사를 하는 중, 타오싱즈와 그 교육사상 그리고 실천이 중국 교육에 대한 중대한 의의를 자세히 설명하셨습니다. 장개원 선생은, 하나의 완전한, 체계적 교육이념으로서, 타오싱즈의 교육사상과 교육업적이 하나의 진귀한 유산임을 인정하셨습니다. 그가 주장한 평민교육정신, 대중교육정신, 사회교육정신, 생활교육정신은 우리의 교육실천 중에 마땅히 관철되어야 할 것입니다.

사회발전과 교육개혁적 각도에서 보면, 현재의 중국교육은 하나의 역사에 유래 없는 발전 기회의 시기와 모순이 분명하게 드러난 시기에 처해있으며, 교육 발전과 개혁의 임무는 전례 없이 복잡하고 무겁습니다. 타오싱즈의 교육학설은 의심할 바 없이, 한 면의 성찰의 거울을 제공할 수 있을 것이고, 교육개혁의 참고로 삼을 수 있을 것입니다. 만일 어떻게 이 시대의 "인민이 만족하는 좋은 스승"이 되는 것인가에 있어서, 교육의 신념, 도덕적 정서, 견실한 학식, 인애(仁愛)의 마음, 네 가지 방면에서 말하자면, 타오싱즈 선생의 "천 번을 가르치고 만 번을 가르쳐, 사람이 진리를 구하게 만들고, 천 번을 배우고 만 번을 배워, 진실한 사람이 되는 것을 배운다(千教萬教，教人求眞; 千學萬學，學做眞人)", "하나의 마음만을 받들어 왔으며, 풀 반 뿌리도 가져가지 않겠다(捧着一顆心來, 不帶半根草去)", "세상에 태어나면서 배움이 시작되고, 관에 들어가면서 끝난다(出世便是破蒙，進棺材才畢業)", "사랑으로 가득한 천하(愛滿天下)" 모두 시대적, 사회적 요구 정신과 서로 통하는 것입니다. "타오싱즈 교육사상 및 그 현대의 가치", 이 하나의 주제를 둘러싸고, 눈앞에 닥친 중국의 교육현황과 사회경제발전과 새로운 교과과정 개혁 등 많은 교육의 문제점을 결합하여, 중국 타오싱즈 연구계는 모두 다른 시각에서 "어떻게 타오싱즈 교육사상을 이어받고 동시에 발전시킬 것인가", "어떻게 교육이 실천되는 중에서 타오싱즈 정신을 드높일 것인가"를 연구하고 토론합니다.

중국타오싱즈연구회는 바로 전국의 타오싱즈 연구계의 타오싱즈 사상을 보급하고, 연구하며, 실천하는 전문조직을 이끌고 있습니다. 중국타오싱즈연구회는 1985년 9월 5일 북경에서 성립되었고, 교육부 주관의 국가 1급 사회단체이며, 비영리성의 민간조직기구입니다. 중국타오싱즈연구회의 취지는 타오싱즈 교육이론적 연구와 실천을 전개하여, 교육공익사업을 추진하고 발전시키는 것입니다. 중국타오싱즈연구회는 중국 근대의 위대한 인민교육가 타오싱즈 선생의 공헌정신과 창조정신을 제창하고, 교육개혁과 발전 중에 샘솟아 뿜어 나오는 선진적 전형(典型)과 선진적 경험을 육성하고 보급하며, 적극적으로 교육개혁을 촉진하고 새로운 방법과 새로운 사고의 길을 발전시키는 것을 탐색합니다. 동시에, 타오싱즈 연구사업의 국제적 추진 및 교류를 촉진합니다.

이 책을 펴낸 임형택 선생은 중국타오싱즈연구회의 새로운 친구입니다. 나는 이렇게 끈기있게 한국 타오싱즈 연구사업을 추진하고, 타오싱즈 연구를 추진함으로써 중한문화교류사업의 우정의 공감대로 삼는 친구를 가지게 되어, 더욱 영광스럽게 생각합니다. 그는 여러 번 중국과 한국을 오갔으며, 중국 중동부를 샅샅이 답사하여, 왕양명과 타오싱즈의 족적을 추적하였습니다. 우리들과 서로 속마음을 털어놓고 진심으로 사귀었으며, 교제하는 중 성실한 뜻이 사람을 감동시켰습니다. 여기서, 그의 고생과 노고에 감사하며, 또한 이 책이 곧 한국에 출판되는 것에 축하의 뜻을 표합니다. 동시에, 나는 서강대학교에서 함께 일하는 분들의 높은 안목과 이 책의 출판 등의 사무에 대해서 힘껏 지지해 주시는 점에 대해 매우 높게 칭송합니다. 나는 왕양명에 대한 두터운 연구의 기초를 가지고 있는 한국에서, 타오싱즈 연구도 반드시 새로운 가지(枝)를 낼 것이며, 울창한 숲(林)을 이룰 것임을 믿습니다! 내가 더욱 기대하는 것은, 한국의 타오싱즈 연구사업을 촉진하는 발전을 통하여, 우리가 중한관계의 발전에 대해 더욱 큰 공헌을 해내도록 하게 하는 것입니다.

2016年 11月 22日

중국 타오싱즈연구회 부회장 겸 비서장 **여덕웅**(呂德雄)

序

中国陶行知研究会副会长兼秘书长 吕德雄

陶行知是中国伟大的人民教育家，伟大的民主主义战士，爱国者。1891年10月18日，出生于中国安徽歙县；1946年7月25日，在上海去世。先后受教于金陵大学文学系、美国伊利诺伊大学市政学、哥伦比亚大学教育学院。1917年秋回国，先后任南京高等师范学校、国立东南大学教授、教务主任、中华教育改进社总干事等职。他先后创办南京晓庄乡村试验师范学校（后晓庄学校）、工学团、育才学校和社会大学。生活教育理论是陶行知教育思想的理论核心，包含着“生活即教育”、“社会即学校”、“教学做合一”三大主张。他的主要著作有《中国教育改造》《古庙敲钟录》《斋夫自由谈》《行知书信》《行知诗歌集》等，现出版有《陶行知全集》十二卷。陶行知有实践、有理论，探索出了一条适合当时中国国情的本土化现代教育之路，推动了中国平民教育、乡村教育、师范教育、儿童教育、创造教育、民主教育的现代发展，在当代依然具有强大的借鉴意义和指导作用。

陶行知的思想发展得益于王守仁和杜威。

陶行知早在1910年就读金陵大学时，就开始研究并信奉王阳明的心学理论。王阳明反对朱熹的“先知后行”的观点，他认为“知行合一”，知与行是同时发生作用的。王阳明说：“知之真切笃实处便是行，行之明觉精察处便是知。”“知是行的主意，行是知的功夫。知是行之始，行是知之成。”王阳明还主张“知轻行重”，认为：“真知即所以为行，不行不谓真知。”当时的陶行知，正是求知欲特别旺盛的青年。他发愤求知，目的就是为了日后去笃行，去实现他的人生抱负，救国救民。当时的陶行知接受了“知行合一”说，特别是“知轻行重”的思想。1912年，他在继续使用“陶文浚”这个姓名的同时，另又取名为“陶知行”，次年将“陶知行”用作笔名。1917年留美归国后，他正式改名为“知行”。通过对王阳明心学的深入剖析，陶行知认为，中国传统理念讲究三思而行，往往考虑理论，忽视实质，关起门来做学问，造成中国的书呆子多，清谈者多于实干者。而王阳明心学，知轻行重，知行合一。教导人们遇事先有计划、先立刻做起来，遇到困难，就地解决，再深入。这能提升整个中国社会的效率，现实意义非常大。后来在晓庄学校工作期间，他的思想在实践中发生巨变，对知行关系有了新的认识。他说，对王阳明的观点，“余体验所得，适为其反。”他认为，弗兰克林、瓦特等人都是先有实践，而后才有了新的发明创造的。于是决定把以前信仰的观点倒转过来，确认“行是知之始，知是行之成”。1931年他写了一首短诗《三代人》：“行动是老子，知识是儿子，创造是孙子。”到1934年7月16日，他在《生活教育》半月刊上公开声明，改名为陶行知。他曾解释说，我的理论就是行、知、行。行是知之始，知又可以反过来引导行。改名字是力求名实相符。

陶行知是第一个发展杜威教育理论与实践体系的中国学者，也是第一个把杜威的理论由城市扩展到农村的人。与他的一些同行们不同的是，陶行知强烈意识到中美之间的社会和教育条件存在极大的差异，而他的同行们只是采纳和坚持了杜威的教育理沦。因此，陶行知对杜威教育理论的运用是一个分析、批判和革新的过程。他的最显著的成就就是他对杜威教育思想的深刻理解、转换和实践，即教育是社会改革的工具，学校即社会，教育即生活及进步主义的，儿童中心的，实验主义的教育学。在陶行知回国后的头七年，他试图完全照搬杜威的理论在中国的环境中创建微型民主社会似的学校。然而，他发现这种方式是行不通的，不适合中国当时的社会、政治、经济和教育状况。他开始意识到中国的学生常常被学校提供给他们学的知识所限制。校内的人不能学到校外的人，例如农民的知识和经验，校外的人也不能从校内的活动中受益。这样，用他自己的话说，他把杜威的教育理论转了个180度弯，即提倡"社会即学校"，将办学的范围扩大到包括更多的教育材抖、更多的教育方式、更多的教育手段、更广的教育环境、更多的学生和教师的整个社会；提倡"生活即教育"，陶行知承认是从杜威的"教育即生活"，即为社会生活和政治生活作准备的实用主义的教育哲学中自然派生出来的；为了达到教育中国大众的目的，陶行知同时将杜威的通过做来学的原则改变为"教学做合一"的原则。

陶行知倡导的"生活即教育，社会即学校，教学做合一"的"生活教育"学说在实践中不断总结、发展，具有独特的当代价值。美国知名学者、哥伦比亚大学教育学院哲学、教育学教授戴维德·汉森在其主编出版的《教育的伦理视野——实践中的教育哲学》中，介绍了最具世界影响力的十大教育思想家。其中，陶行知是唯一的中国教育思想家，足以说明陶行知教育思想在国际上的影响力与认可度。著名历史学家、湖北省陶行知研究会会长章开沅先生在今年10月18日于武汉举办的陶行知教育思想国际学术研讨会致辞中阐释了陶行知及其教育思想与实践对中国教育的重大意义。章开沅认为，作为一套完整的、系统的教育理念，陶行知的教育思想和教育业绩是一笔宝贵遗产。他所主张的平民教育精神、大众教育精神、社会教育精神、生活教育精神应贯彻到我们的教育实践中。

从社会发展和教育改革的角度看，当今的中国教育正处于一个前所未有的发展机遇期和矛盾凸显期，教育发展与改革的任务空前繁重。陶行知的教育学说无疑是一面可供省思的镜子，可以作为教育改革的参考。如在如何做当代“人民满意的好老师”上，从教育信念、道德情操、扎实学识和仁爱之心四个方面来说，陶行知先生的“千教万教，教人求真；千学万学，学做真人”、“捧着一颗心来，不带半根草去”、“出世便是破蒙，进棺材才算毕业”、“爱满天下”都与时代和社会的要求精神相通。围绕“陶行知教育思想及其当代价值”这一主题，结合当前中国教育现状、社会经济发展、新课程改革等诸多教育热点，中国陶研界都在从不同视角探讨“如何继承并发展陶行知教育思想”、“如何在教育实践中弘扬陶行知精神”。

中国陶行知研究会正是带领全国陶研界普及、研究、实践陶行知思想的专门组织。它于1985年9月5日在北京成立，是教育部主管的国家一级社会团体，是非盈利性质的民间组织机构。它的宗旨是开展陶行知教育理论的研究和实践，推进和发展教育公益事业。中国陶行知研究会提倡中国近代伟大的人民教育家陶行知先生的奉献精神和创造精神，培育和推广在教育改革和发展中涌现出的先进典型和先进经验；积极探索促进教育改革和发展的新方法和新思路。同时，促进陶研事业的国际推展与交流。

本书编者林亨泽先生就是中国陶行知研究会的新朋友，我为拥有这样一位执着于推进韩国陶行知研究事业、推进以陶行知研究为友谊纽带的中韩文化交流事业的朋友而倍感荣幸，他数次往返中韩，足迹踏遍中国中东部，追寻王阳明和陶行知足迹，与我们肝胆相照，交往中诚意动人。在此，感谢他的辛劳付出，也对本书即将在韩国出版致贺！同时，我也非常赞赏西江大学同仁的战略眼光和对本书出版等事宜的大力支持，我相信，在有着对王阳明深厚研究基础的韩国，陶行知研究也必将发出新枝，蔚然成林！我更期待的是，通过促进韩国陶行知研究事业的发展，让我们对中韩关系的发展做出更大贡献！

2016年 11月 22日

中国陶行知研究会副会长兼秘书长 吕德雄

序

타오싱즈 교육기금회 집행회장 **최조영**(崔祖瑛)

한국어판 〈중국 현대교육가 타오싱즈〉가 한국에서 출판된 것을 매우 기쁘게 생각합니다. 이는 중한문화교육교류역사의 성대한 사건이며, 타오싱즈 교육사상의 새로운 진보입니다. 또한 이는 임형택 선생이 심혈을 기울여 이루어낸 새로운 성과입니다. 나는 이 책의 출판에 대해 마음에서 우러나오는 기쁨과 희열을 표하며, 경건하게 타오싱즈 교육기금회를 대표하여 이 책의 출판을 열렬히 축하합니다.

타오싱즈교육기금회의 본명은 "중국타오싱즈기금회(中國陶行知基金會)"이며, 1984년 12월 중공중앙선전부(中共中央宣傳部)의 비준을 거쳐 성립되었습니다. 초대 회장은 중국의 저명한 경제학자이신 허척신(許滌新)이시고, 제 2대 회장은 전 전국인민대표회의 상무위원회 부위원장 손기맹(孫起孟)이시며, 제 3대 회장은 전 중국증권감독관리위원회 주석 주도형(周道炯)이십니다. 2013년 2월, 타오싱즈교육기금회는 중화인민공화국민정부에서 명칭을 바꾸어 등기하였고, 교육부가 업무주관단체이며, 중국교육과학연구원이 부속단체입니다.

타오싱즈는 중국현대교육역사의 첫 번째 손꼽는 거인입니다. 안휘(安徽)성 흡현에서 1891년 10월 18일에 태어나셨고 1946년 7월 25일에 세상을 떠나셨습니다. 본명은 원쥔(文濬)이고, 왕양명의 "지행합일"을 신봉하셔서 이름을 즈싱(知行)이라 사용하셨다가 후에 "행동은 앎의 시작이고 앎은 행동의 완성이다", 즉 행함이 아는 것보다 중요하다는 것을 깨달아 다시 싱즈(行知)라고 개명하셨습니다.

타오싱즈는 중국과 서양의 조화이며 동방과 서방, 고대와 현대의 결합입니다. 그는 일찍이 중국공자 이래의 우수한 전통문화를 받아들이셨고, 또한 선진서방문화를 받아들이셨습니다. 그의 교육사상은 공자에서 발원하였지만 공자보다 높고, 서방에서는 존 듀이(John Dewey)의 제자로서 존 듀이를 공부하였지만 존 듀이를 뛰어넘었습니다.

타오싱즈는 어린시절부터 중국우수전통문화의 기본을 두텁게 다진 후, 1914년 미국 일리노이대학교에서 도시행정학을 수학하다가 콜롬비아대학으로 전학하면서 교육학으로 전공을 바꾸게 됩니다. 1917년 중국으로 돌아와 높은 지위와 많은 돈을 마다하고, 부단히 중국교육을 비판하고 개혁했으며, 애만천하(愛滿天下)[사랑으로 가득한 천하]의 포부로써 중국교육의 서광을 찾고, 모든 중국인에게 교육을 받을 수 있도록 모든 힘을 다 하셨습니다. 그는 옛 학교의 "죽은 책을 읽고, 책을 죽도록 읽으며, 책을 읽다가 죽는" 현실을 비판하면서 효장사범학교, 산해공학단, 육재학교, 사회대학 등 전통학교와는 완전히 다른 새로운 형태의 학교를 만들었습니다.

그는 중국과 서양의 선진문화의 정수를 융합하였습니다. 중국의 정서와 특징을 결합하여 존 듀이의 교육이론을 개조하였고 창조하여 "생활은 교육이다", "사회가 학교이다", "가르침과 배움과 실행의 합일"을 생활교육이론체계의 핵심으로 만들었습니다. 타오싱즈는 "생활교육"을 "생활에 교육을 주고, 생활을 교육으로 활용하며, 생활을 향상하고 앞서나가는데 필요한 교육을 하자"라고 정의하였습니다.

타오싱즈는 실천을 매우 중요히 여겨, "실천은 부모이며, 지식은 아들이고, 창조는 손자이다", "행동이 있으면 사상이 발생하고, 사상은 새로운 가치를 생산한다"라고 하셨습니다. "지식은 행동으로부터 오며 동시에 행동의 성패의 관건"이며, "창조성의 측정의 방법"은 "죽을 정도로 사고하고 고찰하는 정도로 대체될 수 있다"라고 하셨습니다.

비록 시대는 하늘과 땅이 뒤집히는 변화가 발생하여도 타오싱즈 대중교육, 보급교육, 생활교육, 창조교육, 인성교육, 직업교육, 유아교육, 사범교육, 향촌교육 등 위대한 사상과 실천은 여전히 강한 생명력과 핵심을 찌르는 명쾌함을 가지고 교육근본문제를 가장 상층부에서 교육이론과 교육철학을 모두 관할하고 있습니다. 이는 중국화와 진정한 현대화의 교육이론이며 중국교육발전역사의 귀중한 보물이며 재산이며, 오랜시간이 흐르고 새로운 것이 채워져도 영원히 번쩍이고 있는 진리의 빛입니다. 타오싱즈의 교육사상은 중국개혁개방이래 교육개혁과 발전을 초래한 거대한 촉진작용을 인도하였습니다.

중국의 당과 국가지도자는 타오싱즈를 매우 높이 평가하고 있습니다. 모택동(毛泽东)은 그를 "위대한 인민교육자"라 칭하였고, 송경령(宋庆龄)은 그를 "영원한 스승의 본보기"라 하였습니다. 곽말약(郭沫若)는 그를 "이천년전의 공자, 이천년뒤의 타오싱즈"라 칭하였습니다. 시진핑(习近平)총서기는 여러차례 타오싱즈의 위대한 교육사상을 추앙하였으며, 2007년 4월, 상해시위원회 시절, 건설사회주의 핵심가치체계를 논할때 타오싱즈를 인용하면서 "행동은 앎의 시작이고 앎은 행동의 완성이다"

라고 인용함으로써 문명의 소양은 실천에 있음을 설명하였고, 양성하는 것을 중시하였습니다. 2014년 9월 9일 스승의날 전날 저녁, 시진핑총주석은 타오싱즈를 인용하며 "천번을 가르치고 만번을 가르쳐, 사람이 진리를 구하게 만들고, 천번을 배우고 만번을 배워, 진실한 사람이 되는 것을 배운다(千教万教，教人求真，千学万学，学做真人)", "하나의 마음만을 받들어 왔으며 풀 반 뿌리도 가져가지 않겠다(捧着一颗心来，不带半根草去)", "세상에 태어나면서 배움이 시작되고 관에 들어가면서 끝난다(出世便是破蒙, 进棺材才算毕业)" 등의 타오싱즈 교육명언을 무엇이 좋은 선생님인지 설명하시면서 언급하셨습니다.

타오싱즈는 중국에만 속한것이 아니라 세계에 속한 분이십니다. 매우 많은 외국인 벗들이 모두 타오싱즈를 높게 평가하고 있습니다. 인도의 마하트마 간디는 "타오싱즈의 사상은 인도에서도 매우 유용할 것이다"라고 하셨고, 인도의 저명한 시인 타고르는 "타오싱즈는 창조력이 있는 교육자일 뿐 아니라, 한명의 용감하고 출중한 반파시즘 전사이다"라고 하였습니다. 미국의 33대 부통령 월리스(Henry Agard Wallace)는 "타오싱즈박사는 단순히 중국에만 속한 사람이 아니라 세계에 속한 인물이다. ......미국에서도 타오싱즈 박사가 위대한 교육자라고 알고 있다"라고 하셨습니다. 미국의 저명한 학자 페어뱅크(Fairbank, John King)는 "듀이박사의 가장 창조력이 있는 학생은 타오싱즈이다. 타오싱즈는 듀이의 학생이나 그는 중국의 문제를 정확하게 보고 있다. 그는 듀이를 능가할 것이다"라고 하였습니다. 일본의 사이토아키오(斋藤秋男)교수는 "나는 30여년 동안 타오싱즈를 연구해 왔습니다. 내가 가장 깊게 느끼는 것은 타오싱즈 선생님의 위대한 인격이고, 두 번째는 타오싱즈의 교육사상의 탁월

함입니다. ...... 타오싱즈는 중국 뿐 아니라 세계적인 인물입니다", "중국의 최후의 한 명의 성인은 타오싱즈 입니다"라고 썼습니다. 타오싱즈선생의 교육사상은 중화민족교육사의 한 가지의 수준높은 작품일 뿐 아니라, 세계교육의 한 폭의 깃발입니다.

한국은 타오싱즈에 대해 연구가 시작된 것은 1992년 8월 중한수교 이후부터 시작되었으나 타오싱즈의 이해 및 연구는 아직 부족합니다. 이 책의 출판은 한국의 타오싱즈연구의 공백을 메꾸어주고 한국의 교육종사자, 교육연구자 및 중국문화교육에 대해서 흥미있는 분께 직접 타오싱즈 사상을 한국어로 이해할 수 있도록 편의를 제공할 것입니다. 한국과 중국은 같은 아시아 국가이고, 비슷한 교육문제가 존재하므로 중국근대교육자 타오싱즈의 사상을 이해하는 것이 한국의 교육의 발전을 촉진하는 데 도움이 될 것으로 기대합니다.

이 책의 출판에 대하여 저는 타오싱즈교육기금회를 대표하여 임형택 선생께 진실한 감사를 드립니다. 또한 열정적인 관심과 지지를 보내주신 한국의 서강대학교에도 감사를 드리며, 서강대학교 출판사와 번역, 편집, 심사, 교정 등 이 책의 출판에 참가한 모든 분의 노고에 깊은 감사를 드리는 바입니다.

우리 모두 함께 노력하여, 중한 양국의 인민의 이해와 우호를 이루고 새로운 장을 열어갑시다.

2015年 8月 18日

타오싱즈 교육기금회 집행회장 **최조영**(崔祖瑛)

序

陶行知教育基金会执行理事长（会长）、教授 崔祖瑛

韩文版《中国现代教育家陶行知》就要在韩国付梓出版了！这是中韩文化教育交流史上的一件盛事，是弘扬陶行知教育思想的新进展，也是本书发起、组织者林亨泽先生呕心沥血的新成果。我为此书的出版感到由衷的喜悦和高兴，谨代表陶行知教育基金会和我本人对此书出版表示热烈祝贺！

陶行知教育基金会原名"中国陶行知基金会"，1984年12月经中共中央宣传部批准成立。首任会长是我国著名经济学家许涤新，第二任会长是原全国人大常委会副委员长孙起孟，第三任会长是原中国证监会主席周道炯。2013年2月陶行知教育基金会在民政部更名注册，教育部是业务主管单位，中国教育科学研究院是挂靠单位。林亨泽先生通过友人找到我们，为帮助我国青少年有效学习英语，他的公司向我会无偿捐赠1000台"看背机"英语学习机。他是学习机的创始人，在韩国荣获国务院颁发的国务总理奖。为表彰他的热心无私贡献，我会聘请他为中韩友好大使。2014年7月，他编写的英语单词辅导用书《高考英语词汇优先顺序记忆法》，由我国著名外语专业出版社——外语教学与研究出版社出版发行。此书是他基于自己学习英语的成功经验，通过统计分析2010年到2014年中国各省市的高考英语试卷，按照单词出现频率的顺序精心整理完成的，别有特色又符合中国高考英语实际。他分别向我们基金会、中国的图书馆和

学校捐赠1900册。他还协助韩国教育电视台、韩国西江大学从事中韩文化教育交流活动。

林亨泽先生自他与陶行知教育基金会、与陶行知结下不解之缘起，就在心里萌发将陶行知文集翻译成韩文，在韩国出版的念头。他一遍一遍认真听取我们对陶行知的生平和陶行知教育思想的介绍，自己刻苦研读中文版的陶行知的著作，不懂就问，他亲自到上海陶行知纪念馆参观，到南京陶行知墓凭吊，到南京晓庄师范陶行知生活工作过的地方追思，出席国内陶行知的研讨会和纪念陶行知的活动，不断加深他对陶行知崇高的精神人格和伟大教育思想的理解，更激发他对陶行知的敬仰和崇敬之情。他深信，陶行知作为中国伟大的近代的教育家，把他的精神和思想介绍到韩国是一件很有意义、很有价值的事，必定能够促进中韩文化教育更高层次上的交流和了解。林亨泽先生是个认真严谨、执着坚毅，有使命、敢担当的人，一旦有了信念，就下决心克服一切困难，不达目的绝不罢休。为此他特地从他父亲的遗产中，向韩国西江大学捐赠2000万韩币，成立陶行知出版基金。他不辞辛劳，在中韩两国之间来回奔波、协调。陶行知是中国近代教育史上的一代巨人。安徽歙县人，1891年10月18日出生，1946年7月25日逝世。原名文濬，因信奉王阳明“知行合一”，曾用名知行，后认为“行是知之始，知是行之成”，“行”比“知”重要的多，改为行知。陶行知中西合璧，将东方与西方古代与现代相结合。他既吸收了中国自孔子以来的优秀的传统文化，也吸收了先进的西方文化。他的教育思想源于孔子，高于孔子。他是杜威的学生，他学习杜威，超越杜威。陶行知从小就打下深厚的中国优秀传统文化的根基，1914年赴美国伊利诺大学主修市政学，后转入哥伦比亚大学攻读教育学。1917年回国后，拒绝高官厚禄，在教育领域不断批判创新，以“爱满天下”的胸怀，致力于“为中国教育寻觅曙光”，“使全中国人都受到教育”。他在批判旧学校“读死书，死读书，读书死"的同时，创办了晓庄师范、山海工学团、育才学校、社会大学等与传统学校完全不同的新型学校；他融汇中西先进文化精华，结合中国的国情特点，对杜威的教育理论加以改造，创造了以"生活即教育"、"社会即学校"、"教学做合一"为核心的生活教育理论体系。陶行知将"生活教育"定义为"给生活以教育，用生活来教育，为生活向前向上的需要而教育"。陶行知特别注重实践，强调"实践是老子，知识是儿子，创造是孙子。""有行动而发生思想，由思想产生新价值。"知识来源于行动并且是行动成败的关键，提倡用"创造性考成"的办法代替"杀人的会考"。尽管时代发生了翻天覆地的变化，陶行知的大众教育、普及教育、生活教育、创造教育、品德教育、职业教育、幼儿教育、师范教育、乡村教育等伟大思想和实践，仍具有强大的生命力和针对性，是一种能够统辖教育基本问题的顶层教育理论和教育哲学，是中国化又真正现代化的教育理论，是我国教育发展史上的宝贵财富，历久弥新，永远闪耀着真理的光芒。陶行知的教育思想对中国改革开放以来的教育改革和发展起到了巨大的引领和促进作用。

中国党和国家领导人对陶行知给予了高度评价。毛泽东称他是"伟大的人民教育家"，宋庆龄赞他是"万世师表"。郭沫若称赞他，"两千年前孔仲尼，两千年后陶行知。"习近平总书记多次推崇陶行知的伟大教育思想，2007年4月，习近平总书记时任上海市委书记，在谈到建设社会主义核心价值体系时，他引用陶行知"行是知之始，知是行之成"，说明文明素质重在实践，重在养成。2014年9月9日教师节前夕，他引用陶行知"千教万教教人求真，千学万学学做真人"、"捧着一颗心来，不带半根草去"、"出世便是破蒙，进棺材才算毕业。"等教育名言，来说明什么是好老师。

陶行知不仅仅属于中国，也属于世界。很多外国友人都高度称赞陶行知。印度著名诗人泰戈尔说："陶行知不仅是一个很有创造力的教育家，也是一个勇敢的出色的反法西斯斗士。"美国前副总统华莱士说："陶博士并不仅仅属于中国，而是属于世界的。……在美国，大家都知道陶博士是一个伟大的教育家。"美国著名学者费正清说："杜威博士的最有创造力的学生却是陶行知，陶行知是杜威的学生，但他正视中国的问题，则超越了杜威。"日本斋藤秋男教授写道："我从事研究陶行知三十多年，我体会最深的，一是陶先生人格的伟大，二是陶先生教育思想的卓越。……陶行知不仅属于中国的，也是属于全世界的。""中国最后一位圣人——陶行知。"美国东南联合大学副校长布莱恩· 库朋 赞扬他"一代伟人，名扬千古，陶行知先生的教育思想不仅是中华民族教育史上的一枝奇葩，也是世界教育之林的一面旗帜。"

韩国研究陶行知是从1992年8月中韩建交后开始的，对陶行知了解和研究还不够多。本书的出版填补了韩国研究陶行知的一个空白，为韩国教育工作者、研究者、以及对中国文化教育感兴趣的人直接通过韩文母语阅读了解陶行知提供了方便。韩国和中国同属于亚洲国家，存在一些共同的教育问题，通过了解中国近代教育家陶行知的思想，有利于促进韩国对自身教育状况和发展做比较深入的思考。对于此书的出版，我代表陶行知教育基金会真诚地感谢林亨泽先生，感谢他一直对此热情关注和支持的韩国西江大学，感谢西江大学出版社，感谢翻译、编辑、编审、校对等所有参与此书出版的人们的辛勤付出。

让我们共同努力，为增进中韩两国人民的了解和友谊谱写新的篇章！

2015年 8月 18日於 北京

陶行知教育基金会执行理事长（会长）、教授 崔祖瑛

감수자의 말

서강대학교 국제인문대학 철학과 명예교수 정인재(鄭仁在)

타오싱즈[陶行知]의 교육에 관한 글들이 임형택 군에 의하여 드디어 그 본래의 모습을 드러내게 되었다. 아마도 중국의 현대교육사상을 우리나라에 처음으로 소개하는 책이라고 해도 과언이 아니다. 그간 우리나라에서 호적[胡適]이나 풍우란[馮友蘭] 등의 중국현대철학에 대하여서는 많은 소개가 있었지만 중국의 현대 교육철학에 대하여서는 거의 알려지지 않았다. 감수자도 사실 타오싱즈에 관하여 잘 알지 못 하였지만 양명학 전공을 해서 그런지 그의 개명한 이름인 행지(行知)에서 왕양명의 지행합일 영향을 받았음을 직감할 수 있었다.

임형택군은 28년전 신촌의 세 대학이 큰 대학에서 하지 못하는 작은 대학의 고전 읽기에서 만난 뛰어난 학생이었다. 그는 또한 독창적 아이디어로 영어 학습에 획기적인 도움을 줄 수 있는 깜빡이를 만들어 기업가로서도 성공한 사장이었다. 그런데 그가 중국에 가서 타오싱즈 기금회의 한국대표라는 직함을 들고 찾아와 교육에 관한 타오싱즈의 글을 번역했다는 것이다. 기금회 회장의 서문도 함께 책이 거의 완성된 상태에서 나에게 감수를 부탁하였다. 기금회 회장과 타오싱즈를 한국에 소개하겠다는 약속을 지키기 위한 것이다. 그러나 타오싱즈 연구회 서문은 보이지 않았다. 그들은 한국어를 모르기 때문에 번역이 제대로 되었는지 여부는 알 수 없기 때문에 유보하는 것이 아닌가 하는 생각이 들었다. 다시 말해 번역에 대한 정확성을 믿지 못하겠다는 의미로 해석되었다.

감수자는 임군이 처음 번역해온 원고를 꼼꼼히 읽어보니 이렇게 했다가는 우리나라 독자뿐만 아니라 중국 측에도 오역 투성이라는 말이 전해지면 신뢰를 상실하겠다는 생각이 들었다. 그래서 처음부터 다시 하자는 제안을 했고 임군은 망설이지 않고 동의했다. 임군의 명석함은 번역수정 기간에 중국어실력의 일취월장에서 나타났다. 번역이 끝나는 무렵에는 나도 해석하기 까다로운 문제까지 질문하였다. 이렇게 반년 동안 임군과 원문을 대조하면서 함께 고쳐가는 동안 나도 모르게 타오싱즈의 교육철학에 빠져들게 되었다. 타오싱즈는 무엇보다도 공자 이래 교육에 관한 사상을 획기적으로 바꾼 인물이다. 공자가 봉건시대의 전통사상을 대표하는 교육자라면 타오싱즈는 민주공화국 시대의 새로운 교육의 틀을 짠 그리고 오늘날에도 영향을 미치고 있는 위대한 교육철학자이다. 때문에 그의 교육사상을 어설프게 알리는 것은 그의 사상을 왜곡시키는 것이라는 생각이 들었다. 그런데 우리에겐 그러한 교육사상가가 없었으며 아직도 우리나라의 백년대계를 설계할 교육철학이 없다는 것은 불행한 일이다.

타오싱즈는 미국의 여러 대학에서 교육학을 공부하고 특히 죤 듀이의 교육철학을 연구하고 돌아와 호적[胡適]과 함께 듀이를 중국에 초청한 장본인이었다. 그는 5.4운동의 핵심인 과학과 민주를 중국교육의 창조적 혁신에 온 몸을 다 바친 인물이다. 그는 듀이의 실용주의 교육사상을 공부하였지만 프라그마티즘을 그대로 금과옥조처럼 따르는 학생이 아니었다. 그는 중국의 고전에서 풍부한 지혜를 찾아내어 중국의 현실에 맞게 교육이론을 만들었던[做] 것이다.

우리나라도 미국 등지에서 교육학을 공부하고 돌아온 학자들이 수없이 많지만 외국의 교육제도와 이론을 그대로 소개하였을 뿐 우리의 고전에서 지혜를 빌리는 사람은 거의 찾아 볼 수 없었다. 그것은 아마도 우리가 한글전용을 하다 보니 한자의 장벽에 막혀 우리 선조들이 한문으로 써 놓은 훌륭한 사상들을 접할 엄두도 못 내기 때문에 외국이론의 추종자만을 양산한 것이 아닌가 생각이 들었다.

한자는 동아시아의 공통된 문자이며 이것을 익히는 한자교육은 유용하면서도 지금 배워도 늦지 않다. 한자문화권속에서 한자를 알면 중국어나 일본어는 모르더라도 필담을 하면서 의사소통이 가능하기도 하다. 우리는 한자문화권 속에서 외톨이가 되어서는 안 된다. 특히 한중문화교육의 심층적인 교류를 위해서는 한자교육이 더욱 절실히 필요한 것이다.

우리나라가 동서양을 종합하는 교육사상이 나오지 않은 것은 바로 한자를 가르치지 않았기 때문이라고 생각한다. 타오싱즈는 듀이에게서 교육의 생활화를 배웠지만 그는 거꾸로 생활의 교육을 주장하였다. 그것은 바로 지행합일을 말한 왕양명의 사상을 더욱 강화시킨 생활의 실행[做]을 중시한데서 나온 것이었다. 교육의 생활화는 마치 새장 속에다 새를 놓아주는 것과 같아서 아무리 교육의 생활화를 강조해도 여전히 갇혀버린 새장 안의 교육이라는 것이다. 이것을 바꾸어 생활자체가 교육이어야 한다는 것이다. 그래야 학교라는 새장을 벗어나 자유롭게 날아다니는 새처럼 자율적이고 자유로운 인간이 형성된다는 것이다. 그는 앎보다도 실행을 더 중시하였던 것이다. 앎은 실행[做]하지 않으면 아무 소용이 없기 때문이다. 생활 속에서의 실행[做]를 통하여 알아가고[知] 배우며[學] 가르치는[教]것이 바로 타오싱즈의 교육철학이다. 그러기에 그는 가르침[教]배움[學]에 실행[做]의 합일을 강조하였다.

실행은 반드시 생활 속에서 머리[勞心]와 손을 쓰고 몸을 움직여야 한다[勞力]. 머리와 손을 함께 써야 비로소 완전한 교육이 되는 것이다. 우리는 생활 따로 교육 따로 분리된 채로 학교에서 주입식으로 배웠다. 우리는 몸을 움직이는 체육을 별로 중시하지 않았다. 심지어 어떤 교육공학자는 운동장을 없앨 것을 건의했다고 한다. 그래서 체육은 특기자들만이 하는 것이고 올림픽의 금메달 따기 위한 것이라는 인식이 팽배하다. 그러나 그들에게 머리를 쓰는 교육 즉 생각하는 능력이 없으면 아무 소용이 없다. 머리와 손은 함께 사용되어야 한다는 것이 타오싱즈의 교육철학이다. 따라서 정신노동자[勞心]에게는 육체노동[勞力]이 필요하고 육체노동자에겐 정신노동이 필요하다는 것이다. 이렇게 되면 직업에 귀천이 없어진다. 이것은 사농공상이 모두 직업을 달리하지만 성인이 되는 길은 같다고 하는 이업동도(異業同道)의 양명학 정신과 일맥상통한다.

학생들에게 왜 공부하는가? 물어보면 모두들 이른바 일류 대학에 합격하기 위해서라고 답한다. 그것은 일류대학을 나와야 이름 있는 대기업에 취직하거나 각종 고시에 합격하여 높은 자리를 차지 할 수 있다고 생각한다. 우리는 남들이 부러워하는 학식, 재력, 권력을 가진 이른바 출세지향적인 교육을 했던 것이다. 그러나 우리나라의 전통적인 유교교육은 자기의 인간됨을 위하여 부단히 자신을 돌아보고 자신을 수양하는 위기지학(爲己之學)이었다. 그것은 결코 남에게 보이기 위한 출세지향적인 위인지학(爲人之學)이 아니었다. 그러나 과거에 합격하여 높은 자리에 오르는 것이 교육의 현실이 되고 보니 위기지학은 뒷전으로 물러나고 말았다. 과거시험의 잔재가 오늘날 높은 자리에 오르기 위한 각종 고시공부로 우리를 괴롭히고 있다.

이러한 교육 시스템에서 이른바 성공한 윗자리에 있는 사람들이 우리 사회의 온갖 혜택을 다 누리면서 이 사회에 대한 자기들이 해야 할 의무와 책임을 다하지 않는 라스트맨[der letzte Mensch]을 길러낸 것이 아닌가? 이른바 권력이든 재력이든 가진 자들이 높은 자리에서 자기 이익만을 채우기 위하여 갑질을 하기 때문에 젊은이들이 좌절을 하며 헬조선이라 자조하지 않는가?

어떤 사람들은 그 이유를 유교에다 돌리고 있는 데 이것은 참으로 잘못된 것이다 물론 우리의 의식에는 유교적인 잔재가 남아 있는 것은 부인할 수 없다. 유교하면 떠올리는 것이 바로 삼강오륜인데 사실 삼강과 오륜은 본질적으로 다른 것이다. 삼강은 군주 아버지 남편을 윗자리에 있는 주인으로 모시며 신하 아들 아내를 하인으로 복종을 강요하는 상하주종적인 왜곡된 유학이다. 이에 반하여 오륜은 인간이 짐승과 같이 되는 것을 미연에 방지하여 인간다움[仁]과 그 관계를 유지하기 위하여 만든 본질적 유학이다. 우리사회에서 높은 지위에 있는 사람이 갑질하는 이유는 바로 삼강적인 요인 때문이라고 하면 수긍이 간다. 그러나 그것은 우리가 유교의 위기지학의 본질을 알지 못한데서 생긴 오해이다. 양명학은 삼강을 언급하지 않고 오륜만을 개인과 사회의 성숙을 위하여 말하였는데 타오싱즈도 마찬가지였다.

오륜 중에는 장유유서(長幼有序)가 있다. 이것은 결코 나이에 따라 생긴 노소유서(老少有序)가 아니다. 서(序)는 순서라기보다는 나의 앞에 가로 놓여있는 벽이란 뜻이다. 벽을 뛰어넘거나 허물어야 뛰어난 사람[長]이 된다는 것이다. 뛰어난 이[長]란 따라서 나이가 들면 저절로 이루어지는 것이 아니다. 부단히 자기 극복을 통하여 정직하게 벽[어려운 장애]을 넘어서 혹은 허물고 성숙해지는 어른을 말한다. 내가 어느 한 분야의 뛰어난 능력을 발휘하려면 뼈를 깎는 아픔과 숙련이 필요하다. 비록 나이가 어리지만 뛰어난 능력을 갖춘 성숙된 사람을 우리는 어른[長]이라 불러도 좋을 것이다. 타오싱즈가 육재학교를 만든 것도 이렇게 뛰어난 영재를 기르기 위한 것이 아니었을까? 1992년 한중수교당시 중국을 이끌어간 이붕 총리를 비롯하여 중국의 정치 문화 예술 방면의 밑거름이 된 훌륭한 인재들이 모두 육재학교 출신이라고 한다.

우리나라에는 본받을 만한 어른이 없다고 한다. 그것은 부단히 벽을 넘어 자기를 극복[克己]을 한 성숙한 인물이 없다고 하는 말일 것이다. 우리나라는 정치 분야는 말할 것도 없고 경제 사회 문화 교육 각 분야에서 뛰어난 덕성을 발휘하는 어른이 얼마나 있는지? 그것은 우리나라의 교육이 각 분야에서 각자의 개성을 중시하면서 다른 사람도 사람대접하는 민주주의가 아직 성숙하지 않았기 때문이라고 생각한다. 위에서 군림하려는 태도는 민주주의를 역행하는 것이다. 민주주의는 어려서부터 자치(自治)를 통하여 길러지는 것이다. 그것은 자유와 책임이라고 하는 천형(天刑)을 어려서부터 터득해야 되는 것이다. 그렇지 않으면 자유에서 도피해 버린 틈을 타 독재국가가 탄생되거나 아무도 책임지지 않는 아노미가 발생하기 때문이다. 타오싱즈가 어린 아이들의 자치를 중요시 한 것은 장래 민주주의를 실현하기 위한 초석이었던 것이다.

감수자는 임군의 원고를 세밀히 살피면서 많은 것을 배웠다. 이 번역서는 임군의 노력 하에 이루어진 것이긴 하지만 오역이 있다면 감수자에게도 책임을 면할 수 없다. 번역에는 믿음[信] 통달[達] 우아함[雅]을 갖추어야 한다는 말이 있다 이 번역의 우아함과 통달함은 언감생심(焉敢生心) 그러나 적어도 믿음은 가야 된다고 생각하였다. 그러므로 이 번역의 정확성을 기하려 노력한 것도 바로 그 때문이었다. 그간 우리는 정치 경제 방면에서 중국과 수많은 교류가 있었고 또 앞으로 계속되겠지만 중국과의 관계에서 신용은 생명처럼 중요한 것이다. 그런데 모두가 단지 이익과 손해를 따지는 것 뿐 이라면 그 관계는 오래가지 못 할 것이다. 그러나 문화 교육의 방면에서 아무런 이해관계 없이 상대방의 문화와 역사를 존중해 주면 그 교류는 영속될 것이다. 이 작은 번역서 하나가 앞으로 한중관계의 끈을 더욱 강화시키고 믿음을 굳건히 하는 계기가 되기를 바라면서 감수의 글을 맺는다.

2016年 10月 13日

서강대학교 국제인문대학 철학과 명예교수 **정인재**(鄭仁在)

序

西江大學校 國際人文大學 哲學科 名譽教授 鄭仁在

关于陶行知教育哲学的这本书，终于在林亨泽同學的努力下面世了。这是首次将中国现代教育思想介绍到韩国的一本书。胡适，冯友兰等中国现代哲学家的思想虽然曾被介绍到韩国，但关于中国现代教育哲学的内容，却从未被提及。我本人其实也对陶行知并不了解，但或许是因为我的研究领域是阳明学吧，我能感觉到陶行知名字里的“行知”二字是受了王阳明“知行合一”思想的影响。

我第一次见到林亨泽同學，是在首尔名校聚集的首尔新村的一所大学里，当时他就是一名非常优秀的学生。后来，他又凭自己过人的创造力开发了语言学习机，在个人事业上也取得了很大的成就，是一位成功的企业家。某一天，他以陶行知教育基金会韩国代表的身份找到我，说他翻译了陶行知教育哲学的相关书籍。当时他已经拿到了基金会会长的亲笔序文，整本书已经快要基本完成了。林亨泽同學希望我能帮他审校一下这本书，告诉我出版这本书，是因为他答应过基金会会长，自己会将陶行知思想介绍到韩国。但是，我并没有看到陶行知研究会的序文，我觉得也许因为研究会的人不懂韩文，他们无法确定翻译的内容是否准确，因此会对这本书的出版持保留态度。也可以说，他们并不是很信任这本书翻译的准确性。

我仔细阅读了林同學拿来的翻译原稿，我觉得如果以这样的方式继续下去的话，不仅是韩国的读者，中国方面也会因为翻译上的诸多错误而对我们失去信任。因此我提出整本书需要从头开始重新翻译，林同學也毫不犹豫地接受了我的建议。林同學的过人才智在他突飞猛进的中文实力上显现出来了。他甚至经常会提一些连我都很难去进行解说的问题。就这样，半年来我和林同學一起对照着原文一点一点地进行翻译和修改。在这个过程中我也不知不觉地被陶行知教育哲学的魅力所感染。陶行知是将孔子的教育思想进行划时代变革的人物。如果说孔子是代表封建时代传统思想的教育家，那么陶行知就是民主共和国时代构建新的教育体系并且对现在都有重大影响的伟大的教育哲学家。因此我觉得如果随意地就将他的教育思想进行传播，就是对他的思想的歪曲。

陶行知在美国好几所大学里学习教育学，特别是对约翰杜威的教育哲学进行了深入的研究，回国后和胡适一起将杜威的教育思想引进到中国。他是将"五四运动[illegible]——科学民主思想融入中国教育的创造性革新人物。他虽然学习过杜威的实用主义教育思想，但他并不是只会照搬照抄的学生。他结合中国传统教育思想里的智慧，设计了符合中国现实的教育理论，这就是"做"。

在韩国也有不计其数的从美国学习教育学归来的学者。但他们都是将外国外的教育制度和理论直接搬来应用，并没有充分结合我们的传统。这大概是因为我们长期以来一直只使用韩文，而我们的祖先用汉字纪录下来的智慧很难被理解和接受，因此我们成为了西洋理论的搬运工。

汉字是东亚文化圈通用的文字，汉字教育是非常必要的。我们生活在汉字文化圈里，了解汉字的话，即使对中国和日本不了解，也能进行交流和沟通。因此我们不能称为汉字文化圈里的"局外人"。特别是在中韩文化教育的深层交流中，汉字教育更是必不可少的。

我认为韩国之所以没有出现结合东西方文化的教育思想，就是因为我们没有进行汉字教育。陶行知在杜威的教育思想里学到了教育的生活化，但他却反过来主张"生活教育"。这是将王阳明主张的"知行合一"思想强化后，在生活的"做"当中体现出来的教育哲学。教育的生活化就如同在把鸟放到鸟笼里一样，再怎么强调教育的生活化，教育依然是被困在鸟笼里的教育。陶行知在此基础上进行改变，主张生活本身就应该是教育。只有这样才能从学校这个鸟笼里解放出来，像鸟一样自由地飞翔，成为自由且自律的人。他主张"做"比"知"更重要，因为只"知"不"做"的话是没有任何意义的。陶行知的教育哲学，就是在生活中通过"做"来得到"知"，在"学"中来"教"。由此他强调了"教学做合一"。

"做"就是要在生活中将"劳心"和"劳力"结合起来，手和脑一起动起来才能成为完整的教育。但我们一直以来都是将生活和教育分离开来在学校里接受着灌输式的教育。我们并不重视体育教育，甚至有教育界人士提议要取消学校的所有运动场。因此体育变成了特长生专属的教育，成为了为了在奥运会上获得金牌的东西。但是，没有动脑的教育，即没有思考的能力的话，这一切都是没有意义的。因此陶行知的教育哲学，就是要求手脑并用。脑力劳动者也需要体力劳动，体力劳动者也需要脑力劳动。这样的话，职业就不分贵贱，各行各业职业虽不一样，但成人的道路是一样的。这个阳明学里的异业同道思想是一脉相通的。

学生为什么要学习？绝大多数学生都会说：为了进一流大学。因为只有从一流大学毕业才能进鼎鼎有名的大企业工作，才能取得很高的社会地位。我们的教育，是为了得到他人所羡慕的学识、财力、权力的以出人头地为目的的教育。但韩国传统的儒教教育是为了成为完整的人而不断进行自我修养的"为己之学"的教育。这绝不是为了让他人羡慕，为了出人头地的“为人之学”的教育。但现在的教育就是深受过去科举教育的影响，学生们为了到达更高的地位，被各种应试学业给折磨着。

在这种教育系统里，所谓的成功的上层人士占有着这个社会的大多数资源，但并没有尽到应尽的义务和责任。这些人拥有了财力和权力，站在高位只顾自己的利益，年轻人在这样的社会现实里只会充满挫折。

有人会将原因归结于儒教，即使我们还是受着传统儒教思想的一些影响，但将原因归于此是完全不对的。提起儒教，我们最先想到的就是三纲五常。其实三纲和五常在本质上是不一样的。“三纲”是将君主，父亲和丈夫当作主人；臣子，儿子和妻子当作下人，强制要求服从的上下遵从的思想。而与之相反，“五常”是将人和和动物区分开来，强调维持人的“仁”思想，这是儒教思想的本质。当今社会，人们认为身处高位的人作威作福就是因为受三纲思想的影响，这是人们没有正确了解到儒教思想的本质而产生的误会。在阳明学里，并没有提到三纲，而是说明了五常是有利于个人和社会的成熟的思想。陶行知的思想也和这基本类似。

“五常”中提到了长幼有序，这绝不是由年龄为依据而来的老少有序。“序”并不是只顺序，而是代表着竖在我面前的一道墙。只有越过这道墙才能成为优秀的“长”。优秀的“长”并不是随着年龄的增长就能自然形成的。是需要通过不断的自我努力去克服困难，跨越这些“墙”，成为越来越成熟的大人。一个人想在某一领域发挥过人的能力，就得经过痛苦的历炼。即使年纪不大，拥有过人能力的成熟的人，也能成为“长”。陶行知建立育才学校不也是想培养出这种优秀的人才吗？1992年中韩建交时，以时任国务院总理李鹏为代表的中国政治文化艺术领域的优秀人才，很多都是出自育才学校。

在韩国，我觉得没有能够努力跨越这些"墙"，能够做到"克己"的成熟的人物。政治领域就不用说了，经济、社会、文化、教育各领域又有多少发挥着自己过人品德的人呢？我觉得这是因为韩国的教育在重视个人个性的同时也充分尊重其他领域的人的民主主义层面上还并不成熟。前面提到的君临天下的态度是民主主义的倒退。民主主义是通过自治实现的。这是需要从小就开始领悟自由和责任，接受这种教育才行的.不然的话，自由就会被摒弃，会产生独裁国家或者出现混乱不堪的无政府现象。陶行知主张孩子们从小开始学习自治，就是为将来建立民主主义国家打下基础。

我通过仔细阅读林同學提供的原稿，学到了非常多。这本书是林同學努力的结果，但如果翻译出现了错误，我作为审校人也有不可避免的责任。翻译是须兼有信、达、雅的事情。我不敢奢望这次的翻译能做到"雅"和"达"，但至少必须有"信"。这也是我十分重视这次翻译的准确性的原因。韩国和中国在政治经济方面有着非常紧密的交流，两国间的交流最重要的就是"信用"。如果我们只是看重短期的眼前利益，两国之间的友好关系是不会长久的。在文化交流层面，即使没有什么利害关系，但尊重对方的文化和历史，才能使双方的交流渊远流长。希望这本小小的书能为中韩关系的友好信赖添一块砖加一块瓦。

2016年 10月 13日

西江大學校 國際人文大學 哲學科 名譽教授 鄭仁在

모택동(毛泽东) 1893 ~ 1976

중국 정치가. 국가주석 및 혁명 군사위원회 주석.
중화인민공화국 정부를 세움.

痛悼伟大的人民教育家陶行知先生千古。
위대한 인민교육자 타오싱즈 선생.

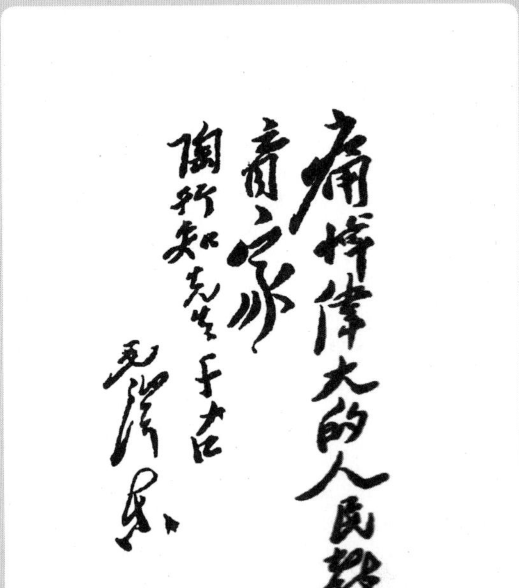

송경령(宋庆龄) 1893 ~ 1981

중국혁명가이자 중화민국 국부(国父)인 손중산(孙中山)의 처(妻)이자 국모(国母)로 칭하여짐. 중화인민공화국명예주석.

万世师表。
영원한 스승의 본보기.

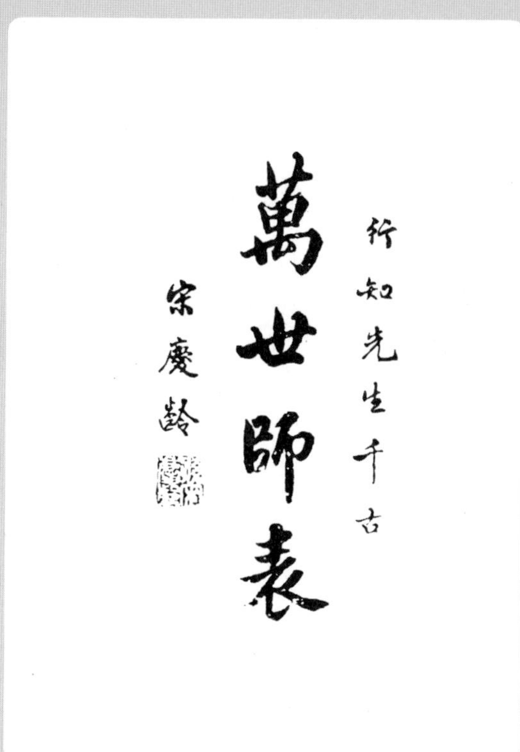

강택민(江泽民) 1926 ~ 현재

중국 정치가. 상해(上海)시장. 상해(上海) 당 서기장.
국가중앙군사위원회 주석 역임.

学习陶行知教育思想，促进教育改革。
타오싱즈 교육사상을 학습하여, 교육개혁을 촉진하자.

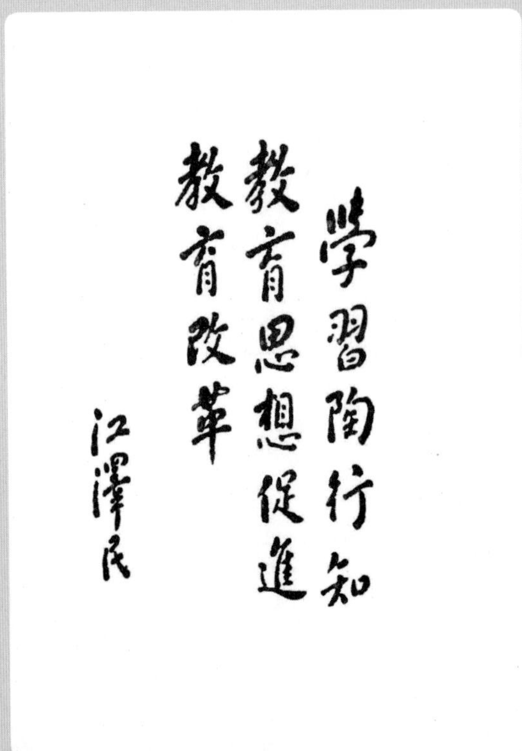

이붕(李鹏) 1928 ~ 현재

중국 정치가. 중앙정치국 상무위원.
국무원 총리 역임.

学习, 研究, 运用, 发扬陶行知的教育思想, 为发展社会主义教育事业服务。
타오싱즈 교육사상을 학습, 연구, 운용, 발양시켜, 사회주의 교육사업의 발전을 이루자.

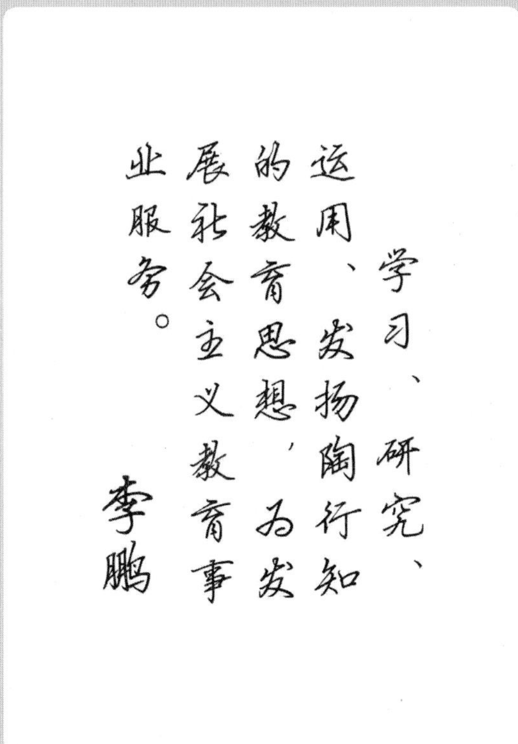

타오싱즈(陶行知)의 일생

타오싱즈(陶行知) 선생은 1891년 10월 18일, 안휘성 흡현(安徽歙縣)의 어느 가난한 농가에서 태어났으며, 본명은 원쥔(文濬)이다.

그는 어릴 때부터 총명하고 공부하기를 좋아했다. 1906년, 타오싱즈는 안후이성 흡현의 숭일학당에 들어가 학비를 면제받아 공부하게 되었다. 타오싱즈는 줄곧 중국사회의 하층으로 살았기 때문에 어린 시절부터 민중들의 고통을 심각하게 느꼈고 일찍이 "나는 한 명의 중국인으로서 반드시 중국에 공헌하겠다(我是一个中國人，要爲中國作出一些貢獻來)"라는 좌우명을 써 놓고 지냈다.

타오싱즈는 1914년에 난징금릉대학(南京金陵大學)문과를 수석으로 졸업한 후, 미국유학을 떠나게 된다.

〈금릉대학(金陵大学) 졸업때의 타오싱즈〉

처음에는 도시행정을 공부하였으나, 후에 콜롬비아대학 사범대학으로 옮기면서 교육학으로 전공을 바꾸게 되었고 교육을 통해서 국가와 민족을 구하기를 희망하였다.

타오싱즈는 1917년 공부를 마치고 귀국하였다. 마침 중국 국내는 민

〈1919년. 존 듀이(J.Dewey)와 함께. 앞줄 오른쪽이 존 듀이,
뒷줄 오른쪽 두 번째가 타오싱즈〉

주와 과학을 기치로 내건 신문화운동이 일어나고 있었다. 타오싱즈는 열정에 가득 차서 적극적으로 신교육을 제창하였고 구교육을 개혁하는데 힘썼다. 타오싱즈는 한편으로는 서방의 교육이론을 소개하면서도 다른 한편으로는 맹목적으로 타국을 좇는 것에 반대하였으며, 과학적 방법에 의한 교육개혁과 창조를 진행하자고 주장하였고, 중국교육의 보급화와 근대화를 실현시키기 위해 노력했다.

타오싱즈는 자신의 주된 힘을 평민교육을 하는 데 사용하였다. 이 기간 동안 그는 중국교육개조의 근본문제가 농촌에 있음을 절실하게 느꼈다. 그는 다음과 같이 말했다. "중국은 농업국가다. 전체인구의 85%가 농촌에 있다. 평민교육은 사람들 사이로 들어가는 운동이다. 즉 향촌으로 내려가야 하는 것이다." 그는 교육을 보급하기 위해서는 반드시 평민교육을 향촌에 뿌리내려야 하며, 향촌교육운동을 전개해 나가야 한다고 보았다. 타오싱즈는 사람들에게 이 향촌교육운동에 참여할 것을 호소했다. "한마음 한뜻으로 중국 향촌을 위해 새로운 생명을 불어 넣자(一心一意地爲中國鄉村開創一个新生命)" 그는 원대한 뜻을 세워 각종 난관을 제거하고 일백만 위안의 기금을 마련하고 일백만 명의 동지를 모집하며 일백만개의 학교를 제창하고 일백만 곳의 향촌을 개조하고자 했다.

1927년에 동남대학교수(東南大學教授) 조숙우(趙叔愚) 등 뜻을 같이 하는 사람들이 향촌사범교육을 위해 남경에서 좀 떨어진 곳에 효장(曉庄)을 기획 건립하였다. 이곳이 바로 "효장사범학교(曉庄師范)"이다. 이곳에서 타오싱즈는 직접 교장으로 취임하였다.

〈1930년 초. 효장사범(晓庄师范)에서 전국향촌교사토론회 후 기념촬영. 앞줄 중앙이 타오싱즈〉

효장사범학교에서 타오싱즈는 양복을 벗어던지고 짚신을 신었다. 선생과 학생과 함께 노동하였고, 같이 생활을 하였으며, 함께 중국교육의 새로운 길을 탐구하고 모색하였다. 또한 효장사범학교에서 타오싱즈는 존 듀이(J. Dewey)의 교육이론을 개조하여 타오싱즈만의 생활교육이론을 만들었다. 그 요지는 "생활은 즉 교육이다(生活卽教育)", "사회는 즉 학교다(社會卽學校)", "가르침과 배움을 하나로(教學做合一)", "행동하는 중에 배운다(在做中學)" 등이다. 생활교육의 이론에 근거하여, 효장사범학생들은 선생님들의 지도하에 직접 황무지를 개간했고, 직접 오두막을 지었으며, 어떤 일을 할 때는 그에 관련된 책을 읽었으며, 학교 문을 나서서 농촌협회에 참가하여 악덕지방유지의 횡포에 맞서 싸우기도 했다. 이렇게 학교교육과 사회생활을 생산노동과 함께 결합하였다. 그 목적은 학생의 실제 능력과 창조능력을 배양하는 것이었고 학생에게 농부의 몸과 손을 갖고, 과학적 두뇌를 갖도록 하는 것이었으며, 사회개조정신을 지닌 향촌교사가 되도록 하는 데 있었다. 이런 생활교육이론은 당시 중국의 국가정서와 부합하였기 때문에 중국의 교육개혁이 진행되던 그 시기, 변함없이 본보기가 될 수 있었다.

1932년, 타오싱즈는 효장사범학교의 경험을 바탕으로 상해(上海)에서 산해공학단(山海工學團)을 창설한다. 공학단(工學團)이란 하나의 사회교육조직이다. 그것은 학교이며, 공장이었으며, 또한 하나의 작은 사회였다. 그는 "공(工)으로써 학생을 키우고 학(學)으로써 학생을 밝히며, 단(團)으로써 학생을 보호한다."는 취지를 제정하였다. 현지 농민자제를 단원으로 받아들여, 오전에는 문화지식을 학습하고 오후에는 생산노동에 참가하게 하였다. 저녁에는 아동단원으로 하여금 현지의 농민들을 공학단으로 오게 하여 차를 마시며 세상일을 논하였으며, 또한 아동단원들로 하여금 이야기를 하게 하여 바로 "어린 선생(小先生)"이 되도록 하였다.

이후 "아는 즉시 전한다(卽知卽傳)"는 어린 선생 제도(小先生制)는 전국의 20개 이상의 성(省)과 시(市)를 중심으로 광범위하게 진행되어 1930~40년대의 중국 교육보급 및 문맹퇴치운동에 매우 큰 역할을 하였다. 1934년 7월 16일, 생활교육〈生活教育〉지에 "행지행(行知行)"이라는 글을 발표하면서 정식으로 타오싱즈(陶行知)로 개명한다.

〈타오싱즈가 어린이들의 학습을 격려한다.〉

〈1931년~1935년의 타오싱즈.
이 시기에 그의 사상은 새로운 비약을
이루었으며, 이름을 "즈싱(知行)"에서
"싱즈(行知)"로 개명하였다.〉

〈1936년~1938년의 타오싱즈.
이 시기에 유럽, 미국, 아시아, 아프리카 등 26개
국가 및 지역을 방문하며 해외거주 화교 및 세계
국가들에게 중국의 항일의 의지를 전파했다.〉

"12.9운동"(1935년 12월9일 북경에서 일어난 학생 항일 구국운동)의 폭발은 항일구국의 새로운 고조가 도래함을 표현하고 있었다. 이 시기, 타오싱즈는 충만한 애국 열정으로 "상해문화계구국회(上海文化界救國會)", "국난교육사(國難教育社)"를 발기, 성립시키는 데 참여하였으며, 송경령(宋慶齡)과 추도분(鄒韜奮)등 저명인사들과 함께 전국각계구국연합회(全國各界救國聯合會)를 발기, 성립한다. 1936년 7월, 타오싱즈는 구국회의 위임을 받아 국민외교사절(國民外交使節)로 임명되어, 유럽, 아시아, 아프리카 등 26개 국가를 순방하였으며 각지의 화교들과 국제적 우호인사들을 만나서 중국 항일구국전쟁의 지지를 얻어내었다. 출국 전, 홍콩을 경유하는 저녁때 심균유(沈鈞儒), 장내기(章乃器) 등과 연합하여 "단결어모선언(團結御侮宣言 : 단결하여 외침을 막는 선언이라는 뜻)"을 발표, 중국공산당이 항일민족통일전선을 주장하는 데 찬동하였으며 제 2차 국공합작(第二次國共合作)을 호소하였다. 이 선언은 국내외로 반향을 불러 일으켜 전국 인민을 고무시켰고 중국 공산당 중앙과 모택동(毛澤東)의 열렬한 지지를 받았다.

〈1936년~1938년. 타오싱즈가 전국구국회(全国救国会)를 대표하여 프랑스의 세계평화대회에 참석한 사진. 왼쪽 세 번째가 타오싱즈〉

〈1937년. 타오싱즈가 멕시코에서 항일에 대해 강연하였다.〉

항일전쟁 시작 후, 타오싱즈는 특수한 재능을 가진 학생들이 가난 때문에 그 능력을 키울 기회를 얻지 못한다는 것을 발견하였다. 주은래(周恩来)와 많은 공산당원들의 지지 하에, 1939년 7월 그는 육재학교(育才學校)를 창설한다. 이 학교는 중경(重慶) 부근에 설립되었는데, 학생들은 모두 선발된 특수한 재능을 가진 우수한 아동들이었다. 학교는 학생들의 흥미와 조건에 의거하여 많은 수의 전문가들을 초빙하여 교사로 가르치도록 하였으며, 각 학생들의 재능에 맞는 교육을 실시하였다. 학생들에게 문화 과목을 학습하게 했을 뿐만 아니라 노동교육, 전문기초지식교육과 혁명적 사상교

〈육재학교는 중국공산당 및 주은래(周恩来)의 관심과 지지를 받았다.〉

〈충칭사회대학 앞에서의 타오싱즈〉

육이 함께 진행되었다. 교육과 생산노동, 사회실천, 혁명실천이 긴밀하게 결합된 교육을 받도록 하였고 이렇게 생활교육의 이론을 인재묘목을 배양하는 실천에 운용하였기에 육재학교(育才學校)는 중국근대교육사상 하나의 걸작품이 되었다.

항일전쟁 승리 후, 타오싱즈는 내전반대, 평화쟁취, 독재반대, 민주적 군중 투쟁 쟁취를 위해 더욱 큰 정치적 열정을 쏟게 된다. 그가 중경(重慶)에서 창립한 사회대학(社會大學)은 민주혁명의 보루가 되었다. 타오싱즈는 중국민주동맹중앙민주교육위원회의 주임을 맡아 "민주교육실시개요(實施民主教育的提綱)", "민주교육의보급(民主教育之普及)", "사회대학운동(社會大學運動)" 등의 문장을 발표하여 국민당이 진행하고 있던 파시즘 교육을 단호하게 폭로하고 비판하였으며, 생활교육의 4대 방침을 제출하였는데, 민주적, 과학적, 대중적, 창조적 교육이 바로 그것이다.

1946년 4월, 타오싱즈는 상해로 돌아와 자신의 몸을 돌보지 않고 평화민주적인 투쟁을 계속 진행하였고, 또한 상해에서의 사회대학 창설과 육재학교의 이전 문제로 동분서주하고 있었다. 오래되지 않아 저명한 민

〈1945년 10월 11일. 모택동(毛泽东)이 충칭(重庆) 회의 후 연안(延安)으로 돌아가는 비행장에서 사진. 왼쪽 두 번째가 모택동. 오른쪽이 타오싱즈〉

〈1946년 6월 23일. 상해 10만 대중 앞에서 내전 반대를 외치며 서 있는 타오싱즈〉

주전사 이공박(李公朴)과 문일다(聞一多)가 국민당의 특무(特務)에 의해 암살되었다든 소식이 전해졌고, 타오싱즈는 매우 격노하였다. 타오싱즈는 가는 곳마다 강연하며 "평화가 가장 급한 일이며, 민주가 가장 우선이다"라고 호소하였다. 그 후, 국민당 특무가 이미 타오싱즈를 다음 암살대상으로 삼았다는 이야기가 들려왔지만 그는 두려움 없이 "나는 세 번째 총을 기다리고 있다."라고 준비하며 변함없이 정의를 계속 외쳤고 시종일관 민주운동의 최전방에 서 있었다. 7월 25일, 타오싱즈는 지나친 과로와 심한 스트레스로 갑작스럽게 뇌일혈이 발생하여 세상을 떠났다.

타오싱즈 서거 이후, 전국에서 광범위한 애도의 움직임이 시작되었다. 오늘날에도 사람들은 여전히 그의 사상을 연구하고 있으며, 그의 성품을 학습하고 있다. 그의 저작은 〈타오싱즈전집〉으로 출판되었고, 타오싱즈교육사상을 연구한 전문저작 및 논문이 대량으로 배출되고 있다. 사실상, 타오싱즈의 교육사상은 이미 중국의 특색 있는 교육과학이론체계의 중요한 기초의 하나로서 건립되었다.

〈타오싱즈의 묘소. 난징 효장사범(晓庄师范)에 있다.〉

차례

제2부. 효장사범학교

(1927~1931: '효장학교를 설립하고 운영하면서)

제4부. 전투

(1936~1939: 항일전쟁 및 전쟁 후의 내전 반대 등의 정치적 열정)

제5부. 육재학교

(1940~1944: 육재학교를 설립하고 운영하면서)

제6부. 사회대학

(1946: 사회대학 개념 정립)

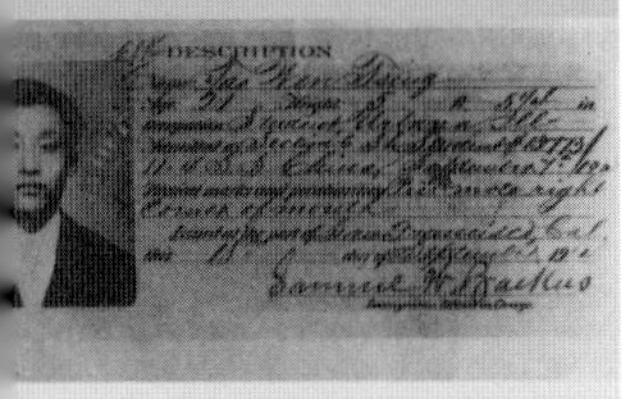

제1부

나의 학교관 (1918~1926: 미국유학 후 평민향촌교육의 뜻을 정립함)

1. 사범대 학생이 마땅히 지녀야 하는 관념 1918년 5월
2. 실험주의와 신교육 1919년 2월
3. 가르침과 배움의 합일 1919년 2월
4. 제일류의 교육가 1919년 2월
5. 학생자치문제에 관한 연구 1919년 9월
6. 새로운 교육 1919년 9월
7. 사범교육의 새로운 추세 1921년 10월
8. 살아있는 교육 1922년 1월
9. 남경안휘공립학교의 설립 취지 1924년 12월
10. 향촌 유치원 창설 선언서 1926년 10월
11. 나의 학교관 1926년 11월
12. 중화교육개진사 전국 향촌교육 개조 선언서 1926년 12월

1. 사범대 학생이 마땅히 지녀야 하는 관념

师范生应有之观念

내가 귀 두 학교의 부탁을 받아, 제군들과 터놓고 얘기하니, 기쁨을 이길 수 없다. 나는 학우들과 대화하는 것을 가장 좋아하는데, 십여 년 동안, 하루도 학생이지 않은 날이 없었기 때문이다. 현재는 교원이지만, 또한 학생이 아닌 적이 없었는데, 무릇 배우지 않으면, 가르칠 수 없다. 이미 학생이 되었으면, 제군과 동등한 동지이고, 동지가 서로 이야기하는 것은, 자연히 반드시 매우 즐겁다. 제군은 다 같은 사범생이고, 연구를 하는 바가 교육이고, 그리고 내가 연구하는 바 역시 교육이니, 더욱 동지 중의 동지이고, 그래서 더욱 기쁘다. 제군은 평소 학교에서, 이미 훌륭한 가르침과 훈련을 받았으니, 굳이 내가 많은 말을 할 필요가 없다. 단지 동지가 모이고, 역시 연구하는 바가 생기지 않을 수 없어, 여러 동지들이 지적하여 바로잡아 주기를 더욱 희망한다.

오늘 연설의 주제는, 바로 《사범생이 마땅히 지녀야 하는 관념》이다.

1. 교육이 즉 제일 효력이 있는 사업이다

교육은 개인의 천성을 개량할 수 있다. 사람의 성정은 선도 있고 악도 있는데, 교육은 악한 자를 선으로 변하게 할 수 있고, 선한 자를 더욱 선하게 할 수 있다.

즉 개인의 성정(性情) 중에, 또한 선한 요소와 악한 요소가 있는데, 더욱이 선한 요소 중에 또한 악을 함유한다. 사랑과 같은 것이, 바로 성정(性情) 중의 선한 요소이다: 그러나 사랑이 다하여 질투를 낳으니, 선을 변화시켜 악을 만들었다. 악한 요소 중에 또한 선을 함유한다. 분노와 같은 것이, 바로 성정 중의 악한 요소인데, 그러나 문왕(文王)[주(周)나라의 기초를 닦은 명군. 고대의 이상적인 성인군주의 전형]이 한번 노하여 천하를 안정시킨 것은, 악을 사용하여 선을 만든 것이다. 교육은 이에 악성(惡性) 중 선한 요소를 취하고, 선성(善性) 중 악한 요소를 없앤다. 광물을 채굴하는 것이 이와 같은데, 진흙 안에 금을 함유하고, 금 안에 또한 잡다한 진흙을 가지고 있다. 광물을 채굴하는 자는 진흙 안의 금을 취하고, 금 안의 진흙을 없앤 후에, 귀한 물건을 만든다. 교육이 역시 이와 같다.

교육은 공화의 요소를 양성할 수 있다. 공화국은 두 큰 요소를 가지고 있다: 하나는 반드시 정당한 지도자를 가지고 있어야 하고, 또 하나는 정당한 지도자를 인식하는 국민을 가지고 있어야 한다. 무릇 지도자는 정당한 자가 있고, 또한 정당하지 않은 자가 있다. 정당한 지도자는, 국민이 정당한 사업을 하도록 인도할 수 있고, 정당하지 않은 지도자는, 국민이 정당하지 않은 사업을 하도록 유도할 수 있다. 그러므로 또한 정당한 지도자를 인식할 수 있는 국민을 양성하여, 지도자가 정당하면 그를 따르고, 지도자가 정당하지 않으면 그를 제거해야 한다. 이로 말미암아, 정당한 지도자의 세력은 매일 펼쳐지고, 정당하지 않은 지도자의 세력은 매일 줄어든다. 그러므로 교육은 공화의 기초를 공고히 할 수 있다.

교육은 유전되지 않는 문화를 전파할 수 있다. 사람의 언어는 태어나면서 아는 것이 아니고, 반드시 점차적으로 익힌 후에야 할 수 있다. 그러나 역시 한 나라의 언어를 말 할 수 있을 뿐인데, 만약 중국인이면 단지 중국어를 말할 수 있을 뿐이고, 독일어, 영어, 러시아어, 일본어 등의 나라의 언어를 말할 수는 없다. 만약 독일어, 영어, 러시아어, 일본어 등의 나라의 언어를 말하고자 하면, 반드시 전문적으로 익힌 후에야 할 수 있다. 미루어 말하면, 세계문화는 무려 천만이나 되는데, 모두 부모가 유전할 수 없는 것이고, 교육이 그것을 하나 하나 주입할 수 있다. 나는 교육이 문화를 만들 수 있으면, 사람을 만들 수 있다고 주장하고, 사람을 만들 수 있으면, 나라를 만들 수 있다고 주장한다. 오늘날의 사람은 모두 교육이 나라를 구할 수 있다고 말하지만, 그러나 '구국(救國)'이라는 이 하나의 말은, 마치 나라가 이미 손상되어서, 따라서 보완해야 한다는 것으로 느껴지니, 나라를 만드는 것으로 고치는 것만 못하다. 하나를 만들어 하나를 얻고, 열을 만들어 열을 얻으니, 천백 만에 이르러도, 모두 그렇지 않음이 없다. 가난한 자는 복을 만들 수 있고, 약자는 강함을 만들 수 있다. 만약 구국을 말한다면, 동쪽을 뜯어내어 서쪽을 보완하고, 살을 도려내어 상처에 붙이는 것과 같으니, 잠시 비록 방책을 얻었더라도, 결국 지극한 계획(至計)은 아니다. 만약 교육이 나라를 만든다고 말한다면, 정신중에 자연히 흥미가 생겨남이 있을 것이니, 무릇 교육은 낙관적인 것이며, 비관적인 것이 아니다.

교육은 할 수 있는 일을 가장 가지고 있다. 예전과 지금의 명사(名士)는 교육을 연구함으로 인하여 드러나지 않은 사람이 없다. 예를 들어 다윈, 듀이, 프뢰벨 등, 모두 교육을 연구함으로 인해 드러난 사람이다. 오직 모름지기 결심이 생기고, 굳은 의지가 있으면, 일을 이루는데 어찌 어렵겠는가? 그러나 이 조차 두 번째이다. 우리들이 첫 번째 알아야 할 것은, 남은 남이고, 나는 나인 것이다. 하늘이 이미 나를 낳았으면, 반드시 나에게 일종의, 사람이 되어 즐겁게 그 무언가를 할 수 있는 능력을 주었을 것이다. 그렇지 않으면, 이미 남이 있는데 하필 내가 있을 필요가 있겠는가! 하늘이 이미 공자를 낳았고, 만사가 모두 공자가 할 수 있는 것이면, 또 하필 나를 낳아서 옛 사람의 부속물이 될 필요가 있는가? 이에 따라 보게 되면, 우리들은 스스로 일어서야만 하고, 스스로 강해져야 하며, 내가 할 수 있는 것을 하고, 남을 따라 흉내내지 않으면, 대체로 하늘이 나를 낳은 뜻을 저버리지 않는다. 교육이 이미 이렇다고 하면, 나라는 사범생은 어떤 종류의 관념을 마땅히 행해야 하는가? 내가 보아하니, 남자 사범생과 여자 사범생의 관념은, 마땅히 다름이 있어야 한다. 유럽대전[세계 제 1차 대전]이 발생하고 나니, 독일과 프랑스는 하나의 막대한 문제를 발생시켰다. 왜냐하면 그 평상시에 남자 교사가 여자교사에 비해 많았는데, 갑자기 전쟁이 발생했기 때문에, 국내에 교육사업을 담임할 남자가 부족해서, 아동에게 준 영향은 매우 컸다. 중국 또한 이와 같았다. 그러나 미국, 캐나다는 그렇지 않아, 그 초등학교 교사 모두 여자로써 충당했고, 그 남자는 모두 병역을 맡아서 나라를 지켰다. 그러므로 전쟁이 발생한 후에도, 교육은 여전히 영향을 받지 않았다. 다시금, 여자와 아이는 천연(天

然)적으로 사랑하는 감정이 있는데, 남자의 아동을 보살핌이 마지못해 나오는 것과 같은 것이 아니다. 그러나 고등초등학교(高等小學)[중학교]는 다름이 있는데, 그 진취적 용감한 정신을 양성하고, 그 군국민(軍國民)의 패기를 불러일으켜야 하기 때문에, 그러므로 남자 교사를 이용해야 한다. 이것이 남녀교사가 다른 점이다. 그러나 그 공통의 점은, 교육을 전문직업으로 삼는다는데 있다. 지리, 역사, 철학, 의학, 생리학 등, 비록 모두는 교육자가 이용하는 것이지만, 아동을 가르친다면 전문적인 교육을 연구한 과학이 아니면 안 된다. 지금 세계에는 네 종류의 교육자가 있다: 첫째는 정객 교육자, 정치 상의 활동을 도모함으로써 교육을 짓밟는다; 둘째는 공상 교육자, 공상하여, 실행할 수 없는 것이 있다; 셋째는 경험 교육자, 경험을 자처함으로써, 이론을 연구하지 않으려 한다; 넷째는 과학 교육자, 과학을 실제로 이용함으로써 교육을 하는 사람이다. 중국의 현재 교육자는 정객, 공상, 경험 세 종류가 있을 뿐이나, 그러나 교육은 과학교육을 가장 중요하게 생각한다. 남녀 사범생이 온 마음과 뜻을 다 기울이고, 주의(主義)를 끝까지 견지하여서, 교육을 전문직업으로 삼는다면, 어떤 사람이든 할 수 없는 사람이 몇 명일 것이며, 어떤 일이 할 수 없을 것인가?

2. 교육은 일종의 즐거운 사업이다

《논어》에 이르기를: "멀리서 친구가 찾아오니 즐겁지 아니한가?(朋友自遠方來, 不亦樂乎)"라고 하였는데, 그 때, 공자가 교육의 즐거움을 말한 것이 아니겠는가? 공자는 일생을 사람을 가르치는데 게으르지 않았으며,

식사도 잊으며 분발하였고, 즐거워함으로써 근심을 잊고, 늙음이 다가오는 것도 몰랐다. 현재 교육을 맡은 자는, 교원이 되는 것을 고통스러운 길로 여기지 않음이 없는데, 그 명예도 없고 이익도 없기 때문이다. 그것은 경제상에는 물론 매우 고통스러움이 있지만, 실제는 무한한 즐거움이 그 중에 담겨있음을 전혀 모른다. 무지몽매한 자를, 내가 그를 지혜롭게 할 수 있고, 어린 자를, 내가 성장시킬 수 있고, 후배가 매일 빨리 발전하는 것을 눈으로 보는 것, 모두가 내가 만들어 낸 것이다. 그 즐거움이 어떠하겠는가! 그러므로 교육을 하는 자의 즐거움은, 당연히 절차 상에 있어야 하며, 그 결과의 대가에 있지 않다. 바꾸어 말해서, 교육을 놀이의 작업으로, 작업의 놀이로 본다. 고생스러운 동작에 대해, 결과의 대가를 구하는 자라면, 교육계 밖에다 마땅히 버려야 한다.

3. 각종 교육의 직업은 모두 평등한 것으로 보아야 한다

현재 교원의 일반 심리는, 매번 대, 중학교의 등급은 높고, 고소(高小) 국민학교[초등학교 5,6학년]의 등급은 낮기 때문에, 그리하여 대, 중학교에서 가르치는 것은 영광스럽게 여기고, 고소(高小), 국민학교에서 가르치는 것은 천하게 여긴다. 대학도 중요하고, 중학도 중요할지 모르나, 그러나 고등소학(高等小學), 국민소학(國民小學), 유치원은 더욱 중요하다. 때문에 나는 주장하건대, 무릇 대학, 중학, 소학 등의 교원은, 국가의 동등한 노고의 보수가 반드시 있어야 하고, 사회의 동등한 대우가 반드시 있어야 한다. 그러나 일반 사람의 심리는, 소학의 중요를 이해하지 못함이 많고, 사범생 또한 이 이치를 이해하지 못하는 자가 있다. 이로 말미암아, 타인도 물론 불평등하게 대우하지만, 즉 스스로도 또한 소학교원이 대학, 중학교원의 가치보다 못하다고 느낀다. 심지어는 가서 하지 않고, 그 마땅히 해야 하는 직업을 방치한다. 그리하여 이 폐단을 구제하려 하면, 먼저 각종 교육의 직업을 모두 평등하다고 보아야 하며, 이는 사범생이 마땅히 주의를 해야 하는 것이다.

4. 교육은 아이에게 필요한 것을 주는 사업이다

교육이란, 학생을 가르치고 길러내기 위해 마련된 것이고, 모두 학생을 중심으로 한다. 그러므로 학교를 창립하고, 교사를 초빙하는 것은, 학생을 위함이 아닌 것이 없다. 만약 학생이 없으면, 어찌 학교가 있겠는가? 이미 학교가 없으면, 어찌 교사가 있겠는가? 그렇다면 교사와 학생이, 어찌 같은 정감이 없을 수 있겠는가? 같은 정감은 무엇을 말하는가? 곧 학생의 즐거움을 즐거움으로 삼고, 학생의 걱정을 걱정으로 삼는다; 학생의 즐거움과 걱정이 바로 나의 즐거움과 걱정이고, 학생의 고뇌가 바로 나의 고뇌인 것이 이것이다. 내가 한 학교를 참관한 적이 있는데, 온종일 겨우 교사의 웃음을 한 번 보았을 뿐이니, 위엄이 없다고 말할 수 없다. 내가 만일 처지를 바꾸어서 그 학생이 된다면, 반드시 또한 그를 보기를 재판관(判官)이나 염라대왕으로 볼 것이니, 마치 가시가 등에 박혀있는 것 같다. 이 교사가 학생과 정감을 같이 할 수 없는 이유이다. 현재 중국 교사의 큰 폐단이, 바로 여기에 있다. 이는 또한 우리 사범생도 주의를 해야 하는 것이다.

5. 교육은 사회가 필요한 것을 제조하는 사업이다

교육은 사회를 개량하기 위해 마련되었고, 사회의 인재를 교육시키기 위해 마련되었다. 그러므로 학교는 사원이나 바위 굴(岩穴)이 아니고, 교원은 고독한 승려나 은둔자가 아니다. 무릇 이미 사회를 위해 마련되었으니, 만약 사회와 서로 왕래하지 않는다면, 어찌 사회의 수요를 알겠는가? 중국 이전의 폐단이, 바로 여기에 있으니, 또한 우리 사범생도 마땅히 주의해야 하는 것이다.

6. 교육은 사범대생의 평생의 사업이다

현재 교사를 하는 자는, 남자는 직업이 없어서 할 일이 없기 때문에, 그래서 잠시 그것을 하고, 여자는 아직 시집을 가지 않았기 때문에, 그래서 잠시 그것을 한다. 일이 얻어지고, 가정이 이루어지면, 멀리 날아가 돌보지 않는다. 교육을 하는 것은 마치 우산을 사용하는 것 같이 보아서, 비가오면 취하여 덮고, 맑으면 높은 선반에 둔다. 학교에 머무르는 것을 여인숙에 머무는 것과 같이 보아서, 오늘 여기에 머물고, 내일은 곧 떠나니, 비록 모기와 벼룩의 해함이 있더라도, 오늘 머무는 것에 불과한데, 또한 크게 제거할 필요가 있겠는가! 교육 중에 또한 해충이 있으면, 교사의 책임으로, 마땅히 제거해야 하는 바인데, 어찌 잠깐 할 수 있으며, 결국 진월(秦越)[진월비척(秦越肥瘠): 서로 하등의 교섭관계가 없는 사물을 의미함]처럼 보아서, 정돈의 계획을 어찌 세우지 않는가? 옛날, 영국 여자 황제 엘리자베스는 평생 시집가지 않았는데, 사람들이 그 이유를 묻자, 바로 잉글랜

드는 즉 나의 남편이라는 한 마디로써 대답했다. 이탈리아 재상 카보우르 [카밀로 벤소 카보우르 Camillo Benso Conte di Cavour]도 평생 아내를 얻지 않아, 사람들이 그 이유를 묻자, 바로 이탈리아는 즉 나의 아내라는 한 마디로써 대답했다. 그러므로 나는 오늘 또한 제군에게 전할 두 말이 있는데, 즉 남자 사범생은 마땅히 교육을 아내로 삼아야 하고, 여자 사범생은 마땅히 교육을 남편으로 삼아야 한다. 이런 확고한 신념을 가지면, 끓는 물에 뛰어들고 타는 불을 밟는 것도, 결코 마다하지 않고, 몸을 다 사르고, 죽은 뒤에 그칠 뿐이다. 내가 이루지 못하면, 내 아들이 그것을 이을 것이고, 내 아들이 이루지 못하면, 내 손자가 그것을 이을 것이다. 자자손손(子子孫孫), 세세대대(世世代代), 서로 이어짐에 간격이 없고, 바다는 마를 수 있어도 나의 뜻은 마를 수 없고, 돌은 문드러질 수 있어도 나의 뜻은 문드러질 수 없다. 서장(西藏), 가장 서쪽의 가장 빈곤한 땅이나, 나는 교육을 하는 자이니, 나는 즉 서장으로 가는 것을 마다하지 않아야 한다. 몽고(蒙古), 가장 북쪽의 가장 빈곤한 땅이나, 나는 교육을 하는 자이니, 나는 즉 몽고로 가는 것을 마다하지 않아야 한다. 명예도 필요 없고, 이익도 필요 없으며, 단지 교육이 좋아지는 것만을 필요로 하고, 어려움도 두렵지 않고, 죽음도 두렵지 않으며, 단지 교육이 좋아지지 않을 것만을 두려워한다. 사범생은 바로 이 뜻을 책임지는 자이니, 그러므로 다른 종류의 학생과 같지 않다. 책을 읽는 것은, 책을 읽는 것을 가르치는 작업으로 삼아야 하고, 학문을 추구하는 것은, 학문을 추구하는 것을 가르치는 작업으로 삼아야 한다. 누에는 뽕잎을 먹고, 소화하고 토해서 아름다운 비단실을 만들 수 있다. 사범생이 학문을 추구하는 것은, 또한 마땅히 융합하고 통달하여 사람의 사업에 유익한 것을 토해내야 한다.

이상 말한 것은, 모두 일반적인 논의에 속한다. 아직 남아있는 문제는, 제군과 협의 검토하면, 거의 위에서 말한 모두가 해결되고 실제적으로 변할 수 있다. 증자(曾子)는 "나는 하루에 세 번씩 나 자신을 반성한다."[1]고 말하였다. 제군도 또한 마땅히 왜 타 학교에 입학하지 않고 사범학교에 입학했는지 스스로 성찰(自省)해야 한다. 어찌 사범학교가 학비와 식비를 면제하였기 때문에 왔단 말인가? 그렇지 않고 학문을 추구하는 이유였으면, 입학할 수 있는 타 학교가 없어서, 어쩔 수 없이 사범학교에 입학했는가? 혹은 부모의 명에 강요되어, 부득이하게 사범학교에 입학했는가? 장차 큰 재능을 지고, 큰 흥미를 안고, 그리고 나서 사범학교에 입학했는가? 만약 학비나 식비가 면제였기 때문에, 다른 학교에 들어갈 수 없었기 때문에, 부모가 강요하였기 때문에 들어온 것이라면, 우선은 따지지 않겠다. 만약 큰 재능을 지고, 큰 흥미를 안고 있기 때문이라면, 그것을 장차 어떻게 스스로 대할 것인가? 내가 보건대 오늘 사범 졸업생의 일부분은 교육을 하지 않는 사람이 있고, 혹은 교육을 하지만 마음과 힘을 다하지 않는 자이니, 모두 처음에 스스로 성찰할 수 없었던 이유이다. 그렇다면, 이상의 말했던 바는 모두 공담(空談)이 된다. 나의 이번의 말은, 이제 막 큰 재능을 지고, 큰 흥미를 안고서 사범학교에 입학한 자를 위해 말한 것이며, 제군 모두 주의하기 바란다. 만일 잘못된 곳이 있으면, 지적해내어 바로잡아도 무방하니, 실로 몹시 기쁘고 행복하다.

이 글은 1918년 5월 타오싱즈 선생이 안휘성립제일사범대학(安徽省第一師範學校)과 성립제일여자사범대학(省立第一女子師範學校)의 학생들을 위해 쓴 강연문이다)

1 《논어 학이편》

2. 실험주의와 신교육

试验主义与新教育

《설문해자(說文解字)》[한대(漢代), 허신(許愼)의 문자 해설서]: "새로움(新), 나무를 취한다(取木)." 나무는 사라지면 다시 싹트는 힘을 가지고 있어서, 그러므로 새로움(新)은 층층이 그치지 않고 나온다는 뜻을 가지고 있다. 신교육과 구교육의 구분이, 그것이 여기에 있는가? 무릇 교육의 진리는 무궁하니, 그것을 발명할 수 있으면 항상 새롭고, 그것을 발명할 수 없으면 항상 낡았다. 발명의 힘이 있는 자는 비록 낡아도 반드시 새로워지고, 발명의 힘이 없는 자는 비록 새로워도 반드시 낡아버린다. 그러므로 신교육이 새로워지는 까닭과, 구교육이 낡아지는 까닭은, 역시 그 발명능력이 어떠한가를 볼 따름이다. 발명의 길은 어떠한가? 이르기를, 무릇 천하의 사물은, 그 처한 상황에 기대지 않는 것이 없다. 상황이 같지 않으면, 증상이 다름이 있다. 그러므로 앎을 넓히고(致知) 이치를 탐구(窮理)하려면, 반드시 먼저 그 상황을 단속해야 하고, 그리고 그 증상을 불러들이고 나서, 쓸모가 비로소 보인다. 이 실험 정신은, 근세의 일체의 발명이 유래한 바이다. 훌륭한 실험자는 가설을 세우고 방법을 택해서, 모든 연구(格)하려는 사물을 들어서, 모두 규범 가운데 귀납시킨다. 먼 것은 가깝게 하고, 작은 것은 크게 하고, 복잡한 것은 간단하게 하고, 잡다한 것은 순수하게 하며, 합한 것은 나누고, 나누어 진 것은 통하게 한다. 다양한 방법으로써 그것을 실험하고, 여러 번 실험으로써 그것을 검증하고, 더욱 그 다르고 같음을 비교하여, 그 사라짐과 자람을 살피며, 그 움직임과 고요함을 관찰하고, 그 변화를 관찰한 후에야, 원인과 결과가 분명할 수 있고, 이치가 연구될 수 있다. 예를 들어 갑과 을, 두 교수법의 우열을 실험하면, 반드시 실험할 때의 일체의 상황을 일치하게 한 곳으로 모은다. 무릇 반드시 하나의 교사, 하나의 교재, 하나의 설비, 하나의 시간, 하나의 장소를 우선해야 하고, 그리고 가르침의 학생은 또한 반드시 나이가 같고, 남녀가 같고, 집안 형편이 같고, 수준이 같아야 하며, 그런 다음에 각 다른 교수법으로써 실시하여야, 비로소 결과가 모이는 바를 알 수 있다. 여러 번 실험하여 검증하고, 그 후에 두 방법의 나음과 못함이 비로소 밝혀질 수 있다. 그러므로 항상 새로움의 도를 추구하고자 하면, 반드시 먼저 낡은 것을 제거하는 방법을 가지고 있어야 한다. 실험자는 낡은 방법을 제거한다. 무릇 그것을 시험 삼아 논하면, 교육이 낡아지는 까닭은 다섯인데, 그것을 개혁하고 새롭게 하는 것, 그것은 오직 실험뿐이다. 이른바 다섯 낡은 것은 무엇인가?

1. 하늘의 조화(天工)에 의지한다

그 하늘의 조화(天工)에 의지하는 자는, 하늘이 모습(象)을 드리우는 것을 기다리고, 사물이 상징(征)을 보여주는 것을 기다리며, 성공과 실패, 순조로움과 난관을 모두 운수에 맡겼다. 그 폐단을 연구해보면, 유한한 시간을 가지고, 반드시 얻을 수 없는 인과를 쫓아가는 것이다. 이는 사물에 의해 부려지는 것이고, 하늘에 의해 통제되는 것이니, 어찌 가두어진 바가 되지 않을 수 있겠는가? 가두어졌다는 것은 즉 스스로 새로워지는 힘이 없는 것이다. 만약 혹시 그것이 있다면, 아마도 우연에서 나온 것이다. 설령 변하지 않는 것이 있다고 하더라도, 아마도 나타내는 자가 인색한지, 내가 또 어찌 그것의 끝을 탐구하여, 그것의 새로움을 열 수 있겠는가? 순자(荀子)는 말했다: "하늘을 위대하게 여기고, 그것을 사모하는 것과, 사물을 비축하여 제어(制御)하는 것은 어느 쪽이 나은가? 하늘을 따라서 그것을 기리는 것과, 천명을 제약(制約)하여 그것을 활용하는 것은 어느 쪽이 나은가? 사물로 인하여 그것을 많아지게 하는 것과, 능력을 발휘하여 조화롭게 하는 것은 어느 쪽이 나은가? 사물을 생각하고 그것이 사물을 낳게 하는 것과, 사물을 다스려서 그것을 잃지 않게 하는 것은 어느 쪽이 나은가?(大天而思之，孰與物畜而制之! 从天而颂之，孰與制天命而用之! 因物而多之，孰與骋能而化之! 思物而物之，孰與理物而勿失之也!)" 이 몇 마디의 말이 실험정신의 요점에 딱 들어 맞는다고 말할 수 있다. 무릇 훌륭한 실험자는, 사물을 부리지 사물에 부려지지 않고, 하늘을 제재하지 하늘에 제재되지 않는다. 오직 그 인력으로써 하늘의 조화를 이기니, 그러므로 그 심오함을 찾고, 항상 그 새로움을 지킬 수 있다.

2. 낡은 법을 답습한다

옛 것에 얽매이는 사람은 저 오래된 습관이 능사라고 여긴다. 하나의 일을 행하는데, 하나의 말씀(詞)을 두어, 반드시 선례를 구한다. 인용할 수 있는 예가 있으면, 비록 해롭더라도 묻지 않고, 인용할 수 있는 예가 없으면, 비록 훌륭하더라도 행하지 않는다. 그렇지만 오늘과 옛날의 시대의 추세가 같지 않으며, 문제도 또한 다르다. 문제가 이미 다르면, 방법이 달라야 한다. 그러므로 옛 사람에게 적합한 것이 반드시 오늘에 적합한 것은 아니다. 다만 옛 사람의 규칙을 고집함으로써, 오늘의 문제를 해결하면, 도저히 서로 맞지 않으니(圓枘方鑿), 서로 받아들일 수 없어서, 어찌 그 진보를 구할 수 있겠는가? 그러므로 교육의 쇄신 진보를 추구하려 한다면, 반드시 먼저 실험을 해서, 그 스스로 얻는 능력을 양성해야 한다. 스스로 얻을 수 있으면, 비로소 발명할 수 있고, 발명할 수 있으면, 낡은 법이 저절로 물러가고, 교육이 저절로 새로워진다.

3. 자신의 뜻에 맡겨 따른다

교육은 일종의 전문 사업이므로, 반드시 배운 후에야 이루어지는 것이다. 그러나 교육에 종사하는 사람은, 자신의 한 때의 뜻에 맡겨 치우쳐서, 진행의 추세를 정하려 한다. 그러므로 생각하기만 하고 배우지 않아, 공허함에 기대어 구상하는 자도 있고, 하나를 알고 반만 이해하여 독단으로 종사하는 자도 있으며, 심지어 해결에 무지하여 중간에 흐지부지 그만두는 자 역시 있다. 공상을 하면 볼만한 새로움이 없고, 독단을 하면, 스스로 새로워지는 길을 끊고, 중간에 흐지부지 그만두면, 곧바로 새로운 희망이 없다. 이 폐단을 구하려 하면, 반드시 생각하는 자는 모두 근거하는 바가 있고, 독단하는 자도 모두 근거하는 바가 있도록 해야 한다. 어려움이 오면, 그것을 해결하고, 그것을 규제하고, 그것을 이용하는 까닭을 구하고 방법을 설정해야 한다. 무릇 이 모두가 실험의 길이다.

4. 다른 나라를 본보기로 삼는다

지금의 신(新)인물로 불리는 자는, 바로 외국제도를 본보기로 삼는 것을 능사로 여긴다. 그리고 일반 인사(人士)는, 외국인을 본받을 수 있는 자가 보이면, 역시나 바로 그를 신인물이라고 말한다. 비록 그렇다고 하더라고, 그것이 어찌 진정 새로울 수 있는가? 무릇 한 사물의 발명은, 먼저 비밀을 많이 지킨다. 비밀에서부터 공표(公布)에 이르기까지, 모름지기 얼마의 시간이 지나야 하는가? 공표에서부터 외부에 전하는데 이르기까지, 또 얼마의 시간이 지나야 하는가? 하물며 내가 본보기로 삼는 자인데, 혹시 오해로부터 생겨나면, 오해로써 오해를 전하니, 해(害)를 끼치는 것이 얕지 않다. 설령 그 참된 내용(眞相)을 얻었다고 하더라도, 돌아다니며 말을 전하는데, 시일이 많이 필요하다. 아마도 내가 새롭다고 말하는 것이, 타인은 이미 낡은 것으로 여길 수 있다. 특별히 이것이 아니라도, 중국과 외국은 상황이 같은 것이 있고, 다른 것이 있다.

같은 것은 거울을 빌려주듯, 타산지석(他山之石)으로, 물론 옥을 다듬을 수 있다(固可攻玉)[다른 산에서 나는 나쁜 돌이라도 자신의 옥을 갈 수 있다는 뜻]. 같지 않은 것은 본받는다고 해도, 외국에 적합한 것이 반드시 중국에 적합한 것은 아니다. 오늘날 나라 중의 교육을 한 번 보면, 마땅히 있어야 하는 것은 없고, 마땅히 없애야 하지만 있는 것은, 어디에나 있다. 이것도 외국을 그대로 본받은 과오가 아닌가? 만약 실험을 실행할 수 있으면, 특별하게 발명을 하여, 충분히 스스로 사용할 수 있고, 공공(公共)의 원리로 충분히 사람을 가르칠 수 있다. 교육의 진보는, 성공이 확실할 수 있다.

5. 우연히 경험해 본다

하나의 주의(主義)가 발생할 때, 그 아름다운 이름을 사모하느라 이에 그 진실된 의미를 잃어버리는 사람이 반드시 있다. 그 폐단은, 비슷함에 가까울수록 더욱 진실을 혼란시킨다. 이에 당시 사람들은 살피지 않고, 실험을 우연히 한 번 해 보는 것으로 오인(誤認)한다. 계획이 정확하지 않으면, 방법이 정해지지 않고, 아침에 명을 내리고 저녁에 고치면(朝令暮改), 우연히 한 번 해 보게 되는 것이다. 오직 그것이 우연히 한 번 시험되고, 그래서 새로운 계획이 아직 나오지 않으면, 이미 중도에 그만두게 된다. 진정한 실험자라면, 그렇지 않다. 반드시 계획이 있고, 방법이 있으며, 저항은 당연하게 보고, 실패는 피할 수 없으며, 백 번 꺾여도 굽히지 않는 기개와 다시 받아들이고 다시 격려하는 정신을 갖춘다. 그 성공과 실패는 비록 필연적일 수는 없지만, 그러나 세계는 실은 이 곳에서부터 진보하며, 교육 역시 이 곳에서부터 진보한다. 이 어찌 우연히 경험해 보는 견해를 지지하는 자가 가능한 바인가!

케케묵은 근원을 막을 수 있고도, 다시 항상 새로운 길을 열 수 있으니, 실험의 활용이 어찌 크지 않겠는가! 이러한 것을 미루어 극진한데 이르면, 옛 사람이 아직 발휘하지 못한 바를 발휘하고, 오늘의 사람이 아직 밝히지 못한 바를 밝히는, 모든 것이 실험의 힘이다. 내 나라에 수천 년

끊이지 않고 전해 내려온 방법은, 오직 "격물치지(致知在格物)" 한 마디가 있을 뿐이다. 그러나 격물(格物)[사물을 규명한다는 뜻]의 방법이 어디에 있는지는, 회암(晦庵)[주희(朱熹)]과 양명(陽明)[2]이 각 일설(一說)을 가지고 있다. 회옹(晦翁)[주희(朱熹)]은 "사물에 다가가서 이치를 캐낸다"[즉물궁리(卽物窮理)]로 해석했는데, 가깝다. 그렇지만 즉물궁리는, 또한 마땅히 어떠한 방법을 사용해야 하는가? 즉물궁리를 하기 위한 방법이 없다면, 사물은 여전히 규명(格)할 수 없고, 앎도 여전히 이루어질 수 없다. 양명은 원래 즉물궁리를 사용해 본 사람이다. 그 말씀에 이르기를: "초년에 전(錢)씨 친구와 더불어 함께 성현(聖賢)이 되는 것을 논했는데, 천하의 사물을 규명하려 하여, …… 정자 앞의 대나무를 가리켜서, 규명해 보자고 했다. 전(錢)은 아침과 밤 동안 대나무의 이치를 규명(格)하고 연구(窮)하였는데, 그 생각(心思)이 소모되어, 삼 일이 되자, 피로한 정신이 질병이 되는 것을 초래했다. 그 때는 말하기를, 그가 이 때 정력이 부족하니, 내가 그 때문에 스스로 가서 연구하고 규명하였으나, 아침 밤으로 그 이치를 얻지 못하고, 칠 일이 되자, 역시 피로한 생각 때문에 질병에 걸렸다. …… 오랑캐 중에서 삼 년에 이르러, 자못 이 뜻과 생각을 알게 되어, 비로소 천하의 사물은, 본래 규명할 수 있는 것이 없고, 그 격물의 공(功)은, 다만 몸과 마음에서 하는 것임을 알았다. 이러한 종류는 모두 앉아서 격물(格物)을 하고, 그 방법을 얻지 못하는 폐단이다.

만약 양명이 더 한걸음 나아가서, 사물의 규명할 수 없음을 따지지 않고, 단지 규명의 방법을 얻지 못함을 따져서, 놀랍게도 방법을 개량하는 것을 친히 담당하였다면, 근세의 발명의 역사 중, 우리 나라 사람이 어

---

2 왕수인(王守仁)

찌 오늘날까지 공헌한 바가 없었겠는가? 그러나 양을 잃어버리고 우리를 수선하는 것이, 늦은 것이 아니다.

전국의 배우는 자가, 만약 그 하늘의 조화에 의지하는 것, 낡은 법을 답습하는 것, 자신의 뜻대로 따르는 것, 다른 나라를 본보기로 삼는 것, 우연히 한 번 경험해 보는 것의 낡은 습관을 쇄신할 수 있다면, 실험주의로서 일치할 수 있으면, 바로 교육을 실시하면 교육이 새로워지고, 만사를 실시하면 만사가 새로워지니, 새로운 나라, 새로운 국민의 큰 계획이라고 하지 않을 수 없다. 그렇지 않으면, 만일 때에 맞는 것을 가장 새로운 것으로 삼는 것이 능사라면, 저 이른바 구 교육자도, 당시에는 역시 신 교육자를 경험했을 것이다. 그러나 오늘의 신 교육자가, 또한 그 지난날의 혹시 구 교육자가 아닐지 어찌 알겠는가?

미국 링컨 대통령 묘 앞에 있는 타오싱즈

이 글은 1919년 2월 《신교육(新教育)》 제 1호, 제 1기에 실린 글이다.

3. 가르침과 배움의 합일
教学合一

현재 사람들은 학교에서 선생님이 된 사람을 교원(教員)이라 부르고, 그가 하는 일은 학생을 가르친다(教書)고 하며, 그가 사용하는 방법은 교수법(教授法)이라 부르니, 아마도 선생은 전문적으로 학생에게 책의 지식을 가르치는 사람인 것 같다. 그는 마치 가르치는 것을 제외하고는, 별다른 능력이 없는 것 같고, 책을 제외하고는, 달리 가르칠 일이 별로 없다. 그리고 이런 학교에서의 학생은 가르침을 받는 것을 제외하고는, 별다른 과목은 없다. 선생은 단지 가르치는 데만 관여할 뿐이고, 학생은 단지 가르침을 받는 데만 관여할 뿐이니, 아마도 배움의 일은 모두 가르침의 일에 의해 사라져버린 것 같다. 이름으로 논하면, 분명히 배우는 곳(學校)이나, 실제로 말하면, 오히려 또한 가르치는 곳(教校)같다. 이 모두는 가르침을 중요하게 여기는 것이 너무 과했기 때문에, 자기도 모르는 사이에 가르침과 배움을 분리하였다. 그러나 가르침과 배움 두 가지는, 실제로 분리할 수 없고, 실제로 합일되어야 하는 것이다. 내가 보기에, 가르침과 배움이 합일되어야 하는 것은, 세 가지 이유가 있다. 첫째, 선생의 책임은 가르치는데 있지 않고, 배우도록 하는데 있으며, 학생을 배우도록 하는데 있다. 대체로 세계의 선생은 세 종류로 나눌 수 있다. 첫째는 단지 책을 가르칠 줄 알아서, 단지 한 권의 책을 가지고 아동에게 그것을 읽게 하고, 그것을 외우게 하여, 그 활발한 어린 아이를 책꽂이나 휴지통으로 만들어 버린다. 선생은 아마 책꽂이나 휴지통의 제조자가 된 듯 하고, 학교는 아마 책꽂이나 휴지통의 제조 공장이 된 듯 하다. 두 번째는 선생이 책을 가르치는 것이 아니고, 바로 학생을 가르치는 것이다. 그는 주목하는 중심점을 책으로부터 학생 자신에게 옮겨오는 것이다. 종전처럼 학생을 책에 짜맞추는 것이 아니고, 현재 그는 책을 가지고 학생에게 맞추는 것이다. 그는 책을 가져다 학생에게 맞출 뿐 아니라, 대체로 학생이 필요한 것은, 모두 가져와 학생에게 준다. 이러한 방법은 물론 첫 번째에 비해 훨씬 좋지만, 학생이 여전히 피동적 지위에 있다. 왜냐하면 선생이 한 평생 학생을 따라다닐 수 없기 때문이다. 열성적인 선생은, 본래 그가 가진 것을 학생에게 전해 주려고 하지만, 세계의 새로운 이치가 끝이 없다. 선생이 어찌 천지간의 오묘함을 학생을 위해 일제히 밝혀낼 수 있겠는가? 기왕 학생에게 일제히 밝혀 줄 수 없으니, 그러면 그가 학생에게 줄 수 있는 것도, 유한한 것이며, 그 나머지는 여전히 학생 자신이 찾아내야 하는 것이다. 하물며 모든 일이 선생이 전수해야 한다면, 이미 선생이 있는데, 어찌 또 학생이 필요한가? 그러므로 오로지 이미 만들어져 있는 자료를 가지고 학생을 가르치는 것은, 결국 여전히 온당하지 못하다. 그렇다면, 선생은 도대체 마땅히 어떤 모습이어야 비로소 좋은가? 나는 좋은 선생은 책을 가르치는 것도 아니고, 학생을 가르치는 것도 아니며, 바로 학생을 배우게 하는 것이라 생각한다. 학생에게 배움을 가르치는 것은 어떤 의미인가? 즉 가르침과 배움을 소통시키는 것이다. 한편으로는 선생이 지도의 책임을 져야 하고, 한편으로는 학생이 배우고 익히는 책임을 져야 한다.

어떤 하나의 문제에 대하여, 선생은 이미 만들어져 있는 해결 방법을 가지고 학생에게 전수해야 하는 것이 아니다. 바로 이 해결 방법을 어떻게 찾게 되었는지의 수속 절차를 적절하게 안배하여, 그를 지도하고, 그가 가장 짧은 시간 내에, 비슷한 경험을 하게 하여, 비슷한 이상을 발생하게 하여야 한다. 자기가 이 방법을 찾아냄과 동시에, 이러한 경험과 생각을 충분히 이용하여 다른 방법을 찾는다면, 또 다른 문제를 해결할 수 있다. 이러한 경험과 이상을 얻는다면, 그런 후에 학생이 비로소 지식의 본원을 찾고, 지식의 귀결점도 구할 수 있을 것이며, 세계의 일체의 진리에 대해서, 무진장 취함도 어렵지 않고, 활용도 무궁할 것이다. 이것이 바로 맹자가 말하는 "자득(自得)"이며, 또한 오늘날 교육자가 주장하는 "자동(自動)"이다. 그래서 학생이 스스로 얻고(自得) 스스로 행동(自動)해야 한다고 생각한다면, 반드시 먼저 학생을 배우도록 하는 선생이 있어야 한다. 이것이 가르침과 배움이 마땅히 합일되어야 하는 것의 첫 번째 이유다.

둘째, 가르침의 방법은 반드시 배움의 방법에 근거해야 한다. 이전의 선생은, 마음대로 자신의 생각에만 비추어서 학생을 가르쳤을 뿐이고, 대체로 학생의 재능과 흥미는, 일체 고려되지 않고, 전문적으로 학생을 억지로 데려다 그의 가르치는 방법에 가두었고, 그의 교재에 짜맞추었다. 첫째는 선생이 거두어들이는 효과가 매우 적으며, 둘째는 학생의 고뇌가 너무 많으니, 이 모두가 가르침과 배움이 합일되지 않은 폐단이다. 만약 가르침의 방법을 자연스레 배움의 방법에 근거하게 한다면, 그 때는 선생이 드는 힘은 적고 이루는 공은 많으며, 학생도 한 방면으로 즐겁게 배울 수 있다. 그런 까닭에 어떻게 배우는 가는 즉 반드시 어떻게 가르치는가 이다: 배우는 것이 많으면 많을수록, 가르치는 것도 많아지고, 배우는 것이 적으면 적을수록, 가르치는 것도 적어진다; 배우는 것이 빠르면 빠를수록, 가르치는 것도 빨라지고, 배우는 것이 느리면 느릴수록, 가르치는 것도 느려진다. 이것이 가르침과 배움을 마땅히 합일해야 하는 두 번째 이유다.

셋째, 선생은 그의 가르치는 방법을 가지고 학생의 배우는 방법과 연결시켜야 하고, 동시에 그 스스로의 학문과도 연결시켜야 한다. 선생님이 되는 것은, 반드시 한 편으로는 가르치고 한 편으로는 배워야 하는 것이며, 절대로 지식을 사 들여와서 평생토록 끝없이 팔 수 있는 것은 아니다.

현재 교육계에 흔한 병이 바로, 각자 이전에 배웠던 것을 가지고 그대로 답습하여, 학생에게 전해 주는 것이다. 그의 서재 책꽂이에 꽂아 놓은 것을 보면, 이전에 읽었던 몇 권의 낡은 교과서에 불과하며, 즉 이 몇 권의 책도, 반드시 복습하지도 않으면서, 하물며 새로운 학문을 연구하여, 새로운 진보를 구하겠는가? 선생이 이미 진보가 없는데, 학생이 진보가 생기기 어렵다. 이도 가르침과 배움이 분리된 폐단이다. 좋은 선생은 이렇지 않고, 그는 반드시 한편으로는 학생을 지도하고, 한편으로는 학문을 연구한다. 베를린 대학의 폴센(Fr. Paulsen)[1846-1908, 독일 철학자]같은 분은 말하였다: "독일대학의 교원은, 바로 과학자이다. 과학자는 바로 교원이다." 독일 학술의 발달은, 대부분 이 가르침과 배움이 서로 자라나는 정신에 기대어 있다. 왜냐하면 항상 학문을 연구하기 때문에, 즉 항상 새로운 이치를 찾을 수 있다. 이는 가르침이 풍부하고, 학생이 이로운 점을 많이 얻을 수 있는 것뿐 아니라, 항상 새로운 자료의 발표가 있는 것도,

선생을 하는 하나의 기분 좋은 일이다. 교육계가 끝없이 메마르고 적막한 생활인 것은, 왜냐하면 모든 교육계 당사자가, 옛 발자취에 갇혀있어서, 이루어 놓은 바를 스스로 새롭게 할 수 없기 때문이다. 공자는 말하였다: "배우되 싫증을 내지 않고, 가르치되 지치지 않는다(學而不厭, 誨人不倦)." 참으로 경험자가 친히 경험한 말이다. 왜냐하면 반드시 배우되 싫증을 내지 않아야만, 그런 연후에 비로소 가르치되 지치지 않을 수 있다; 그렇지 않으면 해마다 변함없이 조롱박만 그리니[그대로 본뜬다는 의미임], 나도 충분히 메마르고 적막함을 느껴버렸을 것이다. 때문에 영재를 교육하는 기쁨을 얻고 싶다면, 우선 가르침과 배움을 합하여 하나가 되게 해야 한다. 이것이 가르침과 배움이 마땅히 합일해야 하는 세 번째 이유다.

총괄하면: 첫째, 선생의 책임은 학생을 배우게 하는데 있다. 둘째, 선생의 가르치는 방법은 반드시 배움의 방법을 근거해야 한다. 셋째, 선생은 반드시 한편으로 가르치고 한편으로 배워야 한다. 이것이 가르침과 배움의 합일의 세 가지 이유다. 첫째와 둘째 이유는 선생의 가르침은 마땅히 학생의 배움과 연계해야 한다는 것을 설명한다; 세 번째 이유는 선생의 가르침이 마땅히 선생의 배움과 연계해야 한다는 것을 설명한다. 이러한 연계가 있으면, 그런 연후에 선생과 학생은 모두 스스로 얻고, 스스로 행동할 수 있으며, 모두 값을 헤아릴 수 없는 새로운 이치를 찾는 방법의 기회를 가진다.

이 글은 1919년 2월 24일 《시보(時報), 교육주간(教育周刊), 세계교육신사조(世界教育新思潮)》의 제 1호에 실린 글이다.

4. 제일류의 교육가
第一流的教育家

우리가 항상 보는 교육자는 세 종류가 있다: 하나는 정객(政客)적 교육자이다. 그는 활동하고, 독차지하고, 관료적인 말투를 할 수 있을 뿐이다; 둘째는 서생(書生)적 교육자이다. 그는 책을 읽고, 가르치고, 문장을 쓸 수 있을 뿐이다; 셋째는 경험(經驗)적 교육자이다. 그는 맹목적으로 행동하고, 답답하게 하고 하며 또 할 수 있을 뿐이다. 첫째는 말할 필요도 없고, 둘째와 셋째 또한 모두 가장 고상한 것은 아니다. 내가 보기에, 오늘의 교육자는, 반드시 아래의 두 종류의 요소 중 한 가지를 갖추어야, 비로소 제일류의 인물이라고 할 수 있다.

(1) 아직 밝혀지지 않은 새로운 이치를 용감하게 찾는다

우리 교육계에서 일을 하는 사람은, 담력(膽量)은 아주 작고, 일체의 새로운 이치에 대해서는, 작게 놀라지만 크게 괴이하게 여긴다. 마치 어린 아이가 낯선 사람을 만난 것처럼, 그와 가까이 하는 것을 두려워한다. 또 어린 아이가 어두운 방을 마주친 것처럼, 들어가는 것을 두려워한다. 그 결과를 연구하면, 그의 모든 행동은, 옛 사람의 영혼을 구걸한 것이 아니면, 외국을 모방한 것이다. 또한 마치 한 어린 아이가 밥을 먹거나, 옷을 입는 것과 마찬가지로, 모두 어머니의 도움을 필요로 하고, 몇 보의 길을 가도, 또한 사람의 부축을 필요로 하니, 진실로 가련하다. 우리 교육계에서 일을 맡고 있는 사람이, 만일 스스로 서고자 생각하고, 진보하고자 생각하면, 반드시 담력을 크게 하여, 실험정신을 그 아직 발명되지 않은 새로운 이치를 향해 꿰뚫어 쏴 나가야 한다. 괴로움을 두려워하지 않고, 피곤도 두려워하지 않고, 장애도 두려워하지 않고, 실패도 두려워하지 않고, 한 마음으로 그 교육의 오묘한 새로운 이치를, 하나 하나씩 발휘하여 들어내야 한다. 이것이 바로 박력이며, 교육계에 이런 박력이 있는 사람이 있으면, 우리의 숭배를 받기에 부끄럽지 않으리!

(2) 아직 개화되지 않은 변방으로 용감하게 들어간다

이전의 수재(秀才)는 "문을 나서지 않아도 천하의 일을 모두 알 수 있다."고 생각했으나, 오래되고 오래되어서, "문을 나서지 않아도"는 "감히 문을 나서지도 못하면서"로 바뀌었다. 우리 오늘날 학생은, 아직 이런 풍조를 벗어나지 못했다. 각 학교의 《동문록》을 가져다가 한 번 보기만 해도, 졸업생 대다수는 그 지방에서 일하고, 그 성 밖에서 일하는 사람도, 이미 매우 드무니, 변방은 더욱 말할 필요가 없다. 일반적으로 교육에 뜻이 있는 사람도, 오직 학교가 있는 곳으로 모여 떠들썩하고, 그 변방과 내륙의 교육을 모두 마음의 밖에 둔다. 그 이유를 미루어보면, 단지 하나의 병의 근원이 있을 뿐인데, 그 병의 근원은 바로 두려움이다. 어려움을 두려워하고, 고생을 두려워하고, 외로움을 두려워하고, 죽음을 두려워하는 것은 바로 일생을 온전히 매몰시킨다. 우리는 또한 한 걸음 더 나아가 보면, 이 지방에 있는 것은, 도대체 누구의 산하인가? 도대체 누구의 동포인가? 교육으로 나라를 보호하는 것은 도대체 누구의 책임인가? 국가를 일깨워야 하는데 아직 개화되지 않은 토지가 있는 것, 아직 교육을 받지 않은 국민이 있는 것은, 모두 우리가 책임을 다하지 않은 때문이다. 책임이 분명하면, 즉 담력을 크게 두어, 혼자서라도, 과감하고 패기있게, 변방 교육의 선봉이 되어서, 그 변방의 문호를, 하나 하나 모두 열어주어야 한다. 이것이 또한 어떤 박력이다. 이러한 박력의 사람은, 우리의 숭배를 받는데 부끄럽지 않다.

아직 발명되지 않는 새로운 이치를 용감하게 찾는 것이, 바로 창조정신이고, 아직 개화하지 않은 변방으로 용감하게 들어가는 것이, 바로 개척정신이다. 창조를 할 때는, 깊게 보아야 하고, 개척을 할 때는, 멀리 보아야 한다. 총괄하여 말하면, 창조, 개척 모두 담력이 있어야 한다. 교육계에서, 담력의 창조하는 사람이 있으면, 바로 창조적 교육가이다. 담력의 개척하는 사람이 있으면, 바로 개척적 교육가이고, 모두 제일류의 인물이다. 대장부는 실험실에 목숨을 바칠 수 없고, 역시 마땅히 변방의 먼지에 뼈를 묻어야 하는데, 어찌 적당히 제멋대로 가는가! 그러나 이러한 인재는, 도대체 언제 비로소 나타날 수 있는 것인가? 도대체 어떤 학교를 통해서 만들어져야 하는가? 도대체 어떤 방법을 써서 양성해야 하는가? 우리가 현재 가장 관심이 있는 문제라고 할 수 있다.

이 글은 1919년 2월 24일 《시보(時報), 교육주간(教育周刊), 세계교육신사조(世界教育新思潮)》의 제 1호에 실린 글이다.

5. 학생자치문제의 연구
师范生应有之观念

근세 제창된 자동주의(自動主義)[3]는 세 부분이 있다: 첫째, 지식교육(智育)이 스스로 배우는 것(自學)을 중시한다; 둘째, 신체교육(體育)이 스스로 강해지는 것(自强)을 중시한다; 셋째, 덕성교육(德育)이 스스로 다스리는 것(自治)을 중시한다. 때문에, 학생자치 이 문제는, 자동주의가 덕성교육을 관철한 결과이고, 우리 수천 년의 보육주의(保育主義), 간섭주의(干涉主義), 엄격주의(嚴格主義)의 반응이며, 현재 교육계의 하나의 매우 중요한 문제이다. 이 문제는, 매우 광범위한 것을 포함한다. 우리는 학생에게 마땅히 자치의 기회가 있어야 하는지, 없어도 되는지 물어보아야 하지 않을까? 만약 자치를 해야 한다면, 우리는 학생자치는 궁극적으로 얼마나 많은 큰 범위를 가지고 있어야 하는지 또 물어보아야 하지 않을까? 학생이 자치해야 하는 일은, 도대체 몇 종류나 있을까? 학생자치의 범위를 규정한다면, 또 어떤 종류의 표준이 있어야 하는가? 학생자치를 실행

3 20세기 초에 성행한 중국 교육의 새로운 사조의 하나

하는 데는, 또 어떤 종류의 방법을 써야 하는가? 이 몇 가지 문제는, 모두 우리가 연구해야 하는 것이다.

총괄하여 말하면, 모두 학생자치의 문제이다.

학생 자치란 무엇인가

무릇 일종의 문제를 토론하려면, 반드시 우선 문제의 성질과 그것의 의의를 분명히 해야 한다. 성질과 의의가 명료하지 않으면, 바로 사람이 오해를 일으키는 것을 면하지 못한다. 이 글이 토론하는 학생자치는, 세 가지 요점이 있다: 첫째, 학생은 전교의 학우를 가리키고, 단체의 의미가 있다; 둘째, 자치는 자신이 자신을 관리하는 것을 가리키고, 자신이 법을 세우고(立法), 법을 집행(執法)하고, 법을 주관하는(司法) 의미가 있다; 셋째, 학생자치와 다른 자치는 약간 다른 것이 있다. 왜냐하면 학생은 아직 배움을 추구하는 시기에 있기 때문에, 일종의 자치를 연습하는 의미가 있다. 이 세 가지 점을 합하면, 우리는 하나의 정의를 내릴 수 있다: "학생자치는 학생이 단체를 결성하여, 모두 자신이 자신을 관리하는 절차를 학습하는 것이다." 학교 방면에서 말하면, 즉 "학생을 위해 각종 기회를 미리 준비하고, 학생이 모두를 조직해 낼 수 있도록 하며, 그들 자신이 자신을 관리하는 능력을 양성하는 것이다." 이 정의에 의거하여 말하면, 학생자치는 자유행동이 아니고, 바로 공동으로 다스리는 것이다; 규칙을 없애는 것이 아니고, 바로 모두가 법을 세워 법을 지키는 것이다; 방임하는 것이 아니고, 학교에게 독립을 선포하는 것도 아니며, 바로 자치의 도리를 연습하는 것이다.

학생 자치의 필요

오늘날의 학생은, 바로 장래의 시민(公民)이다; 장래의 필요한 시민은, 즉 오늘날 마땅히 양성되어야 하는 학생이다. 전제국(專制國)이 필요한 시민은, 그들이 통치를 당하는 습관이 있어야 한다; 공화국이 필요한 시민은, 그들이 공동으로 자치하는 능력이 있어야 한다. 중국은 이미 공화국이라 불리므로, 당연히 공동으로 자치할 수 있는 시민이 있어야 한다. 공동으로 자치할 수 있는 시민이 있기를 원하면, 반드시 먼저 공동으로 자치할 수 있는 학생이 있어야 한다. 그래서 우리 국가 정치체제 상에서 보면, 우리의 학교는 반드시 학생 공동 자치의 능력을 양성해야 하고, 그렇지 않으면, 공화국의 학교라고 할 수 없을 것이다. 이것이 첫 번째 점이다. 요즘 평민주의의 추세는 밀려오는 기세가 맹렬하여, 그의 영향을 받은 사람은, 모두 일체의 속박을 모조리 다 벗어나기를 원한다. 이에는 물론 그의 좋은 점이 있으나, 그러나 그의 위험도 있다. 좋은 점은 어디에 있는가? 모두가 여기에서 충분히 개인의 정신을 발휘하면, 군중의 진화를 촉진할 수 있다. 위험은 어디에 있는가? 속박이 이미 풀렸다고 해도, 반드시 사람마다 자신의 욕망을 단속하고, 자신의 행동거지를 조종할 수 있는 것은 아니다. 일단 정신능력이 그 나쁜 방향으로 발산하면, 천하의 일은 바로 할 수 없는 것이 된다. 한 국가 가운데, 국민이 통치를 당하기를 원하면, 아직 구차하게 평안할 수 있다; 국민이 자치를 할 수 있으면, 즉 태평할 수 있다; 가장 위험한 국가는, 바로 국민이 통치를 당하기를 원하지 않을 뿐만 아니라, 또한 자치를 할 수도 없는 것이다. 그래서 이 자유를 갈망하는 시기에, 가장 필요한 것은 그들에게 자치의 능력을 얻도록 각종 기회를 주어, 그들이 자유의 욕망을 스스로 단속할 수 있도록 하는 것이다. 그래서 시대의 추세로 나아가, 학교에서 자치를 제창하지 않으면, 스스로 혼란스러운 병의 근원을 제거하는 것이 충분하지 않다. 이것이 두 번째 점이다.

우리는 자치를 할 수 있는 시민이어야 할 뿐 아니라, 또한 자치를 할 수 있는 학생이어야 하니, 어쩔 수 없이 도대체 어떻게 이 같은 시민학생을 양성할 수 있는지 묻지 않을 수 없다. 학습의 원칙에서 보면, 일을 어떻게 하는 지는, 바로 반드시 어떻게 배우는 가이다. 수영을 예로 들면, 물속에서 헤엄을 쳐야 한다. 수영을 배우는 것은, 반드시 물 속에서 배워야 한다. 만약 물에 들어가지 않고, 오직 물 가에서 수영의 서적만 읽고, 수영의 동작만 하면, 설령 한 평생을 배웠더라도, 물 속에 들어간 순간, 여전히 가라앉아 버리고 말 것이다. 그래서 전제국(專制國)은 복종의 순민(順民)이 있어야 하므로, 반드시 백성이 되었을 때는 항상 복종의 도리를 연습하게 만들어야 한다; 시간이 오래 흘러, 습관이 자연스럽게 이루어지면, 모두는 자신도 모르는 사이에 단지 복종을 할 수 있을 뿐이다. 공화국은 자치를 할 수 있는 국민이 있어야 하므로, 또한 반드시 국민이 되었을 때에 항상 자치의 도리를 연습하도록 만들어야 한다; 시간이 오래 흘러, 습관이 자연스럽게 이루어지면, 그들도 자치를 충분히 할 수 있다. 그래서, 복종의 국민을 양성하는 것은, 반드시 전제의 방법을 써야 하고, 공화의 국민을 양성하는 것은, 반드시 자치의 방법을 써야 한다. 만약 전제의 방법을 써도, 자치의 학생 시민을 양성할 수는 있지만, 그러면, 학생 자치 문제는, 아직도 한 걸음 느리다고 말할 수 있다. 어쩔 수 없이 자치의 학생 시민은, 단지 자치의 방법을 가지고 그들을 도야해 낼 수 밖에 없다. 그래서 방법 방면에서 생각할수록, 학생자치의 필요를 더욱 느낀다. 이것이 세 번째 점이다.

학생 자치가 만약 타당하게 다루어지면 생기는 몇 가지 좋은 점

첫째, 학생 자치는 수신윤리(修身倫理)의 실험을 할 수 있다.

오늘날 배움과 행함은 동시에 중요하며, 지식을 중요시 할 뿐 아니라, 또한 지식을 실험하는 바의 방법을 요구한다. 때문에 학교 수업을 하는 중에, 물리는 실험이 있고, 화학도 실험이 있고, 박물학(博物)도 실험이 있고, 다른 과목도 실험이 있으나, 예를 들어 작문, 그림(圖畫), 체조 등등은, 모두 배움의 지식 외에, 현장 실습의 기회를 더한다. 그의 목적은, 실험과 실습을 통하여, 이상과 실제의 연계를 추구해서, 하고 있는 학문을 더욱 깊이 연구할 수 있게 하는 것뿐이다. 수신윤리 같은 종류의 학문은, 가장 주의해야 하는 것은, 실행에 있다. 그러나 오늘날 학교 가운데 일반적으로 행해지고 있는 수신윤리는, 실행의 기회가 매우 적다. 설령 혹시 그것이 있다고 하더라도, 또한 의식을 연습하는데 지나지 않는다. 때문에 입으로는 도덕을 말하고, 귀로는 도덕을 듣지만, 그러나 행하는 바, 하는 바가 오히려 도덕의 표준에 부합할 수 없으면, 모습도 드러내지 않고, 흔적도 없는 중에, 도덕과 실행을 둘로 나눈 것이다. 만약 이러한 폐단을 없애고자 한다면, 학생에게 각종 기회를 주어, 도덕의 실행을 연습하지 않으면 안 된다. 공화국민이 가장 필요한 훈련은, 바로 자치이다. 자치 위에서, 그들은 몇 가지 주요한 습관을 양성할 수 있는데, 하나는 공공행복에 대해서, 주동적 흥미를 양성할 수 있고, 공공사업에 대해서, 부담하는 능력을 양성할 수 있으며, 공공의 옳고 그름에 대해서, 명료한 판단을 양성할 수 있다. 간단히 말하면, 자치는 우리가 공공의 일에 대해 원하는 능력(願力), 지적 능력(智力), 재능 능력(才力)을 양성할 수 있다. 이렇게 비추어 보면, 학생자치가 만약 타당하게 다루어지면, 실험의 수신(修身), 실험의 윤리(倫理)라고 할 수 있을 것이며, 전 학교가 바로 수신윤리의 실험실이다. 이러함에 비추어 다루면, 비로소 진정한 수신윤리라고 생각한다.

둘째로 학생 자치는 학생의 필요에 적응할 수 있다.

우리같이 학교를 운영하는 사람이 정한 규칙, 다루는 일은, 학생과 간격이 있는 것을 면하지 못한다. 어떤 때는, 우리가 학생을 위해서 행하는 일이 많으면 많을수록, 더 학생을 해치는 것이다. 왜냐하면 다른 사람을 위해서, 제멋대로 아무리 정교하고 섬세하고 빈틈없어도, 언제나 그가 스스로 하는 것만 못하다. 우리가 학생과 경험이 같지 않고, 환경도 같지 않아서, 그래서 우리의 뜻에 부합하는 것이, 학생의 뜻에 반드시 부합한다고는 할 수 없다. 억지로 정하면, 그 학생의 필요에 적응된 것이, 어쩌면 빠지게 되고, 그 학생의 필요에 적응되지 않은 것은, 반대로 포괄하여 들어간다. 공포하고 난 후에, 학생이 준수할 수 없는데, 교직원은 또한 집행할 수 밖에 없으면, 오히려 이러지도 저러지도 못하는 것이다. 심지어 학생이 위법에 빠지면, 규칙은 효력을 잃고, 교직원은 신용을 잃는다. 만약 개방한다면, 일부분의 일을 떼어내어, 학생 스스로 다스리게 한다; 모두 절실한 관계가 있는 이상, 정해진 방법은, 받아들이거나 혹은 더욱 실재 정황에 부합할 수 있게 고친다. 말하자면, 어떤 때는 학생 스스로가 공동으로 세운 법이, 학교에서 세운 것에 비해 더욱 더 실정에 가깝고, 더욱 더 행하기 쉬우며, 그래서 이러한 법률의 힘은, 또한 더욱 더 각 사람들의 마음에 깊이 들어간다. 대체로 전제국(專制國)의 국민은, 평소 법률이 무언지 모르다가, 단지 법을 위반한 후가 되어서야, 비로소 법률이라는 것이 있는 것을 알게 된다. 그렇다면, 법률의 힘은, 대부분 법률을 위반한 후에야 발견하는데, 이는 매우 한계가 있다. 자신이 공동으로 세운 법에 대해서는 즉 그렇지 않아서, 시작부터 끝까지, 마음 속에 모두 그것이 존재하고 있다; 평소의 모든 행동은, 전부 모두가 스스로 세운 법률에 의해 영향을 받는다. 때문에 자기가 세운 법의 힘은, 남이 세운 법보다 중요하고, 모두가 공동으로 세운 법의 힘은, 한 사람의 독단의 법보다 중요하다.

셋째, 학생 자치는 기강의 진보를 도울 수 있다.

우리의 실행은, 도대체 누구에 대해 책임을 져야 하는가? 소수의 교직원에 대해 책임을 지는가, 아니면 전교에 대해서 책임을 져야 하는가? 옛 방법에 따르면, 학생이 과실이 있으면, 모든 소수의 직원이 감찰하여 교정하는 것을 책임지고 처리했다. 그 폐단은 두 종류가 있다: 첫째, 소수의 직원이 있을 때는, 바로 단정하고 정직하지만, 있지 않을 때는, 바로 멋대로 행동하고 거리낌이 없다; 둘째, 모든 학생이 이미 책임을 지는 직원이 있는 것으로 여겨서, 우리가 구태여 일을 많게 할 필요가 없으며, 설령 학우의 잘못한 것을 보았더라도, 단지 중립을 엄수할 뿐이다. 이는 대다수의 학생이 가지고 있는 태도이다. 그래서 한 사람이 법을 주관하는 것은, 모두가 법을 피하는 것이다. 우리가 모두가 법을 준수하기를 바란다면, 즉 반드시 각 사람의 실행이, 모두에게 책임을 지도록 해야 한다. 바꾸어 말하면, 바로 공동자치를 해야 하는 것이다.

넷째, 학생 자치는 학생의 경험의 발전을 촉진시킬 수 있다.

우리가 아동을 기를 때, 만약 구속이 너무 과하면, 아동의 모습은 시들게 된다; 만약 그를 뛰게 하고, 그를 춤추게 하고, 그를 장난치게 하면, 그는 활발하게 자랄 수 있는 정신을 가진다. 신체가 이러하면, 도덕상의 경험은 또한 결코 그렇지 않을 수 없다. 우리 도덕교육 상의 발전은, 곤란한 문제를 만났을 때, 스스로 해결하는 기회를 가지고 있는 것에 완전히 기대어 있다. 때문에 한 문제를 만나서, 스스로 그것을 해결하는 방법을 생각할 수 있는 것은, 즉 판단의 경험이 한 층 발전한 것이다. 문제는 스스로 해결하는 것이 많으면 많을수록, 경험도 더욱 풍부하다. 만약 다른 사람이 나를 대신해 문제를 해결하면, 설령 잠시 종료된다고 해도, 경험도 다른 사람이 가져간다. 때문에 보육주의(保育主義)의 아래에서는, 단지 경험이 부족한 학생을 생산할 수 밖에 없다; 만약 경험이 풍부하기를 바라면, 반드시 문제를 해결하는 책임을 스스로 부담해야 한다.

학생자치가 만약 타당하지 못하게 다루어지면, 이 몇 가지 폐단을 발생할 것이다

첫째, 학생의 자치를 권력다툼의 기구로 삼는다.

대체로 단체는 모두 일종의 특별한 세력을 가지고 있고, 이러한 세력은 개인의 것에 비해 많이 크다. 정당하게 활용하면, 즉 공중을 위해 의무를 다할 수 있다. 정당하지 못하게 활용하면, 즉 공중을 선동하여 권리를 쟁취할 수 있다. 학생자치는 일종의 단체의 조직이기 때문에, 타당하지 못하게 사용할 때도, 이런 위험이 있다.

둘째, 학생자치를 잘못하여 사람을 다스리는 것으로 여겨서 본다.

이 위험은 첫째[권력다툼의 기구로 삼는 것]가 오는 길에 따라서 오는 것이다. 어떤 때는, 이것도 하나의 자연적인 추세이다. 왜냐하면 단체가 있으면, 일단 한 번이라도 신중하지 못하면, 바로 다른 사람을 지배하는 추세가 생기게 된다. 류백명(劉伯明) 선생은 말하였다: "사람은 마땅히 사람 중의 사람이어야 하고, 사람 위의 사람만 되려고 하면 안 된다" 이 말은, 우리 공화국민의 지남침(指南針)이다.

셋째, 학생 자치와 학교가 대치하는 위치에 선다.

학생 자치회와 학교는 마땅히 일종의 협조정신을 가져야 하며, 대치하는 위치에 설 수 없으나, 그러나 타당하지 못하게 다루어지면, 이러한 대치의 상황도, 면할 수 없는 것이다. 그러나 일종의 매우 불행한 현상은, 선생과 학생 사이에 있어야 할 일이 아니다.

넷째, 감정 다툼을 한다

학생이 자치의 기회가 생기면, 어쩔 수 없이 언론이 많이 발생하고, 주장이 많이 세워지며, 협상이 많이 다루어져서, 일단 조심하지 않으면, 모두는 즉시 감정 다툼이 나타난다. 다시 감정 다툼으로 인해 서로의 문을 분리하고 집을 구분하며, 파벌(黨)의 깃발을 수립하여, 그래서 정객(政客)의 수법이 어쩔 수 없이 학교 안으로 들어오게 된다. 이상 제시한 것은, 몇 가지 중요한 폐단에 불과하고, 작은 폐단에 대해서는, 짧은 시간에 모두 제시하기 어렵다. 총괄하면, 학생자치가 만약 잘 처리되어지지 않으면, 무릇 공화국에서 발견되는 위험한 것이, 모두 학교 가운데서 발견되어 나올 수 있다. 그러나 우리가 주의해야 하는 것은, 이 많은 폐단 모두는 타당하지 못한 처리의 잘못이지, 학생자치 실제 상의 잘못은 절대 아니다. 만약 엄격하게 자치를 실행할 때는, 모두는 권력을 쟁취하기를 원하지 않고, 봉사하기를 원할 것이다; 남을 깔보기를 원하지 않고, 자신을 다스리기를 원할 것이다; 대항하기를 원하지 않고, 협조하기를 원할 것이다; 버럭 화내기를 원하지 않고, 이치를 말하기를 원할 것이다; 그러면 자치의 폐단은 없어질 수 있고, 자치의 유익한 점은 누릴 수 있다. 이러한 이해의 전환점은, 모든 공화국민이 되는 사람은 모두 연습해야 한다. 우리가 학교에 있을 때는, 학우의 함께 토론하고 연구함(切磋)이 있고, 교사의 보조가 있어서, 설령 한때 신중하지 못해서, 작은 실패가 있어도, 어쨌든 개량하여 바로잡기가 용이하다. 만약 학교 안에서 연습에 뜻을 쏟지 않고, 장래에 사회 가운데 도착하면, 함께 토론하고 연구하는 사람도 없고, 보조해 주는 사람도 없어서, 잘못하는 것이 있어도, 오직 그 잘못된 길로 향해 갈 뿐이니, 작게는 자신을 해치고, 크게는 나라를 해친다. 이 모두는 왜냐하면 학생일 때, 자치를 연습하는 것이 없었기 때문에 이루어진 바이다. 때문에 학생자치가 만약 행해지면, 현재의 이익을 얻을 수 있고, 설령 작은 실패가 있어도, 바로 그래서 장래 더 큰 실패를 면하게 되는 것이다.

학생 자치 범위를 규정하는 표준

학생 자치의 이익과 폐해는 이미 위에서 말한 바와 같고, 현재는 학생자치가 어떤 범위를 가지고 있는지 물어봐야 한다. 학생자치를 규정하는 범위는, 만약 어떠한 표준이 마땅히 있어야 하는가?

첫째, 학생자치는 마땅히 학생이 책임져야 하는 일로써 제한해야 한다. 학생이 책임지기를 원하고, 또 책임을 질 수 있는 일은, 모두 자치 범위에 넣을 수 있고, 그런데 학생이 책임져서는 안 되는 일은, 자치범위에 넣어서는 안 된다. 왜냐하면 자치와 책임은 연결된 관계를 가지고 있는데, 다른 사람이 명령하여 내가 책임을 져야 한다면, 즉 지배를 당하는 것이라 부른다; 다른 사람이 책임을 지는 것이 내가 명령한 때문이면, 즉 지배를 한다고 부르는데, 모두 자치의 본 뜻을 잃어버린 것이다. 그래서 학생자치는, 학생이 책임지는 일로써 제한해야 한다.

둘째, 일은 치밀하게 관찰하려고 하면 할수록, 학생이 공동으로 책임져야 하고, 학생이 공동으로 자치해야 한다.

셋째, 일은 참여하는 사람을 보급하려고 하면 할수록, 학생이 공동으로 책임져야 하고, 학생이 공동으로 자치해야 한다.

넷째, 위에 열거한 세가지 표준에 의거하여 학생자치의 범위를 정할 때, 반드시 학생의 나이와, 수준, 경험을 또한 참고해야 한다.

학생자치와 학교의 관계

학생 자치회는 학교 안에 일종의 단체이고, 자연히 학교와 밀접한 관계가 있다. 이런 종류의 관계는 두 종류로 나눌 수 있다: 첫째, 권한에 관한 것, 둘째, 학문에 관한 것.

첫째, 권한상의 관계

학생자치회가 정식 설립한 후에, 학교 안의 일은, 두 부분으로 나눌 수 있다: 한 부분은 여전히 학교가 주관하는 것이고, 또 한 부분은 학생이 주관하는 것이다. 평상시에는, 물론 권한이 분명할 수 있다; 그러나 한 기관 안에서, 반드시 일부의 일은 분명하게 갈라지지 않는다. 분명하게 갈라지지 않는 이상, 일종의 절충 기구가 생기지 않을 수 없는데, 양 측면의 의사를 모두 서로 발표하고 소통할 수 있도록 하여, 원만한 효과를 얻는다. 이외에, 또한 일시적으로 전교와 관련 있는 일이 발생하면, 학교와 학생이 모두 당연히 참여하여 내막을 알아야 하여, 더욱 일종의 절충 기구를 소유하지 않으면 안 된다. 인원수가 적은 학교는, 교장이 직접 임무를 맡을 수 있고, 인원수가 많은 학교는, 교장이 직무를 지정하면 교직원 몇 명이 임무를 맡을 수 있다. 학생자치회 직원은 일이 있을 때, 바로 그들과 절충할 수 있다; 그리고 학교가 일이 있을 때도, 이 몇 분들과 학생이 절충한다. 이런 절충 조직이 있으면, 그런 후에 학교와 학생의 소식이 통할 수 있어서, 장벽의 폐단이 없다.

둘째, 학문상의 관계

세상엔 배우지 않고 할 수 있는 일이 매우 적다. 공동자치는 공화국 국가 설립의 근본이며, 각고의 연구가 아니면, 절대로 더욱 깊이 연구할 수 없다. 우리가 학생자치를 거행할 때도, 그것을 하나의 학문연구로 삼아야 한다. 이왕 하나의 학문연구로 삼았으면, 그러면 바로 두 점을 주의해야 한다: 첫째, 학문의 토론과 연구, 둘째, 교원의 지도. 어떤 사람은 말하기를, 현재 중국의 교직원은 학생자치의 문제에 대해서, 아직 연구도 되지 않아서, 반드시 지도할 수 있는 것은 아니라고 걱정한다. 물론 이 말은 사실이지만, 그러나 아직 주의해야 할 몇 가지 뜻이 있다: 첫째, 학교 안의 모든 과목은 모두 교원의 지도가 있는데, 국가 설립의 근본인 학생자치 한 과목만 홀로 지도가 없다면, 그것을 너무 가볍게 보는 것 같다. 둘째, 만약 학교 안에 적합한 사람이 없으면, 학교를 운영하는 자가 마땅히 즉시 그 공화사상과 자치정신이 풍부한 교원을 물색하여 와서, 이 일을 담임해야 한다. 셋째, 선생과 학생은 일정한 높고 낮음이 없고, 가르침과 배움도 충분한 경계가 없다; 사람들은 오직 교사는 가르치고, 학생은 학습하는 것만 알 뿐이고, 어떤 때는, 교사가 거꾸로 학생에게 많은 교훈을 얻는다는 것은 모른다. 때문에, 만일 적합한 인재를 찾지 못하면, 즉 부탁하건대 교직원과 학생이 공동으로 연구해도 좋다. 결론적으로 말하면, 학생자치 이 문제는, 실행해야 할 뿐 아니라, 또한 연구도 해야 한다. 연구할 때, 학교는 참여를 지도하는 책임을 지지 않을 수 없다. 학생자치와 학교는 이미 이 두 종류의 밀접한 관계가 있으니, 우리는 일체의 장애를 부수어야 하고, 선생과 학생의 감정이 한 몸으로 감화될 수 있도록 하여, 모두가 쓰는 힘이 모두 서로 보완하는 효과가 있도록 해야 한다.

모두들 모든 행동은 모두 절충하고, 할 말이 있으면 잘 의논하며, 기여하는 바가 있으면 서로 참고한다. 이 공화적인 학교 가운데서, 어떤 사람이든 관계없이 모두 마땅히 권력적, 강제적, 명령적, 독단적인 태도를 취해서는 안 된다. 우리가 사람에게 일을 하도록 시킬 때는, 그에게 "당신이 이 일을 하면, 당신은 반드시 이렇게 하세요"라고 말할 뿐 아니라, 동시에 그가 "왜 이 일을 하는지, 왜 이렇게 하는지"를 이해하도록 해야 한다. 서로가 일의 당연함과, 일의 그렇게 된 까닭을 이해하면, 비로소 한 마음 한 뜻이 될 수 있고, 공동의 목적에 침투하여 도달할 수 있다.

학생자치를 시행하면서 마땅히 주의해야 하는 요점

현재 각 학교는 학생자치에 대해서, 순서대로 하나씩 거행되는 것을 많이 바란다. 내가 마음을 다하여 관찰하니, 몇 가지 가장 중요한 일이 몇 가지 있는 것으로 느끼는데, 반드시 우선 미리 주의해야, 비로소 아름답고 원만한 효과를 발생할 수 있을 것이다.

첫째, 학생자치는 학교 중의 큰 일이고, 전체 학생 모두가 큰 일로써 그것을 대하며, 진지하게 하여야 한다. 학교도 큰 일로써 대해야 하고, 진지하게 지지하며, 만약 그것이 평범한 작은 일이라고 여기면, 주의를 더하지 않아도, 실패하지 않을 수 없다.

둘째, 학생자치는 지방자치와 같다. 지방자치의 권력은 중앙에서 나오고, 학생자치의 권력은 학교로부터 나온다. 때문에 학생자치가, 비록 학생에 의해 움직여졌다 하더라도, 그러나 학교가 한 단계 승인하는 것은, 마땅히 있어야 하는 수속과 같다.

셋째, 학생자치의 효력 유무는, 본 학교가 그 문제에 대해 적합한 이해와 흥미가 있는지 아닌지를 보아야 한다. 만약 모두가 그 진의를 이해하면, 모두 그것의 필요를 느끼게 되고, 그러면 행동하게 되어 반드시 모두의 지지를 얻을 수 있다. 때문에, 학생자치를 아직 거행하기 전에, 반드시 강연, 토론, 담화, 작문 등등을 이용하여, 충분한 여론을 양성해야 한다.

넷째, 법은 사람을 위해 세운 것이다: 모호함은 일을 잘못되게 해서, 그래서 분명하게 해야 하고, 번거로움은 일을 해치게 되어, 그래서 간단하게 해야 한다.

다섯째, 한 학교의 학생자치의 성패를 추측하는 것은, 그의 지도자를 보자마자, 바로 안다. 때문에, 학생자치의 가치를 높여야 하면, 즉 가장 좋은 지도자를 나와서 봉사하게 하지 않으면 안 된다. 만일 좋은 지도자가 자기 한 몸만을 생각하거나, 혹은 좋은 지도자가 있어도, 대중이 추천을 원하지 않는다면, 모두 자치의 좋은 현상이 아니다.

여섯째, 학교와 학생은 줄곧 일종의 협조하고 공헌하는 정신을 지녀야 한다.

일곱째, 학교와 학생은 학생자치 문제에 대해, 반드시 일종의 실험하는 태도를 채택하여야 한다. 규정이 상세할 필요는 없고, 조직이 세밀할 필요도 없다. 한 면으로 시행하고, 한 면으로 개량하며, 비록 중도에 좌절을 면하기 어렵지만, 그러나 마침내 틀림없이 승리가 있다.

결론

총괄하면, 학생자치는 공화국 학교의 중요한 일이다. 우리가 만약 아름답고 원만한 효과를 얻고자 하면, 반드시 그것을 큰 일로 여겨서 해야 하고, 학문으로 여겨서 연구하며, 미술로 여겨서 감상한다. 큰 일로 여겨서 하여야, 비로소 성공할 수 있으며, 학문으로 여겨서 연구해야, 비로소 진보할 수 있다. 이 두 가지로는 아직 부족하다. 왜냐하면 자치는 일종의 인생의 미술인데, 무릇 미술은 모두 사람을 감상하고 사모하게 만드는 능력이 있다. 그런데 사람을 감상하고, 사모하게 만들지 못하는 것은, 진정한 미술이 아니고, 또한 진정한 학생자치가 아니다. 때문에 학생자치는, 반드시 하나의 지위를 이루어내어, 무릇 참여와 방관하는 사람 모두가 그것을 귀중하게 여겨서, 모두 그것을 감상하고, 그것을 사모하지 않으면 안되도록 만들어야 한다. 이 지위를 이루어내어야, 비로소 고상한 인생의 미술인 셈이며, 비로소 진정한 학생자치인 셈이다.

타오싱즈는 전국의 초등학생이 어린 선생이 되는 것을 호소하였으며, "어린 선생 제도"를 제창하였다.

이 글은 1919년 9월 《교육조(敎育潮)》 제 1권, 제 4기에 실린 글이다.

6. 새로운 교육

新敎育

오늘 기회를 얻어, 여러 동지들과 더불어 한 자리에 함께 모여, 교육을 연구하니, 마음이 매우 기쁘다. 현재 새로운 교육에 관한 각 항목의 요점을 간단히 말해본다.

1. 새로운 교육의 필요

우리는 현재 20세기 새로운 세계 가운데 처해 있고, 마땅히 하나의 새로운 국가를 조성하여야 하며, 이 새로운 국가는 바로 부유하고 강한 공화국이다. 어떻게 이 새로운 국가를 조성할 수 있을까? 물론 좋은 지도자가 있어야만 평민을 인도하여, 그들을 부유하게 만들고, 그들을 강하게 만들고, 그들의 마음을 합쳐 서로 돕게 만든다. 그러나 비록 좋은 지도자가 있어도, 일반 평민이 그 지도자가 좋은 지도자인지, 그 지도자가 나쁜 지도자인지를 모른다면, 또한 헛수고인 것이다. 그래서 현재 필요한 것은, 일종의 새로운 국민교육이며, 가져다 그들을 인도하고, 그들을 육성해내어, 그들에게 어떻게 하면 비로소 현재의 세계에 적합한 공화의 국민이 될 수 있는지 알게 한다. 예를 들어 말하자면, 한 계모가 그녀의 아이를 목욕시켜 주는데, 사용하는 물이, 때로는 너무 차고, 때로는 너무 뜨겁다면, 이는 그 아이의 필요에 부합할 수 없는 것이다. 우리가 연구하는 새로운 교육은, 마땅히 이 병폐를 범하지 말아야 하고, 반드시 현재의 필요한 바에 부합해야 한다.

2. 새로운 교육의 해석

우선 "새로움(新)"은 무슨 의미인가? 어느 곳의 누군가가 손님을 대접하려고 해서, 일체의 도구 시설을, 모두 다른 집에서 빌려 쓰고, 사용한 후에, 바로 돌려주었다고 하자. 이는 손님이 오면 새로운 것이고, 손님이 가면 옛 그대로이니, 근본의 새로움을 얻지 못한 것이다. 우리 중국의 교육은, 만약 갑자기 일본을 배웠다가, 갑자기 독일을 배우고, 갑자기 프랑스와 미국을 배우게 되면, 이는 결국 궁극적으로 따라야 할 곳이 없는 것이다. 때문에 새로움(新)의 첫째 의미는 "스스로 새로워져야 하는 것(自新)"이다. 오늘 새로운 일이, 내일이 되어서도 반드시 새로운 것은 아니고, 내일 새로운 일이, 모레가 되어서도 반드시 새로운 것은 아니다. 즉 목욕하는 것과 같으니, 반드시 매일 매일 씻어야, 비로소 매일 매일 깨끗할 수 있다. 이것이 바로 날마다 날마다 새로워지는 도리이다. 그래서 새로움(新)이라는 글자의 두 번째 의미는 "항상 새로워져야 하는 것(常新)"이다.

거듭 우리가 말하는 새로움은, 단지 형식적 측면에 속할 뿐만 아니라, 정신상의 새로움도 있어야 한다. 이러해야 비로소 안과 밖이 일치하는 셈이며, 치우치지도 않고 기울어지지도 않는다. 그래서 새로움(新)의 세 번째 의미는 "온전히 새로워야 한다는 것(全新)"이다.

다음으로 "교육"은 어떤 것을 말하는가? 듀이 선생의 말에 따르면, 교육은 계속되는 경험의 개조(continuous reconstruction of experience)이다. 우리 개인은 주위의 영향을 받으며, 항상 변화가 생기는데, 어떤 것은 좋게 변하고, 어떤 것은 나쁘게 변한다. 교육의 작용은, 사람을 날마다 개조하고, 날마다 진보하며, 날마다 좋은 길로 가도록 하는 것이다. 즉, 새로운 배움의 이치, 새로운 방법을 써서 학생의 경험을 개조해야 하는 것이다.

3. 새로운 교육의 목적

이 목적은 두 항목으로 나누어 설명할 수 있다. 첫째는 자연계(天然界)에 대한 것으로, 학생이 그것을 이용하는 능력이 생기도록 하여야 한다. 예를 들어, 우리가 빛만 방으로 들어오게 해야 하고 바람은 필요치 않을 때, 바로 유리창을 써야 한다. 이렇게 모든 일체의 빛, 전기, 물, 공기 등을, 모두 우리가 조종하고 지휘해야 한다. 현재 중국과 외국의 물질문명의 높고 낮음은, 모두 이 자연계를 이용하는 능력의 강하고 약함에서 분별해낸다. 그러나 그 중에도 위험한 것이 있는데, 예를 들어 많은 사람을 죽이는 물건을 만들어 세계를 어지럽히는 것은 절대로 안 된다. 그래서 두 번째 항목의 목적은, 대중에 대하여 공화주의를 추구해야, 사람마다 모두 자유롭게 자신의 본분을 수호하여, 각종 사업을 하도록 할 수 있다. 한편으로는 자연계를 이용하고, 한편으로는 공동의 행복을 도모한다. 새로운 교육의 목적은 이런 종류의 능력을 양성해야 하는 것이라고 한마디로 말할 수 있고, 다시 개괄하여 말하면, "자주(自主)", "자립(自立)", "자동(自動)"적인 공화국민을 양성해야 하는 것이다. 자주적인 것은 자연계의 주인이 되어야 하는 것이고, 또 대중의 주인이 되어야 하는 것이다. 선거에서 투표하는 일처럼, 투표하는 것과 안 하는 것은, 결국 자신의 주장에 따르는 것이다. 과연 자주적인 사람으로서, 부귀함이 그 마음을 방탕하게 할 수 없고, 가난하고 천함이 그 절개를 변하게 할 수 없으며, 권세와 무력이 그 뜻을 꺾을 수 없으면, 다른 사람이 어떤 방법으로 그를 대처하겠는가? 자립적인 사람에 관해서는, 자연계와 대중 가운데, 스스로 입고 스스로 먹을 수 있어서, 다른 사람에게 기대는 것을 구하지 않는다. 그러나 자립만 말하고, 자동을 말하지 않으면, 아직도 진보가 없고, 아직도 공화국민의 자격이 되는데 부합하지 않는다. 전제국(專制國)은 복종을 중시하고, 공화국도 복종을 중시하는 것을 알아야 하나, 그러나 하나는 피동적이고, 하나는 자동적이니, 이것이 바로 그들의 구별이다.

4. 새로운 교육의 방법

이번에 나는 남경에서 상해로 도착해서, 다시 상해에서 가흥시(嘉興市)로 갔고, 곧바로 항주로 왔는데, 여러 가지 방법이 있었다. 혹은 걸었고, 혹은 배를 탔고, 혹은 기차를 탔고, 혹은 비행기를 탔다. 이 몇 가지 방법 중에서, 어떤 몇 가지는 비교적 좋고, 어떤 한 가지는 가장 좋았으며,

게다가 어떤 한 가지는 가장 빨랐으니, 이는 방법의 연구이다. 이 방법을 연구하려면, 아래 열거한 몇 가지를, 마땅히 주의하여야 한다.

(1) 목적에 부합한다: 닭을 잡으려면 닭 칼을 쓰고, 소를 잡으려면 소 칼을 쓰는 것, 이것이 바로 도리에 적합한 것이다; 교육도 목적에 대해 방법을 강구해야 한다. 현재 학교에는 병조(兵操)라는 과목이 있는데, 국가를 보호하는 능력을 지닌 국민을 양성하기 위해서 설치된 것이다. 그러나 이대로의 "차렷(立正)", "앞으로 가(開步)"의 연습으로, 몇 년이 지난 후에도, 응전의 목적에 도달할 수나 있을지, 연구해 보아야 할 것이다.

(2) 경험에 의거한다: 이렇게 하는 일은, 이렇게 가르쳐야만 한다. 예를 들어 헤엄치는 일은, 마땅히 못에 가서 학습해야 하고, 교실 안에서 가르쳐서는 안 된다. 만약 오로지 교실에서 가르치는 것만 관여하고, 실습하지 않으면, 설령 몇 년을 잘 배웠다고 하더라도, 아마 못에 도착하자마자, 여전히 물에 가라앉는 것을 면하지 못할 것이다. 각종 지식이 책에서 구할 수 있는 것이 있으면, 책에서 구해도 무방하지만, 책에서 구할 수 없는 것이 있으면, 마땅히 다른 곳에 가서 그것을 얻어야만 한다.

(3) 공동 생활: 학교에서 공동으로 일을 할 수 없으면, 사회에 이르러도 할 수 없는 것이다. 그래서 국민이 공화의 정신을 가지고 있으려면, 우선 학생이 공화의 정신을 가지고 있어야 한다. 학생이 공화의 정신을 가지고 있으려면, 먼저 그가 공동의 생활을 가지고, 서로 돕는 역량이 생기도록 해야 한다.

(4) 적극적으로 실시한다: 사람들에게 도박해서는 안 된다, 술을 마셔서는 안 된다고 가르치는 것, 이 모두는 소극적 금지이다. 적극적 방법에 대해서는, 그들이 항상 좋은 일을 하여서, 그런 나쁜 일을 할 기회가 없도록 만들어야 한다. 학교에서 항상 정당한 오락활동이 있어서, 매우 흥미로우면, 자연히 다른 나쁜 일을 할 틈이 없다.

(5) 계발을 중시한다: 학교에선 결코 한편으로 가르치고, 한편으로 가르침을 받으면, 끝나는 일이 아니다. 학생의 정신과 의지, 능력을 점차적으로 발육 성장하도록 하여야 한다. 공자는 "배우려 분발하지 않으면 열어주지 않으며, 표현하려 고민하지 않으면 말해주지 않는다(不憤不啓, 不悱不發)"라고 하였다. 나는 더욱 진일보하여 말하면, 그를 분발하지 않으면 안되도록 만들고, 그를 고민하지 않으면 안되도록 만들어야 한다. 듀이 선생도 말하기를, 학생을 가르치는 방법은, 먼저 그가 의문을 발생하도록 만들어야 한다; 그의 해결이 어려운 곳을 조사해내어, 그가 각종 방법을 생각하도록 하여, 이 문제를 해결한다; 이 방법들 가운데서, 제일 효과 있는 방법을 뽑아내어, 맞는지 틀리는지를 시험해 본다; 만일 틀리면, 바로 방법을 바꾸고, 만일 맞으면, 다시 한 번 연구한다. 이 방법에 따라서, 같은 부류의 문제와 모든 문제를 해석한다. 그래서 현재는, 그 헤르바르트[Herbart, 1776~1841, 독일의 철학자이자 교육자]의 5단계 교수법 등은, 크게 적용되지 못한다고 여기고 있다.

(6) 자치를 격려한다: 이는 학생을 가르쳐, 학문 방면이나 혹은 도덕 방면에 대해서, 모두 그가 스스로 다스리고 스스로 수양할 수 있도록 해야 한다.

(7) 전반적인 교육: 신체와 정신은, 전체가 고려되어야 하고, 한 쪽에 치우쳐서는 안 된다. 예를 들어 신체교육(體育)에서, 귀, 눈, 입, 코, 손, 발이 모두 그를 건강하고 완전하게 만들어야 한다; 지식 교육(智育)에서는, 이미 그가 스스로 깨닫도록 해야 하고, 또한 그가 자연계의 사물을 이용할 수 있도록 만들어야 한다; 도덕교육(德育)에서는, 공공 도덕(公德)과 개인 도덕(私德)이, 모두 부족해서는 안 된다.

(8) 흥미를 불러일으킨다: 학생이 흥미가 있으면, 바로 기꺼이 모든 정신을 써서 일을 하기 때문에, "배움"과 "즐거움"은 분리될 수 없는 것이다. 학교에서 선생은 모두 웃는 얼굴이 생기고, 학생도 웃는 얼굴이 생긴다. 어떤 학교는, 선생은 얼굴 표정을 딱딱하게 하여, 학생이 모두 그를 두려워하면, 그러면 무단 결석하는 일을 면하기 어렵다. 그래서 학생의 흥미를 불러 일으키는 방법을 강구하는 것이, 매우 중요한 것이다.

(9) 효율을 책임지고 이룬다: 무릇 하나의 일을 하는 것은, 가장 간편하고, 가장 힘을 절약하고, 가장 돈을 절약하는 방법을 써서, 가장 큰 효과를 거두어야 한다. 이 일을 하는데 이 방법을 쓰면, 한 시간에 얻는 효과가 이러한데, 다른 방법을 쓰면, 반드시 10분 혹은 5분에 끝나고, 같은 효과가 있다면, 후의 방법이 전의 방법에 비해 우월하다. 이에 따라, 시간, 정력, 금전을 효과와 비교하여 선택하여야, 가장 좋은 방법을 얻어낼 수 있다. 이상으로 말한 것이, 모두 새로운 교육의 일반적인 설명이다. 새로운 교육에 관해서, 학교 교과과정 등의 설치와, 교원과 학생이 마땅히 어떠한 상황이어

야 하는지에 대해서, 몇 분 휴식하고 다시 강연한다.

새로운 학교

학교는 작은 사회이며 사회는 큰 학교이다. 그래서 학교가 하나의 작은 공화국이 되려고 하면, 사회상의 일체의 일을 선택하여, 그 중요한 것을 하나 하나 진행하여야 한다. 학생이 학교 안에서 혼자이거나, 학교 밖에서도 또한 혼자가 되게 해서는 안 된다. 그가 공화국민의 기초를 조성하도록 하려면, 반드시 여기에서 훈련해야 한다. 신체방면, 도덕방면, 정치방면에 대해서, 무릇 국민이 반드시 알아야만 하는 것은, 모두 그가 알도록 해야 하면, 그 학교는 구체적이고 작은 사회가 된다. 우리나라 학교의 폐단은, 사회와 서로 차단된 것뿐 만 아니라, 또한 학교 안에서, 모든 것은 교원이 주인 노릇을 함으로써, 학생을 결코 참여하게 만들지 않는다. 한 사회 안의 일을 알려고 하면, 모두가 아는 것은, 바로 마땅히 모두가 참여하도록 해야 하고, 소수의 지도자가 관리하는 것은, 바로 마땅히 소수의 지도자가 참여하도록 해야 한다. 이렇게 한 사람에게 기대지 않고, 소수의 사람에게도 기대지 않고, 학생마다, 교원마다 이 학교는 나의 학교라고 알게 만들면, 기꺼이 학교와 즐거움과 괴로움을 같이하게 되니, 그러면 비로소 공화국 사회의 진정한 학교이다.

새로운 학생

"배운다(學)"는 글자의 의미는, 자신이 가서 배우는 것이지, 앉아서 가르침을 받는 것이 아니다. 선생이 무엇을 말한다고, 학생도 무엇을 말하면, 그것은 연극을 배우는 것과 같고, 또 마치 일반적인 축음기(留聲機)와 같다. "살다(生)"는 글자의 의미는, 생활이거나 혹은 생존이다. 학생이 배우는 것은 인생의 길(道)이다. 인생의 길은, 고상한 것도 있고, 비천한 것도 있다. 단편적인 것도 있고, 전체적인 것도 있다. 영구적인 것도 있고, 일시적인 것도 있다. 정신적인 것도 있고, 형식적인 것도 있다. 우리가 추구하는 배움은, 매일매일 증가하는 것인데, 고상한 생활, 완전한 생활, 정신상의 생활, 영구계속적인 생활이어야 한다. 진일보하여 말하면, 배움은 배움이고, 삶은 삶일 수 없고, 배움이 바로 삶이고, 삶이 바로 배움이어야 한다. 학문을 추구하는 일은, 나중의 생존을 미리 준비하기 위한 것인가? 아니면 현재의 생존이, 바로 전체 생활의 일부분인가? 이왕 교육이 계속적인 경험의 개조인 것을 알았으니, 그러면 자연계와 군중에 대해, 자연히 그들의 영향을 받는다. 매일 매일 변화하는 것은, 바로 매일 매일 교육을 받은 것인데, 대체로 세상에 태어나면서 늙음에 이르기까지, 인생의 시작부터 끝까지의 모습이다. 너의 어떤 하루의 생존도 배움이 아니었는가? 너의 어떤 하루의 배움도 생존이 아니었는가? 공자는 70세에 이르러서야, 비로소 마음을 따라 원하는 바가 법도를 넘지 않았는데(從心所欲不踰矩), 그는 한 걸음 한 걸음 진보한 것이다. 무릇 우리를 변화시키는 것은, 모두 선생이며, 바로 우리 자신은 모두 학생인 것이다. 이전에는 단지 학교 안에 있어야만 학생이고, 일단 집에 이르면 학생이 아니었다. 현재는 모두 사회적 학생이 된 것은, 근본적으로 말하면, 실제적인 것이고, 헛됨에 이른 것이 아니다. 비록 학교 문을 나서더라도, 여전히 학생이며, 바로 교육의 범위를 벗어나지 않는 것이다. 그래서 날마다의 모든 행동이, 모두 그를 이끌어 가장 고상하고, 가장 완전하고, 가장 영구적일 수 있고, 가장 정신적 지위가 있는 곳으로 도달하여야, 비로소 좋은 학생이다.

새로운 교원

새로운 교원은 가르치는 것을 중시하지 않고, 학생에게 어떻게 배우는지를 인도하는 것을 중시한다. 교육에 대해, 첫째, 신앙심을 가져야 한다. 교육은 가능성이 매우 많은 일이며, 또한 일시적인 것이 아니고, 영구히 세상에 유익한 것임을 인정한다. 대학교나 고등학교 같은 것뿐 아니라, 설령 초등학교(小學校)라도 가능성이 매우 많은 것이다. 프뢰벨은 초등교육(小學校育)을 연구하여, 위대한 교육자라는 칭호를 얻었다. 초등학교 교사가 된 사람은, 모두 프뢰벨의 지위가 있으며, 또한 그의 능력도 있다. 인정해야만 하는 것을 중단하고, 나아가 행하면, 충분히 성공할 수 있다. 또 예를 들어, 페스탈로치, 몬테소리도 모두 초등교육 연구로부터 명성을 얻었으며, 바로 듀이 선생 같은 분도, 초등교육을 연구한 분이다. 이 모두는 실제의 일이고, 절대로 허위의 찬양이 아니다. 나는 예전에 한 토지묘(土地廟)[토지신을 모시는 사당] 앞에 붙은 대련(對聯)[문이나 기둥에 써 붙이는 대구(對句)]을 본 적이 있는데, 한 구절이 말하기를 "묘는 작으나 건곤(乾坤)[하늘과 땅을 의미함]은 크다" 라고 하였는데, 매우 비교할 만하다. 하물며 우리 학교는 비록 작지만, 그러나 내부는 만물을 망라(包羅)한다. 초등학교 교원이 된 사람은, 절대로 이 기회를 잃어버리지 말 것이며, 마땅히 한 번 일을 해야 한다. 뿐만 아니라, 이 안에는 또한 일종의 즐거움이 있는데, 우리 자신의 생각하는 것에 따르면, 초등학교는 학생들도 작고, 건물도 작고, 월급도 적은데, 수업은 많고, 고생도 심하니, 어찌 즐거움이 있겠는가? 사실, 초등학생이 매일 매일 크게 성장하는 것을 보고, 지식이 없는 것에서부터, 지식이 있는 것으로 변하는 것은, 한 알의 종자가 새싹에서부터 가지와 잎이 생겨나고, 그것이 꽃을 피우는 것을 보는 것과 같으니, 그 성숙함을 보는 것, 이 안에 매우 큰 즐거움이 있다. 위에 따라 두 측면(큰 사업을 해서 큰 즐거움을 얻는 것)은 한 몸인 것이고, 그리고 하물며 새로운 국가, 새로운 국민, 새로운 사회를 만들려면, 더욱 이렇게 할 수 밖에 없다. 그래서 이 일에 신앙이 없는 사람은, 이 곳에서 초등학교 교원이 될 필요가 없다고 할 수 있다. 한 나라 중에서, 모든 사람이 이 일을 하는 사람이 되어야 하는 것은 결코 아니다. 어떤 사람은 군인이 되고, 어떤 사람은 노동자가 되며, 어떤 사람은 관료가 되는데, …… 각 사람은 그의 신앙에 따라, 그의 일을 한다. 교육이 큰 사업임을 보게 되면, 반드시 큰 즐거움이 있을 것이며, 초등학교 교원을 하든, 중등학교 교원을 하든, 혹은 대학교 교원을 하든 관계없이, 모두 같은 것이다.

둘째, 책임감이 있어야 한다.

자기 집의 아이뿐 아니라, 교실의 아이도, 나는 마땅히 책임을 져야 한다; 이곳, 저곳의 아이를 막론하고, 만약 중국에 한 명의 교육을 받지 못한 아이가 있으면, 그는 바로 공화국민이 될 수 없다고 생각한다. 미국에는 백 명 중 구십 명 정도가 교육을 받는다. 중국은 백 명 중 단지 한 명이 교육을 받는다. 게다가 24명의 학생 중, 단지 여학생은 한 명뿐이다.

우리가 이 소수의 사람으로부터, 다수의 사람을 이루려면, 얼마나 많은 해의 힘을 써야 하는가? 종신토록 종사하지 않으면 안될 것이다. 하물며 우리가 20세 이전과 60세 이후를 제하면, 할 때는 얼마 없고, 설령 우리 자신이 일생 동안 이루지 못하면, 마땅히 대대로 해나가야 한다. 절대 교육사업을 여관에 머무는 상황으로 여겨서는 안 된다. 하룻밤 혹은 며칠 밤을 머문 후, 어떻든 관여하지 않고, 바로 남의 말을 듣고 가버린다. 그 교육사업이, 여전히 발전의 희망이 있겠는가?

셋째, 신교원이 되는 것은 공화정신이 있어야 한다.

요컨대 관리의 태도를 드러내면 안 된다. 모든 일은 학생과 즐거움과 괴로움을 함께 해야 하고, 학생과 같은 정감을 나타내야 하며, 참여하여 학생 내면에 이르러서, 그들을 지도한다.

넷째, 개척정신이 있어야 한다.

시간이 현재에 이르러서도, 교육이 있는 곳에서만 전적으로 교육을 창립하여서는 안 된다. 팽창하는 역량이 있어야 하고, 바깥으로 뛰어나가서, 향촌의 지방에 이르거나, 혹은 몽고나 위구르(新疆)의 경계지방에 이르러서, 중국이 학생이 없는 땅이 없도록 해야 한다. 반드시 홀로 말을 타고 전례 없는 용기로 전진하는 기개가 있어야 하고, 외국인이 전도하는 정신과 같이, 무엇이든지 두렵지 않으나, 단지 도리를 전하지 못하는 것을 두려워할 뿐이다. 현재 중국은 관문 경계의 위험을 알고, 그 지방 사람에게는 공화국의 형태를 알게 해야 하기에, 문화를 써서 그것을 주입하여, 그들의 귀와 눈을 익숙하게 만들어, 그의 지금까지의 방향을 바꾸는 것이, 매우 중요한 것이다.

다섯째, 실험적 정신이 있어야 한다.

어떤 사람은 진보를 기꺼이 추구하는데, 어떤 사람은 한정된 범위에서 놀 줄만 알아서, 몇 권의 교과서를 제외하고, 다른 서적은 없다. 제군들은 이미 졸업한 후에도, 아직 여기에서 교육을 토론하니, 이는 가장 좋은 것이다. 다른 사람이 나에게 어떻게 하라고 하고, 내가 그대로만 한다면, 오로지 위의 명령을 듣는 것이다. 위의 명령을 아는 것은, 다만 주요 부분을 거행하는 것에 불과하고, 그 중 상세한 상황은, 반드시 우리가 실험을 해야 한다. 각종 방법을 사용하여, 결과가 생기면, 다시 그의 좋고 나쁨을 비평하여, 이에 따라 여러 번 실험하고, 분석하고 종합하면, 비로소 결론을 내릴 수 있다. 만약 외국에 오로지 의존하게 만들거나, 혹은 마음 속에 있는 것에 오로지 기대면, 그러면, 혹은 흐리멍덩하게 일을 처리하는 것이고, 혹은 단지 공상에 의거한 것이며, 혹은 오래된 법에 따른 것이고, 혹은 외국의 법에 따른 것이니, 전부 위험한 것이다. 이전 사람은 말하기를 "과거를 익히고 새로움을 안다(溫故而知新)"고 하였다. 그러나 새로운 방법이 외국으로부터 중국에 이르고, 또 항주(杭州)에 들어오면, 우리가 새로움이라고 여길 때, 이미 그들은 낡아 버렸다. 그래서 여러분들은 주의하기 바라며, 이래야 자신에 의해 실험하여 진리를 얻어내지 않을 수 없으며, 뒤떨어지는데 이르지 않는다.

새로운 교과 과정

이것은 사회와 개성, 두 방면으로부터 논해야 한다. 사회 이 측면에서 논하면, 이 교과 과정이 세계 조류에 부합하는지, 공화 정신에 부합하는지 물어야 한다. 이 교과 과정을 배운 후에, 중국의 절강성(浙江省)에서, 혹은 절강성의 항주(杭州)에서, 힘이 있는 국민이 될 수 있는가. 더군다나 개성적 측면에서 논하면, 누군가의 일이 누군가를 가르치는 것이다. 어린 아이의 일이 어린 아이를 가르치고, 농민의 일이 농민을 가르쳐야, 비로소 적합할 수 있다. 내가 잠시 대수를 배우는 것을 가지고 예를 들어, 이 교과 과정이 학생이 필요한 것인지 아닌지를 보자. 나는 한 번 학생에게 질문 하였다: "대수를 응용해 본 사람이 얼마나 있지요?" 그랬더니 백 명 중 일곱 여덟 명이 손을 들었다. 다시 물었다: "대수를 사용한 적이 없는 사람은 손을 드세요!" 바로 구십 명 정도가 들었다. 후에 다시 그 일곱 여덟 명이 사용하는 것을 조사하여, 일주일만 필요했고, 많아야 한 달을 넘지 않아서, 가르칠 수 있었다. 이렇게 비추어보면, 우리는 마땅히 변통의 방법이 있어야 한다. 일곱 여덟 명을 위해 그 구십 명 정도의 사람을 희생시키는 것이 아닌가. 그 일곱 여덟 명이, 혹은 천문가가 되어서, 혹은 공업을 익혀서, 혹은 의술을 배워서, 대수를 쓰는 것은, 백분의 일에 불과할 따름이다. 우리는 한 명을 위해, 99명을 희생할 수 없고, 또한 99명을 위해 그 한 명을 희생할 수도 없다. 항상 사회 전체로부터 생각하고 있어야 하며, 기타 유용한 것을 교과 과정 안에 아직 끼워 넣지 않은 것이 있는가? 혹은 필요치 않은 것이 아직도 교과 과정 안에 배치되어 있는가? 이렇게 따라서, 취함과 버림이 비로소 행해진다.

새로운 교재

바로 교과서를 한 번 들어서 논하자면, 책을 편집하는 사람이, 어떤 사람은 교원을 하였고, 어떤 사람은 의외로 교원을 한 적이 없다. 바로 그 자신의 안목을 가져다 만든 표준은, 각 지방의 형편이 어떠한지를 모른다. 이런 종류의 책을 사용하여 가르치면, 어떻게 적합할 수 있겠는가? 때문에 교과서는 참고로 삼는데 그쳐야지, 그렇지 않고 그것을 고집스럽게 의존하면, 없는 것이 더 좋다. 또는 일종의 강의가 있으면, 당연히 장부(帳簿)같이 여긴다. 사회상의 각종 문화 풍속이, 모두 이 장부 위에 적힌다. 이 장부가 쓸모가 있는지 없는지, 혹은 정확한지 부정확한지, 반드시 자세히 검사해야 한다. 예를 들어 부자가 있는데, 비록 그의 모든 재산을, 장부상에 쓰고, 가져다 그의 아들에게 넘겨줄 지라도, 만약 실제 땅에 가서 그것을 가르쳐주지 않고, 그 몇 곳의 집 혹은 전답이, 나의 소유이니, 이 장부와 대조해 보라고 하면, 그의 아들은 여전히 속 사정을 모른다. 아마도 몇 곳의 전답과 건물이 있는데, 이미 팔렸고, 아마도 몇 곳의 사들인 것이 있는데, 아직 등기하지 않았다면, 어쨌든 그의 아들이 완전히 분명하게 이해하도록 해야, 그 장부는 비로소 유효한 것이다. 교과서의 상황을 가지고 학생을 인도하여 보여주고, 혹은 이미 변천된 상황을, 그에게 가르쳐 알려줘서 이해시켜야 한다. 몇 년 전의 조선과 현재는 같지 않고, 러시아는 이미 십여 개 나라[4]로 나누어져 더욱 이전의 것을 가지고 논할 수 없다. 어쨌든 실제적 일을 이해해야 한다. 왜냐하면, 장부는 죽은 것이고, 사람은 살아있는 것이니, 장부를 가지고 내가 사용하는 바가 되도록 하여야 하며, 활발한 사람을 죽은 책이 사용하는 바가 되게 해서는 안 된다. 장부를 알아야 하는 것 외에도, 많은 문화들 그 안에, 교과서에 기대야 하는, 유해한 것이 아직도 있다.

4 소련의 십여 개의 가맹 공화국을 가리킴

새로운 교육적 평가

내가 상점에 이르러 물건을 요구했는데, 그가 다른 물건을 가져다 나에게 주면, 나는 바로 동의하지 않는다. 어떻게 나는 이것을 요구했는데, 너는 나에게 그것으로 치우치는가? 교육의 일도, 이러하다. 목적에 따라 평가해야만, 비로소 정신과 재력을 허비하지 않을 수 있다. 예를 들어 농업, 공업 혹은 상업학교에서 졸업한 학생이, 몇 명이나 그가 마땅히 해야 할 일을 하는 곳에 있는가. 만약 그에게 묻지 않은 결과를, 무턱대고 처리하는 것은, 어머니로써 그의 딸을 시집 보내고, 그 장녀가 시집살이의 정황으로써, 더하여 참고하지 않으면, 둘째 셋째 딸도 같은 고통을 겪게 되니, 이는 평가하지 않은 이유이다.

다시 있는 몇 단계는, 내가 다른 곳에서 이미 이야기해서, 당분간은 이야기하지 않는다. 총괄하면, 모두가 교육이 보급되어야 한다고 느낀다면, 먼저 목적을 인정해야 한다. 약간의 일을 하면, 반드시 약간의 대가를 얻게 되며, 절대 자연적으로 성공할 수 있는 것이 아니다. 즉 바로 어린 아이를 논하면, 미국은 한 사람에 필요한 비용은 4.45위안(元)인데, 중국은 사람마다 0.06위안에 그친다. 대가가 없는 일을, 잘 할 수 있는지 아닌지 좀 물어보자. 그러나 이 일은 사람마다 지는 책임이 있다. 우리 교원이 된 사람은, 학생을 가르칠 뿐 아니라, 또한 방법을 생각하여 사회상의 사람들로 하여금 교육에 대해 필요를 인정하도록 해야 한다. 예를 들어 돈이 있는 사람은, 자신의 아이를 가르칠 수 있지만, 동시에 그 이웃의 어린 아이가, 교육을 받을 돈이 없다면, 그 이웃의 어린 아이와 같이 노는 그 아이를 망치게 된다. 그래서 자신의 아이를 홀로 가르치는 것은, 여전히 쓸모 없는 것이다. 이러한 상황을 그들이 깨달으면, 사람은 목석이 아니므로, 반드시 불신하는 것을 단절하고 없게 만들 수 있다. 비록 일부 곤란한 지방은 있지만, 우리는 반드시 자신의 힘을 써서 그것과 싸워 이길 수 있을 것이다.

자연 속에서 학습하고 토론한다.

이 글은 1919년 9월 《교육조(教育潮)》 제 2권, 제 2기에 실린 글이다.

7. 사범교육의 새로운 추세

师范教育之新趋势

교육은 나라를 세우는 근본이다. 그러나 국가의 정치체제가 같지 않기 때문에, 교육의 추세도 하나가 아니다. 공화국의 나라를 세우는 요소는, 국민이 공동의 목적과 공동의 이해를 가지고, 공동의 이익을 도모하는데 있다. 그러나 사람들은 어릴 때의 동기로, 항상 이기적이고 자신의 이익 한 면에 치우쳐, 우리는 당연히 남을 어떻게든 이용하는데, 서로 돕고, 단결하고, 공감하는 등의 좋은 습관과 공동 이해의 기회를 양성하는 것은, 바로 전적으로 교육에 의존한다. 어떤 사람은 "우리나라는 국민이 없다."라고 말한다. 이 말은 아무래도 너무 지나치다. 그러나 자세히 생각하면, 실제로, 국민의 자격이 있는 사람은 확실히 많지 않으며, 그래서 교육은 중화민국에서 더욱 더 중요하다. 사범학교는 국민을 개조하고 배양하는 큰 책임을 지며, 국가의 앞날의 흥성과 쇠퇴는, 모두 그의 손바닥 안에 있다. 이미 이러한 책임이 있는데, 교육의 새로운 추세를 관찰하지 않고서, 어찌 진보적인 교육을 도모하는가!

적당한 국민을 조성하려면, 반드시 적당한 교원이 있어야 한다. 예를 들어 옷을 만드는 재봉사는, 반드시 신체의 길고 짧고 뚱뚱하고 여윔을 헤아려야 하고, 또 사람들의 심리를 알아서, 이 후에 적당한 색을 배치해야 한다. 그래서 신체와 관계가 있을 뿐 아니라, 정신과도 역시 매우 관계가 있다.

명조(明朝)에 어사가 있어, 재봉사에게 옷을 만들기를 청했더니, 재봉사가 물었다고 전해온다: "당신은 첫째 해의 어사입니까? 둘째 해의 어사입니까? 아니면 셋째 해의 어사입니까?"[5] 그는 왜 이렇게 물어야 했을까? 왜냐면 첫째 해는 의기양양하여, 의복은 반드시 앞이 길고 뒤가 짧아야, 비로소 적합하고, 둘째 해는 일의 원인과 사람의 정서를 조금 알아서, 앞과 뒤의 길이를 같게 해야 하며, 셋째 해는 더욱 진보하여, 유달리 마음은 비우고 기운은 고요하여, 등도 굽어서, 그래서 뒤는 길고 앞은 짧아야 한다. 사범교육을 하는 것도, 이와 같은 관점으로 여긴다. 바꾸어 말하면, 바로 사회적 응용(應用)에 부합해야 한다. 그러나 "사용하다(用)"는 글자 위에는, 두 개의 문제가 생긴다. 첫째, 충분한지 충분하지 않은지, 그것의 수량을 말하는 것이다. 둘째, 쓸모 있는지, 쓸모 없는지, 그것의 성질을 말하는 것이다.

1. 충분한지 충분하지 않은지의 문제

즉 사범학교가 도대체 얼마나 많은 인재를 양성해 내야 비로소 충분

---

5 이는 청나라 사람 조길사(趙吉士)가 쓴 재미난 이야기책 《기원기소기(奇園奇所奇)》에 나온다

한지를 의논하는 것이다. 이는 두 단계로 나누어 말할 수 있다.

(1) 우리나라 인구가 4억이라고 가정하면, 8천만의 취학연령 아동이 있는데, 바로 2백만의 교원이 당연히 있어야 한다(사람마다 4십 명의 학생을 가르친다). 현재 단지 18만 5천명밖에 없어서, 13분의 1에 불과하다. 부족한 수가 매우 큰데, 어떻게 증가하는 것이 마땅한가?

(2) 인구가 기하급수적으로 증가함에 따라, 교원도 당연히 증가해야 한다. 또한 병으로 인하여 죽는 사람, 그의 여러 가지 관계로 인하여 직업을 바꾸는 사람이 있다. 예를 들면 여자가 시집을 가면, 교원이 될 수는 없다. 이러한 변화가 교원의 수도 감소시킬 것이다. 일본인의 조사에 따르면, 17명 교원 중 그의 부족함을 보충할 한 명이 반드시 있어야 하니, "충분함(夠)"의 목적에 도달해야 하는 것이, 진실로 쉽지 않다! 그러나 이것은 사범학교 혼자의 책임이 아니고, 사회, 국가와 교육기관 모두가 마땅히 책임을 져야 하는 것이다.

2. 쓸모 있는지, 쓸모 없는지의 문제

사범교육의 추세는, 쓸모 없는 것을 개량하여 쓸모 있는 것으로 변하게 할 수 있는데 있고, 쓸모 있는 것을 개량하여, 더욱 쓸모 있는 것으로 변하게 한다. 이러한 쓸모 있는 것으로 향해 가는 몇 가지 추세가, 바로 새로운 추세이다. 현재 항목을 나누어 설명한다.

(1) 향촌 교육과 도시 교육

향촌교육은 발달하지 않았으며, 이미 가장 최저점이라고 말할 수 있다. 우리 국민은, 향촌이 백분의 85, 도시가 백분의 15이다. 즉 6천만 명이 도시에 거주하고 있고, 3억 4천만 명이 향촌에 거주한다. 그러나 향촌의 학교는 단지 백분의 10밖에 없다. 이러한 종류의 도시 향촌 불균형 현상은, 각 나라마다 모두 피할 수 없으나, 그러나 우리나라의 향촌은 아무래도 너무 조건이 불리하다. 아마도 비 도시인의 복(福)이지만, 교재 측면에 대해서도, 향촌과 도시는 크게 다르다. 예컨대 전등, 인력거 등은 도시에서는 항상 보는 것이나, 그러나 향촌의 학교에서 이 많은 재료를 가르치려면, 매우 어렵다. 그리고 방학 측면도, 향촌과 도시는 같지 않다. 이런 누에 방학, 벼 방학 사례는, 어찌 교육부가 정한 규정으로 그를 속박할 수 있는가! 현재의 사범학교는 모두 도시에 건립되었고, 가르치는 측면마저도, 도시를 중시하고 향촌을 경시한다. 이 후에 방법을 생각해야 하는 것은, 어떻게 해야 비로소 향촌의 아동이 동등한 지식을 받고, 동등한 대우를 누릴 수 있는가 이며, 이는 바로 사범교육의 하나의 새로운 추세이다.

(2) 초등학교 교재를 연구하다

현재의 사범학교는, 대부분 중학교의 변형이고, 약간의 교육학, 교수법을 더했을 뿐에 불과하다. 졸업 후에, 바로 이런 교재를 가지고 학생을 가르치니, 아직도 문외한인 것을 염려한다. 그래서 사범생은 어떠한 초등학교 교재를 사용하는지를 관찰하면서, 바로 이렇게 배워야 한다. 한 방면으로 "배움"을 배워야 하고, 한 방면으로는 "가르침"을 배워야 한다. 이 또한 새로운 추세이다.

(3) 특기있는 인재를 배양한다

현재의 사람은 사범생이 일 마다 모두 능해야 한다고 여긴다. 이는 맞지 않다. 고등과(高等科)와 국민과(國民科)는 같지 않고, 보통과(普通科)와 특수과(特殊科) 또한 같지 않다. 사범교육은 당연히 각 사람마다의 특기를 발전시킴으로써, 사회의 수요에 부합한다. 예를 들어, 강소성립(江蘇省立) 제 3사범학교의 분과 연구제는, 매우 좋은 사범교육이다.

(4) 사범학교를 확충한다

현재 사범학교는, 평균적으로 학교마다 이백 명 정도이다. 교육부는 사백 명을 넘지 못하도록 규정한다. 그러나 유럽, 미국 등 여러 나라에서는, 대부분 학교마다 천 명 이상이 있다. "큰 사범학교"를 볼 수 있는 것은 우리 나라에 매우 필요한 것이다.

(5) 새로운 과목을 첨가한다

사회에 새로운 수요가 생기면, 바로 당연히 새로운 과목을 첨가하여 그에 부합하고, 그를 지도한다. 현재 사회문제가 매우 혼란스러우니, 사회학이 마땅히 증가되어야 한다. 또한 과학적 발달로 인하여, 각종 학문은 분석을 중시한다. 그래서 광범위하고 이론적인 심리학은 충분치 못하며, 아동심리학과 심리측정실험이 반드시 증가되어야 한다. 단지 교육사, 교육철학 등을 강의하는 것도 충분치 못하고, 교수법, 관리법…… 이러한 부류의 실제 학문도, 반드시 다시 연구해야 한다. 결론적으로, 사회적 새로운 수요는 일정하지 않고, 새로운 과목을 증가하는 것도 당연히 상황에 따라서 달라야 한다.

(6) 사범학교와 부속초등학교는 특히 밀접해야 한다

부속초등학교는 실습의 장소일 뿐 아니라, 그야말로 교육원리를 실험하는 기관이다. 교육원리는 변함이 없는 것이 아니고, 매일 매일 연구하면, 바로 매일 매일 진보가 있고, 매일 매일 변혁이 있는 것이다. 그러므로 부속초등학교는 "교육학적 실험실"이고, 다른 실험실과 같은 것이다.

(7) 사범학교는 계속 배양할 책임이 있다

내륙에 있는 많은 사범학교는, 졸업생에 대해서 조금도 관심이 없다. 이는 매우 좋지 못한 현상이다. 당연히 졸업을 부분적이고, 일시적인 것으로 알아야 한다. 학생은 물론 이때부터 배우지 않으면 안되고, 교원도 이때부터 가르치지 않는 것은 부당하다. 그래서 학교는 졸업생에 대해 계속 배양하는 책임이 있다. 예를 들어, 조사, 강연회, 순회지도 등의 일에, 더욱 의지를 기울여야 한다.

(8) 교장과 학무위원 등 전문인재를 배양한다

한 학교의 좋고 나쁨은, 교장과 가장 관계가 있다. 한 지방의 좋고 나쁨은, 학무위원과 가장 관계가 있다. 그러나 현재는 이 두 측면에 주의를 기울이지 못한다. 예를 들어, 남경은 인구 40만이 있고, 취학연령이 된 아동 7만이 있는데, 교원은 2천명이다. 학무위원에 대해서, 몇 명은 합당하게 중요시하는 것이 없다. 물질적인 보상은, 매년 많아야 4백 위안이다. 우리는 물론 금전의 노예가 되는 것은 마땅하지 않으나, 그러나 사무와 대가는, 당연히 서로에 대한 가치를 요구해야 한다. 광주(廣州)는 남경에 두 배 정도 크고, 교육국장의 월급은, 매달 4백 위안 이상에 있어서, 그래서 교육도 진보하고 있다. 광주 같은 이러한 우대가, 물론 반드시 본받아야 하는 것은 아니지만, 그러나 오늘 이후 교육계는 마땅히 일종의 깨달은 바가 있어야 한다. 일반 학무위원에 대해서 당연히 상당한 중시가 있어야 하고, 그러면 사범학교도, 특기있는 전문적 인재를 배양하지 않으면 안 된다. 이러한 추세는, 유럽 미국에서 벌써부터 모두 사실로 드러났는데, 우리 중국적 교육이 어찌 소홀히 할 수 있는가? 이상 몇 가지 추세는, 절대 1,2년 내에 할 수 있는 것이 아니고, 단지 현재 그 방향으로 향해 진행하지 않을 수 없다.

1919년 남경고등사범학교의 외국 교사 송별식. 두 번째 줄 오른쪽에서 네 번째가 타오싱즈.

이 글은 1921년 10월 22일 《시사신보(時事新報), 학등(學燈)》에 실렸다.

8. 살아있는 교육
活的教育

교육은 세 부분으로 나눌 수 있다.

1. 죽은 교육
2. 죽지도 살아있지도 않은 교육
3. 살아 있는 교육

죽은 교육은, 우리가 아예 그것을 묻어버려서, 희망이 없는 것이다. 죽지도 살아있지도 않은 교육은, 우리가 그것이 점점 살아있는 것으로 나아가도록 희망하는 것이다. 살아있는 교육은, 우리가 그것이 더욱 살아있도록 희망하는 것이다.

나는 오늘은 일단 이 살아있는 교육을 이야기한다. 무엇을 살아있는 교육이라고 부르는가? 살아있는 교육은 무엇인가? 이 문제는 본래 매우 큰 것이기에, 내가 정의를 내리기 쉽지 않고, 내가 대략 살펴보는 것을 정할 수도 없다. 그러나 나는 항상 살아있다(活)는 글자가, 일체의 어떤 글자보다도 참 좋다고 느낀다. 살아있는 교육은, 더욱 교육 중에 가장 필수적인 현상이다. 예를 들어, 물고기가 둑에 잡혀있는데, 당신이 만약 그것을 갑자기 물에 놓아주면, 그것의 꼬리와 지느러미는, 모두 자기 자리에서, 멈추지 않고 행동할 수 있다. 새가 새장에 갇혀 있는데, 당신이 만약 그것을 숲에 놓아주면, 그것은 반드시 그 능력을 다하여, 멈추지 않고 전진할 수 있다. 살아있는 교육은, 물고기가 물에 도달한 것과 같고, 새가 숲에 도달한 것과 같다. 다시 예를 들어, 화초가 봄날에 이르러 봄 햇살과 태양빛에 동화됨과, 비와 이슬의 자양을 얻어, 그래서 날마다 빠르게 생장한다. 살아있는 교육은, 봄 햇살 아래에서, 자양분 같은 것을 얻어, 하루 하루 진보할 수 있다. 바꾸어 말하면, 바로 하루 하루 새로운 것이다.

나는 지금 이 살아있는 교육을, 다시 세 단계로 나누어 이야기한다:

우리가 아동을 교육하는 것은, 첫째는 바로 아동이 살아있는 것임을 인정해야 하는 것이고, 아동의 심리에 따라서 진행해야 한다. 예를 들어, 아동은 본성이 무리를 이루는 것을 좋아하는데, 어떤 때 그 혼자서 다른 곳에 머물러 있으며, 좀 외로운 모양이라고 느껴질 때는, 그 곳에서 의기소침해 있는 것이다! 우리는 바로 다른 어린 아이를 찾아서 함께 그와 같이 놀도록 해야 한다. 보통 아동의 특성은, 대부분 모두 호기심이 풍부하다. 그가 아직 말하는 것과 길을 걷는 것을 모를 때도, 그는 항상 손과 발이 춤추고 있으며, 간절히 해보고 싶은 바가 있는 모양이, 멈추지 않고 바쁘다. 이것이 바로 그의 호기심일 수 있다. 만약 우리가 어떤 물건들을 마련하여 그에게 주고 놀게 하면, 그는 반드시 보기 좋은 것을 갖고 놀고, 나쁜 것을 갖고 놀지 않는다. 그는 처음에는 간혹 그런대로 난잡한 것도 함께 갖고 놀지만, 알고 난 후에는, 그는 바로 좋아하는 것만 집중하여 갖고 논다. 여기에서 약간을 가지고, 저기에서 약간을 가지다가, 그의 마음에 맞기만 하면, 그는 반드시 가지지 않으면 안될 것이다. 어떤 때, 우리가 그에게 시계를 하나 주면, 그는 반드시 그것을 이리저리 뒤집어가며 자세히 관찰하고, 그는 동시에 여전히 내면의 비밀을 탐지하여, 끝까지 캐내려 할 것이다. 우리는 어린 아이와 함께 놀 때, 나무젓가락으로써 가짜 탑의 골조를, 어린 아이에게 보게 하면, 반드시 매우 재미있게 여길 것이다. 그 후에, 우리가 갑자기 그것을 밀어 쓰러뜨리면, 그 어린 아이는 더욱 재미있게 여기며 좋아한다. 만약 우리가 다시 한 발 더 나아가, 이 골조를, 우리에 의해 밀어 쓰러뜨리지 않고, 어린 아이 자신이 밀도록 하면, 그러면, 이때 어린 아이의 기쁨은, 내가 감히 단정하건대 이전보다 훨씬 많을 것이다. 많은 이와 같은 사례는, 내가 자세히 들 수는 없다. 또한 하나의 가장 중요한 것은, 즉 우리가 만약 교육이 살아있는 것을 인정하면, 우리가 아동을 교육하는 것은, 바로 아동의 필요한 역량에 근거하여 바뀌어야 한다. 어떤 아동은 타고난 자질이 매우 높아서, 그가 필요한 힘은 좀 크고, 어떤 아동은 타고난 자질이 매우 둔하여, 그가 필요한 힘은 좀 작다. 우리가 아동을 교육하는 것은, 그들의 필요한 역량이 어떠한가에 따를 수 있어야 하며, 똑같이 당길 수는 없다. 예를 들면, 밥을 먹는데, 어떤 사람은 식사량이 좀 커서, 그는 다섯 그릇 혹은 여섯 그릇을 먹어야 하고, 어떤 사람은 식사량이 좀 작아서, 그는 단지 한 두 그릇을 먹을 수 있을 뿐이다. 우리는 그에 대해서, 단지 그 필요한 바를 들을 수 있을 뿐, 죽은 규칙을 정할 수 없다. 우리가 만약 규정하기를, 예를 들어 두 그릇을 먹는 사람이, 반드시 억지로 다섯 그릇을 먹어야만 비로소 합격한다고 하면, 그러면, 이는 반드시 사람을 병들게 한다. 학교에서 아동을 교육시키는 것도, 이와 같으니, 죽은 규칙을 일률적으로 강제할 수 없으며,

학교가 이와 같아야 할 뿐 아니라, 사회상의 일도 역시 이와 같지 않으면 안 된다. 우리 사람의 필요한 힘은, 큰 것이 있고, 작은 것이 있는데, 우리는 다만 그것이 그의 필요를 만족시킬 수 있기를 요구하며, 바로 그것뿐이다. 그의 필요를 만족할 수 있는 것을 추구하는 것이 옳은 것이다. 때문에 아동을 교육하고 그리고 아동이 살아있는 것을 인정하는 것은, 우선 아동의 심리를 깊이 헤아릴 수 있어야 한다.

아동은 필요한 것이 있을 뿐 아니라, 동시에 또한 능력도 가지고 있다. 그는 각종 일의 욕구가 크고 작음에 따라, 그의 능력도 역시 갖가지로 다르다. 남녀의 유전되어 내려오는 생리가 같을 수 없으며, 그들의 능력 역시 같을 수 없다. 나는 여자가 남자와 비교하여 좀 부족하다고 말하는 것이 절대 아니고, 나는 남녀의 제각기 다른 장점을 말하는 것이다. 즉 남자와 남자 둘을 서로 비교해도, 역시 많은 서로 다른 능력이 있는데, 나이가 같지 않은 이유가 있고, 환경이 다른 이유가 있으며, 천성이 다른 이유가 있다. 이 많은 것이 다르기 때문에, 그래서 그 결과적인 능력도, 큰 차이가 있다. 우리가 아동을 교육하는 것은, 그 능력을 좋은 방향으로 이끌어 나가야 하는 것이다. 예를 들어, 달리기 경주, 이는 즉 한 건의 능력에 의한 일이다. 우리가 몇 명이 같은 시각 같은 장소에 같이 서는 것을 인정하고, 지휘자의 명령을 듣고, 바로 일제히 출발하는데, 그들이 각자 충분한 능력에 따라 자유롭게 전진하게 하고, 제한을 가하지 않으면, 그 후에 누가 멀리 있고 누가 가까이 있는지, 자연스럽게 똑똑히 볼 수 있다. 그리고 그들의 능력의 크고 작음도, 이를 통하여 증명할 수 있다. 가령 우리가 만일 규정을 정한다면, 규정은 세 명의 달리기 시합에서, 120야드 혹은 240야드를 달리는데, 빠르고 느림이 모두 같아야 하고, 누가 앞지르고 누가 뒤처져도 안 된다. 그러면, 그 능력이 충분히 240야드를 뛸 수 있으면, 그는 자연히 매우 상쾌할 것이고, 그다지 어렵지 않다. 그러나 단지 60야드 혹은 120야드를 뛸 수 있을 뿐인 사람은, 반드시 매우 고통스러운 것이고, 심지어 또한 부상을 입을 것이다. 이는 운동 측면에서 생각한 것이다. 가르치는 측면에 이르러도, 역시 이와 비슷한 것이 많다. 만약 많은 아동이, 같은 방에 있으면, 가르치는 사람은, 각각의 아동의 능력에 따라 가르쳐야 한다. 만약 오늘 한 과를 강의하고, 내일 한 과를 강의하는 것으로 규정한다면, 과 마다 비록 모든 한 글자 한 구절을 분석하고 해석한다고 해도, 타고난 자질이 총명한 어린 아이는, 그가 물론 그의 머리 속에 받아들일 수 있고, 게다가 또한 여유롭다. 만약 그 천성이 둔하고 멍청한 어린 아이는, 소에게 거문고를 타는 것과 같아서, 조금도 이해하지 못한다. 이러한 교육은, 세 사람의 달리기 경주를 규정하는 것과 같으니, 아직도 살아있는 교육이라고 볼 수 있겠는가? 우리가 현재 이미 살아있는 교육이라 말하고 싶은 것은, 아동의 능력이 같지 않다는 것을 알아서, 우리가 방법을 강구하여 그를 보조해야 하고, 그의 능력이 발전하게 해야 하는 것이다. 마치 우리가 어느 곳의 한 학교 캠퍼스를 보는 것같이, 그 안의 꽃들이 매우 질서 있고 예쁘게 자라서, 우리들 마음에 그것을 부러워한다면, 우리도 그것을 모방하여, 우리 자신의 학교 정원을 또한 그것처럼 동일하게 가꿀 수 있다. 이는 화원을 가꾸는 방법이나, 교육을 하는 것도 이와 같다. 우리 모두가 만약 믿지 못하여, 해내지 못할 것을 두려워하면, 우리는 좀 더 생각해 볼 수 있다. 예를 들어, 한 초원이 있는데, 그 땅에 생장하는 풀이, 모두가 들쭉날쭉하고 가지런하지 않았다. 우리가 만약 그것을 자연적으로 생장하도록 내버려두면, 자라면 자랄수록 가지런하지 않을 것이며, 만약 우리가 기계를 사용하여 점차적으로 자르고 반반하게 하면, 그러면, 이것은 얼마의 힘이 필요한지 일정하지 않지만, 그것을 평탄하게 만들 수 있다. 우리가 교육을 하는 것도 풀을 밀어 깎는 것과 같이, 또한 방법을 써서 그것을 평평하게 만들어야 하며, 이러한 풀에 대한 이런 것은, 보통의 아동에 대한 것이다. 만약 나무에 대해서는, 타고난 자질이 특별히 민감한 어린 아이에 대한 것으로, 그렇게 하면 안 된다. 나무의 생장력은 강하고, 그의 성질은 맹렬하여, 우리가 그에 대해, 또한 그 능력에 따라 그를 통제하여, 그 생장에 적절하게 만들어야 한다. 만약 그 자연적 번식을 내버려두면, 그 가지와 줄기는 반드시 점차 뻗어나가, 그 후에는 자랄수록 높아져, 심지어 집 천장을 모두 두드려 부수어버릴 것이다. 학교 안에 소요가 일어나서, 마치 큰 나무가 집 천장을 두드려 부수는 것과 같으니, 모두는 교육을 하는 사람 때문인 것이다. 평소에 이 교육의 경향에 대해 주의함이 없었고, 그 타고난 자질이 고상한 아동에 대해, 그 능력에 따른 교육이 없었다. 이는 우리가 아동이 살아있는 능력이 있는 것을 인정하지 않은 것이다.

살아있는 어린 아이와 죽어있는 어린 아이는 다른 특징이 있다. 어린 아이 그가 먹는 영양분이 같지 않아서, 그들이 받아들이는 이익도 같을 수 없다. 살아있는 어린 아이는, 그 본성이 활발하여, 그는 모든 일에 대해서도, 빠르게 진보한다. 죽어있는 어린 아이는, 그의 머리가 좀 둔할 뿐, 어린 아이가 정말 죽은 것이라고 말하는 것은 아니다. 말하자면 그 능력은 많은 발전이 있을 수는 없어서, 비록 살아있어도, 죽은 것과 마찬가지다. 우리 교육을 하는 사람은, 항상 어린 아이를 살아있는 것으로 여겨야 하며, 죽어있는 것으로 여겨서는 안 된다. 지구를 보면, 마치 하나의 움직이지 않는 물체 같지만, 사실 그것은 매일 매시 모두 회전을 멈추지 않고 있다. 어린 아이도 이와 같다. 표면상으로 보면, 평범하고, 어떠한 진보가 없는 것 같지만, 사실 그의 능력과 지식은, 하루도 진행 중에서 삶을 추구하지 않은 날이 없다. 우리가 그의 이러한 천연적 특성에 따라, 매우 적당한 보조와 지도를 더함으로써, 그가 하루 하루 진보하게 해야 하며, 절대 가로막히고 혹은 정체되는 바가 있는 가운데서, 전진하지 못하게 하거나, 그를 속박하게 할 수 없다. 잠깐 동안 단속하고는, 그 후에 또 갑자기 그를 해방시켜 버리면, 이는 반드시 위험을 당하게 된다.

이는 마치 어떤 사람이 어린 아이가 있는데, 그는 그에게 올해 한 벌의 옷을 만들어주었고, 5년이 지나서, 그는 아직도 그 어린 아이에게 가져다 주어 입힌다면, 그 어린 아이의 몸은 성장하였고, 옷은 작아졌는데, 이 작은 옷을 큰 아이에게 주어 입게 하면, 그 옷은 반드시 파열할 것이다. 설령 억지로 입을 수 있었다고 하더라도, 그러나 어린 아이의 몸도, 단단히 속박되어, 혈맥도 조화를 이룰 수 없어서, 즉 병이 생기게 된다. 이로 인해서 어린 아이의 옷은, 매년 바뀌어야 한다는 것을 알 수 있고, 어린 아이의 지식 학문도 매년 매일 바뀌어야 하는 것이다. 현재 한 사람이 있다고 가정하고, 그가 갑자기 기묘한 생각을 하여 말하기를: "내가 어린 아이가 있는데, 나의 그 애는 매년 옷을 바꿔 입을 필요가 없어요. 그 애가 다섯 살 밖에 안되었을 때, 내가 그에게 열여섯 살 때의 옷을 만들어 주면, 전신이 그 옷으로 넉넉하니까, 매년 입고, 매년 보관하여, 줄곧 16세 때까지 두고서, 전부 여전히 입을 수 있어요" 이 방법은, 억지로라도 얼핏 보면, 그런대로 크게 나쁘지 않게 느껴지고, 게다가 또한 매우 경제적이다. 그러나 자세하게 보면, 아닌 것 같이 느껴지고, 즉 정신상으로도 좀 좋아 보이지 않는다. 옛날의 옷은, 현재와 적합할 수 없고, 현재의 옷이 꼭 반드시 미래와 적합할 수 있는 것도 아니다. 시대의 추세의 변천은, 나아감에 있어 끝이 없는 것이다. 교육을 하는 사람은, 시대의 추세에 따라서 진행해야 하고, 아동의 본능에 부합함에 따라서 안배한다. 많은 교과서가 있는데, 예전에는 매우 새롭고 매우 활용적인 셈이었으나, 현재는 감당할 수 없이 부패하여 버렸다. 우리가 말하는 살아있는 교육은, 이 세계 조류의 추세에 근거하여야 하고, 가장 새롭고 가장 살아있는 측면을 향하여 해 나가는 것이다. 중국교육의 가장 큰 결점은, 바로 보급할 수 없는 것이다. 예전의 러시아의 시베리아도 이러했으나, 그러나 중국에 비교해서는 좀 좋은 편이다.

중국사회의 배움의 기회를 잃은 사람은, 또한 어느 정도 있는지 모르나, 보통국민으로써 계산하면, 전체의 3분의 1은 글자를 모르는 사람이다. 우리가 현재 이 사람들을 새로이 교육을 해주려고 하면, 초등학교 1학년부터 가르치기 시작할 수 밖에 없다. 그러나 그들은 모두 장년의 주민이 많은데, 모두 초등학교[소학] 1학년에 두어 교육하려고 하면, 또한 16살의 아이에게 다섯 살 때의 옷을 입히는 것과 같다. 이런 교육은, 죽어있는 교육이라고 할 수 있다. 살아있는 교육은 이 같을 수 없다. 살아있는 어린 아이는, 그의 생장도 빠르고, 그의 진보도 빠르다. 그의 한 시기에는 한 시기의 필요가 있고, 한 시기에는 한 시기의 능력이 있다. 교육자가 된 사람은, 방법을 강구하여 그의 필요를 만족시켜야 하고, 적당한 재료를 한데 모아서 그를 양성해야 한다. 이것이 우리가 말하는 살아있는 교육 두 번째이다.

나는 현재 살아있는 교육은 어떤 재료들을 필요로 하는지를 다시 이야기하겠다. 이 재료도 세 단계로 나눌 수 있다.

1. 살아있는 사람을 써서 살아있는 사람을 가르쳐야 한다

우리는 초목이 무성하게 자라게 하고 싶으면, 날마다 그것을 가꾸어야 하고, 물을 주어야 한다. 우리가 매우 활발한 친구와 교제하고 싶으면, 우리 자신도 활발해야 한다. 나의 영향이, 그에게 느껴질 수 있어야 하고, 그의 영향도, 나에게 있어야, 비로소 가능하다. 예를 들어, 우리 둘은 시작은 먼저 알지 못했으나, 이 후에 몇 번 마주쳐서, 함께 한 번 이야기를 하게 되면, 그러면 둘의 머리에 모두 매우 깊은 영향을 받게 되고, 둘의 우정도, 매일 점점 짙어지게 된다. 교원이 된 사람이 학생에 대해서도 이러해야 하고, 둘 모두가 살아있어야 하며, 항상 둘 모두 밀접한 관계를 발생할 수 있어야 한다. 교원 모두는, 학생에게 영향을 미쳐야 하고, 학생 모두는, 교원에게 영향을 미쳐야 한다. 한 회의장에 어떤 사람은 말하는 것을 잘하고, 어떤 사람은 웃는 것을 잘하면, 우리가 보고는 마음 속에 반드시 일종의 영향이 생길 수 있다. 예를 들어서, 나 한 사람이 강단에서 강연을 하고, 모두가 아래에 앉아서 들으면, 내 머리 가운에 이미 많은 강연을 듣는 사람들의 인상이 남는다. 생각하건대 모두의 머리 가운데, 역시 나 강연하는 사람의 인상이 남을 수 있으면, 이 역시 일종의 살아있는 표현이다. 살아있는 교원과 살아있는 학생은, 마치 자동차와 같아서, 학생은 비유하면 차이고, 교원은 비유하면 차에서 계기를 조작하는 사람이다. 계기가 켜지지 않으면, 차는 저절로 움직이지 않는다. 교원이 학생에 대해, 만약 살아있는 교재로써 그를 가르치지 않는다면, 그는 자연스럽게 역시나 진보할 수 없다. 현재의 교원은 이전 같지 않다. 그가 마치 자동차 위의 계기장치를 운전하여, 차를 달리고 있는 것과 같다. 그러나 아직도 어떤 교원은, 그의 성격이 아무래도 너무 급해서, 그가 차 위의 계기를 좀 사납게 운전하면, 차가 너무 빠르게 움직여서, 간신히 계기를 멈추려고 생각하지만, 갑자기 앞의 바위 혹은 사람과 부딪히니, 이때는 매우 큰 위험이 발생한다. 살아있는 교원은 자동차의 운전수와 같아서, 눈을 앞을 향해 똑바로 보아야 한다. 만약 눈을 감고 어지럽게 운전하면, 그러면 위험이 엄청날 것이다. 학생이 앞을 향해 나아가면, 교원도 앞을 향해 나아가야 하고, 모두 함께 동시에 나아가야 한다. 만약 학생인 제자가 앞으로 나가지만, 그러나 교원이 움직이지 않거나, 혹은 학생이 앞으로 나가려 하지만 그러나 교원이 반대로 장애를 더한다면, 이는 죽어있는 사람이 살아있는 사람을 가르치는 것이라고 말할 수 있으며, 살아있는 사람이 살아있는 사람을 가르치는 것이라고 말할 수 없다.

2. 살아있는 것을 가져다가 살아있는 학생을 가르친다

우리가 예를 들어 하나의 화초를 가져다가 아동을 가르친다면, 그 화초를 그에게 해부하게 하여, 그 안의 오묘함을 연구하고, 그것이 어떻게 구성된 것인지를 본다. 어린 아이가 이 일에 대해서, 느끼는 것은, 매우 흥미 있다는 것이다. 우리는 이 여러 가지 물건으로써 그를 가르칠 수 있고, 그가 활발한 정신을 불러일으킬 수 있을 뿐 아니라, 동시에 또한 그의 즐거움을 불러일으킬 수 있다. 우리는 또한 살아있는 환경을 가져다가 그를 가르칠 수 있으며, 예를 들어 사막은 본래 건조한 것인데, 우리가 방법을 강구하여 그곳에서 물이 나오게도 할 수 있다; 큰 바다도 어떤 때는 대륙으로 변한다; 태평양의 선박이 미국에 도착하려면, 본래 크게 불편했는데, 그래서 어떤 사람이 파나마운하를 개통하였다; 기차가 산길을 운행하는 것이 불편하면, 즉 산에 동굴을 뚫을 것이다. 이는 살아있는 환경을 가져다 교육상의 재료로 삼는 것이다. 문화의 진보는, 한계가 없는 것이고, 세계환경과 물질의 변화도 일정한 것이 없다. 살아있는 교육은, 바로 시대와 함께 전진해야 한다. 우리가 살아있는 교육을 이야기하는 것은, 언제 어디서도 살아있는 물건들을 가져다가 그 살아있는 학생을 가르치고, 살아있는 인재를 양성해야 하는 것이다.

3. 살아있는 서적을 가져다가 어린 아이를 가르쳐야 한다

서적도 죽어있는 것이 있고, 살아있는 것이 있다. 어떤 것이 살아있는 서적인가? 나는 서적이 기록한 것은, 사람의 사상과 경험에 불과하며, 그 사람의 사상과 경험이 만약 매우 고상하고, 인생과 매우 관계가 있는 것이며, 그러면 살아있는 서적이라고 할 수 있다. 만약 그 책을 쓴 사람의 사상과 경험이 모두 어떤 가치도 없고, 인생과도 관계가 없으면, 그러면 죽어있는 서적이다. 우리가 어린 아이를 가르치는데, 서적이 죽어있는지 살아있는지에 대해서, 신중하지 않을 수 없다. 가르치는 서적은, 계통이 있어야 하고, 전후가 모두 연관이 있어야 하며, 뒤죽박죽인 것이 아니니, 이것이 비로소 살아있는 교육이다. 만약 죽어있는 책을 가르치는데 오직 눈을 감을 줄만 알며, 또한 그 책을 활용할지 활용하지 않을지를 고려하지 않으면, 이런 것은 내가 감히 말하건대, 죽어있는 교육이다.

우리가 아동을 가르치는 서적은, 마치 어떤 사람이 재산을 전해주는 것 같으며, 보통 두 가지 방법이 있다. (갑) 재물(財)을 전수하는 방법이다.

예를 들어 한 집의, 그 주인이 일에 관여하기를 원하지 않아서(혹은 죽음에 임박해서), 집안 일을 완전히 작은 주인에게 미루어야 하고, 모든 저축한 돈(銀錢)을, 모두 작은 주인에게 명확하게 말하고, 그에게 신중하도록 시켜야 한다. (을) 부동산(產)을 전수하는 방법이다. 바로 본래의 장부가 있어서, 나의 모든 부동산이, 모두 이 장부상에 기재되어 있다고 말한다. 어느 날 그 집 주인이 그의 후손을 데리고 각 밭(田)과 농토(庄)에 가서 보여주고, 어떤 밭은 누구에게 임대하여 준 것이고, 어떤 농토는 누가 임차한 것이며, 그 산과 공터는 누구로부터 보증이 승인된 것인지, 어떤 곳의 건물은 누가 세를 들어 무슨 일을 하는지 말하는 것이다. 이렇게 한 건 한 건 가리켜 그에게 보여주고, 또한 그와 그 장부를 다시 대조하면, 그러면, 이 장부의 근본을, 그 작은 주인은 이미 이해한 것이다. 이 집안 재산은, 그를 어리석게 무너뜨려 차지할 수 있는 사람이 없다. 우리 교육을 하고 문화를 전수하는 사람도, 이와 같이, 또한 서적을 마치 재산을 전수하는 것과 같이, 가르치는 것을 모두 그가 받아들여 차지할 수 있도록 만들고, 일관될 수 있어서, 어린 아이의 머리가 계통이 있고, 혼란에 이르지 않으면, 이러한 교육은 비로소 살아있다고 말할 만 하다. 예전에는 교육을 말하는 사람이 많이 있었는데, 체계가 없었다. 그래서 일반 학생이 듣고, 단지 모조리 대강 삼키도록 하였으니, 조금도 이익을 얻지 못했다. 이 또한 죽어있는 교육이고, 살아있는 것은 아니다. 살아있는 교육은 살아있는 서적을 가져다가 가르쳐야 한다. 현재 또한 많은 교원 선생들은, 서적에 대해 아직 충분한 주의를 기울이지 않는다. 맨 처음, 그가 교원이 되었을 때, 또한 기꺼이 한 두 권의 책을 사서 보았으나, 후에 그는 사지 않을 뿐 아니라, 이전에 소유한 몇 권의 책마저, 모두 다른 사람에게 빌려줘 버린다. 이러한 교원이, 교육계 가운데 얼마나 있는지 알지도 못한다. 그가 이미 많은 책을 사서 볼 수가 없으면, 일체의 새로운 지식에 대해서, 그는 자연히 알지 못하는 것이다. 그가 이미 새로운 지식을 가질 수 없으면, 그러면 반드시 새로운 교재를 학생에게 제공하여 줄 수도 없고, 단지 해마다 낡은 상품을 판매하는 것에 빌붙어 오르는 것이다. 이러한 교육의 변절자가, 얼마나 많은 청년을 해하는지 정말 모르겠다. 우리가 현재 교육이 살아있는 것으로 이루어지기를 바래야 하고, 교원이 된 사람은 책을 많이 보고(살아있는 책들을 많이 보고), 학생이 필요한 것을 제공하는 것을 좋아하고, 새롭고 또한 살아있는 학생을 양성해야 한다. 이것이 내가 말하는 생활의 교육(Education of life)이다.

현재 살아있는 교육의 방법을 이야기 해야 하는데, 내가 두 가지 가장 최신의 방법을 제출하자면 바로 (1) 가르치는 방법을 설계하는 것이다. 살아있는 교육이, 가장 좋고 또한 가장 최신이며, 가장 중요한 것은, 바로 항상 목적이 있어야 한다는 것이다. 이는 내가 위에서도 약간 말한 적이 있다. 우리가 아동을 가르치는 것은, 먼저 계획을 설정하고, 그 후에 한 걸음 한 걸음 계획한 길 위에서 해야 한다. 만약 계획이 없으면, 그것은 바로 한 척의 배가 키도 없이 강 한가운데에 놓여있는 것과 다름없으니, 전진, 후진, 왼쪽, 오른쪽, 모두가 자신이 없다. 만약 불행히도 한바탕의 큰 바람을 만나면, 그러면 반드시 위험을 피하지 못할 것이다. 교육을 하는 사람은, 설계를 할 수 있어야 하고, 미리 학생의 문제를 알아서, 먼저 방법을 마련하여, 그 문제가 흔적도 없이 소멸되게 하고, 그것이 악화되지 않게 한다. 학생의 수준이 가지런하지 않음을 안다면, 한 종류의 계책을 마련해서, 그것을 가지런할 수 있게 한다. 어쨌든 각 측면이 모두 손실이 없고, 또한 이익을 얻을 수 있어야 한다. 이러한 종류의 설계는, 각 학교의 상황이, 제각기 다르고, 각 지방 역시 각 지방마다 다르므로, 이는 모두의 말을 들어 시기에 맞게 적당하게 조치할 수 있고, 내가 단정할 수는 없다.

(2) 계획에 따라 실현하는 방법을 찾는다. 이 방법은 대개 위에서 말한 것에 근거한 것이다. 우리가 하나의 계획을 정하면, 끝난 일일 수가 없고, 반드시 이 계획에 따라서 실행해 나가야 한다. 내가 현재 쉬운 일을 가지고 예를 들 수 있다. 만약 농민이 콩을 심는데, 그는 우선 계획을 정해야 한다. 몇 이랑(畝)[약 666.7제곱미터]에 얼마나 많은 씨앗을 필요로 하는지, 얼마나 많은 비료가 필요한지, 또 얼마나 많은 노동자가 일을 해야 하는지, 얼마나 많은 시간을 거쳐야 비로소 완공될 수 있는지; 어떤 곳에 녹두를 심으면 좀 적합할지, 어떤 곳에는 노란 콩을 심으면 좀 적합할지; 또한 콩에 매우 부적합하면, 고구마(山芋)를 심으면 적합한지. 이렇게 한번 계획을 세우고, 그 후에 일을 시작하여 움직이면, 이 계획된 바에 따른 진행은, 이는 반드시 조리 정연하고, 어지럽고 바쁘지 않다. 그리고 얻는 결과도, 반드시 매우 풍성하다. 이로써 유추하면, 교육을 하는 것은 역시 이것과 다르지 않다. 하나의 학교도, 우선 계획을 세우고, 그 다음에 계획에 의거하여 실행해야 한다. 예를 들어 어떤 학년 학생은, 올해 어떤 과목에 마땅히 주의를 기울여야 하고, 어떤 학년 학생은 올해 마땅히 어떤 과목을 더하고, 어떤 과목을 빼야 하는지, 어떤 교수의 교수법이 좋지 않으면 마땅히 어떻게 해야 하는지. 이것과 같으면, 같은 계획을 세우고, 후에 또 이 진행에 따르면, 그 학교는 좋지 못하게 처리하는 도리가 없을 수 있다. 다리를 놓고 길을 닦으며, 기타 여러 가지 건설을 추진하는 것도, 모두 이러한 진행에 의거하여, 원하는 목적을 추구할 수 있으며, 그러면 천하의 일은 불가능한 것이 절대 없다. 현재 내가 많은 곳에서 보니, 그는 일단 어떤 회의를 열면, 그는 사전 계획이 없다. 회의가 시작될 때에

이르러서, 접대원이 좌우로 어지럽게 뛰어다니지 않으면, 회의장이 완전하게 배치되어 있지 않으니, 종종 내빈이 흥미를 가지고 왔다가, 흥이 깨져 돌아가게 하니, 이 모두가 사전에 일정한 계획이 없기 때문이다. 속담에 이르기를, “평소에는 향도 피우지 않다가, 급하니까 부처를 찾는다”고 했다. 이 일은 결코 잘 될 수가 없다. 우리 교육을 말하는 사람들은, 이런 측면을 조심하고 또 조심하라. 물론 대학을 운영하던지, 중학을 하던지, 초등학교를 하던지, 항상 사전에 계획이 있고, 그 후에 계획에 따라서 실현을 구해야 한다. 어떤 때는, 계획이 정해지는 것이 좋지 않으면, 때에 따라 변경해야 한다. 예를 들어, 우리가 화학을 강의하는데, 오늘, 내일 화학 교실에서 어떤 것을 실험해야 할 계획이라면, 우리는 사전에 미리 준비가 되어있어야만, 때에 이르러 허둥지둥 하는 것을 생략한다. 이 같은 종류의 예는, 내가 많이 드는 것은 불필요하다. 내가 항상 느끼기에 교수법을 설계하는 것은 살아있는 교육 상에 가장 중요하니, 계획에 따라서 실현하는 방법을 찾는 것이, 더욱 중요한 일이다. 이것이 내가 말하는 생활에 의한 교육(Education by life)이다.

내가 현재 또한 왜 살아있는 교육을 이야기해야 하는지를 이야기하여야 한다. 왜냐하면 살아있는 교육은, 우리가 각종 살아있는 능력을 가지도록 할 수 있다. 우리의 인생은 고상한 것이 있고, 비천한 것이 있다; 일시적인 것이 있고, 영구적인 것이 있다; 완전한 것이 있고, 단편적인 것이 있다. 우리는 일시적인 생활을, 그것을 영원한 것으로 부를 수 있도록 하여야 하고, 단편적인 생활은, 그것을 완전할 수 있도록 하여야 하고, 비천한 것은 그것을 고상하게 하여야 한다. 무엇이 완전한 것이라고 불리는가? 우리는 국가에서는 시민(公民)이고, 사회에서는 친구나 친척이 생기고, 가정에서는 부모, 형제, 자매가 생기며, 학교에서는 학우가 생기고 스승님이 생긴다. 우리 한 사람은, 자신에 대해서, 각 측면에 대해서 모두 돌봐야 한다. 만약 한 측면이라도 돌볼 수 없다면, 이는 아직 단편적인 것이다. 무엇이 고상한 것이라고 불리는가? 나는 우리들의 신체와 정신은 두 종류의 제각기 다른 생활이라고 여긴다. 신체상의 생활도 물론 중요하지만, 정신상의 생활도 중요한 것이다. 가정하여, 두 가지 중 그 하나를 없애야 한다면, 그것이 바로 우리의 가장 불행한 일이다. 이것이 고상한 생활이라 할 수 있고, 그 반대인 것이 바로 비천한 생활이며, 모두 교육과 관계가 있다. 또, 어떻게 영구적인 것과 일시적인 생활을 말할 것인가? 우리 사람의 수명은 길고 짧음이 하나가 아니니, 2~30세에 죽는 사람도 있고, 7~80세가 되어서야 죽는 사람도 있으며, 열 몇 살에 죽는 사람도 있고, 또 8~90세가 되어서야 죽는 사람도 있다. 이야기꾼은 생사는 정해진 것이라고 많이 말하지만, 그러나 이는 근거할 수 없는 것이다. 나는 사람의 생명의 길고 짧음은, 대체로 사람의 노동과 위생하고 관계된다고 생각한다. 이제까지의 사람의 죽음은, 많은 것이 병으로 인한 것이었다. 병의 유래를 연구하면, 두 종류 밖에 없다: (1) 사람의 노동이 과도했기 때문에, 신체를 상하게 하고 죽음에 이르게 된다; (2) 사람이 위생의 추구함이 없기 때문에, 많은 문제가 생겨남으로써, 결국 그 까닭에 목숨을 잃는다. 무병 무탈하게 잘 지내다가 죽을 수 있는 사람이란 절대로 없다. 설령 있어도, 매우 적고도 매우 적은 것이며, 하지만 역시 반드시 다른 원인이 있다. 사람의 생과 사가 정해져 있다고 말한다면, 어찌하여 사람은 잘 지내다가 죽지 않고, 편향되게 병이 나서 죽어야만 하는가? 이러한 터무니없는 말은, 내가 맹목적으로 숭배하는 것이 아니다. 나는 사람의 생활이, 일시적인 것과 영구적인 것이 있는 까닭은, 모두 위생과 노동의 관계에 근거한다고 여긴다. 우리가 살아있는 교육을 이야기함에 있어서, 이러한 관계를 이해하고, 그 후에 그것을 잘 미리 방어하고, 그것을 보호하여, 영원한 생활을 도모해야 한다. 내가 상해(上海)와 남통(南通)에서 각 공장을 시찰하는데, 많은 6~7살의 어린 아이가 있었고, 모두 그의 어머니와 아버지 곁에서 노동을 하고 있었는데, 내가 보기에 그들의 어린 아이들은, 모두 매우 여위었고, 정신도 매우 쇠퇴하였다. 이 모두는 그 빈민들은 아동이 받을 교육을 줄 돈이 없고, 국가도 역시 이러한 의무교육을 할 수 있는 돈이 없는 것이다. 어떤 자본가들은 오히려 매우 돈이 많으나, 그러나 그는 단지 영업의 이익을 얻는 것만을 알 뿐이고, 기꺼이 돈을 내어 이 가련한 교육을 하려고 하지 않아서, 그래서 이 어린 아이들이 교육을 받을 기회가 없고, 그 아빠 엄마를 따라 노동을 함으로써 하루를 보낼 뿐이다. 대여섯 살의 어린 아이는, 아직 많은 생리기관이 여전히 완전하게 자라지 않았는데, 현재 놀랍게도 그가 일을 해야 한다면, 이러한 부적절한 사용은, 반드시 그 어린 아이의 신체가 강건하지 못하게 할 수 있고, 심지어 또한 일찍 죽어야 한다. 예를 들어, 나무 위의 과일이, 아직 익지 않았는데, 당신이 그것을 따서 먹는다면, 그것은 반드시 먹을 수 없을 것이다. 어린 아이가 아직 성인이 되지 않았는데, 그를 사용해야 하면, 그의 앞날은 반드시 매우 제한적이며, 장래에 반드시 위험이 발생할 것이다. 마치 이처럼 단지 눈앞만 돌보고 그 후를 돌보지 않으면, 일시적인 생활이라 할 수 있고, 영원한 생활이 아니다. 현재 말하는 살아있는 교육은, 이 측면을 주의하지 않을 수 없다.

살아있는 교육은, 추상에 속하는 것이 있는데, 정신상 살아있는 교육이라 불린다. 예를 들어 한 사람이 죽으면, 그의 기능은 죽었고, 그의 몸통은 뒤집혔어도, 그의 정신은 죽지 않아서, 아직 공중에 존재하면, 우리는 아직 그의 영향을 받도록 할 수 있다. 이것은 또한 마치 일종의 막연한 이야기 같아서, 내가 원래 어떻게 여러분께 감히 기여한다고는 못한다. 왜냐하면 각 개인의 관념이 다르다. 그러나, 때로는 나는 모두가 또한 이 말이 어느 정도 확실하다고 공인할 수 있다고 여긴다. 예를 들어, 공자는 죽었지만, 그의 정신은 아직 죽지 않아서, 그 영향은 우리 모두의 몸에 존재한다. 우리 모두의 머리 속에는 모두 여전히 공자의 인상이 남겨져 있다. 여태껏, 많은 위대한 영웅, 위대한 호걸은, 그의 몸은 비록 이미 썩었으나, 그러나 그의 용기, 의연한 기운은 여전히 관통하여 전해 내려오고 있으며, 우리 모두의 뇌리에 있다. 이것도 정신상으로는 아직 죽지 않은 것이다. 그의 정신은 한 세대 한 세대로 내려가며 전해질 수 있고, 많은 사람에게 전해질 수 있으며, 단지 한 사람에게 전해지는 것이 아니다. 한 활발한 학생의 정신도, 많은 학생에게 전해질 수 있다. 예를 들어, 나의 정신이 모두의 몸에 전해지면, 또한 사회 상에도 전해져 나갈 수 있다. 이러한 전달은, 또한 매우 빠른 것이다. 우리가 말하는 살아있는 교육은, 이 정신상의 전달에 대해서도, 주의해야 하고, 또한 살아있는 정신도 추구해야 한다. 정신도 죽어있는 것이 있고, 살아있는 것이 있는데, 살아있는 정신은, 바로 사람이 그것의 영향을 받을 수 있도록 하면, 많은 교훈을 얻을 수 있다. 사회가 어느 날 죽지 않는다면, 각 방면의 정신이 전달되고 응답하는 것도, 죽지 않는다. 내가 느끼기에 사회상에서 이러한 정신적 교육을 받는 것도, 얼마나 많은지 모른다. 이 정신상의 교육은, 가장 사람을 감동시키기 쉬운 것이고, 모두를 소통할 수 있다. 나는 예전에 많은 친구들과 함께 살았는데, 이후 많은 해를 헤어져서, 얼굴을 보지 못하니, 형식상으로는 소홀한 셈이었으나, 정신상으로는 여전히 분리됨이 없었다. 이것이 일종의 살아있는 정신의 표현이다. 내가 이야기한 살아있는 교육이, 또한 이 살아있는 정신을 살아있는 교육 안의 하나의 교재로 삼을 것을 희망한다. 이것이 바로 내가 말하는 생활을 위한 교육(Education for life)이다.

타오싱즈는 국외에서 모은 성금을 모두 송경령에게 위임하여
의약용품을 구매해서 노먼 베쑨(Henry Norman Bethune) 의료팀에 전달했다.

이 글은 1921년 금릉대학(金陵學校) 여름학교에서 강의했던 것으로 1922년 1월 18~19일 동안 《시사신보. 학등》에 실렸다.

9. 남경안휘공학의 설립 취지

南京安徽公学办学旨趣

남경(南京)은 신해혁명(辛亥革命)[1911년 10월 10일] 이전 청(淸)나라의 양강(兩江)[강소성(江蘇省), 안휘성(安徽省), 상해시(上海市), 강서성(江西省)]의 대도시였고, 안휘성(安徽)과 밀접한 역사관계를 가지고 있다. 지리적으로 말해도, 또한 안휘성과 매우 가깝다. 중국이 학교를 세운 이래, 남경은 바로 전국 교육 중심지 중 하나였다. 안휘의 학자와 학생이 이곳에 와서 학설을 전하고 수업을 받는 사람은, 원래 매우 많았다. 신해혁명(辛亥革命) 이전에, 바로 상강공학(上江公學)[6]이 세워졌는데, 중화민국이 성립[1912년 1월 1일]된 후 사정으로 인하여 운영이 중지되었으니, 매우 유감스러운 일이다. 5.4운동[1919년 5월 4일] 이후, 안휘성에 학생운동이 빈번하게 일어나서, 학생이 마음 놓고 학교에서 배울 수 없어서, 어지러이 남경으로 학

6 상강공학 광서(光緖) 30년(1904년), 안휘 사람 왕국우(汪菊友), 도수민(陶寿民), 이희백(李希白) 등이 안휘여녕공학을 창립하였고, 학교 주소는 남경의 상강고붕(上江考棚) 안에 있었다. 다음해 상강공학으로 개명하였고, 1912년 또 안휘여녕중학으로 개명한 후, 사정에 의해 운영을 중지하였다.

문을 탐구하는 사람들이 뛰어들었고, 끊임없이 계속되었다. 그러나 남경의 학교는 여러 가지 제한에 막혀서, 뜻이 있고 재능이 있는 학생이 실의에 빠지는 것을 면할 수 없었다. 안휘성의 여녕동향회(旅寧同鄉會)와 여녕동학회(旅寧同學會)가, 이 상황을 보고, 깊은 공감을 표하여, 바로 연합하여 함께 상강공학(上江公學)의 회복을 도모하였고, 민국 12년[1923년] 가을에 개학하여, 남경안휘공학(南京安徽公學)[7]이라 개명하였다. 그래서, 안휘공학의 설립은, 일종의 스스로 그칠 수 없는 동정심(同情心)에서 나왔던 것이다. 왜냐하면 안휘여녕 전 세대가, 후 세대의 소년들에 대해, 일종의 학문상의 동정심이 일어났기 때문에, 비로소 안휘공학이 생겨났다.

이러한 정감을 같이하는 기초가 있었기 때문에, 그러므로 우리는 선생과 학생이 친한 것을 가장 중시하고, 사람으로써 사람을 가르치는 것을 가장 중시한다. 교직원과 학생은 생활을 함께하고, 즐거움과 괴로움을 함께하기를 원한다. 학생이 하는 일은, 교직원이 몸소 함께 해야 하고, 학생이 배우는 지식은, 교직원도 몸소 함께 배워야 하며, 학생이 지키는 규칙은, 교직원도 몸소 함께 지켜야 한다. 우리는 이러한 배움을 함께하고, 일을 함께하고, 수양을 함께하는 방법이, 진정한 교육이라고 깊게 믿는다. 선생과 학생은 즐거움과 괴로움을 함께하는 생활이 있기에, 서로 아끼며 사랑하는 관계를 점점 생기게 할 수 있다. 선생이 학생에 대해서, 학생은 선생에 대해서, 선생이 선생에 대해서, 학생은 학생에 대해서, 정신이 모두 융화되어야 하며, 모두 말하지 못하는 게 없고, 말하면 다하지

7 1923년 9월, 타오싱즈(陶行知)와 요원채(姚文采)로 말미암아 창립되었다. 최초에 안휘공학으로 이름지었으나, 1928년 4월, 등기할 때 안휘중학으로 개명하였고, 초등, 중등 두 부분으로 나누었다. 타오싱즈, 요원채가 잇따라 교장을 맡았고, 오늘 난징시 제6 중학교 안에 "행지관(行知館)"이 있어 기념하고 있다.

못함이 없어야 한다. 한 학교에서, 사람과 사람의 간격이 완전히 트이게 되면, 비로소 진정한 정신적 친교라고 할 수 있으며, 비로소 진정한 인격 교육이라고 할 수 있을 것이다.

공동생활 중에서, 교사는 반드시 힘써 진보를 추구해야 한다. 좋은 학생은 학문과 수양에서, 항상 교사와 경주하는 것을 좋아한다. 다음 세대가 두려워 할 만하다는 것은, 바로 이 뜻이다. 우리는 학생이 언젠가는 우리의 앞에서 뛸 수 있기를 지극하게 바라는데, 이는 우리가 후배에 대해 마땅히 가져야 하는 희망이다. 학술적인 진보가 여기에 있다. 그러나 우리는 절대로 태만할 수 없고, 긴장을 풀 수 없으며, 반드시 자신을 채찍질하여, 학생 앞에서 달리며 학생을 인도하려고 노력해야 하니, 이것이 우리가 마땅히 가져야 할 책임이다. 스승의 도가 존경 받을 수 있는 것은 여기에 있다. 그래서 우리는 한 편으로 가르치고, 한 편으로 배워야 한다. 우리는 마음을 비우고, 최대한 자신의 직업과 자신의 학과 및 수양과 관계 있는 학술경험을 선택하여 받아들여서 우리의 연구를 도와야 한다. 학생을 앞으로 나가고, 향상되어 나가도록 가르치려면, 자신이 노력하여 앞으로 나가고, 향상되어 나가지 않으면 안 된다.

안휘공학은 가난한 학교이다. 가난한 학교를 운영하는 것은 가난한 집안 일을 관리하는 것과 같다. 한 푼의 돈을 쓰는 것도, 반드시 물어야 한다: "이 한 푼의 돈은 마땅히 써야 하는가?" 일 분의 시간을 쓰는 것도, 반드시 물어야 한다: "이 일 분의 시간은 마땅히 써야 하는가?" 시간과 돈은 모두 유한하고, 써야 하는 것은 써야 하지만, 써서는 안 되는 것은 쓰면 안 된다: 썼으면 반드시 그 효과를 다해야 한다. 시간을 아끼는 것은, 바로 무익한 것을 위해서 유익한 것을 해치지 않는 것이고, 무익한 시간이 비워지면, 유익한 시간에 종사하는 여유가 생긴다. 그런 후에, 학생은 여유롭게 배움을 묻고, 즐겁게 수양할 수 있으며, 이미 매우 바쁘게 고생하지 않으니, 그러면 몸과 마음도 자연히 점점 윤택해진다. 경비를 절약하는 것은, 초라한 그대로 살아간다는 것이 아니라, 소용없는 것을 유용한 것으로 옮긴다는 것이다. 우리가 이미 누추함을 달가워하지 않는다고 해도, 수입원은 또한 쉽게 열리지 않아서, 합당한 효과를 거두기를 원한다면, 스스로 낭비를 없애지 않으면, 성공을 이루지 못한다. 가장 적은 비용을 써서, 합당한 교육을 처리하는 것은, 우리가 매우 원하는 철저한 노력의 작은 실험이다.

오늘날 학교를 운영하는 사람은, 모두 새로움, 낡음, 관대함, 엄격함의 견해가 있다. 우리는 단지 옳음, 그름, 좋음, 나쁨을 물을 뿐이고, 새로움, 낡음, 관대함, 엄격함을 묻지 않는다. 옳은 것과 좋은 것은 비록 낡았더라도 반드시 존재해야 하지만, 그른 것, 나쁜 것은 비록 새롭더라도 반드시 제거해야 한다. 마땅히 관대해야 하면 관대하고, 마땅히 엄격해야 하면 엄격해야 한다. 언제든, 어디서든, 누구든지 교육을 실시하고, 처음에는 추호의 선입견도 없다. 우리는 욕망의 힘을 인정하되, 우리는 욕망을 방종해서도 안되고, 또한 욕망을 폐색시켜서도 안 된다. 우리는 욕망을 탐닉하게 해서도 안되고, 또한 욕망을 시들어 마르게 해서도 안 된다. 욕망은 이루어 달성할 필요도 있고, 또한 정리할 필요도 있다. 어찌하면 학생의 욕망이 군중과 자신에게 서로 이익이 되는 길 위에서 갈 수 있는 것인지는, 우리가 가장 관심 있는 하나의 문제이다. 총괄하면, 학생이 배움의 기쁨을 얻고, 배움의 고통을 견디도록 해야만, 비로소 정상궤도이다. 만약 학생에게 모두 다 맡겨서 즐거움만 추구하고 고통은 피하면, 이는 어린 아이를 속이는 사탕과자이지, 절대 인재를 육성하는 교육이 아니다.

마지막으로, 우리는 우리의 마음 속에 함께 걸려있는 것을 이야기하고, 그것을 빌어서 우리의 진행의 목표를 인도해야 한다.

첫째, 우리는 모두 학생이고, 교사의 일부분 생활도 학생이니, 학문적 책임을 져야 한다. 학문을 하는데 가장 꺼리는 것은 현학적으로 상상하고, 함부로 판단하고, 책을 모조리 믿으며, 그런대로 스스로 만족하고, 하나의 말로 스스로를 가두는 것이다. 우리는 있는 힘을 다하여 학생을 훈련시켜서, 그들이 관찰하고, 알고 의심하고, 가정하고, 실험하며, 증명하고, 미루어 생각해보고, 완전히 이해하고, 분석하여, 확정하는 여러 가지 능력과 태도를 얻게 하여, 진리의 원천을 탐구해야 한다. 간단하게 말하여, 우리가 학문을 연구하는 것은, 과학적 정신이 있어야 한다.

둘째, 우리는 물질적 환경 가운데의 사람이다. 우리가 주위의 환경에 대해, 가장 꺼리는 것은 일시적인 안일을 탐하거나, 나쁜 사람들과 어울려 나쁜 물이 들거나, 운명을 하늘에 맡기거나, 흐리멍덩하게 일을 처리하는 것이다. 진취적인 사람은, 환경에 대해 항상 개조를 더할 생각을 한다. 그러나 무질서한 무리를 몰아내면서, 소란을 피우며 난도질 한다면, 어찌 개조라고 할 수 있겠는가? 우리는 마땅히 심미적인 정신을 가지고, 과학이 발명한 결과를 운용하여, 환경을 지배하여, 조화로운 기상을 드러나도록 해야 한다. 우리는 감상적인 개조를 해야 하며, 공포적이거나 우스꽝스러운 개조를 해서는 안 된다. 바꾸어 말하면, 우리가 환경을 개조하는 것은, 심미적인 정신이 있어야 한다는 것이다.

셋째, 우리는 물질환경 가운데의 사람일 뿐 아니라, 동시에 사람 가운데의 사람이다. 사람 가운데 사람이 되는 도리는 매우 많으나, 가장 중요한 것은, "부귀함이 그 마음을 방탕하게 할 수 없고(富贵不能淫), 가난하고 천함이 그 절개를 변하게 할 수 없으며(贫贱不能移), 권세와 무력이 그 뜻을 꺾을 수 없는(威武不能屈)"[8] 정신이 있어야 한다. 이러한 정신은, 반드시 독립적 의지, 독립적 사상, 독립적 생계와 노동을 견디는 근육과 뼈, 배고픔을 견디는 신체와 피부, 피곤을 견디는 몸통이 있어야만, 흔들어도 움직이지 않는 기초를 이룬다. 요즈음, 나라 사람들의 기개가, 없어지고 소멸되어 거의 남지 않은 것은, 가장 마음이 아프다고 할 수 있다. 만약 서둘러 내 몸과 후대의 몸에 일종의 굴복할 수 없는 정신을 기르지 않으면, 장래 어찌 나라를 위할 것인가? 오늘날에 이르러, 강한 성품을 지닌 지도자는 소수인데, 또한 도량이 부족하여, 실패를 자초하고, 동시에 이로써 국가의 원기를 상실케 하니, 더없이 애석하다. 그렇다면 자신을 미루어 타인을 생각하는 용서의 도(道)는, 사심이 없이 공공을 생각하는 도량과 함께, 또한 사람 가운데 사람이 되는 가장 중요한 정신이다. 이러한 몇 가지 정신들을 합하여, 나는 더 좋은 이름을 찾지 못했는데, 그것을 대장부의 정신이라고 부른다. 우리가 세상에 처신하고 변화에 응대하려면, 대장부의 정신이 있어야 한다.

과학적 정신, 미술적 정신, 대장부의 정신은, 모두 거저 얻어질 수 있는 것이 아니다. 우리는 "반드시 일이 있어야 한다(必有事焉)"[맹자 공손추 상편: 반드시 일이 있어야 한다(必有事焉), 그러나 마음을 미리 정하지 말고(而勿正), 잊지 말고(心勿忘), 조장하지 말라(勿助長也); 송나라 사람이 자신의 모가 빨리 자라지 못하는 것을 딱하게 여겨 조금씩 뽑아서 모두 죽인 고사에 나오는 구절]에서 착수하여야 한다. 우리는 일을 우리 활동의 중심으로 삼아야 한다. 학문을 연구하는 것도 일을 중심으로 삼아야 하고, 환경을 개조하는 것도 일을 중심으로 삼

8 《맹자, 등문공 하》

아야 하며, 세상에 처신하고 변화에 응대하는 것도 일을 중심으로 삼아야 한다. 우리는 과학적 정신을 사용해서 일 위에서 학문을 추구해야 하고, 미술적 정신을 사용해서 일 위에서 개조를 도모해야 하며, 대장부의 정신을 사용해서 일 위에서 변화에 응대하는 것을 단련해야 한다. 우리는 함께 이 세 가지 목표를 향하여 노력하여 나가기를 원한다. 하루를 살아있으면, 하루를 가는 것이고, 늙을 때까지 살아있으면, 늙을 때까지 가는 것이다.

1923년 가을, 타오싱즈와 요문채는 남경에서 안휘공학을 창립하였다.

이 글은 1924년 12월 8일 신보관(申報館) 《교육과 인생》 제 60권에 《남경안휘공학의 설립 취지》라는 제목으로 실렸으며 《십년간의 남경안휘공학》이라는 책에는 《본교창립취지》라는 제목으로 실렸다.

10. 향촌 유치원 창설 선언서

创设乡村幼稚园宣言书

프뢰벨(Frobel)이 유치원을 발명한 이래, 세상 사람들은 점점 유아교육의 중요성을 느꼈고, 몬테소리(Montessori)가 유아교육의 연구를 마친 이래, 세상 사람들은 점점 유치원의 효능을 느꼈다. 초등학교가 가정에서 보내 온 학생과 유치원에서 올라온 학생의 성질의 비교에 주의하면서부터, 세상 사람들은 비로소 점점 유아교육이 실제로 인생의 기초이며, 일찌감치 그들에게 안정적으로 건립해 주지 않으면 안 된다고 여겼다. 아동학자가 우리에게 말하기를, 무릇 인생에 필요한 중요한 습관, 경향, 태도는 대부분 여섯 살 이전에 배양이 이루어질 수 있다고 한다. 바꾸어 말하면, 여섯 살 이전은 인격 도야에 가장 중요한 시기이다. 이 시기를 잘 배양하고, 이후에는 단지 그에 따라서 계속 자라고 향상되도록 배양하면, 자연히 사회의 아주 좋은 사람이 된다. 만일 잘 배양되어지지 못했으면, 그러면, 습관은 바꾸기 쉽지 않게 형성되고, 경향은 움직이기 쉽지 않게 정해지며, 태도는 변하기 쉽지 않게 결정된다. 이런 아동이 학교에 올라오면, 교사는 엄청난 힘을 다하여 그들이 이미 형성된 나쁜 습관, 나쁜 경향, 나쁜 태도를 교정해야 하니, 진실로 노력은 두 배로 드는데 성과는 반이다. 무책임한 교사에 이르면, 어찌 이런 것들을 돌볼 수 있겠는가. 그들은 단지 무턱대고 방임할 뿐이고, 우연히 직접 학생이 나쁜 일을 하는 것을 보아도, 아동에게 소극적 처분을 주는 것에 불과하다. 그래서 나쁜 습관, 나쁜 경향, 나쁜 태도는 왕성하게 자라나, 자신을 해치는 것도 부족하여 남을 해치는 것에도 그치지 않는다. 이것은 필연적인 추세이다. 아동 행복에 뜻이 있는 사람과 사회를 개량하는데 뜻이 있는 사람은 이 상황을 보고, 큰 소리로 외치며 유치원을 널리 설치할 것을 제창하였다. 그러나 제창한 사람은 목이 쉬고 힘이 다 빠졌고, 그리고 호응한 사람은 새벽 별처럼 매우 드물었다. 도시에서는 여전히 몇 곳은 겉보기라도 그럴듯하게 꾸몄으나, 향촌에서는 그야말로 그들의 종적도 찾을 수 없다. 이것은 이상할 것도 없으며, 현재의 상황에 비추어 보면, 유치원이 만일 근본적 개혁을 거치지 않았으면, 향촌 안으로 밀고 들어오지 못했을 뿐 아니라, 도시 안에 조금이라도 받아들이지 못했을 것이다.

내가 볼 때, 현재 국내의 유치원은 세가지 큰 병에 걸렸는데, 첫째는 외국 병(外國病)이다. 시험 삼아 한 번 참관하면 오늘날 소위 유치원의, 듣고 보는 것은, 그런 외국제품이 아닌가? 그들이 치는 것은 외국 피아노이고, 부르는 것은 외국 노래이며, 말하는 것은 외국 이야기이고, 갖고 노는 것은 외국 완구이며, 심지어 먹는 것도 외국 간식이다. 중국의 유치원은 거의 외국제품의 판매장이 되었고, 선생은 외국제품의 행상 노릇을 하며, 불쌍한 아동은 명백히 외국제품의 주 고객이 되었다. 둘째는 소비 병이다. 국내 유치원은 돈을 너무 많이 쓰는데, 어떤 때는 초등학교의 몇 배를 넘는다. 이는 물론 당연한 것이, 외국제품이 어찌 저렴한 것인가. 모든 것을 외국에 의존하는 것만큼, 자연히 많은 돈을 쓴다. 돈을 많이 쓰는 만큼, 자연히 널리 보급하기 쉽지 않다. 셋째는 부귀 병이다. 유치원이 많은 돈을 쓰는 만큼, 바로 많은 돈을 마련하여야 해서, 학비가 그래서 어쩔 수 없이 높다. 학비가 높으면, 부귀한 자제만 그들의 행복을 누릴 수 있다. 그래서 유치원은 단지 부귀한 사람들의 전용품이고, 평민은 몫이 없다.

우리가 현재 창설해야 하는 향촌유치원은, 이 세가지 병폐를 개혁해야 한다. 우리는 결심하였고, 외국의 유치원을 중국의 유치원으로 변화시키고, 돈을 낭비하는 유치원을 돈을 절약하는 유치원으로 변화시키며, 부귀한 유치원을 평민의 유치원으로 변화시켜야 한다.

1. 중국의 유치원 건설

우리는 여기에서 국가 상황에 적합한 유아교육을 힘써 도모해야 하며, 협의의 국가주의를 취하지 않는다. 우리는 아주 흔한 음악, 시, 이야기, 완구 및 자연계를 충분히 활용하여 아동을 도야시켜야 하고, 외국재료의 보편성, 영구성을 지닌 것은 역시 마땅히 골라 사용해야 하지만, 반드시 가정에서 나오는 것을 중심으로 삼아야 한다.

2. 절약하는 유치원 건설

외국의 우상을 깨부수는 것이 돈을 절약하는 첫째 방법이다. 우리의 둘째 방법은 현지의 교사 자질을 훈련하여 현지의 아동을 교육지도 하는 것이다. 한 향촌에는 반드시 한 두 명의 타고난 재능이 똑똑하고, 동정심이 풍부한 부녀가 있다. 우리는 그들이 합당한 훈련을 거친 후, 나와서 향촌 유치원의 교사를 담임할 것을 희망한다. 그들은 새로운 직업의 활로를 얻을 수 있고, 또 유치원의 월급이 일반 초등학교의 액수를 초과하지 못하게 할 수 있으니, 어찌 일거양득이 아닐 것인가? 이러한 부녀들 중 가장 기여할 수 있고, 가장 먼저 훈련 받아야 할 사람은, 향촌교장 교원의 부인 또는 여자형제 및 나이가 많은 여학생보다 나은 사람은 없다. 그들이 훈련을 받은 후에, 단지 누군가 제창을 더하기만 하면, 유치원은 바로 단번에 이룰 수 있다. 셋째 방법은 현지의 초등학교 수공(手工)과목과 현지의 장인이 모방하여 만든 완구를 활용하는 것이고, 이와 같이 운영하면, 한 푼의 돈이 여러 푼의 돈의 사용과 맞먹을 수 있다. 세 가지 방법을 동시에 진행하면, 절약하는 유치원을 실현할 수 있다.

3. 평민의 유치원 건설

유치원의 소비가 이미 절약되면, 비용을 취하는 것이 자연히 저렴해지고, 평민의 아동이 균등한 기회를 누릴 수 있게 된다. 교사를 마을에서 취하면, 마을의 생활과 마음이 맞아서, 자연히 친근하기 쉽다. 이 두 가지 일은 모두 유치원이 평민 쪽으로 향해 가도록 할 수 있다. 그러나 하나의 제도가 진정 평민화가 될 수 있는가는, 그것이 평민의 필요에 마땅히 도움이 되는지를 보아야 한다. 바로 우리가 관찰한 바는, 향촌유치원은 확실히 농민의 보편적이고 영구적인 필요이다. 시험삼아 향촌생활을 한 번 보면, 농사일이 바쁠 때는, 주부가 더욱 정신 없이 바쁠 것이다. 그는 많은 차를 끓여야 하고, 식사를 많이 만들고, 옷을 많이 빨아야 하며, 때로는 또 전원에서 일을 하는데, 또한 어린 아이를 보살필 틈이 어디 있는가. 그리고 형, 자매로서 밥을 나르고, 물을 지고, 소를 보고, 짚신을 짜며, 바쁜 것이 끊이지 않는데, 누구도 어린 동생, 어린 누이를 데리고 놀아줄 시간은 없다. 그래서 농사일이 바쁠 때는, 향촌의 아동은 부모를 쫓아다니는 것이 아니면, 돌봐주는 사람이 없어서, 진정 큰 짐과 같다. 만약 향촌유치원이 알맞게 운영되면, 그들을 데리고 와서 돌보도록 할 수 있다. 한 측면으로는 부모 또한 얽매이는 것을 면할 수 있고, 한 측면으로는 아동도 즐겁게 놀고 장난칠 수 있으니, 어찌 "있을 곳에 있는 바(得其所哉)"가 아닌가! 초등학교 아동의 나이는 비교적 많아서, 일을 할 수 있어서, 농사일이 바쁠 때 상당히 부모에게 한 팔의 힘을 도울 수 있다. 그가 등교를 해야 하면, 농민의 생계를 도모하는 능력을 감소시키는 것에 그치지 않아서, 하늘을 오르는 어려움과 같은 것이다. 유치원이면 그렇지 않다. 그가 불러모은 아동은, 바로 농민이 벗어나야 하는 부담이니, 그들이 들어와서, 바로 농민에게 일종의 편리를 주어야 한다. 만일 온당하게 처리되면, 향촌 유치원은 초등학교에 앞서 보급되게 할 수 있다. 유치원이 평민의 필요에 응하여 도움이 되는 이상, 자연히 철저한 평민화가 가능하다. 우리는 다만 길을 막는 장애물을 청소하여, 그것이 빨리 실현되도록 하면 된다.

중국적이고, 절약하며, 평민적인 향촌유치원을 건설하는 것은, 말하기만 하면 이루어 질 수 있는 것이 아니다. 우리는 반드시 과학적 방법을 사용하여 실험해야 하고, 반드시 과학적 방법을 사용하여 건설해야 한다. 우리는 유치원의 각종 이론과 시설에 대해 모든 자초지종을 따지고,

철저하게 질문해야 한다. 우리는 유치원의 여러 가지 활동도 모두 바로 세울 것이다. 우리는 과학적 방법을 응용하여 절약하고, 평민적이며, 국가 상황에 적합한 향촌유치원을 건설해야 한다. 장래 전국의 동지들이 일어나 제창하여, 각각의 향촌이 모두 이러한 유치원을 가지게 하는 것, 각각의 유아가 모두 유치원의 행복을 누릴 수 있게 하는 것, 그것이 더욱 우리가 아침 저녁으로 기원하는 것이다.

1923년, 타오싱즈와 큰아들 홍(宏(弘)), 둘째아들 효광(曉光).

이 글은 1926년 10월 29일 《신교육평론(新教育評論)》의 제 2권 22호에 실린 글이다.

11. 나의 학교관
我之学校观

학교의 세력은 작지 않다. 그는 나쁜 것은 가르쳐 좋은 것으로 변하게 할 수 있고, 좋은 것을 가르쳐 나쁘게 변하게 할 수도 있다. 그는 사람을 용이 되게 할 수 있고, 사람을 뱀이 되게 할 수도 있다. 그는 사람을 몇 살을 많게 살게 할 수 있고, 또 사람을 몇 년을 일찍 죽게 할 수도 있다.

학교는 생활을 중심으로 삼는다. 하루 안에, 아침부터 밤까지 생활이 아닌 것이 없고, 바로 교육의 장소가 아닌 것이 없다. 한 사람의 몸은, 마음부터 손까지, 생활이 아닌 것이 없고, 바로 교육의 장소가 아닌 것이 없다. 한 학교 안에, 주방부터 화장실까지 생활이 아닌 것이 없고, 바로 교육의 장소가 아닌 것이 없다. 학교는 죽어있는 것이 있고 살아있는 것이 있는데, 학생이 전인(全人), 전교(全校), 전일(全天)의 생활을 중심으로 삼으면, 비로소 살아있는 학교라 할 것이다. 죽어있는 학교는 다만 오로지 책에서만 시간을 보낸다. 두 가지 사이에서 간격을 두는 것은, 죽어있지도 않고 살아있지도 않은 학교라고 할 수 있을 것이다.

학교는 선생과 학생이 공동으로 생활하는 장소이다. 그들은 반드시 즐거움과 괴로움을 함께 해야 한다. 즐거움과 괴로움을 함께 겪어야 비로소 정신적 소통, 감정적 융화를 비로소 얻을 수 있다. 국가의 큰 일, 세계의 큰 추세는, 또한 반드시 선생과 학생이 공동으로 관심을 가져야 한다. 학교 안에서 선생과 학생은 마땅히 서로를 의지하는 운명이며, 간격을 생기게 할 수 없고, 더욱 계급을 나눌 수 없다. 인격은 서로 감화하여야 하고, 습관도 서로 단련하여야 한다. 사람들은 다만 선생이 학생을 감화하고, 학생을 단련하는 것을 알 뿐이고, 학생이 서로를 감화하고 단련하는 것과, 선생을 감화시키고 단련시키는 힘이 큰 것은 모른다. 선생이 학생과 함께 살면, 자기도 모르는 사이에, 정신이 몇 살 젊어지는데, 이는 선생이 학생의 감화를 받는 것이다. 학생이 질의토론을 하고, 선생이 학업을 잠시도 태만할 수 없는 것은, 선생이 학생의 단련을 받는 것이다. 이는 피할 수 없는 것이며, 또한 좋은 현상이다. 총괄하면, 선생과 학생의 공동생활이 어떤 수준에 도달하는지가, 학교의 생기가 어느 경지에까지 드높여지는가 이며, 이는 털끝만큼도 거짓되어서는 안 된다.

이백의 시는 말한다: "황하의 물은 하늘에서 내려와, 바다로 흘러 가서 돌아오지 않는다(黄河之水天上来，奔流到海不复回)." 이 좋은 비유는 학생의 정신이다. 학교를 설립하는 것은 물을 다스리는 것과 같아서, 우리는 반드시 물길을 잡아주는 방법으로써 학생의 정신을 널리 이끌어, 그들이 유익한 인생의 일에서 활동할 수 있도록 해야 한다. 만일 추세에 따라 유리하게 이끌 수 없어서, 오히려 일을 억지로 억누르면, 그러면 제방이 무너져 범람하는 화를 절대로 면할 수 없다.

건강은 생활의 출발점이고, 또한 학교 교육의 출발점이다. 학문과 도덕은 마땅히 활발하고 안정적인 기초가 있어야 하는데, 이 기초가 바로 건강이다. 속담에 말하기를 "모든 병은 입으로 들어간다"라고 했는데, 동지들은 반드시 주의해야 한다. 학교를 설립하는 것은 주방과 식당에서부터 차리기 시작하는 것이다.

생활의 번영과 성장은 반드시 자양분을 흡수하는 용량이 있어야 한다. 학교 교직원은 반드시 마음을 비우고, 배움에 싫증 내지 않아야 한다. 나는 교사가 배움에 싫증 내지 않아야 할 뿐 아니라, 직원도 배움에 싫증 내지 않아야 한다. 왜냐하면 생활을 학교의 중심으로 삼는 이상, 그러면 각종 사무는 모두 교육적 의의를 가진다. 교장에서 시작하여 바로 요리사, 사환에 이르기까지, 제각기 다른 직무는, 즉 제각기 다른 학문이 증진되어야 한다. 증진의 방법은 두 가지가 있다: 첫째는 각자 읽어야 할 책은 반드시 읽는 것이고, 둘째는 연결해야 하는 전문가는 반드시 연결해야 하는 것이다. 한 학교가 아름답고 원만한 생활을 바라면, 반드시 지식의 원천과 수도관을 통하게 해서, 새로운 지식이 연이어 나올 수 있게 해야 한다.

학교생활은 다만 사회생활의 일부분이다. 학교는 도사의 도관(道觀)이나 승려의 사찰이 아니고, 반드시 사회생활과 계속 서로 통해야 한다. 사회를 변화할 능력이 생겨야 한다면, 사회가 변화하기를 간절히 바라는 것이 우선해야 한다.

학교생활은 사회생활의 시작점이다. 먼 곳을 바라보고, 가까운 곳에서 착수하면서, 사회 환경을 개조하는 것은 학교 환경을 개조하는 것으로부터 시작해야 한다. 전교 선생과 학생은 마땅히 미술적 정신으로써 함께 학교 환경을 개조해야 한다. 무릇 마땅히 개조해야 하는 것은, 조금이라도 모두 가볍게 버려두지 말아야, 비로소 진정한 정신을 표현할 수 있다. 선생과 학생이 함께 학교 환경을 개조할 수 없으면서, 사회개조를 사치스럽게 얘기하면, 자신을 속이고 남을 속이는 것을 면치 못한다.

고상한 생활 정신은 돈을 써서 사지 못하고, 돈에 기대어 진작하지 못하며, 또한 돈이 없다고 책임을 미룰 수도 없다. 돈을 써서 살 수 있는 것은, 돈이 없으면 자연히 사지 못하지만, 돈으로 살 수 없는 것은, 돈이 없어도 얻을 수 있다. 고상한 정신은 마치 산 사이의 밝은 달, 강 위의 상쾌한 바람과 같아서, 취해도 다함이 없고, 써도 무궁한 것이다.

돈이 없는 것은 하나의 일이고, 돈이 없는 정신은 또한 별개의 일이다. 돈은 있으나 정신이 없는 것과, 돈은 없는데 정신이 있는 학교를, 나는 모두 경험한 적이 있다. 정신은 돈에 기대어 사는 것이 아니다. 정신은 우리 몸에 있어서, 우리가 기꺼이 얼마간의 정신을 발휘하면, 바로 얼마간의 정신이 생긴다. 돈이 있고 없고 관계없이, 다만 내가 정신을 기꺼이 발휘하려 하는가 그렇지 않는가를 물을 뿐이다.

우리는 학생생활이 민첩하고 원만하게 자라게 해야 하고, 반드시 그를 태평성세 아래 두어야 한다. 햇살 아래에서는 무럭무럭 클 수 있으나, 어둠 속에서는 어떤 것도 거의 살아남지 못한다. 때문에 나는 학교를 사람들에게 보여줘야 한다고 주장한다. 부모나 학교 업무를 관리하는 사람, 그리고 교육세를 내는 사람, 모두 학교를 봐야 한다. 학교를 개량하려면, 교장이나 교원은 모두 참관하고 비평하는 사람을 환영하여서, 자신의 부족을 보충해야 한다. 학교는 햇살 속에 두어야 반드시 생장할 수 있으며, 반드시 계속 끊임없이 성장할 수 있다.

내가 학교에 대해 내건 표준은 절대 높지 않고, 단지 모두가 학교를 하나의 경지로 만들어 내기를 바랄 뿐이며, 친 자식이나 어린 동생을 학교에 배우러 보내기를 간절히 원한다면, 바로 좋은 것이라고 할 수 있다. 신해혁명 이전에 자주 학교를 운영하는 사람도 자제를 입학시키려 하지 않아, 당시의 여론은 관대하지 못한 것으로 여겨졌다. 오늘날 성(省)이나 현(縣)을 주관하는 교육자도, 역시 자제가 들어갈 좋은 학교가 없다고 생각하는 사람이 상당히 있으며, 심지어 외국인이 설립한 학교에 보내어 배우게 하니, 진정 이해하지 못하겠다. 내가 학교를 운영하는 동지에게 권고할 한 마디는, 그 말은 바로: "학생을 친 자식처럼 대하라"이다.

효장에서 마을과 연계한 운동회에서 밭갈이 소 대회를 거행한다.

이 글은 1926년 11월 5일 《휘음(徽音)》 월간 제29, 30기 합본에 실린 것이다.

12. 중화교육개진사 전국 향촌교육 개조 선언서
中华教育改进社改造全国乡村教育宣言书

본사[9]의 향촌교육 정책은 향촌학교가 향촌생활 개조의 중심이 되는 것이며, 향촌교사가 향촌생활 개조의 영혼이 되는 것이다. 우리는 향촌의 실제생활을 통하여 향촌중심의 학교를 생산하고, 향촌중심의 학교를 통하여 향촌사범을 생산할 것을 주장한다. 향촌사범의 취지는 농부의 솜씨, 과학적 두뇌, 사회개조의 정신을 가진 교사를 생산하는데 있다. 이러한 교사는 반드시 최소의 돈을 써서, 가장 좋은 학교를 설립하고, 가장 생활력이 있는 농민을 길러낼 수 있어야 한다. 우리는 그들이 가르침, 배움, 실행함의 합일의 원칙에 의거하여, 학생을 이끌어 자연을 정복하고 사회를 개조하는 능력을 학습시킬 수 있는 것을 깊게 믿는다. 그러나 이

9 중화교육개진사, 1921년말에 실제교육조사사(實際教育調查社), 신교육공진사(新教育共進社), 신교육잡지사(新教育雜誌社)의 합병으로 인하여 조직 구성되었다. 채원배(蔡元培) 등 6인이 이사(董事)가 되었으며, 타오싱즈는 주임간사가 되었다

러한 교육의 보편적으로 실현되게 하려면, 반드시 실험, 연구, 조사, 보급, 지도하는 인재와, 조직, 계획, 경비 및 절대 꺾이지 않는 정신이 있어야만, 비로소 성공할 수 있다.

본사의 사업범위는 매우 넓으나, 그러나 오늘 이후 주요한 사명 중 하나는, 바로 향촌교육 정책을, 우리 삼억 사천만 농민에 봉사하기 위해, 엄격하게 실행하는데 있다. 우리는 이미 결심하였고, 백만 위안의 기금을 기획하여 모으고, 백만 명의 동지를 징집하고, 백만 곳의 학교를 제창하여, 백만 곳의 향촌을 개조해야 한다. 이는 위대한 건설 사업이며, 각각 국민은 그에 대해 모두 절대적 책임을 지고 있다.

우리는 지극한 정성의 뜻으로 모두를 환영함으로써 이 운동에 가입시키고, 그를 협찬하여 발전시키고, 그를 지도하여 진행시키며, 한 마음 한 뜻으로 중국 향촌을 위하여 새로운 생명의 창조를 시작한다.

중화교육개진사 제 1차 이사회. 타오싱즈가 주임간사를 맡았다. 왼쪽 첫 번째가 타오싱즈.

이 글은 1926년 12월 3일 《신교육평론》 제 3권 제 1호에 실린 글이다.

제2부

효장사범학교 (1927~1931: 효장학교를 설립하고 운영하면서)

13. 행동은 앎의 시작이다
行是知之始

양명(陽明) 선생은 말하였다: "앎은 행동의 시작이고, 행동은 앎의 완성이다(知是行之始, 行是知之成)." 나는 틀렸다고 여기며, "행동은 앎의 시작이고, 앎은 행동의 완성이다(行是知之始, 知是行之成)."라고 해야 한다. 우리는 먼저 어린 아이부터 이야기를 시작하면, 그는 처음엔 반드시 손을 데어야 비로소 불이 뜨거운 것이라는 것을 알고, 손이 시려야만 비로소 눈이 차가운 것이라는 것을 알며, 사탕을 먹어 봐야 비로소 사탕이 달다는 것을 알고, 돌에 부딪혀 봐야 비로소 돌이 딱딱하다는 것을 안다. 양지에서 햇볕을 몇 번 쬐어봐야, 주방에서 밥을 지을 때 몇 번 가 보아야, 여름날의 생활을 몇 번 경험해 봐야, 비로소 추상적인 뜨거움을 안다. 눈사람을 몇 번 만들고, 서리 바람을 몇 번 불어보고, 아이스크림을 몇 컵 먹어봐야만, 비로소 추상적인 차가움을 안다. 흰 설탕, 흑 설탕, 깨엿, 사탕수수, 감초를 몇 번 먹어봐야, 비로소 추상적인 달콤함을 안다. 쇠에 부딪히고, 구리에 부딪히고, 나무에 부딪히는 것을 몇 번 거쳐야, 비로소 추상적인 딱딱함을 안다. 비로소 손을 데고 또 얼굴이 얼면, 그러면, 차가움과 뜨거움을 더욱 명백하게 알 수 있다. 감초를 맛보고 이어서 황련을 먹으면, 그러면, 달콤함과 쓴 맛을 더욱 명백하게 알 수 있다. 돌에 부딪힌 후에 바로 면화 공을 쳐보면, 그러면, 딱딱함과 부드러움을 더욱 명백하게 알 수 있다. 이러한 갖가지 것들에서, 우리는 모두 "행동은 앎의 시작이고, 앎은 행동의 완성이다"를 분명하게 보게 된다. 프랭클린은 연을 날리고서야, 비로소 전기는 한 가닥의 실을 따라서 하늘에서 땅으로 이끌려 내려올 수 있는 것을 알았다. 와트는 물을 끓여서, 증기가 주전자 뚜껑을 밀어 움직이는 것을 보고서야, 증기도 기관을 밀어 움직일 수 있는 것을 알았다.

갈릴레이 옹은 피사의 사탑 위에서 무게가 다른 공을 떨어뜨리고서야, 무게가 다른 공이 동시에 땅에 떨어지는 것을 알았다. 이런 과학적 발명 위에서, 우리는 또한 "행동은 앎의 시작이고, 앎은 행동의 완성이다"를 보아낼 수 있다.

《묵변(墨辯)》[10]은 세가지 지식을 제시하였는데, 첫째는 직접 아는 것(親知)이고, 둘째는 들어서 아는 것(聞知)이며, 셋째는 추리해서 아는 것(說知)이다. 직접 아는 것은 몸소 얻는 것인데, 바로 "행동"으로부터 얻어지는 것이다. 들어서 아는 것은 다른 사람으로부터 얻는 것인데, 혹은 스승과 친구의 구전을 통하거나, 혹은 책의 전달을 통한 것이며, 모두 이런 종류에 속할 수 있다. 추리해서 아는 것은 미루어 짐작하여 나온 지식이다. 현재 일반 학교가 중시하는 지식은 단지 들어서 아는 지식이며, 거의 들어서 아는 것으로써 일체의 지식을 개괄한다. 직접 아는 것은 거의 완

---

10 묵자(墨子) 중의《경(經)》상,하《경설(經說)》상,하 4편을 가리킴

전히 문 밖으로 내휘둘려졌다. 추리해서 아는 것도 등한시되고 있으며, 가장 많은 것은 들어서 아는 것으로부터 추상해 나온 것에 불과할 따름이다. 우리는 "행동은 앎의 시작이다"를 가지고 지식의 근원을 설명하는 것은, 절대 들어서 아는 것과 추리해서 아는 것을 부인하는 것이 아니고, 직접 아는 것이 일체 지식의 근본인 것을 승인하는 것이다. 들어서 아는 것과 추리해서 아는 것은 반드시 직접 아는 것 안에 안정적으로 뿌리를 두어야 비로소 효력이 발생할 수 있다.

"삼팔주의(三八主義)"[11] 강연을 가지고 예를 들어보자. 우리가 한 무리의 기계공장 노동경험이 조금도 없는 청년을 대상으로 여덟 시간 노동의 도리를 강연하는 것은, 귓전에 스치는 바람과 다르지 않다. 직접 아는 것이 만든 기초가 없다면, 들어서 아는 것은 실제로 이어지지 못한다. 만약 이 중에 한 명의 청년이 상해 방직공장에서 며칠 동안 일하거나, 혹은 하루 동안이라도 일한 적이 있으면, 그는 이 여덟 시간 노동 운동의 의의에 대해, 반드시 친밀한 이해가 있을 것이다. 어떤 사람은 말한다: "여덟 시간 노동을 이해하기 위해서 이렇게 힘을 들여 경험해야 하는 것은, 아무래도 작은 일을 크게 만드는 것이니까, 매우 경제적이지 못함을 면하지 못한다." 나는 하늘 아래 가장 경제적인 일은 이러한 직접 아는 것의 취득을 넘는 것은 없다고 여긴다. 근대의 정치 경제 문제는 이러한 생활 위에 집중되어 있다. 이러한 생활을 보내면서 얻어지는 직접 아는 것은, 근세 정치 경제 문제의 열쇠를 얻는 것과 다르지 않다.

직접 아는 것이 들어서 아는 것을 이해하기 위한 필요조건인 것은 이

11 삼팔제(三八制), 작업 8시간, 학습 8시간, 휴식 8시간. 미국 무산계급이 자본계급의 착취에 반대하여, 1886년 5월 1일, 시카고 20만 노동자가 8시간 작업제의 실행을 위해서 총동맹 파업하였고, 경찰의 무장진압을 겪었다

미 위에서 말한 바와 같다. 현재 다시 하나의 예를 들어, 추리해서 아는 것도 직접 아는 것 안에 안정적으로 뿌리를 내려야 한다는 것을 증명한다.

《영리한 셜록홈즈》[12] 안에는 기이한 사건이 있다. 고리대금을 하는 한 명이 누군가에 맞아 죽은 후, 그의 방의 흰 벽에 피의 손자국이 생겼는데, 이상하게 커서, 손목부터 중지 끝까지 2척 8촌[약 93cm; 1척(尺) 약 33.3cm, 1촌(寸) 약 3.33cm]이나 길었다. 영리한 셜록홈즈는 이 기이한 손자국을 보자마자 살인범은 손이 없거나, 또한 장갑 가게와 관계가 있다고 단정하였다. 그의 이 추론에 의거하니, 과연 장갑 가게 건물 위에 사는 백인이 바로 이 사건의 범인임을 찾아내었고, 사용한 흉기는 문에 걸려있던 간판의 큰 철제 손이었다. 그의 추론력이 작다고 할 수 없지만, 그러나 만약 철제 손 간판을 직접 알지 않았으면, 또한 어찌 미루어 생각해 내었겠는가? 이는 들어서 아는 것, 추리해서 아는 것 모두 직접 아는 것에 근거해야 함을 볼 수 있으며, "행동은 앎의 시작이고, 앎은 행동의 완성이다." 라고 볼 수 있다.

이 글은 1929년 7월 30일 《향교총신(鄕教叢訊)》 제 3권 제 12기에 실렸다.
1927년 3월 6일 효장인회(曉莊寅會)에서 강연

12 영국 작가 코난도일(1859-1930)이 지은 탐정소설

14. 중국향촌교육운동의 일부분

– 중국 대표가 캐나다 세계교육회의에 보내는 보고 중 하나

中国乡村教育运动之一斑

1. 중국향촌교육은 왜 주의를 기울일 가치가 있는가?

중국은 저명한 농업국가다. 최근 보편적 예측에 의하면, 중국의 농민은 전국인구 총수의 85%에 차지하는데, 이는 말하자면, 전국에서 3억 4천만의 국민이 농촌에 거주해서, 그래서 향촌교육은 극동의 일종의 위대한 현상이다. 무릇 세계 문제에 관심이 있는 사람들은, 절대 이러한 큰 문제를 소홀히 하지 않을 것이다. 잘하는지의 여부와 관계없이, 중국의 향촌교육은 전 세계 5분의 1의 국민과 관계가 있다.

2. 중국의 현재 향촌학교

현재 중국의 향촌학교는, 솔직히 말해서, 확실히 향촌의 필요에 적절

하게 응할 수 없다. 그들이 아이에게 주는 유일한 것은 책의 지식이고, 그들은 지금까지 농민의 진정한 필요에 주의를 기울이는 것을 알지 못했다. 이런 교육은, 농촌사회가 생산하는 양을 줄어들게 하고, 농민이 부유한 사람은 가난하게, 가난한 사람은 더욱 가난하게 변화시킨다. 이것이 사람을 가장 불만족하게 만든다. 그래서 농촌교육을 개조하는 외침이, 도처에서 모두 들을 수 있으며. 신기원이 지금 서광을 뿜어 낸다.

3. 새로운 운동의 뜻은 건설과 창조에 있다

최근 몇 년 간, 중화교육개진사(中華敎育改進社)는 향촌교육이 중국향촌생활의 필요를 적절하게 응답하게 하여야 해서, 중국향촌교육을 개조할 계획의 초안을 정했다. 이런 교육을 하는 사람들은, 모두 연구의 태도, 과학적 정신을 품고 있으며, 실제 향촌생활로써 그들의 탐험의 지남침(指南針)을 삼는다. 그들은 다시는 옛 방법을 고수하거나, 수입품을 모방하거나, 억지로 끼워 맞추는 것을 되풀이하여 계속되지 않기로 결심하였다. 현재 중국은 지금 새로운 생활을 만들고 있으며, 전국에서 최대 다수를 차지하는 농민은 마땅히 상당한 훈련을 받아서 이와 같은 새로운 생활에 참가해야 한다. 이전의 옛 전통과 외국제도는 이미 적용하지 못하므로, 버리지 않으면 안되고, 새로운 방법은 더욱 예기치 않게 나타나야 했다. 그러므로 중국 현재의 향촌교육운동은 새로운 농민 생활의 필요를 적절하게 응답하여 온 것이다. 이런 새로운 운동은, 매우 긍정적으로 말할 수 있는데, 뜻은 건설과 창조에 있는 것이다.

4. 새로운 운동을 실현하는 3가지 시기

이러한 새로운 운동은 충분히 실현하려고 하면, 반드시 세가지 시기로 나누어야 한다: 첫 번째 시기(또한 가장 중요한 시기라고 말할 수 있다)는 실험기이다. 이 시기에, 우리는 각종 실험학교(試驗學校)를 설립해서 향촌교육의 여러 가지 방법과 재료에 관해 실험해야 한다. 두 번째 시기는 훈련기이다. 실험으로 얻은 결과에 근거하여, 향촌생활에 적합한 많은 교사나 기타 유용한 인재를 훈련한다. 세 번째 시기는 포종기(布種期)[종자를 뿌려서 심는 것]이다. 훈련을 받은 인재의 많고 적음에 따라 보급을 하면, 향촌학교가 전국에 가득 분포될 수 있다.

5. 중심초등학교란 무엇인가?

이 새로운 운동의 출발점은 중심초등학교(中心小學)를 세우는 것이다. 우리가 그것을 중심초등학교라고 하는 것의 의의는 세 가지가 있다: 첫째, 향촌생활을 학교생활의 중심으로 삼는다. 둘째, 학교를 사회를 개조하는 중심으로 삼는다. 셋째, 이 학교 자체에서 이미 운영하여 성과를 가지고 있고, 교사 자질을 훈련하는 중심으로 만들 수 있다.

현재 중화교육개진사는 3개의 중심 초등학교를 가지고 있다:

첫 번째 중심초등학교는 연자기(燕子磯)에 있으며, 특별히 계약한 곳이다. 이 학교는 6개 학년이 있으며, 단식편제(單式編制)[수준이 같은 학생을 한 반으로 편제하는 것]된 완전한 초등학교이다. 두 번째 중심초등학교는 요화문(堯化門)에 있으며, 또한 특별히 계약한 곳이다. 이 곳은 복식편제(複式編制)[둘 또는 그 이상의 학년의 학생들을 한 반에 편성하는 것]를 사용한다. 세 번째 중심초등학교는 독자적으로 경영되는 곳인데, 효장(曉庄)초등학교라고 부른다. 단급(單級) 초등학교이며, 전교에 단 한 분의 교사뿐이다.

이상의 세 중심 초등학교는, 비록 각자 필요한 것이 다르기 때문에, 방법도 많은 차이가 있지만, 그러나 그들은 확실한 몇 가지의 공통점을 가지고 있다.

첫째, 그들은 교육과 인생에 대해서 공통의 신앙이 있다. 그들은 향촌생활을 학교생활의 중심으로 삼으며 동시에 학교를 향촌 개조의 중심으로 삼는 동시에, 작은 촌락을 큰 세계와 소통하는 중심으로 삼는다.

둘째, 그들은 방법에 대해서도 공통의 원칙이 있다. 그들의 신조는 "육체노동에 정신노동을 더하는 것"과 "손이 가는 곳에 마음이 가는 것"이며, 실제적인 일을 교학(教學)의 중심으로 삼는 것이다.

셋째, 그들은 도구가 교육의 요소라고 깊게 믿는다. 인생교육은 마땅히 인생의 도구 위에서 실현되어야 한다. 진정한 교육은 사람에게 도구를 발명하고, 도구를 제조하고, 도구를 운용하도록 가르친다. 이 점을 명확하게 하면, 서적은 인생의 도구의 일종에 불과할 뿐, 인생의 유일한 도구가 아닌 것을 알 수 있다.

넷째, 전교의 비용은 매우 경제적이다. 그들의 경비를 부근 초등학교와 비교하면, 차이가 많지 않다. 가장 경제적인 표준을 실험해 내어, 곳곳의 초등학교들이 모두 쉽게 성취하도록 해야 한다. 왜냐하면 중국의 교육 경비의 현재 상황 상, 비용이 적게 드는 좋은 학교가 비용이 많이 드는 좋은 학교보다 그 효력이 훨씬 클 것이기 때문이다.

다섯째, 학교가 이미 향촌의 중심인 이상, 교사는 학교와 향촌의 영혼이다. 교사의 인격이 학생과 향촌 국민에게 미치는 영향은 매우 크다. 그들은 세가지 공통의 자격이 있다:

(1) 그들은 농민의 솜씨를 가지고 있고, 그들은 모두 농민의 일을 충분히 할 수 있다. 첫째, 그들은 이로 인하여 농민들의 곤궁과 어려움 및 일체의 문제들을 충분히 이해하며, 나아가 쉽게 그들의 친구가 되어, 그들을 도울 수 있다. 둘째, 그들은 농민의 솜씨를 가지고 있어서, 한가한 시간을 이용하여 원예 등의 일을 하여, 그들이 일정 수준에 이르면 소득에 의존할 수 있으니, 원예를 심는 하나의 일도, 작은 보탬이 없지 않다. 셋째, 그들은 농민의 솜씨를 가지고 있고, 향촌에서 자신의 재능을 펼칠 장소가 있어서, 때문에 학교운영의 기쁨이 많고, 학교운영의 고충은 적다.

(2) 그들은 과학적 두뇌가 있다. 그들은 마음을 비우고, 관찰하는 것과 실험하는 것을 좋아한다. 그들은 과학농업과 과학의 기타 새로운 발명에 대해, 모두 강한 흥미가 느끼며, 동시에 그들은 매우 절실히 희망한다. 이는 향촌교사가 가장 당연히 가져야 할 태도이다. 이와 같아야, 비로소 일반 농민사회의 구습을 지키는 습성(守舊性)을 통제할 수 있다.

(3) 그들은 사회를 개조할 정신이 있다. 그들은 자신의 초등학교를 발전기로 만들어, 전력을 농가로 가져가서, 집집마다 밝은 빛이 나오도록 만든다. 비록 전교에 다만 교사가 한 명이라도, 외롭거나 적막하지 않다. 왜냐하면 학생마다 모두 살아있는 전선이어서, 학교를 사회와 연결하기

때문이다. 우리는 학교의 유일한 효능은, 바로 전체 촌민이 모두 평안히 살면서 즐겁게 일할 수 있고, 고향을 사랑하고 나라를 구할 수 있게 하는 것이라고 깊이 믿는다.

6. 중심초등학교의 활동

중심초등학교를 완전하게 표현하자면, 가장 간단한 방법은 그들의 하루의 활동을 서술하는 것이다. 향촌아이들은 정말 아침의 어린 새처럼, 일반적으로 6시에 모두 학교에 도착한다. 그들의 첫 번째 활동은 학교를 정리하는 것이다. 교사와 학생은 함께, 책상을 닦고 바닥을 쓸며 창문을 닦고 …… 사람마다 한 장소를 담당하여, 모두 일제히 시작하여, 30분도 되지 않아, 학교를 모두 청결하고 사랑스럽게 정돈한다. 아이들이 하는 실제생활을 경시하고 있는 사람들을 보면, 우리의 중심초등학교가 학생들에게 비천한 일을 하도록 가르친다고 여긴다. 그러나, 동시에 또한 어떤 사람은 말한다: "이런 학교는 교육경비가 넉넉하지 않기 때문에, 어쩔 수 없이 자신이 일 할 수 밖에 없지만, 오히려 생활의 필수적 기능을 얻게 된다"

두 번째는 새벽 모임이다. 새벽 모임의 생활은 깃발 올리기, 교가 제창, 교장 또는 교사의 말씀이 있으며, 해산 후에야 학생은 교실로 간다. "청결검사"는 매우 중요한데 교사와 나이 많은 학생이 함께 집행하여, 학생의 얼굴, 눈, 치아, 손가락 등등을 검사한다. 만약 집에서 깨끗하게 씻지 않았으면, 벌은 그가 학교에서 깨끗하게 씻는 것이다. 이런 활동들이 끝난 이후에, 다른 활동을 시작한다. 독서, 수학(算術), 작문(寫法)을 막론하고, 모든 것은 향촌 생활 혹은 다른 교재와 연계를 지어서, 이 학교들이 문자를 운용하는 각종 기회를 이용하여 실제 생활의 필요에 이르러야 한다. 예를 들어, 글을 모르는 향촌 사람이, 학교에 그를 대신하여 편지를 써달라고 요구하면, 교사는 나이 많은 학생에게 쓰도록 요청한다. 교사의 수정을 거쳐, 가장 잘 된 것을 골라서 향촌 사람에게 건네준다. 이런 글을 쓰는 것은 모두 적합한 점수가 주어진다.

오후 수업이 파하기 30분 전, 교사나 나이 많은 학생이, 이야기식 표현 양식을 사용하여 학생들에게 국가의 큰 일이나 향민이 반드시 협력해야 할 일을 보고한다. 이런 보고는 반드시 학생은 돌아가 집안 사람들에게 말해서 들려주고, 다시 집안 사람들이 들은 이 후의 반응을 학교에 와서 보고해야 한다.

우리는 모기를 박멸하는 방식을 자연과목의 예로 사용할 수 있다. 교사는 사전에 학생에게 각종 모기의 각 시기 변화의 표본을 수집하도록 지도해서, 유리병 속에 넣어, 점차 설명을 더한다. 이로써 아이들은 모기의 변화와 사람의 생활과의 관계를 알게 된다. 동시에 교사는 또 학생이 모기를 먹는 두꺼비 등등의 동물을 알고, 그들이 우군(友軍)으로 인식하여, 모기를 박멸하는 운동에 종사하도록 지도한다.

원예(園藝)는 중요한 활동 중의 하나로, 두 가지 일이 있다. 학교의 설계와 가정의 설계이다. 여기서 우리는 이런 작업을 실행하는 어려움에 대해서 반드시 서술해야 한다. 첫째, 농민들은 교사가 아이들을 인솔하여 학교 원에 작업을 하는 것을 반대한다. 그들은 말한다. "우리가 아이를 보내는 것은 책을 읽으라는 것이지, 노동을 하라는 것이 아니다." 많은 향촌 교사들이 실패하는 까닭은, 바로 이러한 이유인데, 우리는 미리 예상한 바이다. 사전에, 우리는 많은 학생들의 부모를 초청해서, 그들에게 이렇게 말한다. "우리는 아이들이 땅에서 나는 것을 근거로, 그들에게 읽는 것을 가르치고, 그들에게 쓰는 것을 가르치고, 그들에게 셈하는 것을 가르치고, 그들에게 심을 수 있는 모든 것을 읽을 수 있고, 쓸 수 있고, 셈할 수 있도록 가르칠 생각이므로, 그래서 원예를 심는 것이 필요하다. 땅에서 나는 것은 그들이 집으로 가지고 가고, 혹은 남에게 팔 수 있다." 이런 해석을 통해, 부모가 모두 학교에서 거행하는 활동을 찬성하면, 학교 설계도 앞으로 나아가는데 장애가 없다. 두 번째 어려움은 단급(單級) 초등학교에서 발생한다. 단급 초등학교는 학생의 나이, 능력이 모두 차이가 매우 많아서, 밭(田)에서 당연히 어려움이 발생한다. 하지만 우리는 분업(分工法)을 사용하여 해나가니, 아이마다 모두 자신의 능력에 따라 각자의 일을 하기에 바빠서, 어려움은 결국 줄어든다.

수공(手工) 과목에서는 학교 도구나 학교 건물을 수리하고 교구나 학교 도구를 제조하는 것을 포함한다. 교사는 학생을 데리고 목공 일과 시멘트 작업을 하는데, 이는 학교에서 매우 중요한 수작업이다. 간단한 과학기구도, 스스로 만든다.

위생 과목은 순회하는 의사가 와서 지도한다. 학교 교사는 의사를 따라서 트라코마, 우두 접종 등 간단한 의술을 검사하는데, 성과는 모두 매우 좋다. 이 몇 개 학교는 사람마다 모두 단독적인 수건, 칫솔, 찻잔을 가지고 있다. 우리는 멀지 않아 순회하며 돌보는 간호사를 다시 추가하여 모시는 것을 희망한다.

단체의 설계는 환영회를 사용하여 예를 삼을 수 있다. 학식 있는 손님이 온다는 것을 학생이 알게 되면, 학생들과 한 분의 교사가 담화회를 열고, 어떻게 손님을 환영할지를 기획 준비한다. 그들은 학생 한 명을 추천하여 주석으로 삼고, 한 명은 기록을 하여, 회의 프로그램을 편집하여 초안을 세우고, 각 사람의 일을 정한다. 그들은 또 추천하여 정한 두 명의 학생이 초대장을 쓰고, 두 명의 학생이 편지를 보내 손님을 초청한다. 이상의 일은 30분 이내에 바로 마무리 짓는다. 잠시의 시간이 지나고, 손님이 오면, 초안에 정해진 순서표(환영사 연설, 음악 연주, 내빈 연설, 답사 연설, 전체 합창,……)에 따라, 하나 하나 실행한다. 마지막에는, 학생이 또한 전체를 대표하여 한 장의 사진을 찍는다.

학교 건물은 공개하여, 전체 촌민에게 주어 공동으로 사용한다. 신용합작사(信用合作社), 농산물 전람회, 촌민 무술회, 촌민 결혼의 식장과 대회의 회의장은, 모두 학교의 건물과 장소를 빌려 사용할 수 있다. 밤이 되면 촌민야간학교를 여는데, 야간학교도 교사가 주관하는 것이다.

중심초등학교의 교사는 사실상 매우 바빠서, 밤에는 당연히 쉬고 싶으므로, 그래서 야학을 운영하는 별도의 방법을 생각하게 되었다. 하나의 향촌에는, 반드시 몇 명의 매우 유능하고, 매우 기꺼이 공공을 위해 봉사하려 하는 사람이 있으므로, 교사는 그들에게 도움을 청해야 한다. 이 설계가 만일 실행된 이후, 많은 우수한 교사가 증가할 수 있다. 연자기(燕子磯)에서 이 방법을 실험했는데, 효과가 매우 좋다. 지금 우리는 일종의 농민천자과(農民千字課)를 편집해야 하는데, 오로지 향민의 사용을 위한 것이며, 매일 한 시간의 노력으로, 4개월 이후에는, 대부분이 평민보(平民報)를 읽고, 일반적인 편지를 쓸 수 있다. 이렇게 해 나가면, 향촌학교는 아동에게 교육을 줄 수 있을 뿐 아니라, 또한 성인도 가르칠 수 있다!

7. 향촌 중심유치원

중국의 향촌에는, 유치원이 특히 필요하다. 농사일이 바쁜 시기에, 농촌의 부녀자는 눈코 뜰 새 없이 바쁘다. 밭에 심는 일을 도와야 하고, 밥하고 차를 끓여야 하며, 그리고 기타 집안 일도 있다. 이 시기에, 나이 많은 아이는 모두 도와서 일을 할 수 있다. 6세 이하의 아이는 진정 그녀들의 방해물이다. 만약 한 곳에서 그녀 대신 아이를 돌봐 준다면, 그녀는 진실로 감격스럽기 그지없을 것이다. 어떤 때는, 초등학교에 있는 자녀가 불려가 동생을 돌본다. 어떤 때는, 어머니가 된 사람이 작은 걸상을 가지고, 어린 아이를 안고 초등학교로 와서, 교사에게 그녀 대신 어린 아이를 봐달라고 청한다. 그녀의 유일한 요구는, 단지 교사가 이 아이를 돌보는데, 그가 돌아다니면 안 된다는 요구뿐이다. 이 얼마나 불쌍한 일인가! 우리는 이로 인하여 또한 향촌 유치원이 얼마나 중요한 것인지를 알 수 있다!

향촌 유치원은 어린 아이들을 위한 행복을 조성하는 것을 제외하고도, 농사일이 바쁜 시기에 부녀자들의 정신과 체력을 아껴줄 수 있고, 초등학교 학생들의 결석을 줄이는데 간접적인 도움이 될 수 있다. 왜냐하면 많은 초등학생의 결석은 집에서 남동생과 여동생을 돌봐야 하기 때문이어서, 그래서 향촌 유치원의 효능은 도시 유치원보다 또한 필요가 크다. 그러나 일반적인 유치원의 방법은, 사실상 향촌으로 옮겨 올 수 없다. 중국의 일반적인 도시 유치원은 세 가지 큰 병(귀족적, 외국적, 낭비적인 병)에 걸렸다. 만약 우리가 향촌유치원을 설립해야 한다면, 반드시 근본적으로 유치원을 평민적, 중국적, 절약적으로 변화시키지 않으면 안 된다. 우리는 이미 연구를 시작하였고, 또한 어느 정도 파악도 했다. 돌아 가신지 얼마 안 되는 육신여(陸愼如)[13] 여사는, 일찍이 향촌 유치원 설립을 위해 기원하고 노력하셨다. 우리가 그 다음으로, 그녀의 희생정신에 근거하여, 예정된 계획에 따라서 해 나가야 한다.

8. 실험 향촌사범학교

실험 향촌 사범학교는 효장에 설립되었는데, 제3중심 초등학교의 부근이고, 제1중심 초등학교와의 거리는 5리(里)[5리 = 1.96km]이고, 제2중심 초등학교와는 10리이다. 우리가 이 학교를 창립함으로써 목적한 바는, 향촌 지도자 능력을 가지고 있는 교사를 양성하기 위함이다. 목적은 세가지가 있다:

(1) 농민의 솜씨를 양성한다;
(2) 과학적 두뇌를 양성한다;
(3) 사회를 개조하는 정신을 양성한다.

이 학교의 교훈은 "가르침과 배움과 실행함의 합일"이다: 가르치는 법은 배우는 법에 근거하며, 배우는 법은 실행하는 법에 근거한다. 예를 들어 농사는 밭에서 하는 것이니, 반드시 밭에서 배워야 하고, 또한 반드시 밭에서 가르쳐야 한다. 이것이 합일하는 방법이며, 일반적으로 사용하는 분할의 방법과 다르다. 일반적 방법에 따르면, 사범생은 먼저 3년 반의 보통 훈련을 받고, 최후 반년에 이르러야 실습을 시작하며, 졸업 이후에야 비로소 진짜 교사가 된다. 우리의 학생은, 시작하고 바로 아이들을

13 효장사범 연자기 유치원의 기획 운영을 담당한 지도원

가르치는데, 학생들은 진지하고, 책임이 있으며, 이끌어주는 환경 아래에서 선생이 된다. 그래서 그들은 스스로 학습해야 할 뿐 아니라, 아울러 동시에 다른 사람을 가르치는 것을 학습해야 하는데, 그들은 다른 사람을 가르치는 것으로써 자신을 가르치는 것이다. 우리는 어떤 일을, 다른 사람을 가르쳐 이해시키는 것은, 자신이 분명하게 이해했다고 여겨야 비로소 할 수 있다고 깊게 믿는다. 우리는 이 방법에 의거하여, 사범생마다 각 중심초등학교로 가서 1주일 동안 완전히 책임을 지는 것을 매우 엄격하게 지도한다.

모든 과정은 모든 생활을 포함한다: 일체의 과정은 모두 생활이고, 일체의 생활은 모두 과정이다. 우리는 무엇이 과내 활동이고 무엇이 과외 활동인지를 모른다. 모든 활동(가르침, 배움, 실행함)은 5개 부분으로 나눌 수 있다.

(1) 중심초등학교 활동의 가르침, 배움, 실행함: 이 부분의 가르침, 배움, 실행함은 전체를 차지할 때의 절반에 상당한다. 일반적인 사범학교는 부속학교 실습과목이 있으나, 이러한 종류의 방법은, 사범학교와 유기체적인 관계가 부족하다. 초등학교는 즉 사범학교의 중심으로, 먼저 반드시 매우 좋은 중심초등학교가 있어야, 비로소 매우 좋은 사범학교가 있을 수 있다. 중심초등학교는 어머니와 같고 또한 발전기이다.

중심초등학교가 가르침, 배움, 실행함을 활동하는 것은 여섯 개의 조(組)로 나눌 수 있다: 국어수학(國語算術)조, 시민(公民)조, 위생조, 자연조, 원예조, 놀이오락조. 조마다 각 연구지도원을 배치한다. 사범생마다 한 개 조나 두 개 조를 선택하여 연구지도원의 조수가 될 수 있다. 연구지도원마다 연구하여 얻은 바는, 반드시 정황과 학생들의 토론을 거쳐, 그를 지도하고, 그를 관찰하고, 그를 도와야 한다. 초등학교 가르침과 배움과 실행함의 지도원은 교장이 초빙하는 것에 인하며, 업무에 대해 완전한 지휘의 책임을 진다.

⑵ 학원 업무를 분임하는 가르침, 배움, 실행함: 전교의 문서, 회계, 잡무, 위생 등의 업무는 모두 지도원이 학생들을 지도해서 하는 것이다. 전교에 물을 긷는 한 명의 인부만 있고 나머지 업무는 모두 학생과 지도원이 분담하는 것이며, 심지어 밥을 짓고 야채를 볶는 일도 스스로 하는 것이다. 밥을 짓는 일은 향촌교사에게 매우 중요한 것이다. 만약 학생들이 사환이 없는 새 학교로 가면, 자기 스스로 손을 움직여 밥을 짓지 않을 수 없기 때문이다.

⑶ 자연 환경을 정복하는 가르침, 배움, 실행함: 이 항목은 과학적 농업, 조림(造林), 기본적 수공, 위생과 기타 가르침, 배움, 실행함을 포괄한다.

⑷ 사회 환경을 개조하는 가르침, 배움, 실행함: 이 항목은 향촌자치, 민중교육, 협력기구, 향촌조사와 농민오락 등의 가르침, 배움, 실행함을 포괄한다. 이 항목의 가르침, 배움, 실행함은 학교에서부터 주위 3리 길에서 착수하기 시작한다. 작은 촌마다 두 명이 가서 책임을 맡는다. 현재 이미 12개의 작은 촌이 계획 중에 있다. 우리는 어떤 일을 막론하고, 모두 실행함을 가르침과 배움의 중심으로 삼으니, 그래서 이 일은 사회 복지 사업이라고 할 수 있다. 향촌 조사는, 우리가 교실에서 배우는 것이 아니고, 바로 12개의 작은 촌에 가서 조사를 실행해야 하는 것이다. 또한 합작사(合作社) 같은 것은, 역시 각종 원칙에 따라, 실행하여 조직화하는 것이지, 공허한 강연을 하는 것이 아니다. 다른 가르침, 배움, 실행함도 모두

이와 같다.

두 명이 하나의 작은 마을을 맡는 방법은, 우리는 그들이 그 마을의 사람들과 매우 친밀한 친구가 되어서, 학교와 마을에 전기를 통하는 전선(電線)이 되기를 바란다. 이 살아있는 전선이 있으면, 일체의 개조 작업이, 모두 매우 순조롭게 진행될 수 있다.

(5) 학생의 자동적인 가르침, 배움, 실행함: 이 부분의 활동은 모두 학생이 자동적으로 계획하고 결정하는 것이다. 대부분은 개인의 사정과 관계된다.

그 외 효장사범학교에는 아직 몇 개의 특징이 있는데, 학생은 책을 사용할 뿐, 책을 읽지 않는다. 그들은 도서실에서 책을 보고, 교실에 있으면 책을 보지 않는다. 그리고 그들은 책에서 어려운 부분을 보면, 비로소 지도원에게 묻는다. 그들은 생활을 위해 책을 사용하고, 책을 위해 책을 읽지는 않는다. 이것이 특징 중 하나이다.

지도원과 학생들은 모두 농민의 모양이며, 때로는 발을 벗고, 짚신을 신고 일한다. 학생은 입학시험을 치르는 첫날부터, 반드시 농사를 해야 한다. 만일 우리가 농민을 감화시키려 한다면, 반드시 자신이 먼저 농민의 감화를 받아야 한다는 것을 우리는 깊게 믿는다. 이것이 특징 중 두 번째이다.

지도원과 학생은 매우 적은 구분만 있고, 그들의 경계는 실제로 구분이 분명하지 않다. 사람마다 모두 실행함을 가르치는 것이고, 또한 모두 실행함을 배우는 것이다. “할 줄 아는 사람은 다른 사람을 가르치고, 하지 못하는 사람은 다른 사람에게 배운다(會做的教人, 不會做的跟人學).”,

이것이 우리의 좌우명이다.

학생이 졸업할 때 졸업증서가 없다. 졸업한 이후, 반 년 동안 봉사하여, 좋은 성과가 있으면, 비로소 졸업증서를 교부한다. 학교와 학생의 관계는, 비록 학교를 떠난 후 사회에서 봉사하고 있다고 해도, 여전히 매우 밀접해야 한다. 우리는 순회 지도원을 배치하여 계속적으로 학교와 학생의 영원한 관계를 유지해야 한다.

9. 실험 유치사범원

실험사범학교 안에, 우리는 또한 유치사범원(幼稚師範院)을 세워야 한다. 이 사범원은 중심유치원 활동을 가르침, 배움, 실행함의 중심으로 삼아, 향촌의 여자를 모집하여 학습시킨다. 향촌 초등학교 교사의 부인이나 미혼처(未婚妻) 혹은 친척은, 특히 환영한다.

이 사범원이 가지고 있는 가장 돋보이는 특징:

(1) 많은 유아 교사를 배양하여, 향촌의 필요한 유치원의 갈망에 적절히 응할 수 있다.

(2) 향촌의 교육을 받은 여자들에게 새로운 직업의 문을 열어줄 수 있다.

(3) 만약 향촌교사의 부인이나 미혼처(未婚妻)가 이러한 교육을 받는다면, 장래에 부부가 함께 향촌에서 교육에 종사하니, 아래와 같은 다섯 가지 장점이 있을 수 있다.

1. 향촌교사는 향촌에서 근무하는 행복이 증진될 수 있다;
2. 부부가 함께 교사가 되니, 가정의 수입이 증가할 수 있다;
3. 이로 인하여 향촌교사의 근무기간이 연장될 수 있다;
4. 향촌에 여성 교육자가 생기니, 향촌 부녀 교육이 널리 보급될 수 있다;
5. 이 교사의 가정이, 모범 향촌 가정을 이루어 조직할 수 있다.

이상 여러가지 이유와 필요가 있으므로, 그래서 유치사범원의 개설은, 비록 어려움이 많지만, 우리는 방법을 찾아서 실현하도록 해야 한다.

10. 향촌교육연구부

향촌교육연구부는 실험향촌연구지도원과 명예연구원이 조직하여 성립하였고, 향촌교육의 각종 문제에 대해서 연구함으로써, 향촌교육의 실제 문제의 해결을 도모한다. 대학교 학생은 연구원의 보좌관이 될 수 있다. 우리는 본 연구부가 가까운 시일 내에 충분히 발전하여, 중국향촌교육의 지침이 훌륭하게 되기를 희망한다.

11. 기타 사업

이상 열거한 중심학교, 실험향촌사범과 향촌교육연구부는 중국향촌교육운동의 주요 사업이다. 이 외에 아직 몇 가지 부가 사업이 있는데, 또한 설명해 보겠다.

⑴ 참관 초대: 개진사(改進社)는 멀리에서 학교에 온 참관자의 편리를 위해서, 소수의 우량한 학교 안에 침대를 갖춤으로써, 참관자가 긴 시기의 관찰을 한 적이 있다. 이러한 방법은 향촌교육운동이 더 빨리 더 멀리까지 확대하도록 할 수 있다.

⑵ 향촌교육 동지회: 이 회는 일천 명의 회원이 있고, 향촌교사신조 18조를 결의한 적이 있으며, 격주 간행물을 발행하는데, 바로 《향교총신(鄉教叢訊)》이며, 현재 판매부는 2천부이다.

⑶ 향촌학교 지도원: 개진사(改進社)는, 향촌학교를 설립하여 뚜렷한 성과가 있는 교사를 초청하여, 향촌학교 지도원을 만든다. 향촌학교는 학교의 개선을 도모해야 하기에, 먼저 교장이나 교사를 중심초등학교에 파견하여 현장에서 관찰할 수 있으며, 그리고 지도원이 이 학교의 실제 상황을 관찰한다. 그런 후에, 그들은 개선의 방법을 함께 계획하는데, 교장과 교사가 진행하면, 지도원이 바로 언제든 가서 돕는다.

⑷ 향촌 치료소: 효장은 향촌 치료소를 설립하였는데, 의사는 향촌 사람들의 질병을 보는 것 외에, 아울러 사범학생에게 간단한 의약 위생 상식과 중심초등학교 아이들의 질병을 검사하는 것을 훈련한다.

⑸ 향민 무술회: 효장 부근의 12개의 향촌의 농민들이 만일 무술훈련을 받기를 원하면, 모두 사범학교 무술지도원이 적당한 무술을 가르칠 수 있다.

⑹ 합작사: 요화문(堯化門) 초등학교의 송조공(宋調公) 선생은 이미 소규모의 합작사를 세웠는데, 성과가 매우 좋다. 머지않아 효장에도 하나 설립해야 한다. 우리는 그 범위가 점차 확대되기를 희망하여, 농민 스

스로 조직하는 것을 훈련한다.

12. 결론

이상 각 항목들을 설명한 것은, 남경(중국의 새로운 수도)[1912년 1월 1일, 중화민국 성립과 함께 남경이 수도로 정해짐]에서 중국향촌교육운동에 대해 간결한 핵심을 보고한 것에 불과하다. 우리의 능력이 미치는 곳인, 광주(廣州), 무창(武昌), 성도(成都), 북경(北京), 봉천(奉天)[심양(瀋陽) 옛이름], 곤명(昆明) 각지에서, 머지않아 모두 거행되어야 한다. 우리 최후의 희망은 각 성 각 현이 모두 이러한 향촌교육을 소유하여, 개조사업의 중심이 되는 것이다. 왜냐하면 우리의 최후의 목표는, 백만 명의 향촌 교사를 배양하여, 전국 백만 마을이 모두 새로운 생명을 얻게 하고, 단합하여 중화민국의 새로운 생명을 조성하는 것이기 때문이다.

이 글은 캐나다 세계교육회의에서 보고한 것 중 하나이다. 원래는 영어 원고로 썼는데 장종린(張宗麟)이 중문으로 번역하였다. 1927년 9월 27일 《교육계간(教育季刊)》 제 3권 제 3기에 실린 글이다.

15. 어떻게 유치원 교육을 보급시킬 것인가

如何使幼稚教育普及

사람을 가르치는 것은 반드시 어릴 때부터 가르쳐야 한다. 유아는 예를 들면 새싹과 같아서, 반드시 적절하게 배양해야, 비로소 무성하게 번식하고 자랄 수 있다. 그렇지 않고 어린 시절에 손상을 입으면, 바로 요절하지 않더라도, 인재가 되기는 어렵다. 그래서 초등학교 교육은 건국의 근본인 것이고, 유아 교육은 더욱 근본의 근본이다. 초등학교 교육은 마땅히 보급되어야 하며, 유아교육도 마땅히 보급되어야 한다. 어떻게 유아교육을 보급시킬 것인가는 우리가 가장 관심을 가지고 있는 문제다. 내가 보기에는, 유아교육의 보급을 진행하는 데는 세가지 절차가 있어야 한다.

(1) 우리의 태도를 바꾼다

일반 사람들의 태도는 모두 어린 아이의 교육은 그다지 중요하지 않다는 것으로써, 1-2년 일찍 배우거나, 혹은 1~2년 늦게 배워도, 큰 상관이 없다는 것이다. 우리는 어린 아이들이 필요와 능력, 흥미, 감정을 너무 무시한다. 그래서 무심코 아이들의 교육을 무시하여, 아이들을 늙은 하녀에게 부탁하여 맡기거나, 길에 있는 친구에게 부탁하여 맡기는 것이다. 이러한 마음가짐 아래에서는, 유치원이 발달할 수 없다. 우리는 유치원을 제창하려고 하면, 반드시 이렇게 어린 아이를 무시하는 태도를 근본적으로 없애야 한다. 우리는 국민에게 유년의 생활이 가장 중요한 생활인 것이고 유년의 교육이 가장 중요한 교육인 것임을 반드시 일깨워야 한다.

유아의 부모에게 관심을 가지고, 유아교육의 중요함을 이해시키면, 동시에 자녀를 보내어 유치원에 들어가는 것을 원하게 된다. 그러나 그들은 일종의 감옥처럼 부술 수 없는 선입견이 있는데, 이도 가져서는 안 되는 것이다. 이 선입견은 바로 자신의 자녀가 빈곤한 집안의 자녀와 함께하는 것을 원하지 않는 것이다. 그들은 자신의 자녀는 좋고, 빈곤한 집안의 자녀는 좋지 못하다고 여긴다. 이들은 가난한 집의 아이들이 유치원에 들어가서 자신의 자녀를 망쳐놓을 것이라고 여긴다. 그래서, 유치원은 부잣집이나 허위 지식인들의 특허상품이 되었다. 우리는 마땅히 중화민국에는 단지 사람 가운데의 사람이 있을 뿐, 사람 위에 사람이 없고, 또한 사람 아래 사람이 없다는 것을 알아야 한다. 사람 가운데의 사람은 아이 가운데의 아이로부터 만들어 내야 한다. 교육자의 사명은 바로 좋은 아이를 활용해서 나쁜 아이를 감화시켜야 하는 것이고, 마땅히 좋은 아이와 나쁜 아이를 구분하지 말아야 하며, 부잣집 아이를 좋은 아이라고 여기고, 빈곤한 집 아이를 나쁜 아이라고 여기는 것은 더욱 안 된다. 부유한 사람들의 의견에 끌려가서 가난한 집

자녀를 배척하는 것은 절대로 안 된다. 부유한 사람들과 허위 지식인들의 부모가, 만일 새로 태어난 자녀들이 새로운 중국으로부터 타도되는 후보자가 되는 것을 원하지 않는다면, 마땅히 자신의 자녀를 불행한 사람들의 자녀와 한 유치원 안에 놓여져 도야를 받도록 해야 한다. 유치원을 관리하는 선생은 만약 유치원을 부귀한 집 마님들이 마작을 할 때 임시로 맡기는 탁아소로 삼으려고 하는 것이 아니라면, 마땅히 모든 유치원을 전체 사회의 아이들에게 바쳐야 한다. 정말 이와 같이 된다면, 유치원 교사는 반드시 그들의 사명을 이해하여, 마음대로 방임하지 않을 것이며, 좋은 아이를 활용하여 나쁜 아이를 감화시키고, 나쁜 아이의 좋은 점을 활용하여 좋은 아이의 나쁜 점을 감화시켜야 한다. 유년의 생활교육의 중요함을 인정하는 것은 유치원 보급의 출발점이고, 유치원이 전 사회 유아의 교육 장소임을 인정하는 것은 올바른 유치원을 보급하는 것의 출발점이다. 우리는 반드시 이 두 가지 태도를 얻어야만, 유치원은 비로소 보급의 희망이 생긴다.

(2) 유치원의 방법을 바꾼다

유치원의 방법은 돈이 드는 것인데, 절약하는 방법을 생각하지 않으면, 반드시 보급하는 것은 쉽지가 않다. 유치원이 가장 필요한 곳은 향촌과 여성 노동자 구역이다. 여성 노동자 구역의 유치원은, 또한 공장에서 경비를 부담할 수 있어서, 설령 경비가 많이 든다고 하더라도, 조달하는 것이 용이하다. 향촌에는 국민은 가난하고 재정은 다하여서, 경비가 비교적 적게 드는 초등교육조차 쉽게 보급이 되지 못하는데, 하물며 경비가 배로 드는 유치원은 더 말할 필요가 있겠는가? 그러므로 향촌에서 유치원을 보급하는 것은 마치 낙타 한 마리를 끌어서 바늘구멍을 통과하는 것과 같다. 우리는 반드시 돈을 절약하는 방침을 향해서 근본적 개조를 모색해야지만, 유치원은 비로소 향촌으로 내려가는 희망이 생기고, 비로소 보급의 희망이 생긴다.

(3) 교사를 훈련하는 제도를 바꾼다

교육을 보급하는 가장 큰 난관은 교사의 훈련이다. 우리가 유아 교육을 보급하려면 최소한 교사가 150만 명이 필요하다. 이것이 가장 어려운 문제이다. 왜냐하면 경비가 엄청날 뿐만 아니라, 또한 훈련함에 그 방법을 얻을 수 없어서, 유치원을 운영하는 훈련을 받았다고 해도, 반드시 유치원을 설립하지 못하기 때문인데, 혹은 국가 정서와 맞지 않는 유치원을 설립하였다면, 그렇다면 낭패인 것이다. 유치원 사범학교는 설립하여야 하는 것이나, 그러나 유치원 사범학교는 반드시 근본적 개조를 하여야만 비로소 새로운 유치원의 교사를 배양할 수 있다. 설령 이렇다고 하더라도, 우리는 정식 유치원 사범학교에 전체의 교사를 배양하는 것을 전적으로 기댈 수 없다.

우리는 현재 탐색하여 얻은 새로운 방법은, 매우 우리들을 낙관적으로 만들 수 있다. 실험향촌사범학교의 유치원 사범학원이 연자기(燕子磯)에 향촌유치원을 하나 설립하였는데, 제2중심유치원이라 부른다. 설립 초기에 3명의 도제(徒弟)를 받았는데, 유치원교사 서(徐)선생[14]을 따라 유치원을 운영하는 것을 배우는데, 장종린(張宗麟) 선생이 지도를

14 서세벽(徐世璧)

맡았다. 그저께 그와 나는 유치원의 도제 제도가 초등학교 안에 보급될 수 있을지, 아울러 향촌 초등학교 교원의 큰 문제인, 생활이 적막한 것을 해소할 수 있을지를 대화하였다. 나는 말했다: "이는 참으로 분명한 것입니다. 도제 제도는 생활이 적막한 것을 해소할 수 있을 뿐 아니라, 동시에 교육을 보급하는 것의 진행을 촉진할 수 있습니다." 초등학교 교육 및 유치원 교육의 보급은 도제 제도로 실행하지 않으면 안 된다. 만일 우량한 유치원을 중심으로 삼고, 곳마다, 해마다 2-3명의 도제를 훈련하면, 그러면, 유치원 한 곳이 많아지는 것은, 즉 교사를 훈련하는 장소가 한 곳 더 많아지는 것이니, 이것은 더 이상 좋을 수 없는 방법이다. 내가 보기에 갖가지 직업은, 직업마다 도제가 있다면, 직업마다 모두 보급된다. 목수는 어디에나 모두 있는데, 그는 어떻게 하여 이런 상황에 이르렀는가? 도제 제도이다. 재봉 장인, 시멘트 장인, 석공 장인, 철공 장인과 3억 4천만 종류의 농사 장인들, 어느 한 직업이 이렇게 보급된 것이 아닌가? 사실대로 말하면, 가르침과 배움과 실행함의 합일 주의(主義)도 정제된 도제 제도이다. 도제 제도의 폐단은, 육체노동을 하고 정신노동을 하지 않으며, 스승이 기꺼이 완전하게 전수하려 하지 않고, 도제를 학대하는 것이다. 만약 우리가 도제 시스템의 정수를 모으고, 그 폐단을 없애면, 반드시 대단한 효과가 가질 수 있다. 만일 이와 같은 방법을 유치원 안에서 응용하면, 나는 그것이 유치원 교육을 도와서 보급시킬 수 있다는 것을 깊게 믿는다. 나는 진학금(陳鶴琹) 선생과 근래에 한 차례 매우 통쾌한 담화를 나누었다. 그는 고루(鼓樓)[북을 달아놓은 누각, 마을의 중심에 위치함] 유치원을 가져와 시도하자고 주장하였다. 고루 유치원은 연구성이 매우 풍부한 것이어서, 지금 원대한 뜻을 발휘하여 도제를 모집하고, 유치원 교사를 널리 보급하는 실험을 해야 하는데, 더 좋은 것은 없을 것이다.

위에서 말한 유아 교육을 보급하는 세가지 절차는, 나 개인의 견해에 불과하며, 반드시 빠뜨린 것이 많을 것이다. 유아 행복에 관심이 있는 동지들이, 만일 다른 좋은 방법으로써 가르쳐 주시면, 감격함을 다할 수 없을 것이다.

타오싱즈 둘째 아들 효광(曉光)이 할머니에게 글자를 알도록 가르치고 있다. 사진은 타오싱즈가 직접 쓴 시이다.

이 글은 1928년 2월 29일《향교총신》제 2권 제 4기에 실린 글이다.

16. 다른 사람을 가르치는 것으로써 자신을 가르친다
以教人者教己

"다른 사람을 가르치는 것으로써 자신을 가르친다"는 본교의 근본적인 방법의 하나이며, 우리도 반드시 매우 분명하게 이해했다고 말할 수 있어야, 비로소 그 효용이 크다는 것을 안 것이다. 어제 소(邵)선생[15]이 납세 계산법을 가르쳤는데, 이는 "다른 사람을 가르치는 것으로써 자신을 가르친다"는 것의 예증이다. 왜냐하면 소(邵)선생은 여러분들에게 납세 계산을 가르쳐야 해서, 그래서 각종 자료를 수집했고, 동시에 이 자료들을 모두 융합하여 통달하였으며, 그런 연후에 있는 대로 다 털어놓아, 여러분들에게 계산법을 가르친 것이다. 그는 여러분들을 가르쳐야 했기 때문에, 그래서 먼저 자신을 가르쳤다. 그는 여러분들을 가르치는 자료를 사용해서 자신을 가르친 것이다. 그는 매년 세금을 납부하여, 전반적으로 그 가운데의 내막을 이해하지 못한 것은 없

15 소덕형(邵德馨)

을 텐데, 올해는 왜 이렇게 철저하게 이해하고 있는 것인가? 왜냐하면 그는 여러분들을 가르쳐야 하기 때문에, 그래서 그 자신도 어쩔 수 없이 철저하게 이해하는 것이다. 그는 납세를 가르치는 것으로부터 배우는 장점은, 학생이 받는 것에 비해서 너무 많다고 걱정한다. 근래에 한(韩)선생[16]은 무술을 가르치는데, 한 학우는 구령을 외쳐야 하는 것이 아닌가? 이것도 다른 사람을 가르치는 것으로써 자신을 가르치고 있는 것이다. 이 학우가 구령을 외칠 때는, 학우로써 학우를 가르치는 것이다. 왜냐하면 그가 구령을 외쳐야 했기 때문에, 그가 이 무술의 보법(步法)에 대해 특별히 분명하게 알게 된 것이다. 그는 구령을 외치면서 배우는 것이니, 다른 사람을 가르치는 것으로써 자신을 가르친다. 제3중심초등학교의 반(潘)선생[17]은 처음부터 원예에 대하여 배운 적이 없다. 그러나 제3중심초등학교에 원예과목이 있어서, 그는 반드시 가르쳐야 한다. 이미 원예를 가르쳐야 하는 이상, 그는 원예에 대해 특별히 정확하게 공부하여야 했다. 그가 원예를 가지고 초등학생을 가르칠 때는 원예를 가지고 자신을 가르치는 것이다. 우리는 어제부터 교제하는 가르침과 배움과 실행함을 시작했다. 첫 번째로 차례가 된 것은 손종정(孙從貞)여사였고, 오늘 손님이 오시면, 반드시 그녀를 통해서 대접해야 한다. 손님이 학교에 오면 반드시 많은 문제를 묻게 될 것인데, 손여사는 반드시 하나하나 답변을 해야 한다. 그러나 그녀는 한 명의 새로운 학생이므로, 학교의 지나온 역사, 현재의 상태 및 미래의 계획에 대해서 아직 매우 잘 알고 있지 못하다. 손님의 질문에 답변해야 하기 때문에, 그녀는 반드시 우선 이런 일들에 대해 매우 잘 이해해야지만, 비

16 한릉삼(韓凌森)

17 반일진(潘一塵)

로소 손님의 질문에 말문이 막히는 결과를 불러오지 않는다. 그녀가 손님의 질문에 답변할 때는, 넓은 교육의 의미로부터 보면, 그녀는 그 곳에서 가르치고 있고, 손님은 그 곳에서 배우고 있다. 손님의 질문에 대해 대답하기 위해서, 그녀는 스스로 어쩔 수 없이 먼저 매우 잘 이해해야 하며, 이것이 다른 사람을 가르치는 것으로써 자신을 가르치는 것이다. 우리는 평상시 신문을 보는데, 대부분 대충대충 본다. 만일 우리가 초등학생에게 집으로 돌아가 국가의 큰 일을 보고하도록 가르치려면, 그러면, 우리가 신문을 볼 때, 어쩔 수 없이 정신을 집중하게 된다. 우리가 이렇게 신문을 보는 것은, 일반적인 효율에 비교하면 얻는 것이 몇 배나 큰지 모른다. 이도 어린 아이에게 국가의 큰 일을 강의하는 것을 빌어, 자신에게 국가의 큰 일을 이해하도록 한 것이다. 이것도 다른 사람을 가르치는 것으로써 자신을 가르친 것이다. 또한 예를 들어, 호미춤(鋤頭舞)에 대한 노래가사는 내가 작사한 것인데, 이 노래가사에 대해 여러분들은 항상 내가 작사를 한 후 매우 잘 이해할 것이라고 여기지만, 사실은 그렇지 않다. 나는 이 노래가사를 가져다 연자기(燕子磯) 초등학생에게 가르칠 때, 비로소 그것을 매우 잘 이해하게 된다. 이전엔 아마도 7,80퍼센트 이해할 뿐이라고 말할 수 있고, 완전히 이해하는 것은 아니다. 자기가 작사한 노래가사도 다른 사람을 가르치고 나서야만 비로소 완전히 이해할 수 있다. 이것으로 인하여 "다른 사람을 가르치는 것으로써 자신을 가르치는" 효력이 매우 넓고 큰 것을 볼 수 있다. 이러한 사례의 증명으로부터, 우리는 가장 중요한 학문의 이치를 귀납해 낼 수 있는데, 이 학문의 이치란 바로 "배우기 위해 배우는 것"은 "가르치기 위해 배우는 것"의 친근함만 못하다는 것이다. "가르치기 위해 배우는 것"은 반드시 입장을 바꾸어 생각해야 하고, 다른 사람을 이해시키려 노력한다. 이미 노력하여 다른 사람을 이해시켰다면, 자신은 저절로 완전하게 이해한 것이다.

어린 선생이 노래를 가르친다.

이 글은 1928년 2월 12일, 〈향교총신〉 제 2권 3기에 실렸다

17. 주단염(朱端琰)의 질문에 답하다
答朱瑞琰之问

단염 선생:

두 번째 손수 써주신 편지는 이미 삼가 읽었으나, 단지 효장(曉庄)의 겨울준비로 절박하여 붓을 잡을 틈이 없어 늦도록 회답하지 못함에 이르렀으니, 정말이지 매우 죄송합니다.

1. 무엇이 실행함인가?

선생께서 질문해주신 몇 가지 문제는 모두 의미가 있었습니다. 저는 이 문제들을 자세히 살펴보았는데, 선생의 의문들은 모두 "실행함(做)"이라는 한 글자 위에 집중된 것으로 여겨집니다. 이는 당연한 것으로, 가르침, 배움, 실행함의 합일 이론도 "실행함" 한 글자에 집중되어 있기 때문입니다. 그래서 반드시 먼저 "실행함"의 글자를 철저하게 한 번 설명을 하여야, 그런 후에 나머지의 문제는 저절로 풀릴 수 있을 것입니다.

"실행함"이라는 글자는 효장에서 특별한 정의를 가지고 있습니다. 이 정의는 바로 육체노동에 정신노동을 더하는 것입니다. 단순한 육체노동은 단지 무턱대고 하는 동작일 뿐, 실행함이라고 할 수 없고, 단순한 정신노동은 단지 공상일 뿐, 실행함이라고 볼 수 없으며, 진정한 실행함은 단지 육체노동에 정신노동을 더하는 것뿐입니다.

우리는 한 가지 일을 하면, 이 일을 어떻게 해야 가장 잘할 수 있을지, 어떻게 책을 활용하고, 어떻게 다른 사람의 경험을 응용하며, 어떻게 쓸모 있는 일체의 도구를 개조하여, 이 일을 가장 잘 하도록 할지를 생각해야 합니다. 우리는 또한 이 일과 다른 일의 관계와, 이 일과 다른 일의 상호 영향에 대해 생각해야 합니다. 우리는 구체적인 생각에서부터 추상에 이르고, 나의 생각에서부터 보편에 이르며, 단편적인 생각에서부터 체계에 이르러야 합니다. 이는 모두 육체노동에 정신노동을 더하는 노력입니다. 이러하지 않으면, 육체노동에 정신노동을 더하는 것이 아니며, 실행함이 아닙니다.

실행함은 반드시 감각기관을 사용합니다. 어떤 일을 하면 어떤 감각기관을 사용합니다. 귀, 눈, 입, 코, 팔다리와 온 몸을 모두 활용해야 하는 것입니다. 그래서 어떤 일은 귀를 사용해서 실행해야 하고, 어떤 일은 눈을 사용해서 실행해야 하며, 어떤 일은 입을 사용해서 실행해야 하고, 어떤 일은 발을 사용해서 실행해야 하며, 어떤 일은 손을 사용해서 실행해야 하고, 어떤 일은 이것을 모두 함께 사용해서 실행하는 것입니다. 중국 교육에서의 보편적인 오해는, 입을 사용하여 연설하는 것은 가르침이고, 귀를 사용하여 듣는 것은 배움이며, 손을 사용하여 하는 것은 실행함이라고 여기는 것입니다. 이는 실행함을 오해하였을 뿐 아니라, 배움과 가르침도 오해하였습니다. 우리는 가르침, 배움, 실행함이 한가지 일의 세 측면이라고 주장합니다. 일에 대해 말하는 것은 실행함이고, 자신의 진보에 대해 말하는 것은 배움이며, 다른 사람의 영향에 대해 말하는 것은 가르침입니다. 실행함에 손을 써야 하면, 바로 배움에도 손을 써야 하고, 가르침에도 손을 써야 합니다; 실행함에 귀를 써야 하면, 바로 배움에도 귀를 써야 하고, 가르침에도 귀를 써야 합니다; 실행함에 눈을 써야 하면, 바로 배움에도 눈을 써야 하고, 가르침에도 눈을 써야 합니다. 실행함에 어떤 감각기관을 써야 하면, 바로 배움에도 어떤 감각기관을 써야 하고, 가르침에도 어떤 감각기관을 써야 합니다.

실행함은 몸의 감각기관을 써야 할 뿐 아니라, 동시에 몸 밖의 도구를 써야 하기도 합니다. 우리의 주장은, 어떤 일을 하면 어떤 도구를 사용하는 것입니다. 망원경, 현미경, 호미, 도끼, 붓, 총, 책 등은 모두 도구이며, 또한 모두 활용해야 하는 것입니다. 중국 교육의 두 번째 보편적 오해는, 교육에 대해서 언급하기만 하면 즉시 붓과 책을 연상하고, 교육은 책을 읽고 글을 쓰는 일이며, 책을 읽고 글을 쓰는 것 외에는 교육이 아니라고 여기는 것입니다. 우리가 이미 실행함을 중심으로 삼았으면, 그러면, 호미를 써서 실행하는 것은, 바로 호미를 써서 배워야 하고, 호미를 써서 가르쳐야 합니다; 도끼를 써서 실행해야 하는 것은, 도끼를 써서 배워야 하고, 도끼를 써서 가르쳐야 합니다; 책을 써서 실행해야 하는 것은, 책을 써서 배워야 하고, 책을 써서 가르쳐야 합니다. 면을 먹는 것은 젓가락을 써야 하고, 국을 마시는 것은 숟가락을 써야 하는 것, 이것은 누구도 알고 있습니다. 만약 어떤 사람을 젓가락을 써서 국을 마시고, 숟가락을 써서 면을 먹게 하면, 사람들은 반드시 그를 멍청이라고 합니다. 우리 현재의 교육이, 이런 도구를 잘못 사용하는 병폐를 보편적으로 범하지 않은 적이 있었습니까? 중국의 교원, 학생은 책을 실제로 너무 맹목적으로 숭배합니다. 그들은 책이 밭을 갈고, 천을 짜며, 나라를 다스리고, 천하를 평화롭게 할 수 있다고 여깁니다. 그들은 밭을 갈고, 천을 짜고, 나라를 다스리고, 천하를 평화롭게 하고 싶으면, 단지 책을 읽고 또 읽어야만 할 수 있다고 여깁니다. 책은 중요한 도구이나, 그러나 책 이외의 도구는 여전히 많습니다. 학교가 책만을 중시하기 때문에, 그래서 책을 강의하면 가르침이 되고, 책을 읽으면 배움이 되지만, 그러나 호미나 도끼를 사용하는 것은 실행함으로 되는 셈입니다. 이것은 가르침, 배움, 실행함을 나누는 것입니다. 그들은 책도 "실행함"의 일에 쓰이는 도구이며, 호미나 도끼와 같은 종류의 물건임을 잊은 것입니다. 한가지 일을 실행함에 실행을 잘하고 싶다면, 반드시 호미를 사용해야 하면 호미를 사용하고, 반드시 도끼를 사용해야 하면 도끼를 사용하며, 반드시 책을 사용해야 하면 책을 사용하고, 반드시 몇 가지, 수십 가지 도구를 함께 사용해야 하면, 몇 가지, 수십 가지 도구를 함께 사용해야 합니다. 우리는 책을 배척하지 않으나, 단지 책이 독재자가 되는 것을 절대 허락하지 않으며, 책이 "실행함"과의 관계를 단절하고, 이른바 "가르치고 배우는(教學)" 신비한 물건이 되는 것은 더욱 허락하지 않습니다. 위에 보충한 전반적인 설명이 있어서, 다시 선생님의 의문에 해답하기가 많이 쉬울 것 같습니다. 저는 이제 선생님께서 질문하신 순서에 따라 하나하나 답하고, 그런 후에 다시 귀납해서, 선생님이 총 정리한 세 가지 문제를 대답하겠습니다.

2. 실제 생활을 중심으로 하는 교육은 인생의 전부를 돌볼 수 있을까?

가르침, 배움, 실행함에는 공동의 중심이 하나 있는데, 이 "중심"은 바로 일, 즉 실제 생활입니다. 실제생활은, 더욱 분명하게 말하자면 일상생활입니다. 하루가 쌓이면 해가 되고, 해가 쌓이면 평생이 되니, 실제생활은 인생의 전부입니다. 분석해보면, 실제의 어려움을 이겨내고, 실제의 문제를 해결하고, 실제의 이익을 생산하고, 실제의 사물을 연구하고, 실제의 사람을 사랑하고, 실제의 의식주와 행동을 추구하고, 실제의 추억을 회상하고, 실제의 현재를 개조하고, 실제의 미래를 탐구하고 예측하는 것입니다. 이것들을 총 정리하면, 비록 전체의 인생을 감히 개괄하지는 못해도, 인생에 이러한 것들을 제외하면 무엇이 있겠습니까? 이와 같은 일을 하면서 배우고, 가르치면, 비록 감히 대단한 수확이 있다고 말하지 못하더라도, 그러나 가르쳐 이루어진 것과 배워서 얻어진 것은 반드시 참된 능력이 될 것입니다. 이러한 교육을 실행하는 사회는, 비록 감히 반드시 그 진보가 하루에 천리라고는 할 수 없으나, 그러나 착실하고 진실되게 인류 진화 과정이 향상하며 전진하는 운행에 도움이 되며, 하나도 허튼 걸음이 없다고 단언할 수 있습니다.

3. 가르침, 배움, 실행함의 합일은 전 사회의 경험을 전달할 수 있는가?

"교육은 사회의 경험을 전달하는 것이다." 이 말은 모든 교육을 개괄

할 수 없습니다. 만약 교육이 겨우 사회의 경험을 전달할 뿐이라면, 그러면 진보의 동력이 부족합니다. 그래서 "교육은 사회 경험의 전달이다."라고 말하기 보다는, "교육은 사회 경험의 개조이다."라고 말하는 것이 낫습니다. 교육상의 이른바 경험이란, 원래 두 종류의 의미가 있습니다. 하나는 개인적인 것이고, 또 하나는 인류 전체적인 것입니다. 하지만 경험은 개인 혹은 인류 전체에 속하든 관계없이, 절대 시간과 공간을 넘어설 가능성은 없습니다. 우리는 어떠한 사회 경험은 한 시대나 한 지역에 제한되지 않는다고 최대한 말할 수 있을 뿐입니다. 경험은 또한 직접적인 것과 간접적인 것의 구분이 있습니다. 이는 당연히 부인할 수 없는 것입니다. 저는 《"허위지식" 계급》에서, "앎을 접하는 것은 기술을 접하는 것과 같다."는 이치를 설명한 적이 있습니다. 우리는 반드시 자신의 경험에서부터 발생해 나온 지식이 생겨나 뿌리를 내려야만, 다른 사람의 비슷한 경험을 비로소 이어나갈 수 있습니다. 만약 자신이 어떤 일에 대해 전혀 경험이 없다면, 우리는 절대로 다른 사람이 이 일에 관한 경험을 이해하거나 활용할 수 없습니다. 인류 전체의 경험은 비록 개인의 경험과 어느 정도 다름이 있으나, 그러나 우리는 반드시 개인의 경험이 만든 기초가 있어야만, 그런 후에야 비로소 인류 전체의 경험을 이해하고 혹은 활용할 수 있습니다.

우리는 반드시 개인의 경험으로써 인류 전체의 경험을 흡수해야 합니다. 공자는 "한 모서리를 들어주었는데, 다른 세 모서리로써 유추하지 않으면, 더는 대답하지 않는다(擧一隅, 不以三隅反, 则不復也)." 라 했고, 순자는 "하나로써 만 가지를 안다(以一知萬)."고 하였습니다. 그것이 한 모서리로써 세 개를 유추하는 것이든, 혹은 하나로써 만 가지를 아는 것이든 관계없이, 그 "하나"는 반드시 자신의 경험 속에서 안정적으로 뿌리 내려야 합니다. 자신의 경험 속의 "하나"는 일체의 지식의 출발점입니다.

이 "하나"가 있어야, 비로소 "세 개를 유추"할 수 있고, "만 가지를 아는" 효과를 거둘 수 있습니다. 《묵변(墨辯)》[묵변(墨辯)은 경상(經上), 경하(經下), 경설상(經說上), 경설하(經說下), 대취(大取), 소취(小取) 여섯 편으로 이루어짐]에서는 앎을 듣는 것(聞), 말하는 것(說), 친근한 것(亲) 셋으로 나눕니다. "설[경설(經說)]에서 말하기를: 앎(知)이란 그것을 전해 받는 것이 듣는 것이고, 방법이 어지럽지 않는 것이 말하는 것이며, 몸으로써 관찰하는 것이 친근한 것이다." 들어서 앎(聞知)이란 다른 사람이 전수한 것이 들어온 것이고, 말해서 앎(說知)이란 자신이 추측해서 생각해낸 것이며, 친히 앎(親知)이란 자신의 경험에서 나온 것입니다. 가르침, 배움, 실행함의 합일의 이론에 의거하여 말하면, 친히 앎(親知)은 모든 지식의 기초입니다. 친히 앎(親知)의 기초가 없으면, 들어서 앎(聞知)과 말해서 앎(說知)이 모두 불가능합니다. 아래의 그림을 보면, 특히 잘 이해가 될 것입니다.

4. 콜럼버스가 신대륙을 탐험하고 얻은 이야기를 어떻게 이해할 수 있는가?

지금 콜럼버스[18]가 신대륙을 발견한 일을 구체적으로 대답할 수 있습니다. 만약 우리가 콜럼버스가 신대륙을 발견한 경과에 대해 정확하게 알아야 한다면, 아마도 국민정부에 요청을 연계하여 스페인 왕이 한 척의 큰 범선을 움직여 대서양을 횡단한 것을 모방해야 비로소 가능할 것입니다. 설령 이같이 하더라도, 우리는 완전히 콜럼버스와 같은 경험을 얻을 수 없는데, 왜냐면 지금의 상황과 우리의 동료는 절대로 그와 같을

18 1451-1506, 이탈리아 항해가

수 없기 때문입니다. 우리가 어찌 그가 신대륙을 발견한 경과를 그렇게 정확히 알겠습니까? 설령 탐험가라 할지라도 이러한 경험을 반복하여 행할 필요는 없습니다. 그들은 더 좋은 해양선(海船)과 도구가 있기 때문에, 절대로 콜럼버스를 미련하게 모방하는데 이르지 않습니다. 가르침, 배움, 실행함의 합일 이론은, 보통 사람이 특수 인물의 특수한 사업을 모방하라고 주장한 적이 절대 없으며, 현대인이 전 세대 인물의 과거 사업을 반복하여 행하라고 주장한 적도 없습니다. 그러면, 우리가 알아야 하는 것은 콜럼버스의 신대륙 발견의 대략적인 상황과 영향입니다. 그러나 사람들에게 이 일을 알게 하려면, 근본적으로 다른 두 가지 방법이 있습니다. 하나는 책과 강연을 무턱대고 믿고, 모든 경험을 대표하는 저장고에 견줄 수 있어서, 콜럼버스의 책을 읽고, 콜럼버스의 이야기를 듣기만 하면, 충분히 이해할 수 있고, 어떠한 직접 경험을 할 필요가 없다고 여기는 것입니다. 다른 하나는 모든 사실의 기초를 이해하기 위해 직접경험을 확신하는 것입니다. 콜럼버스의 신대륙 발견을 대략 이해하려 해도, 반드시 개인적 직접경험이 만든 기초가 있어야만, 비로소 다른 사람이 쓰거나 이야기한 것을 이해할 수 있고, 콜럼버스가 한 일을 들어야만, 비로소 당시대의 항해의 상황을 추측할 수 있으며, 신대륙 발견 이후의 영향을 상상할 수 있습니다. 그의 책과 강연의 활용은 일류에 못지 않으나, 그러나 그는 한 걸음 더 나아가, 책과 강연 중의 콜럼버스 개인적인 직접 경험을 이해함으로써 그 쓰임이 충분한지 아닌지를 심사해야 합니다. 만약 충분하지 않다면, 그는 그의 첫 번째 책임이 학생에게 이런 경험을 보충하게 하고, 그런 후에 다시 책을 보고, 강연을 듣고, 추론하는 것이라고 생각하게 됩니다. 그렇지 않으면, 그는 귓전에 스치는 바람인 것이고, 혹은 말을 달리며 꽃을 구경하는 것으로 여겨서, 하늘에서 꽃이 내리는 것 같이 말하고, 혹은 종이에 비단으로 수를 놓듯 가득 씌어있다고 해도, 모두 받아들여 질 수 없는 것으로 여깁니다.

콜럼버스가 신대륙을 발견하는 것을 이해하는데 필요한 직접경험은 무엇을 사용했습니까? 이를 하나하나 다 셀 수는 없으며, 몇 종류를 열거하여 요점을 제시할 수 밖에 없습니다. 바다의 범선을 탔고, 바다를 건넜으며, 바다에서 큰 바람과 폭풍우를 만났고, 동료의 음모에 해침을 받았으며, 미개인을 보았고, 대륙에서 살았다…… 모든 이와 같은 것들이 모두 콜럼버스 이야기를 이해하는 직접경험입니다. 만약 바다를 건넌 적이 없다면, 부득이하게 그 다음으로 호수라도 건너봤어야 하고, 또 그 다음으로는 강이라도 건너봤어야 하며, 또 그 다음으로는 개울이라도 건너봤어야 하며, 정말 방법이 없다면 연못을 본 적이 있기를 바랍니다. 만약 바다의 범선을 타본 적이 없다면, 부득이하게 그 다음으로 파양호(鄱陽湖)의 민간선박이라도 타봤어야 하고, 다시 그 다음으로 진회하(秦淮河)[19]의 꽃배라도 타봤어야 하며, 그 다음으로는 비 내릴 때 집 앞 고인 빗물 위의 나무조각이라도 본 적이 있기를 바랍니다. 만약 이러한 경험이 전혀 없다면, 나는 그가 어떻게 콜럼버스의 탐험을 이해할 수 있다는 것인지 모르겠습니다.

5. 화성을 알기 위해서는 화성에 가봐야 하는가?

화성(火星)의 생활은, 반드시 화성에 가봐야만 분명하게 알 수 있습니

19 장수성 심수현(深水縣) 동북쪽에서 발원하여, 서쪽을 향해 흘러 남경시를 거쳐 장강으로 들어온다. 하천은 진시황 때에 파서, 회수(淮水)와 소통하였기에, 진회(秦淮)라 이름하였다.

다. 적어도 반드시 어떤 사람이라도 화성에 가보고, 돌아와 화성의 생활을 나에게 알려줘야, 나는 이 생활의 기본 경험을 또한 충분히 이해하며, 비로소 간접적으로 분명하게 알 수 있습니다. 그러나 오늘날 아직 화성에 가본 사람이 없다면, 그러면, 화성의 생활은 절대로 분명하게 아는 사람이 없는 것입니다. 화성의 일과 관련해서, 현재 가장 정확하게 아는 것은, 망원경을 써서 보아서 얻을 수 있는 것과, 수학을 써서 미루어 얻어 낼 수 있는 것에 불과합니다. 가장 위대한 천문학자도 그가 화성에 대해서 단지 약간의 피상적인 것을 알 뿐이라고 인정할 수 밖에 없습니다. 비록 이렇게 약간 피상적으로 알 뿐이라도, 가르침, 배움, 실행함을 합일한 천문학자는, 반드시 천문대의 망원경과 고급 수학을 사용하여, 실행상에서 화성에 관한 지식을 구해야 합니다. 만일 망원경을 얻지 못하면, 그는 최소한 육안을 써서라도 화성을 향해 연구해야 합니다. 화성에 관한 책은, 그는 봐야 하는 것이고, 화성에 관한 강연도, 그는 들어야 하는 것이나, 그러나 그는 반드시 가장 좋은 망원경을 얻어 그것을 한 번 보아야만, 비로소 흡족해 할 것입니다. 아니, 그가 하나의 방법이 있다면, 반드시 화성에 가서, 화성인과 공동생활을 해야만, 비로소 그의 지식욕구를 만족시킬 수 있을 것입니다.

6. 분자운동 등은 어떻게 알 수 있는가?

분자운동, 원자운동, 전자운동은 모두 과학자가 물질을 연구함으로부터 추상해낸 이론으로써 여러 종류의 물질의 현상을 해석합니다. 우리가 진정으로 이러한 이론들을 이해하려 한다면, 반드시 물질 현상을 연구하는 것부터 손을 대야 합니다. 물질현상을 연구하는 데 있어서 가르침, 배움, 실행함은, 이런 이론들의 이해에 가장 효과적인 방법입니다. 만약 진짜 분자운동 속의 생활을 가지고 가르침, 배움, 실행함의 합일을 설명해야 한다면, 우리는 공기를 예로 들 수 있습니다. 분자운동 속도가 증가하면, 덥다고 느끼고, 속도가 감소하면, 춥다고 느낍니다. 우리가 분자운동의 속도를 이해해야 한다면, 이 기후의 춥고 더움은 눈 앞의 가장 뚜렷한 예 입니다.

7. 어떻게 비행기나 라디오(無線電)의 지식을 얻을 수 있는가?

비행기나 라디오의 지식은 두 단계로 나눌 수 있습니다. 첫 번째 단계는 제조의 지식입니다. 비행기나 라디오를 제조하는 지식은, 모두 제조에서부터 얻어져야만, 비로소 효과가 있습니다. 제조를 하면서 배우고, 제조를 하면서 가르쳐야 비로소 한번에 이룰 수 있습니다. 만약 단지 책으로만 배우고, 책으로만 가르쳤는데, 제조할 때가 되어서 반드시 다시 배워야 한다면, 이는 이전에 배운 것을 낭비하는 것과 마찬가지입니다. 두 번째 단계는 이해의 지식입니다. 이 단계의 지식은 다른 사람이나 혹은 책으로부터 얻어올 수 있는데, 그러나 배우는 사람은 반드시 약간의 기본적인 직접지식이 있어야, 비로소 그것을 받아들일 수 있습니다. 이런 기본적 직접지식은, 모두 "실행함"에서부터 얻어지는 것입니다. 만약 "실행함"에서부터 얻은 기본적 직접지식이 없다면, 책에 씌어진 비행기, 입으로 말하는 라디오, 모두 배우는 사람과 아무런 상관이 없습니다.

8. 다 하지 못하는 것은 배울 필요가 없거나 가르칠 필요가 없는 것인가?

위에서 해석했듯이, 우리는 가르침 일체, 배움 일체는 모두 "실행함"으로써 기초를 삼아야 한다고 말할 수 있습니다. 사실상 당연히 다 하지 못하는 것은, 다 배우지도 못하고, 다 가르치지도 못하는 것입니다. 우리가 이런 어려움을 만나면, 가치를 헤아려, 인생에 대해 가장 기여하는 일과, 가장 자신의 재능에 부합하는 필요를 골라서, 실행하고, 배우고, 가르칠 수 밖에 없습니다. 참가할 수 없는 것은 참가하지 않을 수 밖에 없고, 할 수 없는 것은 하지 않을 수 밖에 없습니다. 이 외에 또 어떤 방법이 있겠습니까?

9. 과학자의 발명, 철학자의 이론, 종교인의 교의는 모두 "실행함"에서부터 얻은 것인가?

뉴턴은 사과가 떨어지는 것을 보고서 의문이 생겼습니다: "왜 사과는 위로 날아가지 않는가?" 사과가 떨어지는 것으로부터 일체를 추론하였고, 그리하여 만유인력의 이론을 생각해 냄으로써 이런 현상을 해석하였습니다. 뉴턴이 사과가 떨어지는 것을 본 것은, 눈을 사용하여 실행한 것입니다. 그가 사과가 떨어지는 것으로부터, 일체를 추론함으로써 만유인력의 이론을 생각해 냄에 이른 것은, 바로 두뇌를 사용하여 실행한 것입니다. 양명(陽明) 선생은 비록 지행합일(知行合一)을 제창했지만, 그러나 부지불식간에 여전히 전통의 지식론의 영향에서 벗어날 수 없었고, 또한 양지(良知)의 설명에 실수를 하여, 그래서 다시 "앎은 행동의 시작이고,

행동은 앎의 완성이다(知是行之始, 行是知之成)"는 의견을 발표하였습니다. 저는 현재 연구를 하면 할수록 이러한 견해가 맞지 않다고 여겨집니다. 1년 전, 저는 "행동은 앎의 시작이요, 앎은 행동의 완성이다(行是知之始, 知是行之成)"는 한 편의 글을 써서 증명하였습니다. 바로 양명선생과 상반됩니다. 동서고금에서 제일류의 진정한 앎과 명백한 견해의 발견은, 내가 알기로는, 실행함으로부터 얻지 않은 것은 하나도 없습니다. 철학자가 학설을 발명하는 것과, 종교인이 교의를 창립하는 것도, 어찌 하나라도 예외가 있겠습니까? 제가 우선 한두 사람을 들어 증거의 사례로 하여 설명으로 삼겠습니다. 공자는 어릴 때는 신분이 천하여, 그러므로 비천한 일을 많이 할 수 있었습니다. 그는 태묘(太廟)에 들어가 일마다 물었습니다. 성문을 관리하는 사람(晨門)은 그를 안 되는 것을 알면서도 그것을 하는 사람(知其不可而爲之者)이라고 칭했습니다. 천한 "일"을 많이 할 수 있었고, "일"마다 물었으며, 안 되는 것을 알면서도 그것을 "한 것"은, 공자가 그의 철학을 발명한 근원입니다.

다윈[찰스 로버트 다윈 Charles Robert Darwin, 1809년 ~ 1882년, 영국의 생물학자 및 지질학자, 월리스와 공동논문에서 자연 선택을 소개함, 1859년 "종의 기원" 저술, 진화론 발표]과 월리스[20]의 자연선택학설(天擇學說)은, 하늘에서 근거 없이 떨어진 것이 아니고, 이는 책에서 베껴온 것도 아니며, 갑자기 머릿속에서 공상으로 튀어나온 것도 아닙니다. 바로 동식물 사이에서 해와 달을 거듭하면서 한편으로는 행동하고, 한편으로는 생각하니, 행동은 분명해지고, 생각은 관통하게 되어, 비로소 이런 놀라운 발견이 생긴 것입니다. 예수의 기독교나 석가모니가 교의를 창립한 것도, 근거 없는 명상에서 나온

20 알프레드 러셀 월리스 Alfred Russel Wallace, 1823년~1913년. 영국 박물학자, 1858년 독립적으로 생물진화적 자연선택학설을 제시함

것이 아닙니다. 불교 경전 및 기독교 신약성서를 펼쳐 보면, 이들이 천명한 교의는 전체가 동시에 선포되어 나온 것이 절대로 아닌 것을 알게 됩니다. 그들은 중생 가운데서 따라서 행동하며 따라서 밝혔고, 따라서 밝히며 따라서 전했습니다. 철학은 회의에서 시작하고, 종교는 신앙에서 시작합니다. 의심과 신앙은 모두 생활의 필요에 응답하여 나온 것입니다.

10. 어린 아이도 가르침, 배움, 실행함을 합일하는가?

갓 태어난 어린 아이는 가르침, 배움, 실행함을 합일합니다. 실행함의 의미는, 평상시 사용 방법 보다 많이 광범위해야 하는데, 이것이 맞습니다. 그러나, "배움도 실행함이다", "가르침도 실행함이다", "교육은 바로 실행함이다"는 세 문장의 결론은 매우 어폐가 있습니다. 우리는 "실행함은 배움의 중심이며, 또한 가르침의 중심이다."라고 말할 수 있습니다. 우리는 또한 "가르치는 것과 배움, 실행함을 합일한 것이 생활이다"라고 말할 수 있습니다. 만약 우리가 "생활은 즉 교육이다."라는 주장에 찬성한다면, 그러면, 생활교육은 반드시 가르침, 배움, 실행함의 합일인 것이고, 생활교육 안에서의 가르침과 배움은, 반드시 실행을 중심으로 삼습니다.

11. 가르침, 배움, 실행함의 합일은 정신활동을 소홀히 하는 것이 아닌가?

우리가 육체노동에 정신노동을 더하는 것을 이미 "실행함"의 정의로 삼았으면, 당연히 신체와 정신을 나누는 것을 인정할 수 없습니다. 자동(自動)에 담긴 뜻은 힘과 마음의 작용을 동시에 가지는 것이며, 바로 동시에 신체와 정신의 협력을 요구합니다.

12. 구호 시위(貼標語遊行)는 혁명의 가르침, 배움, 실행함이라 할 수 있는가?

가르침과 배움, 실행함의 합일은 이미 인생의 설명이며, 때문에 사람마다 모두 실행함에 있고, 모두 배움에 있으며, 모두 가르침에 있습니다. 그러나 실행이 잘못되면, 배움과 가르침이 모두 따라서 잘못됩니다. 어떻게 하면 잘못 실행하는 것일까요? 목적을 잘못 사용하고, 감각기관을 잘못 사용하고, 도구를 잘못 사용하고, 방법을 잘못 사용하고, 계획을 잘못 사용하고, 힘을 잘못 사용하면, 모두 사람들이 잘못 실행하게 할 수 있고, 사람들이 잘못 배우고 잘못 가르치게 할 수 있습니다. 가르침, 배움, 실행함의 합일의 요구하는 것은, 일을 어떻게 하는가가 어떻게 배우는가 이며, 어떻게 배우는가가 어떻게 가르치는가 입니다. 혁명, 이 일은 어떻게 하여야 비로소 성공할 수 있습니까? 이것이 우리가 먼저 고찰해야 하는 것입니다. 예를 들어 분석해보면, 혁명이 성공하려면, 반드시 여러 종류의 조건이 있어야 할 것으로 생각됩니다: (1) 현대 중국의 필요에 적합한 주의(主義); (2) 충직하고 용맹하며 청렴하고 국민을 사랑하는 지도자; (3) 기율이 엄격하고 정교한 무기를 지닌 무력; (4) 독립적으로 발명된 학술; (5) 수입은 늘리고 소비는 줄이는 재정; (6) 자립애국의 민중의 교육 훈련; (7) 세계 상에 내 민족을 평등하게 대하는 연합; (8) 구호(貼標

語); (9) 시위(遊行) …… 만약 혁명이 이와 같은 조건을 만족시켜야만 성공한다면, 혁명의 가르침, 배움, 실행함은, 전체적으로 이러한 일들 위에서 행동하고, 이러한 일들 위에서 배우고, 이러한 일들 위에서 가르칩니다. 만약 처음의 몇 가지 항목을 제쳐놓고, 구호 시위만을 능사라고 삼는다면, 실행은 비록 실행하는 것이지만, 그러나 잘못 실행하는 것이니, 최소한 효력이 없는 실행함입니다.

13. 효장은 가르침, 배움, 실행함의 합일의 실행 때문에, 책 보는 것을 소홀히 하지 않는가?

효장의 책보는 시간은 정해져 있고, 보는 책도 지정되어 있습니다. 그러나 다른 학교보다 많이 자유롭습니다. 우리의 서적에 대한 하나의 방침은, 어떤 일을 하는 것은 어떤 책을 쓰게 되는 것입니다. 우리는 책을 읽기 위해서 책을 읽는 것을 매우 반대합니다. 우리는 작년부터 생활기록에 의거해서 최저한도의 도서를 사용하는 목록을 편집할 생각이며, 현재 편집이 완성되지 않았지만, 장래 편집이 완성되면 쉽게 자리가 잡혀 진행될 것입니다. "육체노동에 정신노동을 더한다"는 원칙을 준수하기만 하면, 자연히 구체적으로부터 이론적으로 향하고, 단편적으로부터 체계적으로 나갑니다. 그러나 조예의 깊이가 천부적인 자질에 속한다면, 우리는 물론 힘을 쓰기 어려우나, 근면과 나태에 속한다면, 생활부는 실제로 심사하고 장려하며 지도하는 책임을 져야 합니다.

14. 가르침, 배움, 실행함의 합일이 너무 기술에 편중되어서, 지식을 소홀히 하지 않는가?

기술과 지식은 나뉠 수 없습니다. 여러분들을 가르쳐 대장장이나 목수와 같게 만들려면, 사실 교육의 능력을 다하는 것만으로는 만족스럽지 못합니다. 첫째는 왜냐하면 중국의 일반적인 대장장이나 목수는 실제로 잘못 가르치는 부분이 있습니다. 왜냐하면 그들은 육체노동을 했지 정신노동을 하지 않아서, 기술과 지식이 모두 충분히 발달할 수 없었기 때문입니다. 두 번째는 왜냐하면 그들이 딱딱한 직업 훈련을 빼고는, 나머지 인생이 필요로 하는 것과 관련된 교육은 모두 무시했기 때문입니다. 만약 중국의 대장장이나 목수가 잘 실행하고, 잘 배우고, 잘 가르치며, 육체노동에 정신노동을 더하여, 각 방면의 생활이 필요로 하는 것을 모두 보살핀다면, 그러면, 대장장이와 목수가 받는 교육은 사람마다 마땅히 받아야 하는 교육일 것입니다. 왕목수가 지녀야 하는 기능과 지식도, 다윈이 지녀야 하는 기능과 지식과 흡사합니다. 다윈에게 각 종의 변이를 판별해 내는 기능이 없었다면, 자연선택학설을 발견할 수 없었을 것입니다. 왕목수가 만약 유클리드의 기하지식이 없다면, 그는 기울고 비뚤어진 탁자를 만들어 낼 것입니다. 그러나 다윈과 왕목수에게는 다른 점이 있습니다: 왕목수는 지식을 변화시켜 기능을 이루고, 다윈은 바로 기능을 사용해서 지식을 생산합니다. 하지만, 왕목수가 만일 지식을 사용하여, 변화된 기술을 진일보시켜, 새로운 지식을 생산할 수 있으면, 그러면, 왕목수는 역시 다윈의 일류적인 인물이 된 것입니다. 만약 다윈이 생물을 관찰하는 기능에서 멈추어서, 그래서 그것을 써서 자연선택학설을 발견할 수 없었다면, 그러면, 다윈의 몸으로 끝났을 것이며, 또한 왕목수의 형제

일 뿐인 것에 불과합니다.

15. 가르침, 배움, 실행함의 합일은 도대체 무엇인가? 그 효능은 어떠한가?

현재 귀납해서 종합하여 답하면 다음과 같습니다.

(1) 인류 전체의 경험을 획득하려 하면, 반드시 가르침, 배움, 실행함을 합일하는 것이 가장 효과적이다.

(2) 생활교육은 바로 가르침, 배움, 실행함을 합일하는 것이다.

(3) 가르침, 배움, 실행함의 합일은 정신상의 자동(自動)을 소홀히 하지 않을 뿐 아니라, 또한 육체노동에 정신노동을 더하고, 착실한 "실행함"을 그것의 중심으로 삼으며, 정신은 "실행함"을 따라서 한층 더 분발하는 것이다.

이 편지는 1929년 1월 15일 주단염이 편지를 보내 가르침과 배움, 행동의 합일에 대한 15가지의 질문을 한 데 대한 답이다. 《향교총신(鄕校叢訊)》 제 3권 제 1기에 실렸다.

18. 생활이 즉 교육이다
生活即教育

오늘 나는 "생활이 즉 교육이다."에 대해 논해야 한다. 중국에 이전에 매우 유행했던 구호가 하나 있는데, 우리가 자주 사용하고 매우 익숙한 것으로, 그것은 바로 "교육이 즉 생활이다(Education of life)." 이다. 교육이 즉 생활이라는 이 말은 듀이(John Dewey) 선생의 말로부터 온 것으로서 우리는 이전에 이 말을 자주 사용해 왔지만, 이 말 안에 어떤 의미가 있는가는 지금까지 물어본 적이 없었다. 지금 나는 이 말을 절반을 뒤집어 엎어서 "생활이 즉 교육이다."라고 바꾸고자 한다. 그렇다면 이제 우리는 "무엇이 생활인가?"라고 질문해야 한다. 생명이 있는 것들이 하나의 환경 안에서, 생동감이 끊이지 않는 것이 바로 생활이다. 마치 한 알의 씨앗과 같이, 그것은 전혀 보지도 듣지도 못한 곳에서, 싹을 틔우고, 가지가 자라나고, 꽃을 피울 수 있다. 움직임의 차원에서 보자면 그것은 효장극사(曉莊劇社)[21]가 무대에서 공연을 하는 것과 같다. "생활이 즉 교육이

---

21 효장학교 선생과 학생이 조직한 연극 단체, 1929년 초에 성립되었고, 타오싱즈가 사장을 맡았다. 중국의 가장 이른 연극 극단 중 하나

다." 이 강연은 이 전부터 이미 두 부분으로 강의했다. 지금 우리의 그 부분을 다시 언급해 보겠다.

첫 번째 부분은

생활이 즉 교육이고, 생활이 아닌 것은 즉 교육이 아니다.
좋은 생활이 즉 좋은 교육이고, 나쁜 생활은 즉 나쁜 교육이다.
진지한 생활은 즉 진지한 교육이고, 대충하는 생활은 즉 대충하는 교육이다.
합리적인 생활은 즉 합리적인 교육이고, 불합리적인 생활은 즉 불합리적인 교육이다.
생활이 아닌 것은 즉 교육이 아니다.
이른바 생활이라고 하는 것은 반드시 생활은 아니며, 즉 반드시 교육은 아니다.

두 번째 부분은 두 번째 연설할 때 포함해 넣은 것인데, 우리 이 곳의 다섯 개 목표에 의거해 추가해 넣었다. 즉,

건강한 생활은 즉 건강한 교육이며, 건강하지 않은 생활은 즉 건강하지 않은 교육이다.
노동하는 생활은 즉 노동하는 교육이며, 노동하지 않는 생활은 즉 노동하지 않는 교육이다.
과학적인 생활은 즉 과학적인 교육이며, 과학적이지 않은 생활은 즉 과학적이지 않은 교육이다.
예술적인 생활은 즉 예술적인 교육이며, 예술적이지 않은 생활은 즉 예술적이지 않은 교육이다.

사회를 개조하는 생활은 즉 사회를 개조하는 교육이며, 사회를 개조하지 않는 생활은 즉 사회를 개조하지 않는 교육이다.

근래에 나는 하나의 주장이 생겼다. 그것은 모든 기관, 모든 사람이 올 해 안에 모두 하나의 계획을 가져야 한다. 이렇게, 올 해 안에 우리가 보낸 생활은 바로 계획이 있는 생활이니, 이는 또한 계획이 있는 교육이다. 때문에 여기에 또 다른 부분을 하나 더 추가한다.

계획이 있는 생활은 즉 계획이 있는 교육이며, 계획이 없는 생활은 계획이 없는 교육이다.

내가 오늘 말해야 하는 것은, 우리가 여기에서 하는 교육은 생활교육이며, 인생에 필요한 교육을 제공하는 것이지 거짓된 교육을 제공하지 않는다는 것이다. 인생에 무엇이 필요하다면, 우리는 그 무엇을 가르친다. 인생에 빵이 필요하면 우리는 빵의 교육을 받아야 한다. 인생에 연애가 필요하면 우리는 연애하는 생활을 보내야 하고, 연애의 교육을 받아야 하는 것이다. 이에 비추어 유추해보면, 더욱 위를 비추게 된다: 즉 어떠한 생활은 즉 어떠한 교육이다.

"생활이 즉 교육이다"와 연관관계가 있는 것은 "사회가 즉 학교다"이다. "학교가 즉 사회다"또한 "교육이 즉 생활이다."에서 따라 나온 것인데, 현재 나는 이 것 또한 절반을 뒤집어 엎어서 "사회가 즉 학교다"라고 바꾸었다. 전체 사회 활동은 바로 우리의 교육 범위이며, 어떤 소통의 담화도 사라지지 않기에, 그의 혈맥은 자연스럽게 흘러 통하는 것이다. "학교 사회화"를 말해서는 안 된다. 예를 들어, 현재 어떤 사람을 혁명화 해야 한다고 말한다면, 그 사람이 원래 혁명적이지 않다는 것이다. 만약 그 사람이 원래부터 혁명적이었다면, 왜 아직도 변화가 필요한 것인가? "학교 사회화"라는 말도 같은 잘못을 범하는 것이다. "학교가 즉 사회다", 우리의 학교가 바로 사회인데, 아직도 무슨 변화가 필요한가? 현재 나에게 아직 하나의 비유가 있다: 학교가 즉 사회라면, 이는 마치 살아서 움직이는 작은 새를 공중에서 잡아와 새장에 넣어둔 것과 같다. 그는 아주 작은 학교 안에서 사회의 모든 것을 받아들여야 한다. 때문에 거짓으로 꾸며지기 쉽다. 사회가 즉 학교라면 그렇지 않고, 새장 속의 작은 새를 하늘로 날려 보내 자기 의지대로 맘껏 나래를 펼칠 수 있다. 즉 학교의 모든 것을 대자연 속으로 확장시키는 것이다. "사회 즉 학교"를 먼저 할 수 있어야 비로소 "학교 즉 사회"를 이야기할 수 있다; 먼저 "생활 즉 교육"을 먼저 할 수 있어야 비로소 "교육 즉 생활"을 이야기할 수 있다. 이 같은 학교가 비로소 학교이고, 이 같은 교육이 비로소 교육이다.

듀이 선생은 미국에서 왜 교육이 즉 생활이라고 주장하였는가? 나는 최근 그의 저작을 보았는데, 러시아에서 돌아온 뒤, 그의 주장은 또 다시 변화하였고, 이미 교육이 즉 생활이 아니었다. 미국은 자본주의 국가로서 다양한 실험을 해보지만, 많은 교육자들이 도달하고자 하는 목적을 달성하지 못했고 실현하고자 하는 것 또한 실현하지 못했다. 그러나 러시아에는 이미 달성하고 실현한 자가 있다. 만약 듀이 선생이 효장에 있었다면 나는 그가 틀림없이 "생활이 즉 교육이다"를 주장했을 것이라고 생각한다.

듀이 선생은 효장에 와본 적이 없다. 킬패트릭(William Kilpatrick) 선생[1871~1965 미국 컬럼비아대학 교수, 교육학자]은 효장에 와 본 적이 있다. 킬패트릭 선생은 러시아를 떠나 중국에 왔을 때, 그는 "모스크바로부터 멀지 않은 지역에서 스코프스키라는 사람이 학교를 하나 세웠는데 그곳은 효장과 비슷한 면이 아주 많다"라고 말했다. 나는 듀이 선생 책에서 오늘날의 러시아 교육이 이 지방의 영향을 매우 받았고, 이 지방을 매우 중시한다는 것을 알았다. 그들도 역시 생활이 즉 교육이고 사회가 즉 학교라고 주장하였다. 킬패트릭 선생은 우리에게 문자로 소식을 주고 받고 있는지를 물었고 나는 그렇지 않다고 대답했다. 나는 또한 그에게 "스코프스키라는 사람이 공산당입니까?"라고 물었고, 그는 그렇지 않다고 대답했다. 나는 또 그에게 "그가 공산당이 아니라면 어떻게 공산당 정부 아래에서 교육사업을 할 수 있었습니까?"라고 물었더니 그는 "왜냐하면 그는 일종의 교육의 이상을 실현해야 했기에, 러시아 정부가 그의 실험을 허가했고, 그는 러시아 정부 아래서 생존할 수 있었다"라고 말했다. 나는 그에게 또 말하기를 "그 점은 나 또한 마찬가지다. 나 역시 국민당 정부 아래에서 교육을 하지만, 그러나 나 또한 국민당 당원은 아니다."라고 하였다. 이는 킬패트릭 선생이 효장을 참관한 후, 나와 나눴던 이야기다.

현재 우리의 이 주장은, 이미 실현의 시기에 도달하였고, 문제는 어떻게 실현하는가 이다. 역사에서 보면, 세 시기로 나눈다.

첫 번째 시기: 생활은 생활이요, 교육은 교육이다. 양자는 구분되어 있으며 관계가 없다.

두 번째 시기: 교육이 즉 생활이다. 양자는 서로 연결되기 시작하며 학교의 사회화에 대한 논의가 생긴다.

세 번째 시기: 생활은 즉 교육이고, 사회는 즉 학교이다. 이 시기가 시대의 흐름을 역행한다고 말할 수 있는데, 곧장 태고의 시대로 돌아간다. 왜냐하면 태고의 시대에는 사회가 즉

학교이며, 사회라고 할 만한 사회도 없고, 학교라고 할 만한 학교도 없다. 이 시기가 바로 교육이 가장 고도로 진보한 시기이다.

그 다음으로 생활이 즉 교육이고 사회가 즉 학교라는 것을 말하기 위하여, 몇 가지 방면에서 싸움을 벌여야 한다. 이는 통쾌하지도 않고 매우 번거로우며, 또한 우리와 매우 큰 충돌이 있다.

첫째, 이 시기에는 각종 사조들이 중국에서의 실현을 모색하는 시기로, 중국에서 몇 천 년 동안 내려온 전통교육이 지배하던 많은 전통 사상들이 모두 이 시기에 그 지위를 모색한다. 둘째, 밖에서 온 각종 문화이다. 예를 들어서 독일의 문화 중심적 교육, 영국의 신사(紳士)적 교육, 미국의 배금(拜金) 교육이다. 셋째, 외국의 것들이 중국에서 투매된다. 각국에서 돌아온 유학생들이 외국문화의 매판을 확장하고 있다.

현재 중국에 남아온 구(舊)문화가 생활이 즉 교육, 사회가 바로 학교라는 우리의 주장과 충돌한다는 것을 먼저 말해야 한다. 중국의 이전의 구문화는 족쇄와 수갑이다. 하늘의 이치(天理)와 인간의 욕망(人欲)으로 분석해 보면, 하늘의 이치가 인간의 욕망을 억압하기에, 하는 일이 어떻든, 하늘의 이치를 첫 번째 요건으로 해야 한다는 것이다.

그는 하늘의 이치는 하나의 일이고, 사람의 욕망도 하나의 일이다. 사람의 욕망은 옳지 않고 지위가 없다. 생활이 즉 교육이라는 원칙 아래에는 사람의 욕망은 지위가 있으며, 우리는 하늘의 이치로 사람의 욕망을 억압하는 주장을 하지 않는다. 이에, 우리는 대동원(戴東原) 선생의 철학으로 소통하니 하나로 소통되었다. 그는 이치(理)는 욕망 밖의 이치(理)가 아니고, 높고 높은 하늘에 걸려있는 것도 아니며, 욕망(欲)은 절대 나쁜 것이 아니고, 조리가 있으며 이치에 맞는 것이라고 하였다. 우리가 여기에 주장하는 생활 즉 교육은, 교육의 힘을 이용하여 국민의 정서에 도달하여, 국민의 뜻을 거스르지 않고, 하늘의 이치와 사람의 욕망을 하나로 만들려는 것이다.

이와 연대관계가 있는 것이 바로 "예의교육(禮教)"이다. 현재 많은 사람들이 "예교식인(禮教食人)"의 논조를 외치고 있는데, 실로 예의교육이 잡아먹은 사람의 뼈가 태산을 이룰 만큼 쌓였으며, 그 피가 모두 파양호(鄱陽湖)를 이룰 정도이다. 우리가 이해하는, 예(禮)란 무엇인가? 예전에 어떤 사람은 예(禮)란 키우는 것이라 했는데, 이는 생활 즉 교육과 서로 일치하는 것이다. 이런 종류의 예는 타도하지 말아야 할 뿐 아니라 환영해야 한다. 만일 생명에 해로운 예(禮)라면, 그러면 그에게 족쇄와 수갑을 채워야 하며, 우리와 충돌이 있으니, 우리는 타도하지 않을 수 없다. 왜냐하면 생활 즉 교육은 인류를 해방시켜야 하기 때문이다.

중국에는 예전에 매우 나쁜 관념이 한 가지 있었는데, 그것은 아이들을 무시하는 것이다. 어린 아이를 작은 어른으로 간주하고, 어른이 할 수 일은 어린 아이도 할 수 있다고 여겼다. 그리하여 5,6세의 어린 아이에게 《대학(大學)》, 《중용(中庸)》을 읽도록 가르쳤다. 바꾸어 말하면, 어린 아이는 지위가 없었다. 우리가 주장하는 생활 즉 교육으로 어린 아이들의 생활이 비로소 어린 아이들의 교육이어야 하고, 어른의 혹독함으로부터 어린 아이를 해방시켜내야 한다.

하나 더 보충해 들어가야 하는 점은 바로 책 교육이다. 예전의 책 교육은, 책으로써 교육하였기 때문에, 학생은 단지 책을 읽었고, 교사는 단지 책을 가르쳤다. 생활 즉 교육의 원칙 아래, 책은 지위가 있으며, 어떤 생활을 보내는가에 어떤 책을 활용하니, 책은 일종의 도구일 뿐이다. 책은 죽자고 읽어서는 안되며, 단 반드시 활용해야 한다. 예전부터 이런 현상이 매우 많았는데, 이는 뒤집어 엎지 않으면 안되며, 그렇지 않으면 "생활 즉 교육"을 실현할 수 없다.

현재 외국에서 전해 들어오는 사조(思潮)가, 역시 우리와 충돌하는 것들이 많다. 문화로 하나의 예를 들어 보자. 문화를 중심으로 하는 교육의 결과는 서양팔고문(洋八股)[팔고문(八股文): 과거시험 답안 작성의 특별한 문체]을 조성하는 것이다. 문화는 인류가 창조해 낸 물론 대단히 귀중한 것이지만, 그러나 그것 또한 하나의 도구에 불과할 뿐, 그것을 가져다 우리 교육의 중심으로 할 수는 없다. 사람은 왜 문화를 사용해야 하는가? 그것은 우리 인생의 욕망을 만족시키기 위해서이고, 우리 생활의 필요를 만족시키기 위해서이다. 전등은 문화인데, 우리는 그것을 사용해서 모든 것을 더욱 명백하게 볼 수 있다. 무선전기도 문화인데, 우리는 그것을 사용해서 더욱 편리해질 수 있다. 망원경도 문화인데, 우리는 그것을 사용해서 토성, 목성 안으로 파고 들어갈 수 있다. …… 그러므로 문화는 생활의 도구이고, 그것은 그것의 지위가 있다. 우리는 그것을 반대만 하지 말고 환영해야 한다. 그것을 환영해서 무엇을 하려는가? 우리 생활의 필요를 만족시키려고 한다. 어떤 사람들은 그것을 잘못 알아서, 마치 그것을 다른 사람에게 보내는 일종의 선물로 여기는데, 이것은 옳지 않다. 문화는 참가하여 기초를 만들어야 하며, 최저한도의 참가의 기초가 있어야 비로소 이해할 수 있고, 비로소 더해 올라갈 수 있는 것이다. 생활 즉 교육과 문화를 중심으로 하는 교육은 다른데, 바로 이 같은 것이다.

또한 훈육[22]과 생활 즉 교육의 이론은 어떠한가? 생활 즉 교육과 훈육을 훈련하는 것과 교육하는 것으로 나누는 관계는 어떠한가? 생활 즉 교육과 사회 즉 학교는 어떻게 실현하는가? 초등학교에서 어떻게 그것을 실현해 내는가? 만약 여러분들께서 실행 가능할 것으로 보이는 것을, 가장 좋게는 모든 사람들이 하나씩의 방안을 기획하여 나에게 준다면, 한 부분이라도 실현 가능하면, 우리는 그 내용을 사회에서 실현시킬 것이다.

현재 예를 하나 들어 설명해 보겠다: 작년에 가뭄이 들었을 때, 화평학원(和平學院)에 식수가 시급하여 우물을 팠다. 우물은 학교에서 팠지만 전 마을에 기부하여 공동으로 사용하였는데, 얼마 가지 않아서 두 가지 큰 문제가 발생했다.

(1) 매일 물이 2만 근 정도밖에 나오지 않아 모든 사람들이 쓰기에 부족했다. 그래서 모두 아침 일찍부터 물을 길었고, 나중에 도착하는 사람은 물을 얻지 못했다. 다음 날은 다른 사람보다 일찍 일어나, 심지어 한밤부터 동이 틀 때까지, 모두 물을 긷고 있었다. 그리하여 해가 뜨고 나면 이미 우물은 말라 있었다. 군중들은 우물가에 모여 물을 살폈고, 한 바가지 한 바가지씩 물을 길어 힘이 다할 때야 간신히 한 통을 채울 수 있었다.

(2) 모두 우물에 둘러서서 물을 길으니, 뒤질세라 앞을 다투었고, 어떤 때는 심지어 무력을 사용하여 해결하였다. 이러한 현상은, 만약 학교

22 독일 헤르바르트(1776-1841)가 교육 작업을 관리, 교육, 훈육 세 부분으로 나누었다. 훈육은 일반적으로 학생의 행위에 대해 습관적인 훈련과 통제를 가리킨다. 중국은 청나라 말부터 학교를 창립한 이래, 전통교육이 실시한 훈육은 통치계급의 사상의식을 강화해서 학생에게 영향을 주었으며, 학생의 사상과 행위에 대해, 정신에서부터 엄격한 통제를 진행했다.

가 즉 사회라면, 학교의 권력으로 해결할 수 있다. 학교에서 명령을 내리면 모든 사람들은 거기에 따라 움직이게 한다. 사회가 즉 학교의 방법은 그렇지 않다. 그는 이것이 전체 마을 사람의 생활과 관련된 것으로 보아서, 전체 마을의 사람이 와서 해결 방법을 정해야 한다. 그래서 큰 회의를 열었고, 모두 6, 70명이 모여 공동으로 식수문제를 가르치고, 배우며, 행동했다. 회의에 참가한 사람들 가운데는 할머니도 있었고, 12-3살 되는 아이들도 있었다. 이들은 열댓 살 먹은 학생을 주석으로 추천하였다. 나와 많은 사범생들은 제갈량단[고문단을 의미함]을 조직하여 군중들 속에 끼어 아두 황제[삼국 시대 촉한(蜀漢)의 마지막 군주 유선(劉禪)의 아명, 추천된 학생 주석을 의미함]를 보호했다. 할머니들이 말이 제일 많았고, 동시에 너무 많은 사람들이 말을 해서, 모두는 뚜렷하게 들을 수 없었으며, 아두 황제는 대처해 내지 못했다. 이번엔 제갈량단이 필요가 있었고, 즉시 지도를 시작했다. 결과적으로 공동으로 몇 가지 사실을 의결하였다.

① 우물은 매일 열 시간 동안은 이용하지 말아야 한다. 오후 7시부터 오전 9시까지 물을 길어서는 안 된다. 어기는 자는 1원을 벌금으로 내어 우물을 수리하는 비용으로 모은다.

② 매일 물을 긷는 것은 먼저 도착한 순서대로 한다. 어기는 자는 6전을 벌금으로 내 우물을 수리하는 비용으로 모은다.

③ 공동으로 추천된 류세후(劉世厚) 군이 감찰원으로서, 처벌의 책임을 집행한다.

④ 공동으로 추천된 뢰(雷)선생[23]이 우물운영위원장으로서, 돈을 모아 우물을 하나 더 파기 위해, 찻집(茶館), 두부점 등은 돈을 많이

---

23 뢰만민(雷萬民)

내야 하고, 부호들도 이에 돈을 많이 내도록 권장하여, 최단기간 내에 촌민이 단결한 힘으로, 우물 파는 것을 성공할 것이다.

이 몇 개의 안건은 촌민 회의에서 통과되었다. 이것이 사회 즉 학교의 방법이다. 이로부터 나는 몇 가지 감회가 있다.

(1) 민중운동은 민중에 절실한 문제를 중심으로 하여야 한다.

(2) 사회운동은 사회가 즉 학교가 아니면, 철저하게 실행할 수 없다. 사회가 즉 학교여야만 실현 가능하다.

(3) 할머니나 어린 아이는 양성할 수 없다고 여기면 안 된다. 방법이 있기만 하면, 그들로부터 절박한 문제를 착수하게 할 수 있다.

(4) 대중의 힘은 학교가 발생한 것보다 더 크다. 만일 학교가 선포한 해결 명령이, 사회에서 이해하는 사람이 적으면, 또한 감정은 이 때문에 분리된다.

(5) 아두를 제갈량과 떨어지게 하는 것은 안 된다. 화평문의 식수 문제도 만일 적당한 지도가 없었다면 4, 5천년이 지나도 해결할 수 없었을 것이다.

(6) 민중운동을 하는 것은 민중이 하도록 도와야 하는 것이며, 민중을 대신해서 하는 것이 아니다. 중화국민을 배양하고 싶다면 이렇게 하지 않으면 안 된다.

이는 바로 초등학교가 소재한 곳에의 예이다. 이 외의 예도 매우 많기에 열거하지 않을 뿐이다. 사회 즉 학교를 어떻게 실현할지는 여러분들이 하나하나 스스로 계획을 세워보고 두 번째 회의 때 다시 논해 보자.

이것이 바로 "생활 즉 교육"이며 "사회 즉 학교"와 관련이 있음을 증명하는 것이다.

"생활이 즉 교육이다."에 대하여 다시 보충하고자 한다. 우리는 현대인으로서 현대적인 생활을 하고자 한다면 현대의 교육을 받아야 한다. 과거의 생활을 살지 말고 미래의 생활을 살지도 말라. 만약 과거의 생활을 살고자 한다면 낙오되는 것이며 미래의 생활을 살고자 한다면 사람들과 유리되는 것이다. 예전에 《내일의 학교》라는 책이 있었는데 사람들은 이 책이 매우 유행한다고 여겼고 이에 대해서도 잘 알고 있었다. 나는 향촌 교사가 오늘의 학교를 세워야지 내일의 학교를 세우지 않기를 희망한다. 오늘의 학교를 세우고자 한다면 초등학생이 오늘의 생활을 보내도록 해야 하며 오늘의 교육을 받게 해야 한다.

1929년 초, 타오싱즈가 "효장극사"를 조직하였다.
사진은 연극 〈삶의 의지〉의 한 장면이다. 타오싱즈가 늙은 아버지 역을 연기했다.

이 글은 1929년 3월 31일 《향교총신》의 제 3권 제 4기에 실린 글이다.

19. 효장 3주년에 동지께 편지를 삼가 올린다

晓庄三岁敬告同志书

오늘이 어떤 날인가?

당연히 삼 년 전을 기념한다.

원컨대 오늘부터 시작하여,

만년의 인연을 다시 맺는다.

삼 년 전 오늘[1927년 3월 15일], 노산(老山) 아래 소장(小庄)[24]에 이상한 일이 생겼다. 그들은 성묘하러 왔는가? 향과 초는 어디에 있는가? 강도가 장물을 나누려고 왔는가? 어찌하여 이렇게 예의 바른가? 그들은 개학을 한 것이다. 개학? 학당은 어디에 있는가? 제비마저도 기꺼이 날아오지 않는 곳이, 갑자기 이렇게 떠들썩하다니! 정말 이상하다!

---

24 효장학교 창립시, 타오싱즈가 노산(老山)을 노산(劳山)으로, 소장(小庄)을 효장(晓庄)으로 개명하였음

맞다, 우리는 개학을 하러 왔다. 더 정확하게 말하면, 우리는 일을 시작하러 왔다. 또한 우리는 여기에 생활을 시작하러 왔다고 말하는 것이 더 낫겠다. "야인생활에서 출발하여, 극락세계를 향해 탐구한다"는 것은 우리가 오늘 세운 원대한 뜻이다. 학당은 있지만, 그러나 다른 학당과 다르다. 그는 머리 위에 푸른 하늘을 받치고 있고, 발 아래에 대지를 딛고 있으며, 동서남북이 그를 둘러싼 담이요, 끝없이 광활한 세계가 그의 교실이며, 만물의 변화가 그의 교과서이고, 태양과 달이 그의 일을 밝게 비추니, 모든 사람, 늙은 사람, 젊은 사람, 어린 사람, 유아, 남자, 여자 모두가 그의 선생이고, 또한 모두가 그의 학생이다. 효장이 타고난 것은 바로 이러한 기골이다.

오늘에 이르니, 이미 삼 주년이다. 보이는 성과는, 정말 미미하고도 미미하다고 말할 수 있다. 효장이 가진 초가집은, 약간 재력이 있는 사람은 두 달이면 만들어 이룰 수 있다. 한 바탕의 들불이 반 나절이면 그것들을 깨끗하게 태워버릴 수 있다. 동지(同志)마다 가진 것으로 말하면, 하나의 피같이 붉은 마음과 약간의 헌 헝겊과 낡은 솜 뭉치 짐 꾸러미를 제외하고, 또 무엇을 말할 수 있을까? 그러나 효장은 끝내 그 들불이 다 불태우지 못하는 것이 있다. 이것의 가치는, 아마도 단지 가난한 집에 날씨가 무척 추울 때의 헌 헝겊과 낡은 솜 뭉치와 마찬가지일 것이고, 아마도 이 헌 헝겊과 낡은 솜 뭉치의 힘 때문에, 그 피같이 붉은 마음이 비로소 끊임없이 계속하여 뛸 수 있을 것이며, 이 피같이 붉은 마음의 생명을 품고 있는 것이 끊임없이 생생할 수 있다. 내가 현재 기쁘게 말하는 것은 바로 이런 것이다.

효장은 사랑 속에서 만들어져 나온 것이다. 사랑이 없으면, 효장도 없다. 효장은 인류를 사랑하기 때문에, 그는 인류 중 가장 수가 많고, 가장 불행한 중화민족을 사랑한다. 효장은 중화민족을 사랑하기 때문에, 그는 중화민족 중 가장 수가 많고, 가장 불행한 농민을 사랑한다. 그가 농민을 사랑하여서 다만 농민으로부터 출발하는 것이고, 가장 수가 많고 가장 불행한 것에서부터 출발하는 것이나, 그의 눈빛은 잠깐이라도 중화민족과 인류의 전체를 주의하지 않은 적이 없다. 길상학원(吉祥學園)[25] 안에 두 마디의 말을 썼다: "하나의 마음만을 받들어 왔으며, 풀 반 뿌리도 가져가지 않겠다(捧着一顆心來, 不帶半根草去)." 효장은 이러한 사랑의 마음 속에서 나온 것이다. 효장은 망가뜨릴 수 있어도, 사랑은 없어질 수 없다. 효장의 하루에 이 사랑이 있다면, 효장의 하루는 망가뜨릴 수 없다. 만일 이 사랑이 없다면, 비록 효장이라 칭해도, 사실은 효장이 아니다. 사랑이 있는 곳은 바로 효장이 있는 곳이다. 한 향촌 초등학교의 교사가 이 사랑을 가지고 있으면, 바로 효장인 것이다. 일백만 개 향촌 초등학교의 교사가 이 사랑을 가지고 있으면, 바로 일백만 개 효장인 것이다. 비록 이름은 효장이라 부르지 않아도, 실제는 진정한 효장인 것이다.

효장 삼 년의 역사는 바로 이 사랑의 마음의 역사이고, 이 사랑의 마음은 실현의 역사를 요구한다. 사랑이 있으면 어쩔 수 없이 방침을 찾고, 방법을 탐구하고, 도구를 만들어, 그 사랑이 무의식 중에 나타내어져 그의 사명을 완성할 수 있도록 한다. 물 흐르듯 저절로 드러날 때, 저항과 마주치면 어쩔 수 없이 분투한다. 악덕 지방 유지와 분투하고, 외세의 억압과 분투하고, 전통 교육과 분투하고, 농민 봉건 사상과 분투하며, 자신이 일으킨 거짓 지식과도 분투한다. 이 분투의 역사도, 바로 이 사랑의

25 원래 이름은 효장사범 길상암 중심초등학교(曉庄師範 吉祥庵 中心小學)이다. 1928년 봄에 창립되었고, 길상암(吉祥庵)에 위치한다.

마음의 역사이다. 효장이 사랑이 없으면, 분투할 수 없고, 변혁할 수 없고, 건설할 수 없으며, 창조할 수 없다. 개인이 사랑이 없으면, 곧 의미가 없어지는 것이어서, 설령 효장에 있다고 해도, 반드시 공헌을 하는 것은 아니다. 그래서 효장과 각 동지의 모든 공헌(파괴와 창조)은, 만약 있다고 한다면, 모두 사랑 속에서 무심코 드러내어져 나오는 것이다. 효장은 사랑에서 생겼고, 또한 오로지 사랑의 힘에 의지해 있어야만 비로소 끊임없이 생생할 수 있다.

우리가 최초에 효장에 도착하여 실험한 것은 가르침과 배움과 실행함의 합일 이론이라고 할 수 있다. 맨 처음의 방식은 매우 간단했다. 그 체계도 바로 효장에서 한편으로는 실험하고 한편으로는 건설한 것이다. 이 이론은 세 방면을 포괄하는데, 첫 번째는 일을 어떻게 실행하는지가 바로 어떻게 배우는가이고, 어떻게 배우는지가 바로 어떻게 가르치는가이다. 두 번째는 일에 대해 말하는 것이 실행함이고, 자신에 대해 말하는 것이 배움이며, 다른 사람에 대해 말하는 것이 가르침이다. 세 번째는 교육이 사람을 가르치는 것이 아니고, 사람에게 배움을 가르치는 것도 아니고, 바로 사람에게 배워서 일을 하도록 만드는 것이다. 어떤 방면을 막론하고, "실행함"이 배움의 중심이 되고, 가르침의 중심이 된다. 잘 가르쳐야 한다면, 잘 배워야 하고, 즉 반드시 잘 실행해야 한다. 잘 하고 싶다면, 즉 "육체노동 위에 정신노동을 더하고(在勞力上勞心)", 이로써 손과 머리가 함께 자라는 효과를 거두어야 한다.

이렇게 되면, 우리는 두 종류의 전통사상과 첨예하게 대립한다. 첫째는 맹자[전국시대 중기의 철학자이자 정치가]의 "정신노동자는 남을 다스리고, 육체노동자는 남에게 다스림을 받는다(勞心者治人, 勞力者治于人)"는 이

원론인데, 이와 같은 이원론의 중국에서의 힘은 매우 큰 것이다. 그의 교육 위에서의 영향은, 정신노동자에게 육체노동을 하지 않게 하고, 육체노동자에게 정신노동을 하지 않게 하는 것이다. 결과는 중화민족을 나누어 두 개의 계급으로 만들었고, 동시에 과학의 씨앗이 자라나지 못하게 하였다. 둘째는 먼저 알고 난 후에 행동한다는 잘못된 이론이다. 양명(陽明)[26]은 비록 지행합일설(知行合一)을 제창하였으나, 무의식 중에 "앎은 행동의 시작(知是行之始)"이라는 의견을 드러냈다. 동원(東原)[대진(戴震), 안휘성 휴녕(休寧) 사람. 청(淸)의 사상가, 학자]은 한 걸음 더 나아가 "행동을 중시하는 것은 지식을 중시하는 것을 반드시 앞세워야 한다(重行必先重知)."고 주장했다. 이러한 주장이 중국교육 위에서의 영향은 극히 깊다. "앎은 행동의 시작"이 한 번 변하여 "독서는 행동의 시작"이 되었고, 다시 변하여 "강의를 듣는 것은 행동의 시작"이 되었다. "행동을 중시하는 것은 지식을 중시하는 것을 반드시 앞세워야 한다."도 똑같은 폐단이 있다. 오늘 학교 안의 현상을 보라, 어느 한 곳이 이러한 잘못된 이론으로 형성된 바가 아니던가. 호랑이 굴에 들어가지 않으면, 어찌 호랑이 새끼를 잡겠는가. 지식은 스스로 광물을 채굴하듯 가져와야 하는 것이다. 얻는 것은 곧 행동이다. 중국의 학자는 먼저 알고 난 후에 행동한다는 학설에 마취되어서, 습관이 자연스럽게 되어, 평소에는 기꺼이 실행하려 하지 않고, 감히 실행하지 않으며, 결국에는 실행할 수 없으니, 하나도 아는 바가 없다. 만약 아는 것이 있다면, 남의 아는 바를 아는 것에 불과하고, 내가 이른 바 앎이라고 하는 것이 아니다. 가르침과 배움과 실행함의 합일이 이미 실행을 중심으로 삼은 이상, 자연히 양명(陽明), 동원(東原)의 견해는 앞뒤가 바뀌게 된다: "행동은 앎의 시작(行是知之始)", "지식을 중시하는 것

26 왕수인(王守仁)

은 반드시 행동을 중시하는 것을 앞세워야 한다(重知必先重行)." 나는 매우 진지하게 전국의 동지에게 삼가 아뢴다: "행동의 용기가 있어야, 비로소 앎의 수확이 있다(有行的勇氣, 才有知的收穫)." 먼저 알고 난 후에 행동하는 학설의 토양 안에서는, 과학의 나무가 자라나지 않고, 과학의 꽃이 피지 않으며, 과학의 열매가 맺지 않는다.

가르침과 배움과 실행함의 합일 이론은, 최초에는 교사를 배양하는 데 응용한 것이었다. 우리는 초등학교 안에서 실행하고, 초등학교 안에서 배우고, 초등학교 안에서 가르치면서 초등학교 교사를 배양하는 것을 주장한다. 이 초등학교는 초등학교 교사를 배양하는 중심이고, 사범학교의 중심이기도 하지만, 그의 부속품은 아니다. 그러므로 그를 부속초등학교라 부르지 않고, 중심초등학교라 부른다. 유치원 교사를 배양하는 유치원과 중학교사를 배양하는 중학교는, 모두 중심학교이며, 부속학교가 아니다. 현재 실행하는 학원제도는 예우제(藝友制)인데, 학원마다 지도교사나 기능친구(藝友) 및 중심학교가 있어서, 더욱 진일보하여 가르침과 배움과 실행함의 합일을 추구하는 주장을 관철한다. 현재 사범교육의 전통관념은 선 이론, 후 실습인데, 하나의 일을 두 토막으로 나누어, 마치 아침에 밥을 하고 저녁에 손님 대접을 하는 것과 같다. 손님에게 찬밥을 대접하지 않으려면, 반드시 밥을 다시 해야 한다. 가르침과 배움과 실행함의 합일적 중심학교는 바로 이론과 실습을 용광로에서 그것을 도야하여 하나로 합해야 한다. 가르침과 배움과 실행함의 합일은 다른 것이 아니고, 생활방법이며, 생활교육을 실현하는 방법이다. 맨 처음에, 생활교육은 "교육 즉 생활"이라는 모자를 쓰고 있었다. 가르침과 배움과 실행함의 합일의 이론을 실험적으로 시행해 본 후부터, 점점 "교육 즉 생활"이라는 이론은 통하지 않는 것으로 여겨졌다. 일년 전, 우리는 "생활 즉 교육"이라는 이론을 제출하여 대체하였다. 이로부터, 생활교육의 내용과 방법은 핏줄이 이어지고 맥이 뛰었다.

"생활 즉 교육"은 어떻게 이야기하는가? 생활이 바로 교육이다. 좋은 생활이 바로 좋은 교육이다; 나쁜 생활이 바로 나쁜 교육이다; 목적이 있는 생활이 바로 목적이 있는 교육이다; 목적이 없는 생활이 바로 목적이 없는 교육이다; 계획이 있는 생활이 바로 계획이 있는 교육이다; 계획이 없는 생활이 바로 계획이 없는 교육이다; 합리적 생활이 바로 합리적 교육이다; 불합리한 생활이 바로 불합리한 교육이다; 일상적 생활이 바로 일상적 교육이다; 진보적 생활이 바로 진보적 교육이다. 생활교육의 5대 목표에 의거하여 말하자면: 건강한 생활이 바로 건강한 교육이다; 노동의 생활이 바로 노동의 교육이다; 과학의 생활이 바로 과학의 교육이다; 예술의 생활이 바로 예술의 교육이다; 사회를 개조하는 생활이 바로 사회를 개조하는 교육이다. 바꾸어 말하면, 입으로는 노동교육의 책을 읽고, 귀로는 노동교육의 강연을 듣지만, 그러나 평소에 지내는 것은 이중적 도련님의 생활이다. 전통교육의 견해에서는 그는 노동교육을 받은 셈으로 쳐도 무방하지만, 그러나 생활교육의 견해로는 그는 단연코 노동교육을 받은 셈이라 할 수 없다. 생활교육은 생활의 힘을 활용하여 생활을 개조한다. 그는 목적이 있고 계획이 있는 생활을 활용하여, 목적이 없고 계획이 없는 생활을 개조해야 한다.

생활교육은 이미 생활로써 중심을 삼은 이상, 곧바로 몇 가지 전통사상과 충돌하게 된다. 첫 번째 전통사상이 생활교육과 충돌하는 것은 문화교육이다. 그는 문화를 중심으로 삼는다. 독일의 전쟁 이전의 교육은 바로 문화를 중심으로 삼았다. 중국이 이 말을 주장한 것도 적지 않았다. 생활교육의 견해에 따르면, 일체의 문화는 단지 생활의 도구일 뿐이다. 문화가 생활의 도구가 된 바에는, 주객이 전도되어, 어떻게 교육의 중심이 될 수 있겠는가? 두 번째 전통사상이 생활교육과 충돌한 것은 교육(教)과 훈육(訓)의 분리이다. 현대 중국 학교 안에서, 교육과 훈육의 분리는 보편적 현상이다. 교육은 마치 사람에게 책을 읽는 것을 가르치는 것 같고, 훈육은 마치 사람이 되도록 혹은 일을 하도록 사람을 훈련시키는 것 같다. 교육은 마치 지식을 배양하는 것 같고, 훈육은 마치 품행을 훈련하는 것 같다. 교육은 또한 마치 이른바 과목 내 활동을 가리키는 것 같고, 훈육은 마치 이른바 과목 외 활동을 가리키는 것 같다. 그래서 보통학교 안에는, 한 분의 교무주임이 교육을 전적으로 관리하고, 또 한 분의 훈육주임이 훈육을 전적으로 관리한다. 모 행정기관이 지혜로움(智), 인자함(仁), 용감함(勇)을 훈육방침으로 삼으려 할 생각이라면, 그러면, 교육방침은 또 무엇이란 말인가? 생활교육이 요구하는 것은, 모든 생활은 모든 교육을 가지고 있어야 한다는 것이다. 활동마다 모두 목표가 있고, 계획이 있고, 방법이 있고, 도구가 있고, 지도가 있고, 심사가 있어야 한다. 지식과 품행은 나눌 수 없고, 사상과 실행도 나눌 수 없으며, 과목 안과 과목 밖도 나눌 수 없고, 사람이 되어 일을 하는 것과 책을 읽는 것도 나눌 수 없으므로, 즉 교육과 훈육은 나눌 수 없다. 생활교육 하에, 종적인 임무의 나눔만 있을 뿐이고, 횡적인 가름은 절대로 없다. 어떤 사람이 단체 자치를 지도하고, 어떤 사람이 건강을 지도하는 것은 가능한 것이다. 이것이 종적인 임무의 나눔이다. 만약 단체 자치의 지식이 과목 안으로서 교무주임의 관리에 속하고, 단체 자치의 실행이 과목 밖으로서 훈육주임의 관리에 속하면, 이는 생활의 횡적 가름이며, 절대로 말이 안 되는 것이다. 세 번째 전통사상이 생활교육과 충돌한 것은 교육이 독서와 마찬가지라는 것이다. 생활교육이 우리에게 지시하여 말하는 것은, 어떤 생활을 보내면 어떤 도구를 사용하라는 것이다. 책은 단지 생활 도구의 일종일 뿐이므로, 가져다 활용해야 하는 것이지, 가져다 죽도록 읽는 것이 아니다. 책은 활용하는 것인 이상, 그러면, 어떤 생활을 보내는 것은 어떤 책을 사용하는 것이다. 네 번째 전통사상과 생활교육의 충돌은, 학교는 학교이고, 사회는 사회이다. 예전에는 학교 문 앞에 관계자 외 출입금지의 호두패(虎頭牌)[27]를 걸어놓아, 이로써 스스로 사회와 단절했으니 말할 필요도 없으며, 현재는 학교의 사회화, 혹은 사회의 학교화를 높이 토론하는 곳에서도 흔히 전혀 서로 관계하지 않는다. 생활 즉 교육의 이론으로는, 그는 즉시 담을 허물고, 학교와 사회 중간의 담장을 뜯어내어, 우리가 국민과 가깝고 외부환경과 가까운 경계에 도달할 수 있도록 하자고 요구한다. 뿐만 아니라 이와 같이, 그는 모든 사회 혹은 모든 향촌을 학교로 삼자고 요구한다. "생활 즉 교육" 과 이어져 온 것이 바로 "사회 즉 학교"이다.

다섯 번째 전통사상과 생활교육의 충돌은 바로 자신과 관련된 정치 경제적 문제를 무시하는 것이다. 우리는 이미 "사회 즉 학교"를 승인한 이상, 그러면, 사회의 중심문제는 학교의 중심문제가 된다. 이 중심문제는 바로 정치 경제적 문제이다. 우리가 처음 교육 목표를 정할 때, 정치 경제에 대해 특별히 중시했다. 조원장(趙院長)[28]은 후에 또 힘있게 선언하여 말했다: "생활교육은 사람에게 노동을 하고, 지식을 추구하며, 정치에 관여하도록 가르친다." 강문어(江問漁)선생이 최근 지은 "부와 교육의 합일(富教合一)"과 "정치와 교육의 합일(政教合一)"이라는 두 편의 문자는 생

---

27 청말 중화민국 초기 학교에, 관공서를 모방하여 호랑이 머리 그림과 함께 "학교는 중요한 곳이니, 관계 없는 사람은 들어오지 말 것(學校重地, 閑人莫入)" 이라 쓴 팻말

28 조숙우(趙叔愚)

활교육의 내용을 더욱 뚜렷하게 하였다. 나도 "부와 교육의 합일 후 이론(富教合一後論)", "정치와 교육의 합일 후 이론(政教合一後論)", "정치와 부의 합일론(政富合一論)"을 써서 힘을 다하여 삼자의 관계를 잘 나타냈고, 마침내 정치(政), 부(富), 교육(教)의 합일 이론의 체계를 구성했다. 효장이 창설한 자위단(自衛團), 부녀공학처(婦女工學處)가, 현재 성정부(省政府)를 향하여 향촌에 19년도까지 계획중인 생산 사업으로써 실험을 설치할 것을 건의했는데, 모두가 정치와 경제와 교육을 하나로 뭉쳐서, 정치와 부와 교육의 합일의 작은 실험을 하려 한 것이었다. 정치와 부와 교육의 합일의 근본 관념은 정치와 부와 교육 세 사항을 하나로 합해야 한다는 것이다. 어떻게 그들을 합하도록 할까? 그들이 "국민의 욕구를 성취하고, 국민의 정감을 달성하는데 있다(遂民之欲, 達民之情)" 는 위에서 합치도록 하려는 것이다. 현재 이 세가지 사항의 중간에는 매우 넓은 골이 있는데, 그것의 근본적 원인은 세 가지 뿐이다: 첫째, 부자는 정치와 교육을 가지고 도구로 삼아서 부자의 욕구를 성취하고 부자의 정감을 달성한다; 둘째, 정객(政客)은 부자의 힘과 교육을 가지고 도구로 삼아서 정객의 욕구를 성취하고 정객의 정감을 달성한다; 셋째, 교육을 가지고 부자와 정객에게 주어 도구로 삼게 한 교사들은 초연한 태도로 있으려 하지 않으며, 국민에게 부의 힘과 정치의 힘의 활용하는 것을 가르쳐 국민의 욕망을 성취하고 국민의 정감을 달성할 줄을 모른다. 우리는 부의 힘이 국민의 부의 힘이 되고, 정치력이 국민의 정치력이 되고 난 후에, 생활은 비로소 국민의 생활이라고 할 수 있고, 교육은 비로소 국민의 교육이라고 할 수 있음을 알아야 한다. 교육의 입장 위에서 말하면, 우리가 맡은 사명은: (1) 국민이 부를 만들도록 가르치는 것; (2) 국민이 부를 균등히 하도록 가르치는 것; (3) 국민이 부를 활용하도록 가르치는 것; (4) 국민이 부를 알도록 가르치는 것; (5) 국민이 민권을 가지고 민생을 성취함으로써 민족을 보호하도록 가르치는 것이다. 우리는 사람들에게, 노동하지 않는 사람은 먹을 자격이 없고, 더욱 차를 탈 자격도 없다는 것을 알도록 가르쳐야 한다. 우리는 사람들에게 "붉은 대문[고대 왕후귀족의 관저의 대문을 가리킴, 부귀한 집을 상징함]에는 술과 고기 냄새가 지독한데, 길에는 얼어 죽은 시체가 있다"는 것이 가장 큰 죄악임을 알도록 가르쳐야 한다. 우리는 사람들에게 부의 힘은 비료와 같아서, 너무 많이 쌓이면 화초의 생명을 타 죽게 한다는 것을 알도록 가르쳐야 한다. 우리는 사람들에게 국민은 부유한 사회를 만들지, 부유한 개인을 만들지 않는다는 것을 가르쳐야 한다. 농업문명으로부터 공업문명에 들어서서, 우리는 농민이 기계의 주인이 되어야지, 기계의 노예가 되지 않는 것을 가르쳐야 한다. 말할 필요도 없으나, "먼저 부유해지고 난 후에 가르친다(先富后教)", "교육은 정치에 관여하지 않는다"는 이러한 주장은 일종의 전통사상과 충돌할 뿐 아니라, 무릇 특수세력에 기대어서 국민을 억압하는 것은, 국민의 욕구를 성취하지 못하고, 국민의 정감을 달성하지 못하게 하는 것을 초래하는 것이니, 모두가 우리 공공의 적이다.

마지막으로, 효장은 동지의 결합인 것을, 나는 서술하는 것을 잊어서는 안 될 것이다. 효장의 초가집은 한 줌의 들불로 태워버릴 수 있다. 효장의 동지는 배고파도 흩어지지 않고, 얼어도 흩어지지 않고, 총포에 놀라도 흩어지지 않는다. 우리는 하나의 공동의 사명을 위해 온 것이다. 이 사명은 향촌의 아두(阿斗)[삼국 시대 촉한(蜀漢)의 마지막 군주 유선(劉禪)의 아명]를 교육 지도하여 중화민국의 주인이 되게 하는 것이다. 이 사명을 책임질 수 있으려면, 특수한 수양이 없으면 할 수가 없다. 이것은 우리 스스로를 격려하는 몇 가지의 방침이다:

(1) 자립과 서로 도움(互助)

"자신의 땀을 흘린다. 자신의 밥을 먹는다. 자신의 일은 자신이 한다. 남에게 의지하고, 하늘에 의지하고, 조상에 의지하면, 대장부라 할 수 없다." 이 《자립가》는, 효장의 사람은 부르지 못하는 사람이 없다. 우리가 추구하는 자립은 바로 이 노래가 지시하는 바이다. 그러나 자립은 거만함도 아니고, 자기 일에만 신경을 쓰는 것도 아니다. 우리는 한 사람일 뿐 아니라, 동시에 하나의 사람 중의 사람이다. 사람과 사람의 관계는 서로 돕는 우정 위에서 건설된다. 무릇 동지는 모두 친구이고 당연히 서로 도와야 한다. 만약 서로 돕지 않으면, 친구가 아니고, 동지도 아니다. 우리 서로 돕는 노래(互助歌)를 부르자: "작고 작은 마을, 작고 작은 학당, 작고 작은 학생, 하나 하나가 대장부다. 대장부! 대장부! 남을 돕자."

(2) 평등과 책임

효장에서, 무릇 동지는 한결같이 평등하다. 공동으로 법률을 제정할 때, 교사, 학생, 노동자 모두 단지 하나의 권리만 있다. 위법시 처벌도 사람에 따라 다르지 않다. 우리는 동일한 단체 안에서 사람들이 공동으로 법을 지키기 위해서는, 반드시 공동으로 법을 제정해야 한다고 생각한다. 그러나 동지의 법률적 지위는 비록 평등하지만, 그러나 책임은 직무에 따라 다르다. 직무는 행정체계에 따라서 분배하여, 제각기 다른 직무를 가지고 있으면, 바로 제각기 다른 책임을 가지고 있다. 책임이 지휘하는데 있으면, 마땅히 지휘하는 권리를 행해야 하고; 책임이 지휘를 받는데 있으면, 마땅히 지휘를 받는 임무를 부담해야 한다.

(3) 자유와 기율

효장의 단체 행동은 함께 준수하는 기율이 있는데, 50세 이상 및 본교 학술에 특수한 공헌이 있는 사람에 대해서, 본 교에서 증여하는 효장자유장(曉庄自由章)을 받음으로 인하여, 공동 기율의 제한을 받지 않는다. 그러나 이런 기율의 목적은, 단지 단체생활의 행복을 증진하고, 개인 자유의 충돌을 방지하는 것일 뿐이다. 효장은 결국 "평등한 향촌"일 뿐만 아니라, 또한 "자유의 동산"'이다. 효장은 동지가 지원(志願)하는 것을 지원(志願)으로 삼고, 동지의 계획하는 것을 계획으로 삼으며, 동지의 공헌하는 것을 공헌으로 삼는다. 효장은 비록 동지마다 함께하는 지원과 계획에 대해서 공헌이 있어야 할 것을 희망했다. 그러나 향촌교육의 범위가 넓고도 끝이 없을지라도, 몸은 향촌에 있지만 마음은 도시에 있는 사람이 아니라면, 항상 자신의 재능과 흥미에 부합하는 한두 가지는 찾아낼 수가 있다. 대부분의 생활은 모두 여러분의 자유로운 선택으로 제공된다. 학원의 성립은, 원장은 동지를 선택하였고, 동지는 원장을 선택하였기 때문에, 특별히 자유적인 의미에 부합한다. 실험의 자유는 각 학원의 초석이다. 효장이 개인에게 요구하는 것은, 단지 개인마다 모두 계획을 가져야 하고, 자신의 계획에 따라 진행해야 한다는 것이다. 어떤 계획이고, 어떻게 실현하는지에 대해서는, 모두 개인의 자유이다. 이상적 사회 안에서, 무릇 사람들의 문제는 모두 자유롭게 생각하고, 자유롭게 이야기하며, 자유롭게 실험할 수 있다. 효장은 비록 이러한 경지에 도달하지 않았으나, 그러나 이러한 사회를 창조하도록 노력할 것을 희망한다. 이 안에 진보의 원천이 함축되어 있고, 이 안에 인생의 즐거움이 잉태되어 숨겨져 있다. 향촌 사람들의 빵은 이미 남에게 반이나 빼앗겼는데, 남은

이 약간의 자유롭지 않은 자유는 얼마나 귀중한 것인가!

(4) 크게 같음과 크게 다름

이는 또한 한 쌍의 마치 모순되지만 사실상 서로 보완하는 명사 같다. 우리가 한 화원에 시험 삼아 가서 보면, 천 가지의 붉은 색과 만 가지의 자주 빛으로, 각각 그의 아름다움이 있다; 그것이 화원을 구성하는 장관의 성분이고, 바로 그것이 각종 화초들이 크게 다른 점이다. 이러한 크게 다른 화초를 분별하여 재배하고, 그들을 제자리에 배치하면, 신속하게 번영하고 생장하며, 일종의 조화로운 기상을 드러내어, 사람들로 하여금 문을 들어서자마자, 생명의 리듬을 느끼게 한다. 이것이 크게 같음의 효과이다. 효장은 다른 것이 아니고, 단지 "사람의 동산"이며, 화원과 비슷하다는 의미이다. 우리는 이 안에 있는 사람들이 모두 자기가 있을 자리에 있으며, 사람들마다 본래의 아름다움을 드러냄으로써, 효장의 아름다움을 구성할 수 있기를 바란다. 만일 사람들 중의 모범을 찾아서, 모든 사람들이 모두 그와 같이 되도록 배워야 한다면, 복숭아꽃과 석류꽃에게 연꽃을 찾아 뵙고 모범을 삼으라고 가르치는 것과 다를 것이 없다. 우리가 교사가 되는 것은 실제로 정원사의 지혜가 필요하다. 효장은 각각 학생을 똑같이 조성하지도 않을 뿐 아니라, 동시에 그들이 창의성 없이 그대로 따라 하는 것도 원하지 않는다. 효장의 동지가 어떤 지방에 가거나 관계없이, 만약 단지 효장과 똑 같은 학교를 만들 수 있을 뿐이라면, 즉 능력은 완벽하게 배운 것이 없는 셈이고, 즉 실패인 셈이다. 두 곳의 환경이 서로 다른데, 어떻게 똑같이 만들 수 있는가? 효장의 동지가 효장과 크게 다른 학교를 창조하여야 비로소 효장과 같은 셈이고, 비로소 제일류의 공헌인 셈이며, 비로소 성공인 셈이다.

동지들! 우리의 사명은 향촌의 아두(阿斗)를 교육 지도하여 중화민국의 주인이 되게 하는 것임을 굳게 기억하자. 향촌의 아두가 두각을 나타내기 전에는, 우리는 두각을 나타낼 생각을 하지 않는다. 향촌의 아두가 복을 누리기 전에는, 우리는 복을 누릴 생각을 하지 않는다. 우리가 만약 서둘러 농민 면전에서 두각을 나타내고 복을 누린다면, 단지 그 순간에 악덕 지방 유지로 변할 것이다. 농민과 즐거움과 괴로움을 같이하고, 기쁨과 걱정을 함께하면, 비로소 광명을 얻을 수 있으며, 살 길을 찾아낼 수 있다. 우리 모두《노산가(劳山歌)》를 부르며, 중화민국의 주인을 위해 노력하자!

노산(老山)이 노동을 하고;
소장(小庄)은 깨닫게 되었다:
우리의 호미가,
일어섰다.
노산(老山)이 노동을 하고;
소장(小庄)은 깨닫게 되었다:
새로운 시대가,
움직였다.

이 글은 1930년 3월 15일《향촌교사(鄉村教師)》제7기에 실린 글이다.

20. 사범학생의 첫 번째 변화 – 손오공으로 변하라
师范生的第一变 – 变个孙悟空

교육은 무엇인가? 사람을 가르쳐서 변하게 하는 것이다. 사람을 가르쳐서 좋게 변하는 것은 좋은 교육이다. 사람을 가르쳐서 나쁘게 변하는 것은 나쁜 교육이다. 살아있는 교육이 사람을 가르치면 살아있는 것으로 변한다. 죽어있는 교육이 사람을 가르치면 죽어있는 것으로 변한다. 사람에게 변하는 것을 가르치지 않거나, 가르쳐도 변하지 않는다면, 교육이 아니다.

사범교육은 무엇인가? 학생을 가르쳐 선생으로 변하게 하는 것이다. 선생은 무엇인가? 자신도 변할 수 있고, 또한 다른 사람을 가르쳐 변하게 할 수 있는 사람이 선생이다. 사범학생이란 다른 것이 아니라, 선생으로 변하는 것을 배우는 학생이다.

예부터 지금까지, 동양에서 서양까지, 내가 찾아서 왔다 갔다 하며, 오로지 찾고 있었던 것은, 선생으로 변하는 것을 배우는 학생과 비교할 수 있는 한 분이었다. 당신이 추측하는 것은 누구인가? 그는 바로 당나라 삼장법사를 보호하여 서천(西天)[옛 불교의 인도를 일컫는 말]으로 가서 불경을 얻은 손오공이다!

여러분들은 손오공을 무시하지 말아라. 천궁(天宮)을 크게 소란을 피워 천계를 혁명한 공로는 일단은 언급하지 않고, 단지 몇 가지 여러분들과 가장 관련 있는 일의 자취만을 말하겠다.

첫째, 그는 목적이 있었고, 멀리 고려함이 있었고, 이상이 있었다. 그는 미후왕(美候王)이 되고도, 여전히 번뇌하였다. 원숭이 무리가 그에게 말하였다: "대왕은 너무 만족할 줄을 모르십니다! 우리들이 매일 매일 기쁘게 모이는, 신선의 산이자 행복의 땅인 고동신주(古洞神洲)에는, 기린[사슴의 몸에 소의 꼬리, 말과 비슷한 발굽과 갈기를 갖고 있다고 알려진 상상 속의 동물]의 통제에 엎드리지 않고, 봉황의 관리에 엎드리지 않고, 또한 인간 왕의 구속에도 엎드리지 않으니, 자유롭고 속박이 없어, 바로 헤아릴 수 없는 행복인데, 어찌 멀리 고려하시어 걱정하십니까?" 그는 말했다. "오늘은 비록 사람 왕의 법률에 속하지 않고, 금수의 위협의 복종을 겁내지 않으나, 장래에 늙어서 혈기가 쇠약해지면, 어둠 속에서 염라대왕의 관여가 있을 것이니, 일단 몸이 죽으면, 세상 가운데서 억울하게 살지 않을 수 있겠지만, 천인(天人) 안에 오래 머물지도 못할 것이 아닌가?" 그래서 그는 "불로장생(不老長生)을 배워, 염라대왕의 재난을 피해야 하겠다"고 마음을 먹었다. 이것이 그가 품었던 목적이다. 사범학생의 목적은 어디에 있는가? 내 생각엔 미후왕이 만약 사범학생이 되었다면, 그도 반드시 번뇌할 것이다. 만약 누군가 그에게 왜 번뇌하냐고 묻는다면, 그는 반드시 이렇게 대답하였을 것이다: "오늘은 비록 내가 이중적인 도련님이기에, 모든 일에 하인이 있어서 돌봐주고, 선생은 호응하여, 오직 가르치고 배우는 것에만 관여하니, 실행하지 않아도 된다. 앞으로 두 손이 무능해지면, 다른 사람의 자제들을 그릇되게 할 것이고, 어둠 속에서 제국주의의 관여가 있을 것이니, 일단 사람을 가르쳐 노예로 만드는 것이고, 자신도 노예가 되니, 세상 가운데서 억울하게 살지 않을 수 있겠지만, 주인(主人)의 안에 오래 머물지도 못할 것이 아닌가?"

둘째, 그는 목적을 품고서 스승을 찾았다. 그가 살았던 수렴동(水濂洞)은 동승신주(東勝神洲) 오래국(傲來國)의 화과산(花果山)에 있었다. 그러나 그는 윤회를 피해, 태어나지도 않고 사라지지도 않으며, 천지산천과 같이 장수하기 위해, 그는 바다를 날아 건너 스승을 찾았다. 남첨부주(南瞻部洲)에 날아 도착해서, 또 서양(西洋)의 대해를 건넜고, 비로소 서우하주(西牛賀洲)에 도달했다. 나무꾼의 안내로, 영대방촌산(靈臺方寸山)에 있는, 사월삼성동(斜月三星洞)을 찾아가서, 수보제조사(須菩提祖師)를 우연히 만났는데, 헤아려보니 이미 십 수 년의 세월을 허비했던 것이다. 물론 어떤 현대 유학생도 그처럼 진실하지는 않다. 교사는 강을 건너는 붕어(鯽)보다도 많지만, 누가 사람을 가르쳐 목적에 도달하게 할 수 있는가? 만약 미후왕이 사범학생이 되었다면, 그는 자신의 목적에 도달할 수 있는 한 분의 스승을 반드시 찾아야 했을 것이고, 그의 목적에 도달할 수 없는 스승은, 그는 필요치 않았다. 그저 입으로 헛소리를 말하거나, 가르칠 줄만 알고 실행할 수는 없는 스승도, 그는 필요치 않았다. 그는 또한 매우 공정하고 사심 없는 대장부(大丈夫)이다. 그가 바다를 날아 건너 스승을 찾은 것은, 그 한 사람의 불로장생을 위한 것이 아니고, 그가 추구한 것은 원숭이 종족 전체의 행복이었던 것이다. 그가 생사부(生死簿)에서 원숭이에 속하는 종족을 단지 이름이 있는 것들은, 모조리 삭제한 것을 우리는 보았다. 요지(瑤池)[중국 곤륜산에 있다는 신선의 연못]의 옥액경장(玉液瓊漿)을 얻어서도 수렴동으로 가지고 돌아와 다 같이 먹었다. 그의 목적은 손오공, 둘째 손오공, 셋째 손오공, 넷째 손오공, 작은 손오공, 손오공 일가, 손오공 나라, 손오공 소굴, 하나 하나가 장생불로 하는 것이었다. 만약 그가 사범학생이었다면, 그는 사람을 가르쳐 노예로 만드는 스승을 절대로 찾지 않았을 것이고, 또한 소수의 사람을 가르쳐 주인이 되게 하고, 다수의 사람을 가르쳐 노예가 되게 하는 스승을 절대로 찾지 않았을 것이다. 그가 찾아야 했던 것은 한 가족 사람, 한 국가 사람, 한 세계 사람을 가르쳐 각각 주인이 되게 하는 스승이다.

셋째, 그는 목적을 품고서 학문을 추구했다. 손오공은 사월삼성동(斜月三星洞)에서 매우 오랫동안 살았는데, 하루는 수보제조사가 연단에 올라 도(道)에 대해 강연을 하면서 손오공에게 물었다. "너는 오늘 나에게서 무슨 도(道)를 배우고자 하는가?" 손오공이 대답했다. "도(道)의 기운이 있기만 하면, 이 제자는 바로 배울 것입니다." 조사(祖師)가 말하였다. "도의 문(道字門)은 360개의 옆 문(旁門)이 있는데, 옆 문에는 모두 정과(正果)[수행하여 득도함]가 있다. 너는 어느 문(門)을 배우려고 하는지 모르겠다? …… 내가 너에게 책략의 문(術字門)의 도를 가르치겠다. 어떤가?" 손오공이 물었다. "책략의 문의 도란 어떤 것을 말합니까?" 조사가 말했다. "책략의 문의 도라고 하는 것은, 바로 신선(神仙)을 불러 점을 치는 것인데, 시초(蓍草)[옛날 점을 칠 때 쓰던 풀]를 접어 점괘를 묻는 것이니, 길함을 추구하고 흉악을 피하는 이치를 알 수 있다." 손오공이 물었다. "이처럼 하면 장생을 얻을 수 있습니까?" 조사가 대답했다. "할 수 없다! 할 수 없다!" 손오공이 말했다. "안 배웁니다! 안 배웁니다!" 조사는 또한 "흐름의 문(流字門)", "고요함의 문(靜字門)", "움직임의 문(動字門)"의 도를 가지고 그에게 배울 건지 안 배울 건지를 물었고, 그는 줄곧 반문하여 말하였다. "이처럼 하면 장생을 얻을 수 있습니까?" 조사가 대답했다. "할 수 없다! 할 수 없다!" 손오공이 바로 말했다. "안 배웁니다! 안 배웁니다!" 조사가 말을 듣고, 꾸짖어 호통치며, 연단에서 뛰어 내려와, 계척(戒尺)[서당 훈장이 학생을 체벌할 때 쓰던 자처럼 생긴 목판]을 손에 쥐고, 손오공을 가리키며 말하였다. "너 이 원숭이야, 이런 종류도 배우지 않는다, 저런 종류도 배우지 않는다, 무엇을 하려 하는 것이냐?" 앞으로 걸어가며, 손오공의 머리를 세 차례 때리고, 뒷짐을 지고 안으로 들어가서, 가운데 문을 닫고서는, 모두를 내버려두고 가버렸다. 손오공은 마음속으로 확신하기를, 이것은 조사가 그에게 삼경(三更)[밤 11시부터 새벽 1시 사이]무렵, 후문으로 들어가서 도를 전할 것을 암시한 것이다. 오공은 밤이 되자, 암시한 대로 들어 갔더니, 과연 장생의 도를 얻었고, 또한 72가지 요괴변신과 한 번 펼치면 십만 팔천 리의 근두운(筋斗雲)도 배웠다.

이를 통해 볼 수 있듯, 손오공은 멍청한 학생이 아니다. 그는 "장생불로(長生不老)"의 목적을 안고 왔고, 반드시 "장생불로"의 이치를 얻어야만 비로소 떠났다. 무릇, 이 목적에 맞지 않는 것은, 그는 모두 배우지 않았다. 선생이 되는 도의 문(道門)을 배우는 것 가운데는 얼마나 많은 옆 문(旁門)이 있는지, 나는 알지 못하지만, 현재 보편적으로 사용되는 것 하나는 바로 "강연의 문(講字門)"인데, 모두는 마치 이 "강연의 문" 가운데서 도(正果)를 찾을 수 있다고 여기는 것 같다.

만약 손오공이 사범학생이 되었다면, 교원이 그에게 물었을 것이다: "내가 너에게 강연의 문의 도를 가르치겠다. 어떤가?" 손오공은 반드시 물을 것이다: "강연의 문의 도란 어떤 것을 말합니까?" 교원이 말한다:

"강연의 문의 중심은, 바로 수업이 시작하고 끝날 때까지, 거창한 이야기를 늘어놓는 것으로, 마치 녹음기의 일부에 비교할 수 있다." 손오공은 틀림없이 철저하게 캐물어 볼 것이고, 만일 그의 큰 목적에 도달하지 못하면, 그의 단호한 말은 반드시 "안 배웁니다! 안 배웁니다!" 이다.

우리 학생이 된 사람 중에 어느 정도가 손오공같이 이런 진지함을 가지고 있는 것인가?

변신하자! 변신하자!
손오공으로 변신하자!
바다를 날아 건너 스승을 찾아 본받자.
삼백육십 개의 옆 문(旁門)을 모두 안 배우고,
한 마음으로 장생불로를 배우려고 한다.
72가지 변신도 가지 가지로 할 수 있고,
근두운을 펼치면 십만 팔천 리 길마다 통한다.
배운 능력을 어디에 쓸 것인가?
혁명의 깃발을 높이 쳐들어 천궁을 어지럽힌다.
실패한 영웅이라 제군들은 비웃지 마라,
삼장을 보호하여 어려움을 건너니 얼마나 위풍당당한가.
요괴로 태어나서 괴물을 굴복시키니 적수가 없고,
서천에 도착하지 않으면 맹세코 되돌아가지 않는다.
오늘날, 앉아있는 전투의 부처(戰鬪佛)를 보라.
어찌 그 때 사람들마다 말하던 천둥신(雷公)이 아닌가?

사범학생이 손오공으로 변해야 하는 이치를 분명하게 설명하였다. 그러나 이미 손오공이 있으면, 바로 당(唐) 삼장도 있다. 사범학생이 손오공으로 변했다면, 그럼 당 삼장은 누구를 추천하여 되게 하는가? 사범학생의 삼장은 어린 학생이다. 사범학생은 마땅히 어린 학생을 찾아 뵙고 사부로 삼아야 할 것인데, 손오공의 능력이 삼장보다 크지만, 오히려 삼장의 제자가 된 것과 같다. 어린 학생은 우리들의 총 지도자이다. 어린 학생의 지도를 받기를 원치 않은 사람은, 어린 학생들을 지도하는데 어울리지 않는다. 삼장은 서천으로 가서 불경을 얻으면서, 81개의 고난을 겪었는데, 만약 손오공 보호가 아니었으면, 또한 수십 번 죽었을지 모르니, 어찌 정과를 얻을 수 있었겠는가? 어린 아이가 사람이 되는 것을 배우면서, 홀로 마주치는 병마, 악한 부모, 나쁜 친구, 거짓 교원, 이 하나 하나는 모두 사람을 잡아먹는 요괴이니, 삼장의 81개의 고난과 비교하여 비슷한 것이다. 만약 손오공의 계책과 능력이 사범학생을 따라다니며 보호하지 않는다면, 병에 걸려 죽지 않으면, 반드시 친척에게 죽을 것이고; 친척에게 죽지 않으면, 반드시 친구에게 죽을 것이며; 친구에게 죽지 않으면, 반드시 스승의 손에 죽게 될 것이다. 여전히 그가 사람으로 성장하여 민족과 인류의 행복을 도모하는 것을 바랄 수 있겠는가?

손오공! 손오공!
학교장이 너를 모셔올 것이니
사범학생이 되어라.
서천으로 누구를 보호하여 불경을 얻으러 가는가?
어린 학생이 너의 삼장이다.

이 원고는 1931년 4월 15일 《사범생(師範生)》 창간호에 실린 글이다.

21. 사범학생의 두 번째 변화 – 어린 아이로 변하라
师范生的第二变 – 变个小孩子

"어린 아이가 뭘 알아?"

이런 태도 아래에서, 뉴턴은 바보로 여겨졌고, 와트는 그냥 평범하게 여겨졌으며, 에디슨은 못된 놈으로 여겨졌다.

당신이 만약 바보 중에서 진정한 뉴턴을 체험하고, 평범한 아이 중에서 진정한 와트를 체험하며, 또한 못된 놈 중에서 진정한 에디슨을 체험하려면, 당신은 반드시 자신을 변화시켜 하나의 어린 아이로 변해야 한다.

당신이 만약 어린 아이로 변하기를 원하지 않는다면, 아래의 두 수의 시를 듣는 것을 피하기 어려울 것이다.

(1) 당신 이런 어리석은 선생!

당신의 학당은 사람을 해치는 동굴이 되었소!

당신의 먹물과 붓 아래 원혼이 있소!

당신은 와트를 평범하다 했고,

당신은 뉴턴을 바보라 했으며,

당신은 못된 놈 같은 에디슨이라 했소.

만약 당신의 말을 믿는다면,

증기선은 어디에서 왔을까?

전등은 어디에서 왔을까?

미적분은 어디에서 왔을까?

(2) 당신 이런 어리석은 선생!

당신의 교편(教鞭) 아래 와트가 있고,

당신의 차가운 눈초리 안에 뉴턴이 있고,

당신의 조롱 가운데 에디슨이 있소.

당신은 서둘러 그들을 쫓아버리지 마시오.

당신이 기다려서

증기선을 타고 나서야,

전등을 켜고 나서야,

미적분을 배우고 나서야,

비로소 그들이 당신의 그 때 어린 학생이었던 것을 알아볼 수 있을 것인가?

만약 이 두 수의 시를 듣는 중에, 무엇이 많이 후회되는 한 가지 일일 것인가!

"어린 아이가 뭘 알아?"

어린 아이는 더 비할 바 없이 매우 위대한 발명가이다. 아무것도 모르는 상태로 태어나서, 몇 년 지나지 않아, 만일 부모, 선생, 그리고 늙은 하녀의 어리석음과 미혹함을 받지 않았다면, 세계를 수정처럼 투명하게 본다. 그는 당신에게 질문하여 말문이 막히게 할 수 있다. 이것이 무슨 부끄러움인 것인가? 만일 당신이 어린 아이의 질문에 완전히 대답할 수 있으려면, 백 개의 박사 학위를 취득해도 많은 것이 아니다.

당신은 어린 아이의 감정을 가볍게 보아서는 안 된다. 그가 당신에게 사탕 하나를 먹으라고 주는 것은, 이는 자동차 왕이 1억 위안(元)을 기부하여 돕는 관대함이다. 그가 종이 연을 만들었는데 날지 않은 것은, 그것은 제플린이 비행선[29]의 제조에 성공하지 못하는 것과 같은 주저함이다. 그가 실수로 인형을 깨뜨렸다면, 이는 한 과부의 외동아들이 죽은 그러한 비애이다. 그가 자신이 싫어하는 아이를 때리지 못하는 것은, 마치 루즈벨트가 병사를 데리고 독일을 치러 가는 기회를 얻지 못하는 것과 같은 성난 기분이다. 그가 당신의 분노에 찬 매질을 받았다면, 꿈에서도 프랑스 혁명의 공포를 느낀다. 그가 글을 써서 만점을 얻고 싶었으나 얻을 수가 없다면, 대통령 입후보자가 선거에서 떨어진 것과 같은 실의를 방불케 한다. 그는 당신이 그를 잠시 안아주기를 원했는데 당신이 다른 아이를 편향되게 안는다면, 마치 애인을 다른 사람에게 빼앗기는 것 같이 마음을 다치게 된다.

사람마다 모두 어린 아이를 말하지만,

---

29 독일 그라프 제플린(Graf Zeppelin)이 만든 유인 비행선, 1900년 7월 2일 처음 비행함

사람이 작을 뿐, 마음은 작지 않다는 것을 누가 알까.
당신이 만일 어린 아이를 얕잡아 본다면,
바로 어린 아이보다 더 작은 것이다.

미래의 선생들! 당신들의 나이를 잊고, 순수한 어린 아이로 변하여, 어린 아이들의 대오 속으로 들어가라! 만약 당신이 어린 아이로 변한다면, 깜짝 놀랄 기적의 출현이 있을 것이다. 학생과 선생은 즉시 친구가 될 것이고, 학교는 곧바로 낙원으로 변할 것이다. 당신이 어린 아이와 같이 크고, 함께 놀고, 같이 일한다고 느끼게 된 순간, 누구도 당신이 선생인지 느끼지 못할 것이며, 당신은 바로 진정한 선생이 된 것이다. 당신은 어린 아이의 능력이 매우 큰 것을 당장 발견할 수 있을 것이다. 그는 당신이 할 수 없는 수 많은 일들을 할 수 있고, 또한 당신이 그가 할 수 없을 것이라 여겼던 수 많은 일도 할 수 있다. 당신이 어린 아이로 다시 태어나고 나면, 당신은 다른 어린 아이들이 이 전에 상상하던 어린 아이들과 다르다는 것을 발견할 수 있다.

우리는 반드시 어린 아이로 변할 수 있어야, 비로소 어린 아이의 선생이 될 자격이 있다. 사범학교의 학우들이여! 어린 아이로 변하는데 성공하면 졸업한 셈이고, 변하는데 성공하지 못하면 졸업증을 가져갈 꿈도 꾸지 마라!

이 두 번째 어린 아이로의 변화와 그 첫 번째 손오공으로의 변화는 중복이 있는지 없는지를 우리는 한 번 심사해야 한다. 사범생이 이미 손오공으로 변할 수 있으면, 그렇다면 무릇 손오공이 변할 수 있는 것은 사범생도 모두 변할 수 있다. 현재 남겨진 질문은 "손오공이 어린 아이로 변할 수 있을까?"이다. 우리가 그의 일생을 조사하니, 그는 단지 표면적인 어린 아이로 변할 수 있을 뿐, 안과 밖이 같은 어린 아이로는 변할 수 없다. 그는 사타동(獅駝洞)에서 소찬풍(小鑽風)[서유기에 나오는 요괴]으로 변한 적이 있는데, 한 요괴에게 발각된다. "옷을 벗겨서 보았을 때, 족히 필마온(弼馬溫)[천계의 옥황상제가 손오공에 내려 준 직위, 마구간을 돌본다는 뜻]이다. 원래 행자(行者)[불교의 수행자, 여기서는 손오공을 의미함]는 모두 72가지 변화가 있는데, 만약 나는 새, 달리는 짐승, 꽃과 나무, 그릇, 곤충류로 변하면, 오히려 몸은 없어져 버렸다. 그러나 인물로 변하면, 단지 얼굴만 변하고, 몸은 변하지 않아서, 결과적으로 온 몸이 노란 털과, 두 개의 붉은 엉덩이와, 하나의 꼬리이다." 그러므로:

아이들 마을 안엔 늙은이가 없다;
늙은이도 모두 어린 아이로 변하네.
어린 아이로 변하는 것은,
손오공을 배우지 말아라.
손오공은 사타동에서,
소찬풍으로 변한 적이 있다.
소찬풍,
얼굴 모양은 닮았지만,
붉은 엉덩이에 하나의 꼬리를 끌고 있구나!

이 원고는 1931년 5월 15일 《사범생(師範生)》의 제 2기에 실린 글이다.

22. 새로운 시대와 낡은 시대의 학생
新旧时代之学生

낡은 시대의 학생이 생장하는 과정은 세 단계가 있다.

첫째, 죽어있는 책을 읽는다(讀死書);

둘째, 죽도록 책을 읽는다(死讀書);

셋째, 책을 읽다가 죽는다(讀書死).

새로운 시대의 학생도 책과 떨어질 수 없지만, 다른 것은, 그는:

살아있는 책을 사용하고(用活書), 책을 살아있게 사용하며(活用書), 책을 사용하며 산다(用書活).

무엇이 살아있는 책인가? 살아있는 책은 살아있는 지식의 보물창고이다. 화초는 살아있는 책이고, 나무도 살아있는 책이며, 나는 새, 달리는 짐승, 작은 곤충, 미생물은 살아있는 책이다. 산과 하천, 호수와 바다, 구름과 바람, 비와 눈, 천체의 운행 모두 살아있는 책이다. 살아있는 사람,

살아있는 문제, 살아있는 문화, 살아있는 무공(武功), 살아있는 세계, 살아있는 우주, 살아있는 변화는 모두 살아있는 지식의 보물창고이고, 이는 모두 살아있는 책인 것이다.

살아있는 책은 다만 사용할 수 있을 뿐이고, 죽도록 읽어서는 안 된다. 새로운 시대의 학생은 살아있는 책을 사용해서 생산하고, 살아있는 책을 사용해서 실험하고, 살아있는 책을 사용해서 건설하고, 살아있는 책을 사용해서 혁명하고, 살아있는 책을 사용해서 현재보다 사랑스럽고 존경할만한 사회를 수립해야 한다. 살아있는 사회 안에서, 사람들은 자기가 있을 자리에 있을 수 있는데, 하물며 이렇게나 작은 나도, 당연히 대중과 함께, 번영하며 활기차게 살아갈 것이다.

효장에서 스승과 학생이 땅에서 노동을 하고 있다.
"농부의 기량"을 배양하였고, 농민과 즐거움과 괴로움을 함께 했다.

이 원고는 1931년 11월 26일 《신보(申報), 자유담(自由淡)》에 실린 글이다.

제3부

생활교육과 어린 선생

(1932~1935: 효장학교의 경험을 바탕으로 사회교육운동으로의 확대)

23. 옳고 그름
是非

맹자(孟子)는 "옳고 그름의 마음은, 사람 모두가 그것을 가지고 있다(是非之心, 人皆有之)."라고 하였다. 생리심리학자가 사람의 뇌를 해부하여 실험을 몇 천백 번을 했지만, 아직까지 이런 옳고 그름을 전문적으로 관리하는 "마음"을 찾지 못하였다.

옳고 그름은 단지 실행을 판단하는 일종의 부호이다. 이러한 판단 능력은 판단을 하면서 얻게 되는 것이다. 그것은 실제 생활 속에서 배워서 얻는 능력이며, 타고난 양지양능(良知良能)[경험이나 교육에 의하지 않고 선천적으로 알고 행할 수 있는 마음의 작용]이 아니다. 실제 생활 중에서, 사람들은 어떤 일종의 실행에 대해 어떤 일종의 부호를 더하고는, 털끝만큼의 거짓을 용납하지 않은 채, 오랜 시간이 지나, 습관이 자연스럽게 만들어지면, 옳은 것은 옳다고 말할 수 있게 되고, 그른 것은 그르다라고 말할 수 있는데, 어떤 차이도 없다. 만약 실제 생활 중에서, 어떤 사람이 흑과 백을 혼란하여서, 사슴을 가리켜 말이라고 하면(指鹿爲馬),

옳은 것이 어떤 때는 그르다고 말하고, 그른 것이 어떤 때는 옳다고 말하니, 이렇게 된다면, 옳고 그름은 분명할 수가 없다.

왜 옳고 그름을 뒤바꾸어야 하는가? 무릇 자기의 잇속을 챙길 때는, 옳고 그름이 분명함을 원하지 않는다. 자기가 조금의 손해를 보기만 하면, 옳고 그름을 판별해야 한다고 소리를 높인다. "옳고 그름"이란 수지 맞은 자의 적(敵)이고, "옳고 그름을 밝히는 것"은 손해 본 자의 하소연이다. 사람은 항상 수지가 맞을 수는 없으며 또 항상 손해를 볼 수도 없다. 그리하여 어떤 때는 옳고 그름을 원하고, 어떤 때는 옳고 그름을 원하지 않는다.

정절공(靖節公)[30]은 시에서 "번영과 쇠락은 정해진 자리가 없어서, 서로가 더욱 그것을 공유한다(榮衰無定在, 彼此更共之)"라고 하였다. "옳음(是)"이 어찌 전적으로 나에게만 속할 수 있겠는가? "그름(非)"이 어찌 항상 다른 사람에게만 속할 수 있겠는가?

옳고 그름은 마치 정조(貞操)와 같으니, 이미 그것을 발산하여 없어졌다면, 어찌 불러 오게 할 수 있겠는가?

오늘의 세력은 부당한 이익을 차지한 세력이다. 오늘의 세력의 무릎 아래 사람들의 사전 속에는 "옳고 그름"이 없다. 만약 있다면, 별도의 주석(注解)이 있을 것이다.

자신의 옳음만을 허락하고, 다른 사람의 그름을 고집스럽게 지적하는 것이, 오늘의 세력이 늘 쓰는 수법이다. 어떤 때는 억울함을 호소

30 도연명, 중국 육조 시대의 동진의 시인

하는 것 조차도 허락되지 않는다. 이런 종류의 상황 아래서, 억울함을 당한 사람은 옳고 그름을 끄집어낼 뿐인 것이다. 옳고 그름이 무력에 기대어 끄집어 내야 한다면, 이 얼마나 경제적이지 못한 일인가!

옳고 그름의 판단은 대부분 시대성, 지역성, 계급성을 포함한다. 한 시대에는 한 시대의 "옳고 그름"이 있고, 한 지역에는 한 지역의 "옳고 그름"이 있으며, 한 계급에는 한 계급의 "옳고 그름"이 있다.

천을 재는 데는 척(尺)을 사용하고, 쌀을 재는 데는 말(斗)을 사용하는데, 옳고 그름을 재는 척(尺)과 말(斗)은 무엇인가? 내가 중국 대중의 한 사람으로서 옳고 그름의 표준을 제시하면 아래와 같다.

(1) 공공인의 것은 옳고, 공공이 아닌 것은 그르다. 대중 복리를 증진하는 것은 옳고, 대중 복리를 손해나게 하는 것은 그르다. 대중복리와 작은 집단의 복리가 충돌할 때, 대중복리를 옹호하는 것은 옳고, 작은 집단의 이익을 옹호하는 것은 그르다.

(2) 진실한 것은 옳고, 진실하지 않은 것은 그르다.

(3) 시대의 전진을 추진하는 것은 옳고, 시대의 전진을 가로막는 것은 그르다.

이 글은 1932년 1월 21-22일 《신보(申報). 자유담(自由淡)》에 실린 글이다.

24. 어떻게 책을 고를 것인가
怎样选书

책은 두 종류가 있다. 하나는 먹는 책이고 다른 하나는 사용하는 책이다. 먹는 책 중에서, 어떤 것은 마치 흰 쌀밥 같고, 어떤 것은 마치 케이크(點心) 같고, 어떤 것은 마치 과자(零食) 같고, 어떤 것은 마치 약(藥) 같고, 어떤 것은 마치 아편 같다.

중국에는 먹는 책은 많은데, 사용하는 책은 적다. 먹는 책 중에는 아편과 같은 책은 많은데, 흰 쌀밥과 같은 책은 적다.

나는 이전에 네 문장의 삼자경(三字經)을 써서, 일반적으로 노동하지 않고 성과를 얻는 사람들을 경고하였다.

일은 하지 않는데,
밥은 먹어야 한다.
이런 놈이,
망할 놈(混蛋)이다!

밥을 먹고 일하지 않는 것조차도 해서는 안 되는데, 하물며 아편을 먹으면서 일하지 않는 것은 말할 필요가 없다!

합리적인 생활을 보내는 사람이라면, 세끼 밥은 당연히 먹어야 하는 것이고, 그리고 또한 8시간의 일을 잊을 수는 없는 것이다. 일을 잘하고 싶다면, 반드시 사용하는 책이 있어야 한다. 사용하는 책이 없으면, 어떻게 실행할 것인가? 학교에서 만약 두 손으로 못하는 일이 없는 학생을 배양하고 싶다면, 당연히 사용하는 책을 많이 구비해야 하고, 먹는 책은 적게 구비해야 한다. 또한 먹는 책 중, 완전히 엉망진창(乌烟瘴气)인 책은 특히 깨끗이 제거해야 한다.

그러나, 현재 중국학교 안의 상황은, 바라는 것의 정반대이다. 오로지 먹는 책만 있을 뿐, 사용하는 책은 없고, 먹는 책 중에서도 많은 것은 자양분이 부족한 과자(零食)들과 마취성이 풍부한 아편이다. 이런 책들 속에서 하루하루를 살아가는 학생들은, 자연히 그것을 먹으면 먹을수록 마르게 되고, 먹으면 먹을수록 가난하게 되며, 먹으면 먹을수록 사람 같지 않게 된다.

우리는 먹는 책을 적게 고르고, 사용하는 책을 많이 골라야 한다. 우리의 책에 대한 태도를 고치는 것은, 우리가 아동에 대한 태도를 고치는 것에 인한 것이다. 우리가《아동 생활(儿童生活)》잡지에 발표한, 아동에 대한 근본 태도는:

아동은 신시대의 창조자이다; 구시대의 계승자가 아니다.
아동은 산업을 창조하는 사람이다; 유산을 물려받는 사람이 아니다.
아동 생활은 창조하고, 건설하고, 생산하는 것이다; 물려받고, 복(福)

을 누리고, 도련님이 되는 것이 아니다.

새로운 시대의 아동은 작은 노동자(工人)다.

이 노동자는 넓은 의미의 노동자이지 좁은 의미의 노동자가 아니다.

육체노동에 정신노동을 더하는 것이 일을 하는 것이다. 이렇게 일을 하는 사람을 모두 노동자라고 부른다. 새로운 시대의 아동은, 반드시 육체노동에 정신노동을 더해야 하며, 또한 그의 나이가 좀 어리기 때문에, 그래서 그를 작은 노동자라고 부른다.

작은 노동자는 반드시 생산의 작은 노동자이고, 건설의 작은 노동자이며, 실험의 작은 노동자이고, 창조의 작은 노동자이고, 개혁의 작은 노동자여야 한다.

아동의 생활은 작은 노동자의 생활이고, 작은 생산의 생활이자, 작은 건설의 생활이고, 작은 실험의 생활이고, 작은 창조의 생활이며, 작은 개혁의 생활이다.

아동이 책을 사용하는 것은, 작은 노동자의 생활을 사실적으로 묘사하는 것이고 지도하는 것이다. 이 속에 포함되어 있어야 하는 것은, 어느 정도의 작은 생산, 작은 건설, 작은 실험, 작은 창조, 작은 개혁, 작은 노동자의 인생관이다.

그것이 생산도 좋고, 건설도 좋고, 실험도 좋고, 창조도 좋고, 개혁도 좋으니, 관계없이 그는 반드시 일을 해야 하고, 그는 반드시 육체노동에 정신노동을 더해야 하며, 그는 반드시 손을 쓸 때 머리를 써야 한다.

이 안에서 그리는 그림은, 작은 노동자가 일한 그림이고, 부르는 노래는,

작은 노동자가 일한 노래이다. 이 안에서 묻는 문제는, 작은 노동자가 일한 질문이다. 이 안에서 답한 해답은, 작은 노동자가 일한 해답이다. 이 안에서 활용한 숫자는, 작은 노동자가 일한 숫자이다. 이 안에 쓰인 문자는, 작은 노동자가 일한 문자이다. 이 안에서 소개한 도구는, 작은 노동자가 일한 도구이다. 이 안에서 말한 이야기는, 작은 노동자가 일한 이야기이다. 이 안에서 이야기한 농담은, 작은 노동자가 일한 농담이다. 이 안에서 주장하는 인생관은, 작은 노동자가 진지하게 일한 인생관이다.

아동이 책을 사용하는 것은, 이미 아동을 지도하여 일하도록 하는 것을 주요 목적으로 삼은 이상, 그렇다면, 한 권의 책의 좋고 나쁨은, 아래에 열거한 세 종류의 표준을 가지고 그것을 판단 할 수 있다.

(1) 우리는 이 책이 사람들에게 행동(動作)하는 힘을 인도하는 것이 있는지 없는지, 사람들에게 이런 행동을 하고 또 저런 행동을 하도록 하는 힘을 인도하는 것이 있는지 없는지를 보아야 한다.

(2) 우리는 이 책이 사람들에게 생각하는 힘을 인도하는 것이 있는지 없는지, 사람들에게 생각하고 또 생각하게 하는 힘을 인도하는 것이 있는지 없는지를 보아야 한다.

(3) 우리는 이 책이 사람들에게 새로운 가치를 생산하는 힘을 인도하는 것이 있는지 없는지, 사람들에게 새로운 이익을 생산하여 새로운 가치를 추구하는 힘을 인도하는 것이 있는지 없는지를 보아야 한다.

이 글은 1932년 《신보(申報), 자유담(自由淡)》에 실린 글이다.

25. 현재 중국교육의 두 가지 노선

– 정신노동자에게 육체노동을 가르치고, 육체노동자에게 정신노동을 가르치자

目前中国教育的两条路线–
–教劳力者劳心，教劳心者劳力

중국은 4천여 년의 역사가 있고, 2천여 년의 문화가 있어서, 이치에 따라 말하면 마땅히 시대의 최전선(最前線)에 서 있어야 한다. 왜 현재 구미(歐美) 각 나라와 어깨를 나란히 하지 못할 뿐 아니라, 게다가 아직 각 방면의 사람들에게 뒤쳐지는가? 이 원인은 물론 매우 복잡하지만, 그러나 과거 교육정책의 실패가 주된 원인이라고 할 수 있다.

이전의 교육은 전통 정책이어서, 단지 정신노동자만 가르쳤고, 육체노동자는 가르치지 않았다. 《맹자(孟子)》는 "정신노동자는 다른 사람들을 다스리며, 육체노동자는 다른 사람에게 다스림을 당한다(勞心者治人, 勞力者治於人)"라고 말했다. 여기에서 매우 분명하게 볼 수 있다.

일반적인 지식계급, 그들은 정신노동을 하고 육체노동을 하지 않는다. 책을 읽지만 일을 하지는 않아서, 그래서 "책벌레"가 형성된다. 책을 가르치는 사람은 "죽은 책을 가르치고(教死書)", "책을 죽도록 가르치며(死教書)", "책을 가르치다 죽는다(教書死)." 책을 읽는 사람은 "죽은 책을 읽고(讀死書)", "책을 죽도록 읽고(死讀書)", "책을 읽다가 죽는다(讀書死)."

기껏해야 단지 살아있는 책장이 되어, 지식을 판매할 뿐이다. 이 외에도, 그들은 두 손을 항상 기꺼이 꺼내어 사용하지 않는다. 우리는 항상 일반적인 나이든 선생들의 손이 항상 소매 속에 꽂혀 있고, 현재의 새로운 학생 세대는 양복의 소매가 좁아 손이 들어가지 않아서, 그래서 방식을 바꾸어 주머니 속에 꽂혀있는 것을 자주 볼 수 있다. 이것은 중국의 지식계급은 그들의 귀중한 손을 농민과 노동자와 기꺼이 협력하지 않을 것임을 충분히 표현하고 있는 것이다. 현재 하나의 이야기가 있는데 이를 인용하여 말하면, 더욱 분명해 질 수 있다: 이 천년 전 공자가 한 번은 향촌에 다다르니, 농가의 아이가 밭농사의 일을 배우기를 청하였다. 공자는 그에게 대답하기를, 너가 밭농사의 일을 배워야 한다면, 농부를 따라 배우면 된다고 하였다. 나는 사람에게 책을 읽는 것을 가르치는 사람이니, 밭농사의 일은 모른다는 것이다. 이로 말미암아, 부분으로 전체를 짐작할 수 있다.

농민과 노동자 계급은? 그들은 육체노동을 하는 것이지, 정신노동을 하는 것이 아니며, 일을 하지만 그러나 책을 읽지는 않아서, 그래서 "농사 바보"로 형성되었다. 이들은 "죽은 노동을 하고(做死工)", "노동을 죽도록 하며(死做工)", "노동을 하다가 죽는 것(做工死)" 만 안다. 이것 외에는, 어떤 일도 모두 상관하지 않으니, 천지가 개벽되더라도, 그들은 그저 반나절 비가 오는구나 여길 뿐, 그 이유를 모른다. 이들은 무진장 착취를 받아도, 여전히 어떤 이치인지도 모르고, 그저 운명을 하늘에 맡긴 채, 불행하고 순탄하지 않은 운명을 몇 번 한탄할 뿐이다. 이전에 산동(山東)에 장종창(張宗昌)이 독군(督軍)[중화민국(中華民國) 초의 성(省)급 최고 군사 장관]이 되었을 때, 해마다 기근이 들자, 장종창은 또한 극도의 약탈을 일삼았고, 국민들의 곤궁함은 차마 말로 다 할 수 없었다. 그러나 그때의 국민은, 오히려 이 이유를 어디에서 구할지를 알지 못하고, 재난과 고통이 없어지도록, 하늘에 조아리고 신에 부탁하는 것을 알 뿐이었다. 물어보자, 어디에서 위안을 얻을 수 있겠는가? 말하자니 참 슬프고 또 참 불쌍하다!

중국은 "책바보"와 "농사바보"가 있기 때문에, 하나의 "바보" 국가로 형성되었다. 책을 읽는 사람도 정신노동을 하는 것 외에는 육체노동을 하지 않으며, 책을 읽는 것 외에는 일을 하지 않으니, 생산을 할 수 없게 된다. 그들은 사회에 기생해서 사는 단지 옷걸이이자 식충이고, 사회 국가의 좀벌레일 뿐인데, 중국의 현재의 나쁜 것들, 나쁜 것들은 어디에 있다고? 나쁜 것은 이런 무리의 사람들 몸에 있다고 완전하게 말할 수 있다. 일을 하는 사람은 육체노동을 하는 것 외에는 정신노동을 하지 않으며, 일하는 것 외에는 책을 읽지 않으니, 스스로 그 이익을 보호할 수 없게 되어, 다른 사람의 불합리하고 포악하며 끊임없는 약탈을 받게 된다. 그들이 국가의 주인공 노릇을 해야 한다는 것은, 더욱 꿈을 꾸고 있는 것이다.

중국은 현재 위기가 도처에 도사리고 있고, 생존과 죽음이 한 가닥의 실과 같다. 이와 같이 된 원인은, 바로 궁지에 빠진 전통교육 때문이다. 우리가 국가의 멸망의 위기를 돌이키려면, 반드시 전통적인 교육을 타파하고, 살 길을 찾아야 한다.

나는 현재 중국의 교육이 통할 수 있는 것은 단지 두 개의 노선뿐이라고 생각한다.

(1) 정신노동자에게 육체노동을 가르친다. 책을 읽는 사람에게 일을 하는 것을 가르친다.

(2) 육체노동자에게 정신노동을 가르친다. 일을 하는 사람에게 책을 읽는 것을 가르친다.

현재의 시대 앞에 서서, 물론 정신노동만 하고 육체노동을 하지 않아서도 안 되지만, 육체노동만 하고 정신노동을 하지 않아서도 안 된다. 중국이 외국에 비해 뒤쳐지는 원인이 바로 여기에 있다. 현재 영국, 미국, 프랑스, 이탈리아, 일본, 러시아의 교육은 모두 정신노동자에게 육체노동을 가르치고 있으며 육체노동을 하는 사람에게도 정신노동을 가르친다. 특히 러시아가 이러한 현상이 뚜렷하다. 중국의 교육도 자연스럽고 마땅히 이 두 가지 노선을 거쳐야 하며, 책을 읽는 사람에게 일하는 것을 가르치고, 일을 하는 사람에게 책 읽는 것을 가르쳐야 한다.

중국의 책을 읽는 사람이 이익을 생산하지 못하는 것은, 매우 좋지 못한 현상이다. 현재의 교육자는 그들의 두뇌를 과학화가 되도록 주입시켜서, 그들이 자기를 위해 창조하게 하고, 사회를 위해 창조하게 하고, 국가를 위해 창조하게 하고, 민족을 위해 창조하게 해야 한다. 더욱 그들의 두 손을 풀어 열어서, 그들이 자기를 위해 이익을 생산하게 하고, 사회를 위해 이익을 생산하게 하고, 국가를 위해 이익을 생산하게 하고, 민족을 위해 이익을 생산하게 하면, 이것이 비로소 옳은 것이다. 남통중학(南通中學)이 현재 이 요구에 부응하여, 60명의 학생을 모집해, 머리와 손을 함께 훈련하는 것을 우선 실험하고 있다.

그들은 1주일은 수업하고, 1주일은 일을 하는데, 매일 6시간 일한다. 하는 일은 금속 일(金工), 흙 일(土工), 목수 일(木工), 대나무 일(竹工), 심지어는 두부도 갈고, 빵도 구워 모두 해낸다. 실행하고 반년 후, 그들의 학업을 시험하여 검사하니, 수준이 기타 학생과 같았으며, 수업의 차이에 불과했다. 이 60명의 학생은, 이미 일을 잘 할 수 있고, 학업도 잘 따라가니, 이들의 두 손은 이미 해방된 것이다. 나는 그들 학교 당국이 이를 널리 보급해서, 모두 이런 종류의 일하면서 배우는 계획을 준비할 것을 바라며, 동시에 전국의 학교가 모두 채용하기를 더욱 희망하는데, 특히 고등교육에 더 필요하다.

중국의 일을 하는 사람은, 지식을 추구하지 않으니, 이 또한 매우 큰 유감스러운 점이다. 어느 나라의 노동자를 막론하고 중국의 노동자 수준과 비교하면 항상 한 수 위인 것은, 이것은 사실이고, 우리가 논쟁할 필요도 없다. 그래서 우리 나라 노동자는 또한 피지배 계급이 되는 것이고, 착취당하는 민중이 될 뿐인 것이다. 만약 "주인공"의 일등 황금 의자를 가져다 주어 그들에게 앉으라고 해도, 그들은 받아 들고는 그 손과 발을 어찌할 바를 모를 것이다. 그래서 일을 하는 사람에게 책을 읽도록 가르치는 것이, 가장 중요하고, 게다가 한 순간도 지체할 수 없는 것이다. 현재 이미 머리를 쓰는 사람이 손을 써야 하고, 손을 쓰는 사람이 머리를 써야 하는 이유를 설명하였다. 우리 교육에 책임을 지고 있는 사람들은, 모두 주의를 기울이고 또 주의를 기울이기를 희망한다. 지금 또 한 수의 시를 가지고 와, 여러분께 손과 머리를 함께 쓰기를 권하고 또 권한다.

사람에게 두 개의 보물이 생겼는데,

두 손과 머리이다.

머리를 쓰고 손을 쓰지 않으면,

머지않아 타도될 것이고;

손을 쓰고 머리를 쓰지 않으면,

먹어도 배부르지 않으니;

머리와 손 모두 쓸 수 있어야,

비로소 천지를 개벽하는 매우 좋은 사람이다.

어린 선생이 무덤 봉분에서 글자를 가르친다.

이 글은 1932년 11월 28일《교육주간》제 137기에 실린 글이다.

26. 손과 두뇌는 서로 자란다
手脑相长

근래에 나는 신문에 문예를 판다(卖艺)는 광고를 발표하였다. 얼마 지나지 않아서 중사(中社)[31]에서 편지를 받았다. 나에게 민국 22년[1933년] 설(元旦) 정오에 와서 강연을 해 달라고 요청하였다. 나는 아주 기뻤으나, 그러나 사회의 많은 사람들은 아직도 나에 대해 의심을 한다. 한 친구가 한 수의 작은 시를 지었고, 나를 대신해 문예를 팔면서 이름을 얻었는데 "시멘트 문예(水門汀文藝)"라고 불렀다. 이 친구가 나에게 말하는 의미는 매우 깊은 것이다. 예를 들면, 어떤 사람이 신세계 입구 시멘트 위에다가 한 편의 문장을 써서 말하기를, 집으로 돌아갈 여비가 없으니, 주머니를 털어 서로 도울 것을 사정한다. 나는 이 제목이 아주 좋다고 생각하고, 매우 환영한다. 이것은 내가 문예를 파는 것에 대한 해석이다. 그 다음엔, 방금 이(李) 선생이 내게 문예를 파는 영업이 잘 되는지를 물었다. 나는

31 상해 위해위로(威海衛路) 656호, 1934년~1936년 가을, 중국보급교육 조성회(助成會), 기획준비회(籌備會)가 이곳에서 설립됨, 타오싱즈가 자주 이곳에 와서 일을 주관하며 동시에 강연을 함

영업이 안 된다고 감히 말하지 못했는데, 왜냐면 내가 안 좋다고 말하면, 사람들은 믿지 않는다. 누군가는 내가 왜 문예를 팔아야 하는지를 물어볼 것이다. 오늘은 나도 보고를 하도록 하겠다.

나의 문예 판매 광고 속에는 한 마디의 말이 있다: "향촌 선생은 살아가기 힘들다." 수많은 향촌 선생이 살아가기 힘들다는 것을 알아야 하며, 나 한 사람의 향촌 선생이 살아가기 힘든 것뿐만은 아니다. 중국은 현재 생활이 안 되는 많은 사람이 있다. 나의 문예 판매 광고는 하나의 보고와 마찬가지인데, 향촌 선생이 모두 살아가기 힘들고, 즉 이 같은 타오즈싱(陶知行)[1934년 타오싱즈(陶行知)로 개명함]도 문예를 팔고 있다고 사람들에게 모두 알게 하는 것이다. 나에게 향촌 선생의 고달픈 상황을 묘사한 한 수의 시가 있는데, 지금 외워 볼 수 있겠다.

> "작은 촌에서 태어나 자라서, 오리(五里) 밖의 가게를 왕래한다.
> 친구는 천상을 누비기에, 죽을 때까지 볼 수가 없네.
> 눈꽃이 온 하늘을 날리는데, 몸에는 면화 한 뭉치 없구나.
> 하루에 두 끼를 먹는데, 기름은 있으나 소금은 없다;
> 기름만 있고 소금이 없어서, 굶주린 채로 수선화를 바라본다.
> 행복 후의 고통을 물어보니, 고통 후의 행복은 어떠냐.
> 성안에 들어와 월급을 모색하며, 돌아다니다 차원(茶园)을 살핀다.
> 월급은 받지 못하고, 모두 찻 값으로 다가오네.
> 아버지는 길게 한숨을 쉬고, 어머니의 원망은 이어진다.
> 벌써 서른 살이지만, 아직 장가들지도 못했다."

현재 향촌 선생이 가기 좋은 길은 세가지가 있을 뿐이다. (1) 굶어 죽든지, (2) 혁명을 하든지, (3) 강에 뛰어들든지. 이러한 상황 하에서 십여 만 명의 사람들은 그들의 활로의 문제를 해결할 수 없다. 그런데 그들 그 자신들의 문제는, 그들 그 자신들의 문제 위에서 해결할 수가 없다. 농민 생활 문제의 해결이 없으면, 향촌 교사의 생활문제도 해결될 수 없다.

나는 본래 무산(無産)계급[노동자 계급] 출신인데, 후에 해외에 나갔다가 돌아와서 점점 중산(中産)계급 가운데의 사람으로 변했었다. 현재는 하지만 중산계급에서 무산계급으로 점점 흘러내려 왔다. 그래서 나는 중산계급과 무산계급의 상황에 대해 모두 약간 알고 있다. 나에게는 일종의 신앙과 결심이 있다: 중산계급에서부터 위로 올라가서는 안되고, 아래로 내려가야 하는 것이다. 사실은 내려오는 것은 바로 올라가는 것이다. 올라가야 한다면 바로 떨어져 내려와야 할 것이다. 나는 왜 이러한 길을 가야 하는가? 나의 한동안의 역사로 간단히 설명할 수 있다. 내가 중산계급의 정상에 올랐을 때, 즉 중화문화교육기금위원회에서 간사였고, 매월 4백 원의 월급에, 백 원의 국비(公費)가 생겼다. 당시 우리 집 몇 어린 아이들은 함께 도련님(少爺)으로 변했으며, 아가씨는 없었는데, 왜냐하면 나는 딸은 없었기 때문이다. 그들은 밥을 주는 사람이 있었고, 침대를 정리하고 이불을 개는 사람도 있었다. 내가 어릴 적에는 여전히 이런 일을 했으나, 그러나 그들은 현재 조금의 일도 하지 않으니, 장래 컸을 때는 큰일이다. 천천히 복(福)를 향유하는 것이 습관이 되었으며, 나를 해치는 것은 아주 작은 일이지만, 이런 어린 아이들을 해치는 것은 아주 견딜 수 없는 일이다. 왜냐하면 늙은 하녀와 하인이 나의 어린 아이의 손을 모두 나쁘게 변화시켜, 쓸모 없는 손으로 만들었기 때문이다. 나의 어린 아이의 발도 나쁘게 변화시켜, 쓸모 없는 발로 만들었다. 어린 시절에 손을 움직이고 발을 쓸 수 없으면, 커서도 당연히 모든 일은 다른 사람이 해야 한다. 어릴 때 도련님 노릇에 길들여지면, 컸을 때도 당연히 영감(老爺) 노릇을 한다. 나는 세계에서 가장 공헌을 하는 사람은 단지 한 종류 밖에 없는데, 바로 두뇌가 손을 지휘하고 행동을 지휘할 수 있는 사람이라고 생각한다. 중국은 모두가 두뇌를 쓰는 사람은 손을 쓰지 않고, 손을 쓰는 사람은 두뇌를 쓰지 않는다. 한해 수확이 비록 좋다고 해도, 농민의 생계는 여전히 매우 고생스러운데, 이는 그들의 두뇌가 생각할 수 없기 때문이다. 일반 사람들이 책을 읽는 것은, 모두 죽은 책을 읽고, 책을 죽도록 읽으며, 책을 읽다가 죽는다. 일본인이 쳐들어 와도, 우리는 단지 구호를 외치는 것 밖에 몰랐다. 그러나 우리가 몇 십 년을 일했지만, 현재에 사용하는 전등, 타는 자동차, 모두 외국인이 만든 것이다. 우리 스스로 만들어 낼 수 없는 것은 어떤 이유인가? 이것은 책바보를 위하여 과학의 사업을 하지 않아서, 그가 손을 써서 실험하지 않았고, 손을 써서 창조하지 않은 까닭이다. 반드시 4억 명이 손을 써서 기계를 움직여야만, 비로소 중화민국을 창조할 수 있다. 두뇌는 손을 도와 자라고, 손은 두뇌를 도와 자란다.

중국에는 두 종류의 병이 있다. 하나는 "부드러운 손, 부드러운 발 병"이고, 또 하나는 "멍청하고 둔한 병"이다. "부드러운 손 부드러운 발 병"에 걸린 사람은 바로 책을 읽는 사람인데, 그의 두뇌는 분명 믿을 수 없어서, 멍청하고 둔한 것이다. 그러나 일반 노동자나 농민은 모두 "멍청하고 둔한 병"에 걸린 것이라서, 그래서 모두 손도 거칠고 발도 거친 것이다. 한 사람이 사회에 공헌을 하려면, 반드시 손과 뇌는 대동맹(大同盟)을 체결해야 한다. 그런 연후에, 창조를 할 수 있고, 발명을 할 수 있고, 국가를 건설 할 수 있고, 동북삼성(東三省)[만주국, 1932년 3월 1일 성립]을 가져올 수 있다! 동북삼성을 가져 와야 하는 것은, 그렇게 쉬운 것이 아니고,

반드시 손을 써서 가지고 돌아와야 한다! 늙은 하녀와 하인이 매일 매일 나의 아이의 손을 대신하여, 그들의 손을 모두 쓸모 없는 손으로 변화시켜서, 그래서 나는 한 달 5백 위안(元)의 간사(幹事) 직위를 버리고, 한 달에 백 위안(元)의 교장이 되기로 결심하였다.[32] 우리 학교 안에는 사환(听差)도 없고, 하인(斋夫)도 없기 때문에, 각자의 일은 모두 학생 스스로 한다. 나는 두 수의 노래를 썼는데, 한 수는 학생을 격려하는 것이고, 또 한 수는 이중적 도련님이 되어서는 안 된다는 것을 경계하는 것이다.

> 첫 번째 노래:
> "자신의 땀을 흘리고, 자신의 밥을 먹으며, 자신의 일은 자신이 하자. 하늘에 의존하고 조상에게 의존하면, 대장부라 할 수 없다!"
>
> 두 번째 노래:
> "집의 아버지부터 영감 노릇을 하니, 사람마다 나를 사치스런 도련님이라 부른다. 내가 여전히 세숫물을 뒤집어엎고, 학당에 들어가는 것과는 거리가 먼 아이인 것을 누가 알겠는가. 수업에서는 연애편지를 보고, 수업이 끝나면 아가씨를 만나지만, 언짢으면 큰 소리로 소동을 피우니, 내내 교원들은 아이가 아버지를 무서워하듯 나를 무서워할 것이다! 오늘의 매국노를 보면, 어느 하나라도 당시 이중적인 도련님이 아닌 사람이 있었는가!"

위의 두 수의 노래는, 첫 번째는 건설론(建设论)이고 두 번째는 파괴

32 효장 실험향촌사범학교 교장을 맡은 것을 가리킴

론(破坏论)이다. 우리 학교에는 사환이 없는데, 결과는 매우 좋다. 남학생들이 물을 긷고, 밥을 짓고, 여학생들은 변기를 비운다. 밥은 매우 먹기 좋은데, 왜 변기는 비우기 싫은가? 그 여학생이 우리 학교에 처음 시험을 치르러 왔을 때, 나는 우선 그녀에게 변기를 기꺼이 비우겠냐고 물어보아야 한다. 기꺼이 변기를 비우겠다는 사람은 와서 배운다. 비록 변기를 비우는 것이 조국을 구할 수는 없으나, 그러나 그것의 진일보된 의미는 매우 깊다. 변기를 비울 수 있다면 아가씨의 자태는 깨진다! 그녀의 두 손을 꺼내면, 장래에 외국보다 더 좋은 전등을 만들어 낼 수 있고, 외국보다 더 좋은 자동차를 만들어 낼 수 있으며, 외국보다 더 좋은 비행기를 만들어 낼 수 있다.

각종 사람의 손으로 말하면, 마고자를 입은 사람의 두 손은 모두 오므려 한데 모아서 소매 속에 넣었고, 양복을 입은 사람의 두 손은 모두 호주머니 속에 있으며, 늙은 선생의 두 손은 손톱을 길게 길러, 일종의 곡선미를 만들어, 두 손을 소매 안에 끼워 넣었다. 여학생의 두 손은 모두 장갑을 사용해서 씌워져 버렸다. 창조를 할 수 있는 두 손이 씌워져 버렸기 때문에, 그래서 중화민국을 함께 모두 씌워 들어가서, 두각을 나타낼 수 없다.

이제 다시 발을 이야기한다. 발도 움직여야 한다. 예전 여자는 작은 발을 천으로 싸매고 싸매어 휘감았다. 현재는 작은 발을 휘감는 외국의 새로운 법을 배워, 기하학 원리를 응용한, 하이힐은 일종의 기하삼각형의 이치이다. 이런 하이힐을 신으면, 발이 쉽게 움직이지 못해서, 잘못하면 넘어져야 한다. 이러한 여성 국민이 과연 일본과 싸울 수 있는가? 이렇게 하이힐을 신는 사람이 많아지면, 싸울 사람은 적어지는 것이다. 발을 해방시키려면 하이힐을 타도하지 않으면 안 된다. 손을 해방시키려면 장갑을 타도하지 않으면 안 된다. 최근 나는 노래가사 한 수를 썼는데, 이미 아는 사람이 매우 많다. 지금 다시 외워보겠다.

> 사람의 몸에는 두 개의 보물이 있는데, 두 손과 머리이다.
> 머리를 쓰고 손을 쓰지 않으면, 머지않아 타도될 것이고;
> 손을 쓰고 머리를 쓰지 않으면, 먹어도 배부르지 않으니;
> 머리와 손을 모두 쓸 수 있어야, 비로소 천지를 개벽하는 아주 좋은 사람이다.

이 아주 좋은 사람은, 사람마다 될 수 있다! 두 개의 손을 꺼내서 쓰기만 하면 된다. 중화민국 몇 천 명, 몇 만 명이 잘 할 수 있으면 되는 것이 아니다. 반드시 4억 명이 모두 기계를 움직여야, 비로소 성공을 창조할 수 있다! 이것은 손을 쓰지 않으면 안 된다. 머리와 손에 힘이 없다면, 혈맥이 서로 연결되어 통하지 않기 때문이다. 나는 약을 두 첩 지었는데, 그들의 혈맥을 연결하여 통하게 하는 것이다. 첫째 약 한 첩은 "머리가 변한 손(腦化手)"이라 부르는데, 사람마다 모두 두뇌가 변한 손을 가지게 한다. 또 한 첩의 약은 무산계급인 농민과 노동자가 먹도록 줘야 하는데, 약의 이름은 "손이 변한 머리(手化腦)"라고 부르는데, 즉 한 편으로는 손을 쓰면서, 다른 한 편으로는 사상을 가져야 하는 것이다. 만약 머리만 쓰고 손을 쓰지 않는 사람의 멍청하고 둔한 머리를 가져다 장착하면 오히려 맞지 않는다. 몇 백 년의 눈먼 교육의 성적은 우리의 두 손이 우리의 두뇌로 변화할 수 있다는 것을 증명한다. 손이 노동을 하면, 두뇌는 바로 변화한다. 일단 변화한 후에는, 손과 두뇌가 상호 진보한다. 어떻게 변화하는지 방법을, 내가 하나의 예를 들어 설명할 수 있다. 나는 상해에서 아주 작은 실험을 한 적이 있다. 대장(大場)[33]에 집 한 채를 빌리고, 내부의 걸상(凳)은 모두 향촌 사람 쪽으로부터 빌려와서 사용했다. 우리는 스스로 만드는 것을 배우려고, 목수 스승 한 명을 청하였다. 그는 막노동꾼이 아니라, 한 분의 최고의 선생이 되어, 큰 책바보인 나에서부터 한 반의 작은 책바보들을 데리고 그를 따라서 배웠다. 우리는 그에게 말했다: "우리 품삯은 당신의 몫을 줄이지 않습니다. 품삯은 당신의 일에 따라 분배하는데, 40개 걸상을 당신이 일제히 만든다면, 우리는 당신께 한 푼도 드리지 않습니다. 당신이 한 명의 책바보가 걸상을 만들 수 있게 가르칠 수 있으면, 즉 한 걸상의 품삯이 생기는 것이고, 당신이 두 명의 책바보가 걸상을 만들 수 있게 가르칠 수 있다면, 즉 두 걸상의 품삯이 생기는 것입니다." 지금 걸상은 모두 이미 만들어졌고, 이렇게 각 사람의 손을 한번 쓴 후에는, 자신이 과학 기계를 산 것 같이, 자신이 모방해서 만들 수 있다. 이 일에 대해서 나는 짧은 시를 썼다.

> "그는 목수이고 나는 선생이다. 선생은 목수를 배우고, 목수는 선생을 배운다. 배우고 배우고 배워서, 나는 목수가 되었고, 그는 목수 선생이 되었다."

두뇌와 손은 연합하여야, 비로소 힘을 생산할 수 있고, "나약함"과 "어리석음"을 모두 없애버릴 수 있다. 손과 두뇌가 연합하여 이미 힘이 생겼다면, 힘은 어느 방면으로 표현해 나와야 하는가? 나는 힘은 두 방면으로부터 표현해 나와야 한다고 생각한다.

(1) 힘을 무장시켜야 한다. 전국의 국민이 무장해야 비로소 힘이 생긴

33 상해시 보산현, 산해공학단 소재지

다. 이런 종류의 힘이어야 비로소 크고 넓을 수 있다. 다른 것을 말하지 말고, 광서(廣西)를 가지고 이야기해 보자. 광서(廣西)의 뢰은여(雷殷與) 민정청장에 따르면, 최근 광서에서부터 시찰하며 상해로 돌아가는데, 두중원(杜重遠) 선생 등에게 말하기를, 모두 매우 분명하게, 그들의 광서에는 단지 여덟자(八个字), "병사는 조직에서 살고 장군은 배움에서 산다(寓兵于團 寓將于學)"가 있을 뿐이다라고 하였다. 작년 한해, 이미 36만명의 민단(民團)을 훈련시켜 만들었다. 예측하면 5년에 2백만의 민단을 훈련시킬 수 있는 것이다. 개인이 와서 민단이 되는 것이 아니라, 하나 하나의 사람이 총을 메고 하는 것이다. 각 지방의 현장(縣長)이 무장(武裝)의 단장이다. 전 성의 정식 군대는 두 개 사단 (즉 5만 명)뿐이다. 그들이 성에 내려간 돈으로 국민 무력을 배양하는 것이다. 사실 일본인들이 상해에 오기 전에, 그들은 이미 민단을 훈련시켜, 모든 성을 무장시켰다. 현재는 이미 효과가 있다. 민중이 단체화되고, 기율화되며, 무장되어져야, 비로소 중화민국의 주인공이 될 수 있고, 비로소 내전을 없앨 수 있으며, 비로소 외래의 제국주의 침략을 쳐부술 수 있다. 언제 일본병사가 북평(北平)[북경(北京)의 옛 명칭]에 도착할 것인가? 우리는 모른다. 그러나 누가 감히 일본군이 오지 않는다고 말하는가? 그래서 우리는 마땅히 이러한 종류의 준비가 있어야 한다.

(2) 힘은 무력에서만 표현될 뿐 아니라, 생산에서도 표현되어야 한다. 계획적이고 조직적인 생산이 있어야 한다. 일반 나이가 많은 사람은, 다시 배워야 하는 것은 매우 어려운 것이나, 그러나 우리는 우리의 어린 아이를 잊어서는 안 된다. 몇 명의 어린 아이들이 있다면, 항상 그들을 과학적 훈련과 생산적 훈련들을 많이 받도록 하게 하고, 어릴 때부터 가르쳐야 한다. 우리 자신이 하는 허드렛일들을, 늙은 하녀나 하인이 하게 하는

것은 안 된다. 어린 아이가 보면, 역시 어른을 따라 할 수 있다. 나에게 몇 수의 아동가(兒童歌)가 있는데, 어린 아이를 창조적으로 만드는 뜻을 포함하는 것이다. 지금 외워보겠다.

> 저는 어린 반고(盤古)[중국 신화의 하늘을 연(開天) 인물]에요. 고생을 두려워하지 않죠. 저는 새로운 천지를 열거여요. 내 손에 두 도끼를 보세요. 《어린 반고》
>
> 저는 어린 뉴턴이에요. 남들이 저를 바보라 해도, 저는 저의 두뇌를 사용하여, 대자연에게 꼬치꼬치 캐물을 거여요. 《어린 뉴턴》
>
> 저는 어린 손문(孫文)이에요. 저에게는 혁명정신이 있어요. 저는 제국주의를 때려눕힐 거여요. 공을 차듯이 차 버릴 거여요. 《어린 손문》
>
> 저는 어린 노동자에요. 저의 두 손은 만능이에요. 저는 부유한 사회를 만들지, 부유한 개인을 만들려 하지 않아요. 《어린 노동자》

오늘 이야기한 것을 다음 세 가지로 귀납할 수 있다.

(1) 두뇌와 손이 연합하여야 힘을 발휘할 수 있다.

(2) 힘은 자위정책(自衛政策)상에서 표출되어야 한다.

(3) 과학생산 방면에 이 힘을 표출시켜야 한다.

서양인들이 말을 들을 수 있게 하는 방법은 오직 한 단어이다. 바로 "힘"이다. 힘이 있다면 그들은 우리의 말을 들을 것이고, 힘이 없다면 듣지 않을 것이다.

지금 난 네 마디 말을 하고 싶다.

> "노동자가 되지 않으려는 자는 먹을 자격이 없고, 저항을 원치 않는 자는 대장부라 할 수 없다."

오늘 강의는 내가 품팔이를 해서 하는 첫 강의다. 처녀작이라고도 할 수도 있다.

자신의 손을 움직여 기계를 실험한다.

이 글은 1933년 1월 16일《신사회(新社會)》제 4권 제 2호에 실린 글이다.

27. 생활교육
生活教育

생활교육, 이 단어는 오해를 받고 있다. 그것이 오해를 받는 까닭의 원인은, 왜냐하면 일종의 사이비적 이론이 속에 혼재되어 있기 때문에, 사람들이 분명하게 보지 못하게 만든다. 이 이론이 우리에게 알리며 말하는 것은, 학교 안의 교육은 너무 무미건조하여서, 반드시 사회 안의 생활을 좀 옮겨 들어와야, 비로소 의미가 있다는 것이다. 이 이론에 따라 들어온 몇 개의 구호는 "학교 사회화", "교육 생활화", "학교 즉 사회", "교육 즉 생활"이다. 이것은 마치 하나의 새장 안에 몇 마리의 작은 새를 가두어두고, 새를 키우는 사람이 새가 적막할 것을 염려하여, 한 두 개의 Y형 나뭇가지를 새장에 옮겨 들여놓음으로써, 새가 뛰어 잘 놀게 하거나, 또는 다시 몇 마리의 생물을 잡아 와서, 새에게 같이 있게 해 주는 것과 같다. 작은 새는 비교적 편안할 것이다. 그러나 새장은 결국 여전히 새장이고, 절대로 새의 세계는 아니다. 그런데 이상한 것은 새를 키우는 사람은 한사코 새장이 새의 세계라고 말하기를 좋아하지만, 그러나 진정한 새의 세계인 숲에 대해서는 오히려 모두 말살하고, 더 이상 승인하지 않는다. 만약 새장 속의 새가, 습관이 자연스럽게 되어, 또한 자기 주장 없이 남의 의견에 맹목적으로 따라서 말하기를, 이 새장은 나의 세계라고 한다거나, 또 만약 새장 밖의 새가, 모두 숲을 싫어하고, 새장 안의 생활을 부러워하며, 심지어 그 문으로 들어갈 수 없는 것을 유감으로 여긴다면, 그렇다면 이런 새들은 사람과 같이 황당하다고 할 수 있다.

우리는 지금 이런 종류의 오해를 깨끗이 제거해야 한다. 생활교육은 생활이 원래 가지고 있던 것이고, 생활이 스스로 운영하는 것이고, 생활이 필요한 교육이다(생활교육은 생활의, 생활에 의한, 생활을 위한 교육을 의미한다: Life education means an education of life, by life and for life). 교육의 근본적 의미는 생활의 변화이다. 생활은 언제나 변화하지 않으면 즉 생활은 언제나 교육의 의미를 포함하고 있지 않는다. 이로 인하여, 우리는 "생활 즉 교육"이라 말할 수 있다. 도처가 생활이고, 바로 도처가 교육이다. 모든 사회가 생활의 장소이고, 역시 바로 교육의 장소이다. 이로 인하여, 우리는 또한 "사회 즉 학교"라 말할 수 있다. 이 이론의 지도 아래에서 우리는 인정한다: 어떤 생활을 보내는 것은, 어떤 교육을 받는 것이다; 좋은 생활을 보내는 것은, 좋은 교육을 받는 것이다; 나쁜 생활을 보내는 것은, 나쁜 교육을 받는 것이다; 목적이 있는 생활을 보내는 것은, 목적이 있는 교육을 받는 것이다; 흐리멍덩한 생활을 보내는 것은, 흐리멍덩한 교육을 받는 것이다; 조직적인 생활을 보내는 것은, 조직적인 교육을 받는 것이다; 오합지중의 생활을 보내는 것은, 오합지중의 교육을 받는 것이다; 계획이 있는 생활을 보내는 것은, 계획이 있는 교육을 받는 것이다; 엉망진창인 생활을 보내는 것은, 엉망진창인 교육을 받는 것이다. 표현을 바꾸면, 도련님의 생활을 보내면서, 비록 매일 노동의 서적을 읽는다고 해도, 노동교육을 받고 있다고 볼 수 없다; 미신의 생활을 보내면서, 비록 매일 과학의 강연을 듣는다고 해도, 과학교육을 받고 있다고 볼 수 없다; 아무 데나 가래를 뱉는 생활을 보내면서, 비록 매일 위생에 대한 수기를 쓴다고 해도, 위생의 교육을 받고 있다고 볼 수 없다; 시대에 역행하는 생활을 보내면서, 비록 매일 혁명의 행동을 말한다고 해도, 혁명의 교육을 받고 있다고 볼 수 없다. 우리가 어떤 교육을 받고자 한다면, 반드시 어떤 생활을 보내야 한다.

생활교육은 생명과 함께 오고, 생명과 같이 간다. 세상에 태어나면서, 바로 어리석음을 깨뜨리고, 관에 들어가면서 비로소 졸업한다고 볼 수 있다. 사회의 위대한 학교 안에서, 사람마다 우리의 선생이 될 수 있고, 사람마다 우리의 학우가 될 수 있으며, 사람마다 우리의 학생이 될 수 있다. 손가는 대로 잡아오면, 모두 살아있는 책이고, 모두 학문인 것이며, 모두 능력인 것이다.

인류가 생기고 난 이래로, 사회는 바로 학교이고 생활은 바로 교육이다. 사대부(士大夫)가 그것을 인정하지 않는 까닭은, 왜냐하면 그들에게는 특수한 학교가 있어서 그들의 자제들에게 특수한 교육을 받도록 해주기 때문이다. 대중의 입장 위에서 보면, 사회는 대중의 유일한 학교이고, 생활은 대중의 유일한 교육이다. 대중은 반드시 정식으로 그를 인정하고, 동시에 그를 운용하여 자신의 지식을 증가하고, 자신의 힘을 증가하며, 자신의 신앙을 증가하여야 한다.

생활교육은 하층(下層)을 건설하는 것이다. 무엇으로? 우리에게 밥 먹는 생활이 있으면, 밥 먹는 교육이 있는 것이다; 옷 입는 생활이 있으면, 옷 입는 교육이 있는 것이다; 남녀의 생활이 있으면, 남녀의 교육이 있는 것이다. 이것과 장식품의 전통교육과는 근본적으로 다르다. 이것은 현대식 여성의 다이아 반지가 아니라, 엄동설한 가난한 사람들의 잡곡음식(窝窝头)이고, 헤진 솜저고리(破棉袄)이다.

생활과 생활이 마찰해야 비로소 교육의 작용이 일어날 수 있다. 우리는 자신을 사회적 생활 안에 두어야, 바로 사회의 자력선(磁力線) 안에 회전하여, 교육의 전류를 통하게 하고, 빛을 쏘아 내며, 열을 방출하여, 힘을 발휘해 낼 수 있다.

어린 선생이 찻집에 가서 글자를 가르친다.

이 글은 1934년 2월 16일 《생활교육》 제1권 제 1기에 실린 글이다.

28. 어떻게 어린 선생을 지도할 것인가
怎样指导小先生

어린 선생(小先生)은 교육을 보급하는 사명을 맡고 있다. 가난한 사회는 어린 선생을 중용(重用)하는 것 외에는, 교육을 보급시킬 수 있는 다른 방법이 없다. 그러나 어린 선생이 만나고 있는 장애물은 실제로 손으로 꼽을 수 없이 많다. 어떻게 어린 선생이 장애물을 제거하여 그들의 사명을 완성하도록 지도할 것인가가, 우리 앞의 가장 절박한 큰 문제이다.

1. 우리는 선생이라는 말을 꺼내자마자 바로 학급을 연상한다. 전통적인 노선에 따르면 학급의 어린 학생을 한 명의 어린 선생에게 맡겨서 지도한다. 그런데 소수의 특별히 뛰어난 어린 선생은 물론 임무를 훌륭히 완수하지만, 그러나 대다수의 어린 선생은, 만약 한 반의 어린 학생을 지도하는 무거운 임무를 맡게 되면, 반드시 실패하여 돌이킬 수 없게 된다. 우리 원래의 생각은, 단지 어린 선생마다 두세 명의 교육만 담당하여

야 하고, 그들이 전체 학급의 교육을 담당해서는 안 된다는 것이다. 만약 스스로 똑똑한 척하여, 억지로 평범한 어린 선생이 전통 선생 노릇을 해서, 삼사십 명 어린 학생을 향해 손짓 발짓하며 거창한 이야기를 늘어놓으면, 그러면 생활교육을 위반하는 것이고, 어린 선생을 꺾어버리는 것이다. 그래서, 첫 번째 성공의 길은 욕심이 많은 야심을 진압하고, 어린 선생이 담당하는 사람 수를 두세 명으로 줄이는 것이다. 보라, 한 명의 육칠 세의 어린 선생이, 하루 동안 야채(靑菜) 두 글자를 배웠지만, 야채(靑菜)를 노랗게 너무 삶아버린다면 그에게 이 일을 배양하지 못한 것이다. 저녁에, 배운 것을 아주머니와 누나에게 하나도 빠짐없이 가르쳐 주면, 이것은 제기차기 같이 재미난 것이고, 공치기 같이 쉬운 것이다. 그가 한 자를 가르치면 한 자의 성공이 있고, 한 가지 일을 가르치면 한 가지 일의 성공이 있으니, 또 어떤 실패가 있을 것인가?

2. 어린 선생은 매우 쉽게 문을 닫고 사람을 가르친다. 그들은 어린 학우를 지도하고 있는 것이다. 이것은 단지 조지프 랭커스터(Joseph Lancaster)의 반장제(班長制)[34]를 하는 것일 뿐이다. 나이 많은 학우가 어린 학우를 가르치는 것으로, 영국사람들이 이미 하였던 것인데, 우리가 이 번에 제창하는 운동하고 털끝만큼의 상관도 없다. 이런 행동 방법은 단지 한 사람 한 사람의 단신(獨身)으로 지식을 지키는 노예(守知奴)를 한 무리의 협력된 지식을 지키는 노예로 변화시킬 뿐이며, 보급의 역량은 조금도 없다. 우리의 생각은 전체 학교의 학생 혹은 전체 공학단(工學團)의 단원은 모두 어린 선생으로 변해야 한다는 것이다. 어린 선생이 찾아야

34 이 제도는 교사가 먼저 나이가 비교적 많은 우수한 학생(導生)을 선택하여 전수하고, 그런 연후에 그들이 기타 학생에게 전하여 가르치는 것이다. 도생제(導生制)라고도 부른다.

하는 학생은 학교에 등교할 수 없는 사람 혹은 항상 공학단 본부에 오지 못하는 노동자이다. 바꾸어 말하면, 그는 전통학교 밖이나 혹은 공학단 본부 주위로 가서 그의 학생을 찾아야 한다. 매우 자연스럽게, 글을 모르는 할머니, 어머니, 아주머니, 누나, 여동생, 아버지, 형, 동생과 옆집 이웃의 외양간지기, 나무꾼, 알탄 줍는 사람(拾煤球)[연료에 보태려고 떨어진 알탄을 줍는 사람], 개똥 줍는 사람(扒狗屎)[거름에 보태려고 떨어진 개똥을 줍는 사람]들의 가난한 동포가 모두 그가 마땅히 찾아야 하는 학생인 것이다. 한 명의 글을 아는 사람이 두 명의 글을 모르는 사람을 가르쳐 이끌고, 한 명의 할 수 있는 사람이 두 명의 할 줄 모르는 사람을 가르쳐 이끄는 것, 이 속에 비로소 보급의 역량이 포함되어 있다. 이렇게 해 나가면, 일천만 학생은 삼천만 학생인 셈이다. 그렇지 않으면, 문을 닫아걸고 의논하고 토론하며, 가르침이 오고 가지만, 여전히 일천만 명일 뿐, 털끝만큼도 우리가 말하고자 하는 의의는 없다. 그래서, 우리는 반드시 어린 선생을 지도하여 대문을 열어젖혀서 학생을 찾아야 한다. 한 명의 할 줄 모르는 사람을 가르쳐 할 수 있게 되면, 바로 한 어린 선생이 많아진 셈이고, 이런 것이 비로소 어린 선생의 진정한 성과라 할 수 있으며, 비로소 어린 선생의 진정한 역량을 표현한 것이라 할 수 있다.

3. "알면 바로 다른 사람에게 전한다(即知即傳人)"는 원칙은 일관되게 실행해 가야 한다. 이 때문에, 어린 선생의 직무는 다른 사람을 가르치는 것뿐이 아니며, 더욱 맞아떨어지게 말한다면, 그의 직무는 다른 사람이 또 다른 사람을 가르치도록 하는 것이다. 그의 학생이 또한 다른 사람을 가르치고 나면, 그의 어린 선생의 칭호는 비로소 풍부한 의의를 갖는다. 그래서 어린 선생의 성과는, 직접 가르친 학생의 많음에 있지 않고, 간접적으로 대(代)를 이은 수의 많음에 있다. 두 명의 어린 선생을 세워

서, 첫 번째는 자신이 네 명을 가르쳤고, 두 번째는 두 명을 가르치고 또 이 두 명이 다른 두 명을 가르쳤다. 우리가 보는 견해에 따르면, 두 번째 어린 선생의 작업이 훨씬 의미가 있다. 왜냐하면 그는 두 대(代)의 학생이 있고, 그는 적어도 두 명의 학생이 있어서 알면 바로 다른 사람에게 전할 수 있지만, 첫 번째 어린 선생의 작업은 이런 종류의 더 한 발 앞서가는 의의가 결여되었다. 이로 인하여, 우리가 어린 선생을 지도하는 것은 한 가지의 원칙을 더한다: 어린 선생이 다른 사람을 가르치는 것을 지도하는 것은, 어린 선생이 다른 사람에게 또 다른 사람을 가르치도록 하는 것을 지도하는 것보다 못하다.

4. 문자는 단지 생활의 부호일 뿐이며, 생활과 연결해서 함께 가르쳐야 한다. 만약 남편이 편지를 한 통 보냈다면, 부인은 편지 안에 쓴 이야기를 알아야 하는 것이 급하다. 만약 편지가 도착했을 때, 한창 점심을 먹고 있었다면, 그녀는 즉시 밥그릇을 내려놓고, 당신이 편지를 읽어 그녀에게 들려줄 것을 요구할 것이다. 우리 이렇게 멍청한 사람은 언제나 이런 크고 좋은 기회를 놓치고, 예전대로 편지를 한 번 읽는다. 그녀는 단지 소식을 들을 뿐이며, 단 한 글자도 배울 수 없다. 우리는 항상 다른 사람을 대신하여 편지를 읽고, 또 다른 사람을 대신하여 편지를 읽으니, 어찌 사람이 스스로 읽도록 가르치는 것만 하겠는가? 사람이 스스로 읽도록 가르치는 것은, 처음은 좀 시간을 많이 들어야 하지만, 그러나 내 말에 따라서 하다 하다 보면, 당신의 학생은 예상을 뛰어넘는 성과를 가질 수 있다. 생각해보라, 한 여자가 제일 처음 읽을 수 있었던 그녀의 남편이 쓴 편지는, 첫 사랑의 입맞춤에 실제로 버금가는 종류의 재미인 것이다. 또 예를 들어 아들이 병에 걸렸는데, 의사를 청하여 약방문이 나와서, 만약 누군가 그 약방문을 그의 어머니에게 알도록 가르쳐 준다면, 그녀는

평생 잊어버리지 않을 것이다. 산해공학단(山海工學團)은 4월 1일부터 시청각교육(電化教育)을 실현해야 한다. 영화설명서, 라디오방송 프로그램 모두 새롭게 편집해야 했는데, 살아서 움직이는 교과서가 되었다. 입장권을 읽을 수 있는 사람은 반 값에 좌석에 앉을 수 있는데, 그러면 입장권도 "교과서"가 된다. 이런 종류의 예는 손가는 대로 집어와도, 모두 부호와 생활이 매우 자연스럽게 연결될 수 있음을 증명할 수 있다. 우리는 아울러 어린 선생에게 그의 사명이 단지 문자교육을 보급하는 것뿐만이 아니라, 모든 그가 보내는 의미 있는 생활은 모두 책임을 지고 전파해 나가야 한다는 것을 알게 해야 한다.

5. 보급교육 운동은 반드시 학교가 규정한 정규과목 및 공학단이 규정한 작업이 되어야 한다. 이 때문에, 어린 선생은 일종의 자유로운 직무가 아니다. 어린 선생은 마음대로 기분이 좋으면 곧 하고, 기분이 나쁘면 곧 정지할 수 없다. 그는 반드시 매일 매일 성과를 가져와 책임 지도교사에게 제출하고 심사를 얻어야 한다. 평범한 학교에는 가정(家庭)이라 불리는 수업이 있는데, 때때로 학생은 집에서 한 장의 큰 글자를 써서, 다음날 가져와 선생에게 보여야 한다. 어린 선생이 제출해야 하는 것은 자신이 쓴 글자가 아니고, 바로 그의 학생이 한 성과이다. 그가 만일 학생을 찾아내지 못한다면, 지도교사는 반드시 그에게 어떻게 찾는지를 지도해야 한다. 그가 만일 퇴짜를 맞았다면, 지도교사는 반드시 그가 해결을 얻도록 도와야 한다. 그가 만일 변함없는 마음이 없다면, 지도교사는 반드시 그가 전진하고 노력하도록 격려해야 한다. 그가 만일 그의 직무의 중요성에 대해 분명하게 알지 못하면, 지도교사는 반드시 보급교육과 중화민족의 생사존망(生死存亡)의 관계를 그에게 이야기해 들려주어야 한다. 첫째 날에 바로 반드시 지식을 지키는 노예(守知奴)를 교육의 큰 이치

를 받는 것과 어울리지 않는다는 것을 모두에게 일깨워줘야 한다. 총괄하면, 지도교사는 반드시 보급교육 운동을 규정된 정규과목 혹은 작업으로 삼아야만, 비로소 성공의 희망이 생긴다.

6. 어린 선생이 만나게 되는 가장 큰 고난은 어른이 어린 아이를 신뢰하지 못하는 심리이다. "어린 아이가 뭘 알아! 어떻게 어린 선생 노릇을 해!" 사회의 일을 이해하지 못하는 사람은 이구동성으로 이렇게 말한다. 그러나 이는 조금도 근거가 없는 모욕이다. 우리는 시작하면서 이와 같은 장애물을 반드시 없애야 한다. 보급교육을 일으키는 첫째 날 반드시 오락대회를 열어서, 어린 선생들의 가족을 함께 흡수하여 들여와야 한다. 이 대회 안에서, 지도교사는 반드시 보급교육과 중화민족 존망의 관계를 힘을 다하여 충분히 잘 나타내고, 동시에 어린 선생의 능력을 충분히 증명해야 한다. 그는 배움을 좋아하는 다른 곳의 노인과 어린 선생의 성과를 생생하게 만들어 보고할 수 있다. 그는 아울러 반드시 그 지방의 유능한 어린 아이가 대회장에서 진정한 역량을 표현해 내도록 하여, 모두가 대회장에서 집으로 돌아가면서 가져가는 선물은: (1) 사람마다 반드시 배워야 한다; (2) 어린 아이가 선생이 될 수 있다; 가 되도록 한다.

지도교사는 반드시 하나의 불로 두 곳을 불타오르게 해야 한다. 그는 한 방면으로 어린 아이의 열정적인 마음을 불타오르게 하고, 각각의 어린 아이가 모두 어린 선생이 되기를 원하며, 다시는 지식을 지키는 노예 노릇을 하지 않도록 해야 한다. 이 일은 매우 쉽게 성공하며, 대개 모름지기 한 번의 강연이면 될 것이다. 다른 한 편으로는, 그는 어른의 열정을 불타오르게 하고, 각각의 어른이 모두 예를 갖추어 어린 아이가 선생이 되는 것을 원하며, 다시는 어린 친구를 경시하지 않도록 해야 한다. 이는 비교적 하기 어려운 일이지만, 그러나 열정, 지혜와 부단한 노력은 결국 당신이 성공하도록 만들 것이다. 한 어린 선생의 어머니가 기꺼이 배우려 하지 않자, 그는 나에게 지시를 요청했고, 나는 그에게 말하였다. "너의 어머니가 너가 어머니께 바치는 학문을 기꺼이 받아들이지 않으면, 너도 어머니가 끓여낸 밥을 먹지 말아라. 만약 한두 끼 굶주릴 결심이 있으면, 나는 네가 실망하지 않는다고 보증한다." 이러한 유형의 방책은, 필요한 때를 만나면, 한 번 시도할 수 있다. 가난한 나라의 보급교육의 가장 중요한 열쇠는 어린 선생이다. 이 열쇠의 대부분은 지도교사(교장 포함)의 손 안에 쥐어진다. 지도교사가 수수방관(袖手傍觀)한다면 보급교육 운동은 아이의 놀이로 변하지만, 지도교사가 몸소 모범을 보이면, 즉 아이의 놀이가 보급교육 운동으로 변한다. 이 때문에 지도교사가 반드시 어린 선생들의 대오에 가입하여 함께 해 가야지만, 비로소 성공의 희망이 생긴다. 만약 지도교사 자신의 눈빛이 멀리 보지 못하거나, 나태하여 발전이 없거나, 평소 어린 선생이 스스로 생겨나고 스스로 사라지게 만든다면, 싸움에서 진 다음에도, 여전히 허울좋은 말만 하게 된다: "나는 일찌감치 예상하였어. 어린 아이가 무슨 선생을 하겠어?" 이런 종류의 인재는 보급교육의 죄인이다. 솔직히 말해, 열정적인 지도교사의 지도 하에 있는 어린 선생은 모두 상당한 성과를 가지고 있다. 어린 선생이 성과가 하나도 없다면, 오직 지도교사가 냉혹하게 노력하지 않았음을 증명하는 것이다.

이 글은 1934년 4월 1일 《생활교육》 제 1권 제 4기에 실린 글이다.

29. 교육의 새로운 삶
教育的新生

우주는 움직이고 있고, 세계도 움직이고 있으며, 인생도 움직이고 있는데, 교육이 어찌 움직이지 않을 수 있겠는가? 게다가 멈추지 말고 움직여야 하고, 일단 멈추면 즉 사라진다! 어떻게 움직이는가? 어디로 향하여 움직이는가?

우리가 교육의 동향에 대해 탐구하고자 한다면, 우선 전통교육과 생활교육의 대립을 알아야 한다. 한 방면으로는 생활교육이 전통교육을 향해 공격하고, 또 한 방면으로는 전통교육이 생활교육을 향해 응전한다. 이 전례 없는 전쟁터에서 왔다갔다하고, 충돌을 완화하며, 때로는 왼쪽에 때로는 오른쪽에 있는 것이 개량교육이다. 교육의 동향은 즉 이 전쟁터의 최전선에서 탐구한다.

전통교육자는 교육을 하기 위해 교육을 하며, 교육과 생활을 분리한다. 좀 개량하면, 바로 우리는 "교육 생활화"와 "교육 즉 생활"의 구호와 마주치게 된다. 생활교육자는 "생활 즉 교육"을 인정한다: 좋은 생활이 바로 좋은 교육이다, 나쁜 생활이 바로 나쁜 교육이다, 앞으로 나가는 생활이 바로 앞으로 나가는 교육이다, 뒤로 물러나는 생활이 바로 뒤로 물러나는 교육이다; 생활 속에 변화가 일어나면, 비로소 교육의 변화가 일어난 셈이다. 우리는 생활로써 생활을 개조하는 것을 주장하고, 진정한 교육 작용은 생활이 생활과 마찰하게 하는 것이다.

교육을 위해 교육을 하는 것은, 조직 방면에서는 학교를 위해 학교를 운영하는 것이다. 학교와 사회 중간에는 높은 담이 만들어졌다. 개량하는 사람은 문을 절반 열고 "학교 사회화"를 하는 것을 주장한다. 그들은 사회 속의 물건을, 몇 가지 표본을 골라서, 좀 축소하여 학교 안으로 옮겨 들어가면, "학교 즉 사회"라는 한 마디의 유행하는 격언을 이루는 것이다. 이렇게, 하나의 작은 새장은 확대되어 풍성한 화원 속의 큰 새장이 될 징조가 된다. 그러나 그것은 결국 하나의 새장이지, 새의 세계가 아니다. 생활교육자는 담을 뜯어 없애자고 주장한다.

우리는 "사회 즉 학교"를 인정한다: 이런 종류의 학교는 푸른 하늘을 지붕으로 하고, 대지를 바닥으로 하며, 이십팔수(二十八宿)[천문학에서 하늘의 별자리를 28자리로 나눈 것]를 울타리로 하는, 사람마다 모두 선생이고, 모두 학생이며, 모두 학우이다; 사회적 역량을 운용하지 않는다면, 바로 무능한 교육이며, 사회의 요구를 이해하지 못하면, 바로 맹목적인 교육이다. 만약 우리가 사회를 하나의 더 비할 바 없는 위대한 학교라고 인정한다면, 즉 자연스럽게 사회의 역량을 운용함으로써, 사회의 요구에 응하여 해결할 수 있다.

학교를 위해서 학교를 운영하면, 그것의 방법은 반드시 교훈하는 것에서 중점을 두게 된다. 교훈을 주는 사람은 선생이고, 교훈을 받는 사람은 학생이다. 좀 개량하면, 교학(教學)(학생에게 배움을 가르치는 것)이다. 선생은 가르치나 실행하지 않고, 학생은 배우나 실행하지 않으면, 무슨 쓸모가 있는가? 이리하여 "가르침과 배움과 실행함의 합일"의 이론이 응하여 움직여 일어난다. 일을 어떻게 해야 하는가가 바로 어떻게 배워야 하는가 이고, 어떻게 배워야 하는가가 어떻게 가르쳐야 하는가 이다. 가르치지만 실행하지 않으면, 가르침이라고 볼 수 없고, 배우지만 실행하지 않으면, 배움이라고 볼 수 없다. 가르침과 배움은 모두 실행함으로써 중심을 삼으며, 실행함 위에서 가르치는 사람이 선생이고, 실행함 위에서 배우는 사람이 학생이다.

교훈은 책 속에 숨어 있어서, 선생은 죽은 책을 가르치고, 죽도록 책을 가르치며, 책을 가르치다 죽는다. 학생은 죽은 책을 읽고, 죽도록 책을 읽고, 책을 읽다 죽는다. 개량하는 사람은 옳지 않다고 여겨, 반은 노동하고 반은 책을 읽는 것을 제창하였으나, 노동하는 것과 책을 읽는 것이 관계가 없어서, 또한 죽는 것(死)이 많다: 죽은 노동을 하고, 죽도록 노동을 하고, 노동을 하다가 죽는다. 공학단(工學團)은 핍박당하고 있지만 흥기(興起)하고 있다. 공(工)은 노동이고, 학(學)은 과학이고, 단(團)은 단체이며, 그것은 목적은 "노동을 하여 학생을 부양하고(工以養生)", "배워서 학생을 밝히며(學以明生)", "단결하여 학생을 보호한다(團以保生)"는 것이다. 단체는 하나의 기관이 아니다. 힘의 응결이고, 힘의 집중이며, 힘의 조직이고, 힘의 공동발휘이다.

죽은 책을 가르치고, 죽은 책을 읽는 것은 문제를 제기하는 것을 허락하지 않아서, 이 시기는 문제가 없다. 개량파는 이것의 경직됨을 싫어하여,

문제를 토론하자는 제의를 한다. 왜냐하면 교실 안에 고담활론(高談闊論)[고상하고 오묘한 의론을 끊임없이 주고받는 것]이 있어야, 생기가 있는 것으로 느껴지기 때문이다. 그러나 앉아서 말만하고, 일어나 행동하지 못하면, 어떤 유익한 점이 있는가? 문제가 생활교육자의 손 안에 이르면 반드시 해결하고서야 비로소 손을 놓는다. 문제는 생활 속에서 발견하고, 문제는 생활 속에서 연구하며, 문제는 생활 속에서 해결하는 것이다.

문제가 없는 것은 정신(心)과 육체(力)가 모두 노동을 하지 않는 것이다. 책바보는 육체노동을 하지 않을 뿐 아니라, 또한 정신노동도 하지 않는다. 진일보한 것은, 사람들에게 정신노동을 가르치는 것이다. 개량적 생산교육자는 도련님과 아가씨에게 생산을 가르치자고 제창하였는데, 그들이 내 건 간판은 정신노동자에게 육체노동을 가르치자(教劳心者劳力)는 것이다. 허다한 공구를 써버리고, 잠깐 동안 놀고는, 한 장의 졸업장을 얻으니, 도련님과 아가씨들은 도대체 물품을 생산하지 않으며, 그러나 어린 아이를 생산하는 것이다. 결과는 두 배로 소모하는 것이니, 생활교육자가 주장하는 "육체노동에 정신노동을 더한다(在劳力上劳心)"는 것을 끝까지 관철하여야 하고, 중도에서 그만두어서는 안 된다.

정신과 육체가 모두 노동하지 않으면, 반드시 이미 만들어져 있는 지식을 받아들일 수 밖에 없다. 우선 학교 안에서 이미 만들어져 있는 지식을 가득 채우고, 비로소 사회 속으로 들어가 행동하는 것이다. 왕양명 선생이 말한 "앎이 행동의 시작이며 행동이 앎의 완성이다(知是行之始, 行是知之成)."는 이런 종류의 교육을 비추어 쓴 것이다. 그가 말한 "알면 바로 행동한다(卽知卽行)"와 "앎과 행동의 합일(知行合一)"은 진일보 한 사상을 대표한다. 생활교육자는 이 이론을 근본적으로 뒤집어 엎는다. 우리가 제출하는 것은 "행동이 앎의 시작이고, 앎이 행동의 완성(行是知之始, 知是行之成)"이다. 행동이 부모라면, 지식은 그 아들이고, 창조는 그 손자이다. 행동하는 용기가 있어야, 비로소 참된 지식의 수확이 있다.

이미 만들어진 지식을 전수한다는 것의 결과는 옛 것을 본받는 것인데, 황금시대는 과거에 있는 것이다. 진일보한 것은 부흥(復興)의 신념인데, 그러나 되풀이(復)해야 하면, 흥(興)할 수 없으니, 흥하려면 되풀이해서는 안 된다. 예를 들어, 지구의 운행은 영원한 전진이며, 되돌아 올 가능성은 없다. 사람은 단지 봄, 여름, 가을, 겨울의 끊임없는 순환을 볼 뿐, 그것이 태양을 따라 매우 큰 속력으로 직녀성을 향해 쏜살같이 달려가는 것이기에, 올해 지구가 가는 길이 절대 그것이 작년에 갔던 길이 아닌 것을 모른다. 우리는 단지 앞을 향하여 개척하고 창조할 수 있을 뿐, 무엇도 되풀이될 수 있는 것은 없다. 시대적 수레바퀴는 우리의 손 안에 있고, 황금시대는 앞에 있고, 그리고 미래에 있다. 노력하여 창조하라!

이미 만들어진 지식은 처음에는 전해 내려오는 집의 보물이었고, 자녀들조차도 모두 비밀을 지켜야 했다. 후에, 보통의 지식은 상품으로 만들어 팔았다. 돈이 있고, 여유가 있고, 체면이 있는 사람이 비로소 이런 지식을 얻을 수 있었다. 특수한 이익 및 손해의 지식은 여전히 권력이 있는 자가 독점한다. 생활교육자는 즉 이런 지식의 개인소유를 타파해야 하고, 천하위공(天下爲公)[온 세상은 모두가 공유하는 것이다]은 보급교육 위에 건설되어야 한다.

지식이 이미 집에서 전해 내려오는 보물이면, 최초에 이런 보배를 얻는 사람은 반드시 명문가였고, 반드시 사대부였다. 그래서 사대부의 자식이 항상 사대부가 되었고, 사대부의 자식이 농사를 짓는 이치를 물으면 소인(小人)이라고 욕을 먹었다. 이러한 종류의 상황 아래서, 교육은 단지 소수의 사람들이 누리는 것이었다. 개량하는 사람은 만족하지 못하고, 교육을 평민에게 바치고, 사대부의 관점에서 다수의 사람들의 교육을 하려고 했다. 최근 몇 년간, 거행된 평민교육, 민중교육은 매우 적은 수만이 이 올가미를 뛰어나올 수 있었다. 생활교육자는 대중 스스로가 지원하는 것에 따라 하도록 대중을 교육해야 하며, 지식인에게 속임수(玩把戲)를 쓰지 못하게 한다. 진정 깨달은 지식인은 마땅히 다시는 이런 원숭이 연극으로 장난하지 말아야 하며, 대중이 연합하여 스스로 하도록 가르쳐야, 비로소 진정한 대중교육이다.

지식이 이미 집에서 전해 내려오는 보물이면, 그럼 최초에 이 법보(法寶)[신화에서 요괴를 제압할 수 있는 보물]을 전한 사람은 반드시 집안 어른이다. 어른이 어린 아이를 가르치는 것은 불변의 진리이다. 후에 큰 아이가 선생의 조수나 반장, 지도생(導生)이 되는 것은, 모두 큰 아이가 작은 아이를 가르치는 예이다. 그러나 어린 선생이 나타나면, 이 모두가 천지개벽(天翻地覆)된다. 우리는 어린 아이가 어린 아이를 가르칠 뿐 아니라, 큰 아이를 가르치고, 청년을 가르치고, 노인을 가르치고, 일체의 지식 낙오자 선배들을 가르치는 것을 직접 보았다. 어린 아이가 대중을 연합하여 스스로 하도록 가르치면, 비로소 진정한 아동교육이다. 어린 선생은 여성 초보교육을 보급하는 어려움을 해결할 수 있다. 어린 선생은 중화민족이 젊음을 되찾게 할 수 있다. 어린 선생이 "알면 바로 다른 사람에게 전한다(即知即傳人)"를 실행하는 것은 지식의 사유를 분쇄함으로써, "천하위공(天下爲公)"을 영원히 흔들리지 않는 기초로 심는 것이다.

이 글은 1934년 10월《신생주간(新生周刊)》제 1권 제36기에 실린 글이다.

30. 전통교육과 생활교육은 어떤 차이가 있는가?

传统教育与生活教育有什么区别

이전 일요일에 늦게 와서, 듣자 하니 여러분이 여기에서 매우 흥미있는 문제를 토론했는데, "사람을 잡아먹는 교육(吃人教育)과 생활교육(生活教育)은 어떤 차이가 있는가?"라고 했다. 나는 토론에 참여할 수 없어서, 견해를 발표할 수 없었다. 오늘 또 늦게 왔지만, 지금 나는 약간의 의견을 발표하고자 한다.

사람을 잡아먹는 교육과 생활교육은 어떤 차이가 있는가? 내 생각은 "전통교육과 생활교육은 어떤 차이가 있는가?"라고 하는 편이 낫다. 이른바 사람을 잡아먹는 교육이, 즉 전통교육을 가리켜서 하는 말인 것이다. 현재, 우리는 이렇게 말할 수 있다: 전통교육은 사람을 잡아먹는 교육이다; 생활교육은 사람을 잡아먹는 교육을 타도하는 것이다. 전통 교육은 어떻게 하여 사람을 잡아먹는 교육인가? 사람을 잡아먹는 두 가지 방법이 있다.

(1) 학생 자신이 자신을 잡아먹도록 가르친다

그것은 학생이 죽은 책을 읽고, 책을 죽도록 읽도록 가르치고, 그것은 학생의 생활력, 창조력을 없앤다. 그것은 학생이 손을 움직이고, 머리를 쓰도록 가르치지 않는다. 교실 안에서는, 단지 교사의 강의를 듣는 것만 허락할 뿐, 질문은 허락하지 않는다. 조금 좋은 곳은, 교실 안에서 질문이 허락되지만, 그러나 그가 대 사회 안, 대 자연 안으로 가서 활동하는 것은 허락하지 않는다. 초등학교(小學)에서 대학교까지, 16년의 교육을 일단 받으면, 아편을 피우는 중독자(煙蟲)처럼 되어, 어깨는 쳐들 수도 없고, 손은 쥘 수도 없으며, 안색은 누렇고 몸은 수척하고, 너무 약해서 바람도 막아내지 못한다. 다시 더하여 월례고사, 학기고사, 졸업고사, 연합고사, 진학고사 등의 고시를 거쳐야 하며, 대학을 졸업하고 나오게 되면, 발도 움직이지 않고, 손도 움직이지 않고, 머리도 닳아 없어지고, 신체의 건강도 없어져서, 대학을 졸업하는 것이 바로 관에 들어가는 것이다. 이것이 책을 읽다가 죽는다고 하는 것이다. 이것이 바로 학생 자신이 자신을 잡아먹도록 가르치는 것이다.

(2) 학생이 다른 사람을 잡아먹는 것을 가르친다

전통교육은, 사람들에게 정신노동을 가르치고 육체노동은 가르치지 않으며, 육체노동자에게 정신노동을 가르치지 않는다. 그는 다시 말하기를 "정신노동자는 사람을 다스리고, 육체노동자는 다스림을 받는다(勞心

者治人, 勞力者治于人).”라고 하는데, 좀 더 분명하게 말하면, 그는 사람에게 관직에 올라 부자가 되라(升官發財)고 가르치는 것이다. 누구의 재물을 버는 것인가? 바로 농민, 노동자의 재물을 버는 것이다. 왜냐하면 농민, 노동자만이 가장 대다수의 생산자이기 때문이다. 그들은 농민, 노동자의 피와 땀, 생산품을 먹어 치워서, 농민, 노동자 스스로가 충분히 먹지 못하게 하니, 즉 사람을 잡아먹는 교육이라 불리는 것이다.

생활교육은 전통교육과 딱 서로 반대된다.

(1) 생활교육은 학생 자신이 자신을 잡아 먹으라고 가르치지 않는다

생활교육은 사람이 사람 노릇을 하도록 가르쳐야 하고, 생활교육은 사람들에게 생활을 가르쳐야 한다. 건강은 생활의 출발점이고, 그것의 첫 번째는 건강을 중시하는 것이다. 생활교육은 사람을 죽이는 각종 고시(考試)를 반대하고, 생활교육은 단지 창조적 평가를 해야 하며, 또한 사람이 고시를 다그치다가 사람을 다그쳐 죽도록 만들지 않는다. 간단히 말하면, 생활교육은 사람들에게 살아있는 책을 읽고(讀活書), 책을 살아있게 읽고(活讀書), 책을 읽으며 살아가는 것(讀書活)을 가르친다.

(2) 생활교육은 또한 학생이 다른 사람을 잡아먹는 것을 가르치지 않는다

생활교육은 사람들에게 관직에 올라 부자가 되라고 가르치지 않으며, 생활교육은 단지 중국의 민중에게 일어나서 주인이 되고, 자신의 주인이 되며, 정부의 주인이 되고, 기계의 주인이 되라고 가르칠 뿐이다. 생활교육은 사람들에게 육체노동에 정신노동을 더해야 한다(在劳力上劳心)고 가르친다. 즉 어떤 사람이 관리가 되어 나오게 되면, 그는 농민과 노동자를 섬겨야 하고, 농민 혹은 노동자를 잡아먹는 사람이 있는지 살펴야 하며, 그는 농민, 노동자를 도와 그를 제거해야 한다. 관리가 되는 것이 나쁜 것이 아니며, 단지 농민, 노동자를 섬길 수 있기만 하면, 바로 좋은 관리인 것이다. 그는 더욱 사람들을 "노동을 하여 학생을 부양하고(工以養生)", "배워서 학생을 밝히며(學以明生)", "단결하여 학생을 보호하도록(團以保生)" 가르쳐야 한다. 더욱 분명하게 말하면, 대중의 노동으로써 대중의 생명을 부양하고, 대중의 과학으로써 대중의 생명을 밝히며, 대중적 단체의 힘으로써 대중의 생명을 보호하도록 대중을 가르치는 것이다.

어린 선생이 이웃 아이들에게 책 읽는 것을 가르친다.

이 글은 1934년 12월 1일 《생활교육》 제1권 제20기에 실린 글이다.

31. 가정주부와 보급교육
家庭妇女与普及教育

근래에 몇 분의 보급교육에 관심이 있는 앞서 나가는 가정주부가, 동시에 보급교육에 대해서 노력하려고 하는데, 이것은 보고할 수 있는 좋은 소식이다. 그녀들은 나에게 와서 여러 번 토론했는데, 나는 그녀들의 건의의 세 가지 점에 대해서, 현재 앞서 나가는 가정주부들께 가르침을 청하고자 글을 쓴다.

(1) 가정을 개방하자

중등 가정의 문호는 기꺼이 개방하지 않으며, 만약 기꺼이 개방한다면, 단지 마작을 하는 것이다. 외부의 사람을 오라고 약속하여 그와 몇 날 몇 밤을 도박을 하는 것은 모두 괜찮으나, 그러나 당신이 그에게 교육문화의 일을 좀 하려고 개방해 내려 하면, 그것은 허가를 얻기가 매우 어렵다. 그들에게 있는 것은 널찍한 방이지만, 오히려 그것을 빈 채로 두게 하고, 기꺼이 다른 사람이 쓰도록 빌려주지 않는다. 가난한 사람의 가정은 그렇지 않다. 그들에게 있는 것은 단지 하나의 다락방이거나, 혹은 하나의 작은 거실(客堂)이고, 혹은 하나의 부뚜막뿐이지만, 모두 기꺼이 가난한 아이가 책을 읽도록 빌려준다. 예를 들면, 신문을 파는 어린 아이 여공의(呂公義)의 어머니는 한 분의 가장 좋은 사람이다. 그의 한 장(丈) [길이의 단위. 1장(丈)은 약 3.33m] 정방형의 작은 방 속에서, 매일 열 명의 어린 아이가 와서 책을 읽는다. 화영근(華榮根)의 부모는 꽃을 파는 것에 의지해 살아가는데, 그들의 유일한 거실은 여덟 어린 아이의 책방이 되었다. 내가 말한 것은 두 가지의 사례에 불과하지만, 이렇게 후한 가난한 사람은 가는 곳 마다 찾아낼 수 있다. 우리가 그들에게 배우는 게 마땅하지 않는가? 가정주부는 대개 자녀가 아직 크게 자라지 않았고, 집안 일이 매우 많아서, 항상 밖에 나가 사회봉사를 하는 것이 불편하다. 그러나 만약 기꺼이 가정을 매일 한 두 시간 개방하면, 독서회나 공학단(工學團)을 조직하여, 부근의 입학기회가 없었던 부녀를 초대하거나 혹은 어린 아이가 와서 참가하게 된다. 이는 하나의 매우 의미 있는 일이 아닌가? 만약 자신이 이런 종류의 독서회 혹은 공학단을 주최하기를 원하지 않으면, 집의 방을 빌려서 다른 사람에게 주어 설립하게 해도 무방하다. 다른 사람에게 빌려주어 설립하는 것은 자신이 주최하는 것과 똑 같은 의미가 있다.

(2) 어린 선생의 활동을 허락하자

만약 여러분 자신에게 학교에서 책을 읽는 아이가 있다면, 그들을 어린 선생이 되도록 격려하고, 독서회 혹은 공학단을 운영하도록 도와주거나, 최소한 그들이 인력거꾼, 늙은 하녀, 혹은 이웃의 빈곤한 아이를 가르치도록 허락해야 한다. 만약 집 안에 책을 읽는 아이가 없으면, 다른 어린 선생이 집 안에 와서 이런 사람들이 배움을 구하는 것을 도와주도록 허락할 수 있다. 어린 선생은 가슴 가득히 뜨거운 피를 품고 와서 사회봉사를 하는데, 차가운 물을 그들의 머리 위에 끼얹으면 절대로 안 된다. 만약 어린 선생들이 그림, 책과 신문을 가지고 있으면, 당신들은 그들을 격려하여 함께 아주 작은 유통되는 도서관을 설립하여, 사람마다 책을 빌려가 보게 할 수도 있다. 당신들은 약간의 돈을 기증하거나, 혹은 그들이 약간의 돈을 기증하는 것 대신에, 책을 많이 살 수도 있다. 이 두 가지 일은 매우 하기 쉬운 것이다. 현재 학교 교육을 받지 못한 많은 부녀가 이미 어딘가에서 설립하였고, 게다가 운영하여 성과도 생겼다. 학교 교육을 받은 부녀가 만약 기꺼이 설립한다면, 특별히 더 쉽게 운영해 낼 것이다. 당신들이 운영한 일이 성과를 얻을 때가 되고 나면, 스스로의 경험을 다른 친구들에게 알려주고, 나아가 그들도 시험 삼아 해 보도록 격려할 수도 있다. 이러한 당신들의 보급교육에 대한 것들은, 분명히 매우 크게 기여를 하는 것이다.

이 글은 1935년 11월 19일 《조간신문, 보교주간》에 실린 글이다.

제4부

전투(1936~1939: 항일전쟁 및 전쟁 후의 내전 반대 등의 정치적 열정)

32. 전투
战斗

전투가 즉 생명이니, 전투 중에 우리는 생명의 힘을 얻고, 전투 중에 우리는 생명의 의미를 얻는다. 힘이 없으면, 의미의 생명이 없으면, 그것을 얻기 위해 무엇을 해야 하는가? 그러나 인류 가운데, 어떤 것은 기쁜 전투고, 어떤 것은 기쁘지 않은 전투이니, 이것은 어떤 이치인가? 이런 전투성은 어떻게 잃어버릴 수 있는가?

어떤 사람은 전투력은 더 큰 전투력에게 의해 없어질 수 있다고 말한다. 이는 얕은 견해이다. 하나의 의식이 진보된 집단의 전투력은, 의식이 낙후된 집단의 더 큰 전투력을 만나면, 일시적인 진압을 받게 된다. 이런 종류의 진압은 그것이 새로운 전투기술을 생산해 내게 하고, 새로운 전투요원을 번식해 내게 하여, 그 다음에 그 더 큰 전투력을 극복할 수 있다. 의식이 진보된 전투력은 진압을 당할수록 더 단련되고 연마되어, 더욱 찬란한 빛을 발하게 되고, 더욱 적진 깊숙이 돌격하여 함락시킬 수 있다. 그러면 전투성을 사라지게 할 수 있는 물건은 도대체 무엇인가? 황금!

미인! 고급 술! 큰 벼슬! 그리고 또한 이런 것보다 마취력이 열 배 백 배 더 큰 것은, 그렇게 많고도 많은 왜곡된 이론들이다. 박애! 적을 사랑하라! 총명하고 사리에 밝으면 자신의 몸을 보존한다(明哲保身)! 운명을 하늘에 맡겨라! 오십 년을 기다려라! 3일이면 중국이 망한다! 무저항주의! 장기 저항주의! 한 편으로는 협상하고 한 편으로는 저항하는 주의! 무기가 충분하지 않아 저항할 수 없다는 주의! 십 년 동안 힘을 모아 십 년 동안 나라를 부강하게 하자는 주의! 신체발부수지부모(身體髮膚受之父母)라 하여 감히 훼손하지 못하는 주의! 밖을 물리치는데 반드시 먼저 안을 안정해야 하고, 안을 안정하고 나서야 비로소 밖을 물리칠 수 있다는 주의! 독서가 나라를 구한다, 과학이 나라를 구한다, 건설이 나라를 구한다, 화폐제도가 나라를 구한다, 소속 조직(本位)이 나라를 구한다, 영웅이 나라를 구한다는 주의! 우리는 반드시 이런 유형 무형의 마취품을 한 번에 깨끗이 쓸어버려야 하고, 위대한 중화민족의 전투력이 바로 천군만마와 같이 앞을 향해 돌진해 온다면, 누가 저항 할 수 있을까?

전투는 용감함을 낳는다. 당신이 민족해방연합전선 위의 전사가 되자마자 즉시 용감함이 백배가 되어, 아무것도 두렵지 않을 것이다. 당신이 민족해방은 반드시 전쟁을 이용하여 얻을 수 있는 것을 이미 안다면, 자연히 낙관할 수 있을 것이다. 만일 강 건너 불 보듯 하거나, 전투에 기꺼이 참가하지 않으면, 당신은 분명 두려워하고, 비관하며, 실망하고, 타락하고, 심지어는 자살에 이르러야 한다. 이는 도피할 수 없는 것이다.

전투에 참가하지 않는 사람은 시합의 축구공, 쪼개진 수박, 팔려간 새끼돼지가 되어, 그야말로 사람 같지 않은 것이다. 적이 도착해서도, 자신이 기꺼이 전투에 응하지 않으면, 오히려 마취가 다른 사람을 위협하여,

다른 사람이 모두 저항하지 못하게 하니, 이는 더욱 민족의 죄인이다. 전해지는 말로는, 한 번은 어떤 OO병사가 OO성정부(省政府) 입구까지 걸어와서, 호위병의 총검에 성냥을 그어서 담배를 피웠다고 한다. 그 호위병은 마취의 이론에 훈련되어 꼼짝도 하지 않았고, 한 덩어리의 라이터돌로 변해버렸으니, 그는 완전히 전투성을 잃어버려서, 만물의 영혼에서 광물의 대오로 들어가 버린 것이다.

마취물 외에, 우리가 아직도 해서는 안 되는 것을 가리키자면, 그것은 사적인 전투(私鬪)이다. 일종의 사이비(似是而非)적인 전투인 것이다. 한 구의 말, 한 자의 어휘, 하나의 동전, 한 점의 의의를 위하여, 어떤 사람들은 피가 나도록 때려서 머리를 부수지만, 결국 공공의 큰 원수는 잊어버린다. 이런 절대 절대로 작고도 작은 사적인 전투는 민족의 전투력을 낭비한다. 그래서, 이 부끄러운 사적인 전투의 감정은 뿌리까지 뽑아버려야, 우리는 비로소 민족의 연합전선 위의 전사가 되었다고 할 수 있다. 불평등한 전투는, 비정상적인 전투이고, 역사를 만드는 전투이다. 중화민족이 낙후된 무기를 사용하여, 일본제국주의와 전투하는 것은 당연히 극히 불평등한 전투이다. 마찬가지로 아비시니아[Abyssinia: 에티오피아의 옛 이름]가 이탈리아의 제국주의에 저항하는 것도 하나의 극히 불평등한 전투이다.

불평등한 전투 위에서, 우리의 총과 대포, 비행기가 비록 적에 비해 낙후된 것은 모두 두려워하기에 충분하지 않고, 단지 연합의 의식이 적에 비해 진보해 있으면, 반드시 일체의 어려움을 극복할 수 있고, 최후의 승리를 얻는다.

중화민족은 이미 생존과 죽음의 기로에 도달하였는데, 무릇 마취를 당하여 전투하지 않거나, 혹은 사적인 전투 속에 미련을 두는 사람은, 모두 역사의 거대한 파도에 추려내 져야 하고, 남은 진정한 투사는 그들의 뜨거운 땀과 신선한 피를 사용해 새로운 역사를 한 장 한 장 써서 완성한다.

"1 · 28" 전투[1932년 1월 28일. 제 1차 상하이 사변]는 이 영광의 새로운 역사의 한 부분의 한 페이지이다. 이는 "3일이면 중국을 망하게 할 수 있다(三日可亡中國)"는 잘못된 추측을 부숴버렸다. 그것은 우리에게 분명히 말하는 것은, 전투만이 비로소 중화민족의 나갈 길이라는 것이다. 그것이 또한 우리에게 분명하게 말하는 것은, 중화민족해방전투에 참가하는 것 만이 비로소 중국인이 된 의의가 있는 것이고, 비로소 진정한 중국인이라고 할 수 있다는 것이다. 그것이 여전히 우리에게 분명하게 말하는 것은, "민족영웅"에 기대지 말고, 대중을 조직하여 나라를 구하는 책임을 맡겨야만, 비로소 진정한 구국(救國)이라는 것이다. 이 글자는 완전히 "1 · 28" 전투, 동북의용군[35]의 전투, 그리고 다른 전투들이 우리에게 제공하는 내용이다. 그것은 한 편으로 "1 28" 전투의 의의를 설명하였고, 또 한 편으로 전국국민이 모두 함께 이 전투의 의의를 확대하여 얻어서, 일제히 일어나, 우리의 땀과 피를 사용해 이 위대하고 영광된 새로운 역사의 부분을 계속 써 나가야 한다.

이 글은 1936년 2월 1일 《생활교육》 제 2권 제 23기에 실린 글이다.

---

35 1931년 9월 18일 만주사변 이후, 중국공산당이 국민이 무장하여 항일운동을 호소하자, 동북 각지에서 국민들과 국민당 일부분이 동북의 애국군대에서, 잇달아 의남군, 구국군, 자위군 등 항일 무장하여 다음해 30만 명으로 발전하였다. 통칭하여 "동북항일의용군"이라 불렀다.

33. 아동절에 전국 교사와 담화하다
儿童节对全国教师谈话

아동의 교사는 마땅히 어떻게 해야 하는가? 나는 이 문제를 가지고 스스로에게 물어보았고, 친구에게 물어보았으며, 많은 초등학교 교사에게 물어보았다. 현재 중화민국은 이미 생사의 고비에 이르렀는데, 우리 교사가 된 사람이 마땅히 어떻게 하여야 비로소 국난을 해결하는데 도움이 되고, 국난을 더 심해지지 않도록 할 수 있겠는가? 나는 자주 이 문제를 가지고 사람들에게 물었고, 지금은 사람들도 자주 이 문제를 가지고 나에게 묻는다. 이것이 나의 대답이다:

첫째, 진리를 추구한다. 어린 아이는 진보하는 것이 매우 빨라서, 교사는 반드시 끊임없이 진보를 해야지만, 비로소 어린 아이를 가르칠 수 있다. 진보하지 않는 사람은 사람을 가르치는 것에 어울리지 않고, 사람을 가르칠 수 없으며, 또한 사람을 가르쳐도 기쁘지 않다. 어린 아이는 빨리 당신을 따라잡는다! 당신은 빨리 낙오될 것이다! "후생가외(后生可畏)"는 하나의 체면을 차리는 말이 아니라, 한 분의 교사가 어린 아이의 생기

넘치는 진보의 압박을 받은 후, 자기자신과 일체의 교사에게 제출한 경고이다. 끊임없이 진리를 추구해야만 겨우 이러한 공포를 면할 수 있다. 또한 이런 종류의 공포를 면해야만, 비로소 어린 아이를 가르칠 수 있으며, 그렇지 않으면 어린 아이를 두려워하기 때문에, 어린 아이를 학대 할 것이다. 만약 "어린 아이"를 "청년"이라고 바꾸면, 그러면, 상황은 더욱 심각하다. 내가 공개적으로 밝혔듯이, 행동과 떨어진 진리는 마치 사교계 여성 손 위의 다이아몬드 반지와 같다. 우리가 추구해야 하는 것은 행동하는 진리이며 진리의 행동이다(Truth in Action). 이런 종류의 진리는 소파 위에 앉아 여송연을 입에 물고서 뿜어 내면서 할 수 있는 것이 아니다. 행동하는 진리는 반드시 진리의 행동을 하는 중에 비로소 추구하여 얻을 수 있다. 당신이 호랑이 굴에 들어가지 않으면, 어떻게 호랑이 새끼를 잡을 수 있겠는가?

둘째, 진리의 말을 이야기한다. 진리를 적나라하게 나오게 하여 어린 아이와 만나게 한다. 그에게 천사의 옷을 입혀줘도 안 되고, 마귀의 가면을 씌워줘도 안 된다. 당신이 일자리를 위하여, 시원한 사람이 되기 위하여, 생명을 위하여, "진리"를 감금하거나 혹은 그를 총살하면 안 된다. 교사는 진리의 말을 이야기 할 수 있을 뿐이다. 거짓의 말을 이야기하는 것은 사기꾼이니, 어찌 교사가 될 수 있겠는가?

셋째, 거짓의 말에 반박한다. 거짓의 말을 이야기하는 사람이 너무 많다. 교사는 용기를 가지고 일어나 거짓의 말에 반박해야 한다. 진리는 태양이고 왜곡된 이론은 먹구름이다. 교사는 이 먹구름을 단숨에 입으로 불어 날려 버리고, 진리의 태양이 자연히 사람들에게 보이도록 해 주어야 한다.

넷째, 학생을 따라 배운다. 당신은 당신의 학생에게, 당신이 그 학생을 어떻게 가르쳐야 하는지를 가르치게 하여야 한다. 만약 당신이 기꺼이 당신의 학생을 향하여 마음을 비우고 가르침을 청하지 않으면, 당신은 그의 환경도 모르고, 그의 능력도 모르고, 그의 요구도 모른다. 그러면, 당신이 아무리 하늘만큼 큰 능력이 있다고 해도 그를 가르치고 이끌 수 없다. 그가 하얀 쌀밥을 먹고자 하는데, 당신이 반대로 항상 면을 만들어 그에게 먹으라고 준다면, 일은 두 사람에게 좋은 결과를 얻을 수 없다. 학생을 위해서만 아니라, 당신 자신을 위해서도, 당신도 당신의 학생에게 배워야 한다. 당신이 다만 어린 아이가 당신을 가르치는 능력이 있다는 것을 인정한다면, 당신은 오래지 않아 어린 아이가 당신을 가르칠 수 있는 일이 많다는 것을 발견할 수 있을 것이다. 오직 당신이 기꺼이 당신의 학생에게 학생이 되어달라고 간절히 원한다면, 그들은 당신의 "사상의 청춘"을 머무르게 할 수 있다. 그들은 당신을 위한 보험이며, 당신이 영원이 낙오되지 않도록 할 수 있다.

다섯째, 당신의 학생을 선생이 되도록 가르쳐라. 당신이 학생에게 배우는 것은, 학생을 당신의 선생이 되도록 가르치는 것이다. 만약 여기에서 멈춘다면, 결과는 선생과 학생이 함께 지식을 지키는 노예(守知奴)가 되는 것을 걱정해야 하며, 대중과는 털끝만큼도 관계가 없다. 당신은 반드시 진일보하여 당신의 학생이 다른 사람을 가르치도록 하여야 한다. 당신은 반드시 당신의 학생이 진리를 대중에게 열어 주도록 가르쳐야 한다. 당신은 당신의 학생이 진리의 횃불을 가져다 대중의 발전을 이끌도록 가르쳐야 한다.

여섯째, 학생, 대중과 함께 전선(戰線)에 선다. 교사가 학생과 함께 전선에 서지 않는다면 교사가 된 것이 아니다. 이것은 어떠한 말인가?

그는 서쪽 방향으로 가야 하는데, 당신은 오히려 그를 동쪽으로 가도록 가르친다거나, 반대로, 그는 동쪽 방향으로 가야 하는데, 당신이 오히려 그를 서쪽으로 가도록 가르친다고 하자. 이런 종류의 동문서답의 교육이 어떻게 실행될 수 있겠는가? 어떤 교사는 강제 수단을 사용하는 것을 개의치 않고, 학생을 교사가 지정한 노선을 향해 가게 하지만, 결과는 교사와 학생의 대치를 조성하며, 양립하지 못하는 상황으로 변한다. 양립하지 못하는 상황의 국면 아래서, 학생이 그의 지도를 받아들이도록 할 수 있겠는가? 이와 같을 뿐 아니라, 선생과 학생이 비록 하나로 뭉쳤다고 하더라도, 만약 그들의 연합 행동의 목표와 대중이 희망하는 바와 부합하지 않는다면, 여전히 다만 소수의 사람들의 결탁일 뿐, 시대가 용서하지 않을 것이다. 이 때문에, 교사가 된 사람은 반드시 학생, 대중과 전선(戰線) 위에 서서 진리의 싸움을 하여야만, 비로소 전진하는 교육이라고 할 수 있다. 현재 중국의 제일 큰 일은 중화민국 영토 주권을 온전하게 확보하는 것이고, 중화민족의 고생하는 대중의 자유와 평등을 쟁취하는 것이다. 교사와 학생, 대중 모두 이 큰 목표를 겨누어야, 비로소 하나의 전선 위에 설 수 있다. 교사와 학생, 대중이 이 전선 위에 서서 분투하여야, 비로소 진정한 국난을 해결하는 교육을 실행하고 있다고 할 수 있다. 당신이 만약 당신의 생명을 학생의 생명 속에 두고, 당신과 당신의 학생의 생명을 대중의 생명 속에 두면, 비로소 교사의 천직을 다 했다고 할 수 있다. 우리가 만약 위의 저 여섯 가지를 모두 해 낼 수 있다면, 현대의 교사로서 부끄럽지 않다. 이러한 교사가 민족해방, 대중해방, 인류해방에 대하여 공헌한다고 나는 믿는다.

이 글은 1936년 4월 1일 《생활교육》 제3권 제3기에 실린 글이다.

34. 새로운 대학 – 대중의 대학
新大学 - 大众的大学

새로운 대학은 무엇인가? 새로운 대학은 대중의 학교이다.

《대학》에서는 말한다: "대학의 도는 밝은 덕을 밝히는 데 있고, 백성을 새롭게 하는 데 있으며, 지극한 선에 머무르는 데 있다(大學之道在明明德, 在新民, 在止于至善)." 이것이 예전의 "대학의 도(道)"이다. 새로운 "대학의 도"는 다르다. 새로운 관점에 비추어 보면, 그것은 "대학의 도는 큰 덕을 밝히는 데 있고, 대중을 새롭게 하는 데 있으며, 대중의 행복에 머무르는 데 있다(大學之道在明大德, 在新大衆, 在止于大衆之幸福)."로 변한다.

무엇이 "큰 덕(大德)"인가? "큰 덕"은 대중의 덕이다. 대중의 덕은 세 가지가 있다. 첫째는 깨닫는 것이고, 둘째는 연합하는 것이며, 셋째는 해방을 쟁취하는 것이다. "명(明)"은 즉 이해하는 것인데, 대중이 스스로 대중의 덕을 이해하도록 가르쳐야 하는 그런 것이다.

"신대중(新大衆)"은 대중과 더불어 스스로 새로워지는 것이다. 대중은 본래 "대중의 덕(大衆之德)"을 이해할 수 있으나, 그러나 타고난 운명이라는 말과 별도의 미신을 믿어서 자신을 흐리멍덩하게 만들었다.

새로운 대학의 임무는 대중을 진리의 큰 바다 속에서 철저하게 씻고, 매일 매일 씻고, 일생 동안 늙을 때까지 씻도록 가르쳐서, 스스로의 머리를 항상 분명하고 또렷하게 만들고, 고통의 원인과 고통을 극복하는 노선을 인식하게 만드는 것이다.

"지(止)"는 겨냥한다는 의미이다. 새로운 대학의 일체의 과정 시설은 모두 대중의 행복을 향해 겨냥해야 한다. 대중이 행복을 쟁취하기 위해 필요한 것은 바로 가져다가 사람들을 가르치고, 불필요한 것은 가져다 사람들을 가르치지 않는다.

이전의 대학 속에서 만들어져 나오는 인재는 두 종류가 있다. 한 종류는 대중을 위해 기꺼이 일하지 않는데, 나는 이러한 종류의 사람에게 한 폭의 작은 묘사를 한 적이 있다.

> 대중의 땀을 흘리고,
> 대중의 밥을 먹어도,
> 대중의 일은 기꺼이 하지 않는다.
> 자태를 영감처럼 뽐내도,
> 대장부라 볼 수 없다.

두 번째 종류의 사람은 대중을 대신하여 일하지만, 그러나 야심이 왕성하여, 혼자서 도맡아 하려 하며, 심지어 대중 자신이 손을 움직여 하는 일도 못하게 하니, 이런 사람도 우리는 반대한다.

대중이 땀을 흘리고,
대중이 밥을 먹으며,
대중의 일은 대중이 한다.
만약 한 사람이 도맡아 하려 하면,
대장부라 볼 수 없다.

새로운 대학에서 양성하려는 인재는 이러한 종류의 사람이 아니다. 새로운 대학은 대중과 함께 일하는 인재를 양성해야 한다. 만약 새로운 대학이 지도자 인재를 양성하는 것을 피할 수 없다면, 새로운 대학은 기꺼이 대중의 지도자를 받아들여 양성해야, 또 대중의 인재를 지도할 수 있다. 더 정확하게 말하면, 새로운 대학은 대중을 양성하여 큰 일을 해야 하는 것이다.

또한 일종의 최신식 대학들은, 내가 말한 새로운 대학 같으나, 그러나 실제는 내가 말한 것과 정 반대다. 그들의 수법은, 착수하자마자 그것을 수천 묘(畝)[1묘(畝)는 약 666.7제곱미터]의 건축부지에 가두어, 그것에 수백만 위안의 돈을 써서, 그것을 여러 채의 황궁식의 학원으로 덮는다. 내가 로가산(珞珈山) 무한대학(武漢大學)을 참관한 후, 누군가 나에게 감상이 어떤지를 물었는데, 만약 나에게 이 몫의 돈이 있다면, 나는 돈을 쓰는 절차는 좀 달랐을 것이라고 말했다.

첫째, 이 돈을 대중대학을 여는데 사용하면, 오백만 대중을 양성하여, 동북[일제의 만주국, 1932년 3월 1일 성립]을 수복하는데 도움을 주는데 충분하다. 둘째, 동북을 회수한 후에, 만약 아직도 이렇게 많은 돈이 있으면, 나는 국민경제의 공업에 적합한 발전에 사용하고 싶다. 셋째, 공업이 약간의 발전이 있는데도, 이렇게 많은 돈이 쌓여있다고 하면, 나는 여전히 황궁의 학교를 건설할 수 없고, 반드시 대중 주택을 지어, 돌아갈 집이 없는 사람들이 들어와서 바람을 피하고, 비를 피하도록 해야 한다.

넷째, 일체의 가난하고 힘들고 하소연할 데 없는 사람이 모두 안심하고 거주하고 즐겁게 일할 수 있게 되고 나서, 그 때 대중이 반드시 억지로 나에게 몇 채의 황궁식 학교를 짓게 한다면, 나는 아마도 건성으로 대답할 수 있을 것이다.

그러면, 새로운 대학은 학교의 건물이 필요가 없는가? 필요하긴 필요하지만, 없어도 무방하다. 초가집이 비록 작다고 해도, 대학교를 운영하는데 충분하다.

새로운 대학은 대중대학이다. 새로운 대학은 초가집 대학이다.

산해공학단(山海工學團) 어린선생들.

이 글은 1936년 6월 1일 《생활교육》 제3권 제7기, 제목 《새로운 대학》에 실린 글이다.

제5부

육재학교(1940~1944: 육재학교를 설립하고 운영하면서)

35. 육재학교 창립취지
育才学校创办旨趣

우리가 보급교육운동을 실천하는 중에, 일반 백성 중 많은 곤궁한 어린 아이가 특수한 재능을 가지고 있는 것을 자주 발견하였는데, 배양의 기회를 얻지 못해서 시들었다. 이는 매우 아쉬운 일이고, 이는 민족의 손실이며, 인류의 유감스러운 일로서, 늘 나의 마음 속에서, 중국이 이러한 결함이 있으니 이를 보충해야 한다고 나를 일깨웠다.

항일 전쟁 후, 외국에서 돌아와, 장사(長沙)의 한구(漢口)를 지날 때, 전쟁 고아 중에 또한 특수한 재능이 있는 어린 아이가 눈에 띄었는데, 특히 한구(漢口)임시보육원[36]에서 발견한 아이는 나를 더욱 기쁘게 했다. 그때 나는 음악가 임광(任光) 선생과 함께 참관하고 있는 중이었고, 전쟁 고아 중 황선[머리카락 밑에 딱지가 생기고 고약한 냄새가 나는 곰팡이 질환의 하나]에

36 보육원은 항일전쟁 중, 전쟁 중에 가족을 잃은 아이를 구하기 위해 성립된 중국 전시 아동 보육회이며, 전쟁고아를 수용하고 가르치고 키우는 것을 책임지는 기구에 속한다. 임시보육원은 임시로 전쟁고아를 수용하고 가르치고 키우는 것을 책임지는 기구이다.

걸린 어린 친구[37]가 한 명 있었다. 그런데 그는 음악재능이 있는 어린 아이여서, 합창을 지휘하는 것이 대중과 다른 능력이 그에게 있을 뿐 아니라, 그는 매우 영민하여, 임광 선생이 그에게 지시를 주면, 그는 바로 따라서 즉시 배워서 할 수 있었다.

또 한 번은, 중경(重慶)임시보육원에서 참관하는데, 원장이 내게 아주 분노할 만한 일을 말했다. 그는 근래 적지 않은 부자들과 교수들이 와서 전쟁 고아들을 선택하여 수양아들로 삼는데, 곰보는 필요치 않고, 황선도 필요치 않고, 언청이도 필요치 않으며, 재능이 있고 없고 관계없이, 오직 얼굴이 예쁘고, 신체가 수려하면, 비로소 뽑힐 수 있다. 게다가 아이들 면전에 대고 말하여, 그들이 견디기 어려운 모욕을 덮어쓰게 만들어서, 그들의 생명 중에서, 절대 지워지지 않는 인상을 지진다.

이상의 세가지 인상은, 나의 머리 속에 각각 독립적으로 매우 오랫동안 존재했다. 어느 날, 갑자기 이 세 가지 의미가 응결되었다. 수 년 동안 보급교육 중에 유감스러워서 반드시 구해야 했던 보충은, 수양아들을 선택하는 방법, 상황에 맞추어 국가민족의 인재 새싹으로 배양하기 위한 방법, 그가 어떤 결함이 있는지 상관없이 다만 특수한 재능이 있다면, 우리는 모두 마땅히 특수한 배양을 더해야 하므로, 그래서 나는 육재학교의 창설 동기가 생기게 되었다. 당시 나는 이 계획을 세우고, 장중인(張仲仁)[자(字)는 일린(一麟)]선생이 지도하여 이사회를 창립하였고, 동시에 구호위원회(賑委會)의 허준인(許儁人)[이름은 세영(世英)]선생의 동의를 얻어 실현하였는데, 이는 작년 1월 사이의 일이다.

37 육재 설립시 음악조에 뽑힌 진이태(陣貽態) 학생

육재를 창설한 주요 의미는 인재의 새싹을 배양하는데 있고, 특수 재능자의 새싹이 시들도록 두지 않고, 뿐만 아니라 발전할 수 있도록 하여, 바로 반드시 적합한 빛, 공기, 수분과 영양분을 주고, 아울러 해충을 제거해야 한다. 우리가 그들을 아끼고 배양하는 것은 정원사와 똑같아서, 밤낮으로 부지런하게 일하면서, 그들이 하루 하루 성장하고 번영하기를 바라는 것이다. 우리는 에디슨의 유년을 가지고 말하면, 그가 어린 시절 학교에서 공부를 하는데, 손을 움직이고 발을 움직이는 것을 좋아했기 때문에, 항상 약품을 학교에 가져와서 놀았는데, 선생은 그를 이해하지 못했다. 몹시 싫어하여, "나쁜 놈(壞蛋)"이라는 죄명으로써, 겨우 삼 개월 공부한 에디슨을 학교에서 내쫓았다. 그러나 그의 어머니는 오히려 그렇게 여기지 않았고, 그녀는 그녀의 집의 아이는 나쁘지 않다고 말하고, 그녀는 그녀의 아들과 약속하기를, 역사와 지리는 그녀가 그를 가르치고, 화학약품은 자신이 보관하는데, 각종 병에 표시를 하고, 그리고 지하실 안에 두었다. 그는 선뜻 어머니의 의견을 받아들였고, 그리하여 이곳 저곳에서 물건을 찾으며 즐겁게 놀았다. 결과는, 화학에서부터 전기학에 이르기까지, 세계의 유명한 대발명가가 되었다. 비록 그 삼 개월의 학교교육이 그 일생의 형식밖에 없는 교육이었으나, 그러나 그의 어머니가 그를 깊이 확실히 이해하였기 때문에, 결국엔 이런 성취가 있을 수 있었다. 에디슨 어머니 같이 그렇게 아이를 이해하는 정신이, 우리가 배울만한 가치가 있는 것이다. 만약 그의 부근에 화학가나 전기학자의 도움이 있었다면, 설비방면에서 또 사용하는데 편리했을 것이고, 그의 많은 어려움이 감소할 수 있었을 것이다. 우리는 여기에서 에디슨의 어머니가 되어 배우고자 하며, 또한 어린 친구에게 이런 특수한 편리를 주고자 한다. 우리 이 곳의 교사들은, 에디슨 어머니처럼 아이를 이해하고 아이를 돕는 특수한 수양에 종사해야 하지만, 그러나 이 민족해방전쟁 중에, 홀로 개인을 돕는 것은 부족하고도 옳지 않은 것이니, 반드시 집단생활 중에 배워야 하며, 전체 민족의 이익을 위해서 인재를 만들어 내야 한다. 이로 인하여, 우리는 학생들이 단체를 이루어 진리를 추구하는 어린 학생이 되고, 단체를 이루어 스스로 깨닫고 남을 깨닫게 하는 어린 선생이 되며, 단체를 이루어 손과 두뇌를 모두 지휘하는 어린 노동자가 되고, 단체를 이루어 침략에 반항하는 어린 전사가 되도록 인도해야 한다.

진정한 집단생활은 반드시 공동의 목표, 공동의 인식, 공동의 참가가 있어야 한다. 그러나 이 공동의 목적, 공동의 인식, 공동의 참가는, 하나의 단체가 고립되게 세워져서는 안 된다. 그렇지 않으면, 또 고립된 생활, 고립된 교육으로 변할 수 있어서, 집단의 정신을 충분히 발휘할 수 없다. 맹자가 말하기를 "먼저 그 큰 것을 세우면, 그 작은 것은 빼앗을 수 없다(先立乎其大者, 則其小者不能奪也)"라고 하였다. 우리 중국이 현재 가장 큰 일은 무엇인가? 모든 중화민족이 단결하여, 일본제국주의를 타도함으로써 하나의 자유롭고 평등하고 행복한 중화민국을 창조하는 것이다. 우리들의 작은 집단이 이 큰 집단의 단위로 이루어져야만 비로소 고립되지 않고, 비로소 효력이 있으며, 비로소 의의가 있는 것이다. 이 큰 집단과 협력하고, 그런 후에 우리는 공동으로 입법하고, 공동으로 준수하고, 공동으로 실행하여야, 비로소 유토피아적 환상이 되는 것을 초래하지 않는다.

우리의 학생은 이런 집단생활을 보내야 하고, 집단생활 중에서 그의 특수한 재능에 따라, 어떠한 종류의 특수 교육, 예를 들어 음악, 희극, 문학, 회화, 사회, 자연 등을 준다. 이것들이 균등하게 각자 조직을 설치하는 것으로써 교육을 진행하는데, 그러나 어린 친구가 확실히 총명함은 있으나, 잠시 그의 특기를 발견할 수 없거나, 혹은 각 방면으로 모두 재능이 있으면, 우리는 보통조(普通組)를 설치하여 그를 교육해야 한다. 또 만약 어떤 조에 들어갔는데, 중도에 그가 전혀 그 조와 맞지 않는 것을 발견하고, 그리고 다른 한 조가 더욱 적합하다면, 조를 바꿀 수 있다. 총괄하면, 우리는 생동감이 넘치는 변동할 수 있는 법칙으로 이 일체를 이해하여야 한다.

그러나, 육재학교가 아닌 세 가지가 있는데, 반드시 여기에 설명해야 한다.

1. 어린 전문가를 배양하는 것이 아니다. 어떤 사람은 우리가 일을 너무 급하게 이루려 하며(揠苗助長), 그의 연령과 받아들이는 힘과 그 발전의 규율을 고려하지 않고, 한사코 그를 어린 전문가 혹은 애늙은이로 양성할 것이라고 여긴다. 이런 종류의 관점은 단편적인 것인데, 왜냐하면 그런 방법은 또한 우리가 극히 반대하는 것이기 때문이다. 우리는 단지 그가 유년 시기에 영양을 얻도록 하여, 그를 완전하게 하여 효력이 있게 앞으로 발전하도록 해야 할 뿐이다. 이 때문에, 특수 과목 외에, 또한 반드시 보통 과목을 더 주어서, 그가 일반 지식과 능력을 얻도록 하여야, 일반적인 사람이 되는 도리를 이해하고, 동시에 그의 특수한 재능을 배양하여, 그가 흥미를 가진 능력에 따라 그를 인도하여 장래에 전문 인재로 만들 수 있다.

2. 그를 사람 위의 사람이 되도록 배양하지 않는다. 어떤 사람은 오해하기를, 우리가 여기서 여러 사람들을 관직에 올라 부자가 되고(升官發財), 그를 사람의 위에서 걸터앉도록 육성하는 것으로 여기는

데, 이것은 잘못된 것이다. 우리의 어린 아이들은 모두 일반 백성 가운데에서 왔으며, 그들은 여전히 일반 백성의 가운데로 돌아가야 하고, 그들은 배운 것을 일반 백성에 기여해 줌으로써, 일반 백성을 위해 복리를 조성한다. 그들 모두는 국가 민족적인 교양을 받고 있고, 그들이 배운 것은 모든 국가 민족에게 공헌하여 줌으로써, 모든 국가 민족을 위해 행복을 도모해야 한다. 그들은 세계 중에서 호흡하여, 그들이 배우는 것이 세계를 개조하는데 도움이 됨으로써, 모든 인류를 위해 이익을 도모한다.

3. 우리는 보급교육을 버린 것이 아니고, 이 특수한 교육을 하는 것이다. 사실 우리는 보급교육을 버리지 않았을 뿐 아니라, 지금 보급교육을 발전하도록 돕고 있다. 현재 중국은 위대한 항전 건국 중에 있는데, 반드시 교육을 사용해서 전국민중을 설득하여 깨닫도록 해야 한다. 항전건국의 지도원칙 아래, 이 중대한 작업을 담당하니, 그래서 보급교육은 사실 오늘날 절박하게 필요하다. 지속적이고 끊임없이 정부를 협조해야 하는 것이, 보급교육을 연구하는 가장 효과적인 방법이고, 그럼으로써 모든 민족의 의식과 문화 수준을 높인다. 육재학교의 창설은, 생활교육운동 중 하나의 새로운 발전적 작업일 뿐, 그것은 보급교육의 계획을 풍부하게 하는 것이고, 결코 전적으로 이 특수교육을 위해 특수교육을 생산하는 것이 아니며, 보급교육을 버리고 특수교육을 하는 것도 아니다.

이 글은 1940년 8월 1일에 출판된 《전시교육》 제6권 제1기 《인재교육학교 전문호》에 실린 글이다.

36. 육재(育才) 2주년 전야

育才二周岁前夜

육재(育才)는 중국 항전 중에 생산한 하나의 실험학교이고, 어려움 속에서 성장한 매우 용감한 문화 전투 집단이어야 한다. 육재는 무한(武漢)이 함락되기 전에 태동하였고 남악회의(南岳會議) 이후에 탄생하였다. 국내에서는 매국노의 더러운 피를 숙청하고 있었고, 국제적으로는 정의의 성원을 불러일으키고 있었다. 우리의 모든 민족은 필승의 신념을 수립하며, 역사과정 중의 왕성한 대전환기를 성숙시키고 있었다. 이 때 항전문화는 천 가지 자주색, 만가지 붉은 색의 신선한 꽃을 피우고 있었다. 그 전례 없는 전쟁고아의 공동교육(難童公育)운동도 상당한 규모의 첫 번째 기초를 다졌다. 육재학교는 이 전쟁고아의 공동교육운동이 진일보된 것으로, 객관적 필요에 부합하여 발전하였다. 이 일체를 회상하면 우리는 황금시대의 감동을 이길 수 없게 된다.

그러나 앞을 보아라! 안목이 짧아 게을러서 눈 앞의 어려움의 포로가 되어 사라져서는 안 된다. 앞에는 더 큰 황금시대가 있다.

눈 앞의 어려움에 대해서 말하면 심각하다고 할 수 있다. 그러나 또한 우리에게 전례 없는 기회를 주어 창조케 했다. 적의 확대된 봉쇄와 강화된 공격은, 더욱 큰 단결력으로 극복해야 한다. 세계대전은, 독일군이 소련으로 공격해 들어가는 것을 시작하면서부터, 우리의 우방을 모두 소용돌이에 말아 넣었다. 이것은 우리를 특히 경각하게 하였으나, 더욱 큰 단결력에 기대어 스스로의 힘으로 다시 살아나갔고, 동시에 우리가 우방과 더욱 친밀한 협력을 발생할 수 있게 하였으며, 또한 우리의 노력으로 인하여, 영미(英美)와 소련의 관계를 강화하도록 하여, 4개국이 협력하여 전투하니, 인류의 공공의 적을 뿌리뽑음으로써 행복한 세계를 창조한다. 현재의 문화계가 서슴지 않고 말하는 것은, 번민으로 인해 한 무더기의 일하는 사람들이 떠나갔다는 것이다. 문화의 동산 안에는 아직도 "아침에 내리는 찬비와 밤에 부는 바람을 어찌할 도리가 없다."는 탄식이 존재하고 있다. 장문백(張文白)[38] 부장의 제2차 문화계 환대 연설사에서, 우리는 그가 봄을 아쉬워하는 듯한 뜻이 있는 것을 알았다. 이 봄이 저무는 정경에, 모두 어느 정도는 좀 같은 감정이었지만, 그러나 여름날의 연꽃, 가을날의 국화, 겨울날의 매화, 사계절 항상 푸른 소나무와 잣나무가, 정원사가 책임을 지고, 풀(茅草)이 어지럽게 자라게 해 주지 않게만 한다면, 그렇게 시기 적절하고도 무성하게 자랄 수 있지 않겠는가? 게다가 봄은, 어떻게 되었든 관계없이 또한 인간에게 되돌아 올 수 있으니, 앞을 보아라! 앞에는 더 큰 황금시대가 창조를 기다리고 있다.

육재는 이러한 분위기 속에서 자라고 있다. 육재는 이러한 태도를 안고서 날을 보낸다. 그는 곧 두 살이 되는데, 어떤 모습으로 성장하였는가?

---

38 장치중(張治中)

무훈(武訓)[1838~1896년, 원래 이름이 없으나, 이름 훈(訓)은 청 조정에서 구걸한 돈으로 학교를 세울 때 표창하여 하사한 것이다. 중국 근대 대중 교육 선구자, 자선가]을 따라 배우면서, 최근 몇 개월간 우리는 기분이 안 좋은 날을 보내고 있는데, 매일 쌀과 달리기 경주를 하지만, 항상 쌀의 뒤에서 뛴다. 4월이 되었을 때, 초가자(草街子)[사천성(四川省) 합천현(合川縣)의 소도시 이름]의 쌀 값은 한 말(斗)에 53원으로 올랐는데, 창립할 때에 비해 25배가 올랐다. 이 때의 모든 저금은 모두 식당 식사에 보충되었다. 이 지방의 친구에게 빌려온 40석의 곡식도 다 먹었고, 은행에서 빌린 3만 원도 다 써버렸다. 어떻게 하나? 예전 무훈(武訓) 선생은 한 명의 "거지"로서 세 개의 학교를 창립했으나, 우리는 하나의 학교도 제대로 유지할 수 없으니, 어찌 부끄럽지 아니한가? 그래서 우리는 4월 6일은 무훈을 따라 배울 것을 결심하였고, 우리는 하나의 "집단적 새로운 무훈"을 만들어야 한다. 우리가 하고 있는 것이 민족과 인류가 필요한 교육이기만 하면, 항상 언젠가는 "정부"사회의 이해와 도움을 얻어, 어려움 가운데에서 자라날 것이라고 우리는 믿는다.

첫째는 육재 학생들의 호응이다. 그들이 보내온 편지에서 이렇게 말했다: "우리는 신 무훈의 학생이 되길 원하며, 구 무훈의 학생이 되길 원하지 않는다." 그들의 뜻은 "우리는 자동적으로 학문을 탐구하며, 무훈이 그들에게 무릎을 꿇어야 비로소 열심히 공부하는 것은 쓸 데가 없다."라고 말하는 것이다. 마찬가지로, 교사들도 진지하게 수업해 줄 것을 보증했다. 진지하게 가르치려는 교사가 있고, 자동적으로 학문을 탐구하는 학생들이 있으니 신 무훈은 비교적 쉽게 만들어지겠다. 단지 밥을 구걸하여 학교를 세워서, 경제문제에 대처해야 할 뿐이다. 이 경제문제는 물론 매우 심각하다. 내가 이 문장을 쓰고 있을 때[이 글은 1941년 6월 1일 발표됨]에도, 이백 개의 입이 날마다 먹는 것은 이미 한 말(斗)에 110원의 쌀이다. 창립할 때의

50배를 넘었다. 그러나 학교를 설립하는데 절대로 사라질 수 없는 교육이론에 의거하여, 무훈(武訓) 선생의 나부터 희생하는 정신을 끌어안고서, 동시에 중화민족의 교육을 중시하고 진리를 애호하는 무한한 정열을 신뢰하고 있다면, 우리는 지금보다 더욱 어려워질 것을 안다고 하더라도, 우리를 흩어 놓을 수 있는 것은 절대로 굶주림은 아닌 것이다. 중화민족은 우리를 필요로 하고 세계 인류도 우리를 필요로 한다. 시련은 우리에게 단련을 줄 수 있을 뿐이고, 우리를 더욱 강하게 자라게 한다.

인재 교육의 길로 처음 들어서면서, 육재는 과거 2년 중에, 단지 약간 길을 탐색하는 작업을 했을 뿐이다. 육재의 2주년 전날 밤, 초보 인재 교육에 대해서, 어떤 길을 탐색했는가? 어떻게 이 길에서 탐색해 보았는가? 제한이 많아서, 간략하게 말할 수 밖에 없다.

갑. 집단생활

집단(集體)생활은 단순히 모두가 모여 함께 보내는 일상생활이 아니다. 우리가 교육상에서 집단생활의 의의를 풍부하게 하려면, 반드시 그것이 세 종류의 요소를 포함하게 해야 한다: (1) 집단 자치를 한다 (2) 집단 탐구를 한다 (3) 집단 창조를 한다.

(1) 집단 자치의 주요한 목적은, 모두가 자치 위에서 집단자치를 학습하게 해야 하는 것이다. 육재에서의 집단 자치는 민주집중제(民主集中制)를 채용한다. 우리가 민주(民主)와 집중(集中)[권력이 중앙에 집중된 것을 의미함] 사이에서 약간 동요하였을 때는, 우리는 주관적으로 민주와 집중을 실행해야

하며, 전교의 여론(公意)을 충분한 발표로써 얻게 하고, 동시에 이 발표된 여론을 유효하면서도 신속하게 실현하게 한다. 그러나 실제상으로는, 우리의 초기는 지나치게 민주적인 듯하여, 균등과 동등 등의 병폐가 발생했다. 후에, 이런 병폐를 바로잡아야 하여, 권력을 집중에 초과시키니, 정연한 엄숙함이 그 좋은 점이고, 피동적 경직됨이 그 약점이다. 현재 변함없이, 학교를 세운 원래 뜻으로 돌아와, 민주집중제의 진정한 정신을 관철시켜야 하고, 한 편으로는 자동적인 힘을 배양하고, 한 편으로는 자각적인 규율(紀律)을 배양하며, 한 편으로는 이 힘을 선도하고, 이 규율을 발휘할 효력적이고, 체계적인 기구를 수립하여, 그들을 목적이 있는 생활을 향해 달려가게 하는 것은, 마치 수 많은 강이 바다를 향하는 것과 같다. 만일 한 편이라도 충분하지 않거나 혹은 치우친 곳이 있으면, 민주집중의 효용을 얼마간 잃어버릴 수 있다.

⑵ 집단 탐구의 목적은, 집단의 노력으로써 진리를 추구하는데 있다. 탐구의 길은 다섯 가지가 있는데, 바로 행동하고, 관찰하고, 책보고, 논의하고, 사고하는 것으로, 이를 다섯 탐구의 길이라 하며, 또 탐구의 다섯 걸음이라 할 수도 있다. 이것은 《중용(中庸)》에서 말하는 널리 배우고(博學), 자세히 물어보고(審問), 신중하게 생각하고(愼思), 분명하게 따지고(明辯), 독실하게 행동하는 것(篤行)과 비슷하지만, 그러나 순서가 좀 변동되어서, 널리 배우는 것(博學)은 관찰하는 것과 책보는 것에 해당한다. 자세히 물어보는 것(審問)은 마치 사고하는 것에 속하기도 하고 또 논의하는 것에 속하기도 하는 것 같다. 신중하게 생각하는 것(愼思)과 분명히 따지는 것(明辯)은 순수하게 사고하는 것에 속한다. 독실한 행동(篤行)은 행동하는 것과 같다. 인류와 개인은 최초에는 모두 행동으로부터 참된 지식을 획득한다. 그래서 행동으로써 시작하여, 사고로써 마치게 되고, 다시 사고가 있는 행동

으로 시작해서, 더 한 층 높은 융합하여 관통된 사고로써 마치게 되며, 다시 이것으로부터 진리의 높은 봉우리로 도약해 들어가는 것이다. 응용을 말하자면, 무릇 학급 학습의 과목에 따를 필요가 없으며, 모두 집단탐구의 방식을 채택할 수 있는데, 예를 들어 사회과학, 자연과학, 예술의 대부분은, 단지 문화열쇠만 있으면 간단히 운용될 수 있으며, 바로 집단탐구의 일 처리를 시작할 수 있다. 예를 들어 중국항전이나 혹은 어떤 하나의 전쟁을 집단 탐구한다면, 교사는 한 주 전에 탐구의 요점과 목차를 공표하고, 참고 서적을 제시하며, 동시에 탐구의 길을 지시할 수 있다. 지도 및 수량은 반드시 미리 선택하여 공표해야 한다. 우선 우리는 항전행동에 참가하여 항전을 이해해야 한다. 우리는 항전 가족을 위문하고, 겨울 옷을 만들고, 바자회를 열며, 병역을 선전하는 등의 행동 위에서, 그것의 특성 및 발전을 이해한다. 적의 비행기는 하늘에 올라 참혹하게 폭격을 하고, 매국노들은 사람들을 이간질하며, 악덕 상인들은 매점매석을 하므로, 군인과 국민이 함께 국난에 뛰어들어 나아간다. 그리고 각종 전리품은 언제 어디서나 관찰한다. 중국 항전 및 이 작전구역과 관련된 지도, 서적, 신문, 잡지를 널리 수집하여, 수준에 따라 구분하여 진열함으로써 열람을 준비해야 한다. 그런 후에, 규정된 기간에 따라, 교사 혹은 전문가를 초청하여 강연을 주관하고, 학생이 참가하여 토론을 하는데, 그때 핵심을 잡아 기록한다. 일을 마친 후에는 주의를 기울여 정리하고, 동시에 비평과 검토를 추가하여, 융합하여 관통하는 경지에 도달하도록 한다. 융합하여 관통하고 난 이후의 항전운동은, 더 깊은 필승의 신념으로 도약해 들어가고, 동시에 더욱 큰 참가의 역량을 뿜어낼 수 있다. 이 모든 과정을 우리는 집단탐구라고 부른다. 뉴턴은 고양이를 길렀는데, 고양이가 새끼고양이를 낳자, 그는 큰 고양이 구멍 옆에 작은 구멍을 뚫어서 자유롭게 드나들 수 있게 하였다. 그러나 새끼 고양이는 단지 큰 고양이를 따라 큰 구멍으로 다닐 뿐이었고, 작은 구멍은 헛되이 설치한 것이나 다름없었다. 집단탐구는 단지 하나의 문화의 큰 구멍을 뚫는 것이고, 어린 아이는 자연히 큰 아이를 따라 함께 들어갈 따름이다.

(3) 집단 창조의 목적은, 사고적 행동을 활용하여 새로운 가치를 생산하는데 있다. 우리는 비록 무에서 유를 생겨나게 할 수 없으나, 그러나 물질의 지위를 바꾸고, 조직을 배합하여 가치가 질적 변화를 일으켜서 우리의 활용에 이익이 되도록 한다. 이 또한 보통과목의 한 부분으로 구성되어, 학생이 집단창조 위에서 창조를 학습하도록 한다. 우리는 이전에 운동장, 노동의 길(勞動路)과 프쉬킨[러시아 시인, 1799년~1837년]의 숲[39]을 개발하였고, 동시에 교실을 개조한 경험이 이미 있다. 이번에 6월 20일부터 7월 20일까지를 집단 창조의 달로 정하고, 계획을 만드는 진행을 시작했으며, 분류하여 들어보면 아래와 같다:

① 건강의 보루를 창조한다.
② 예술의 환경을 창조한다.
③ 생산의 영역을 창조한다.
④ 학문적 기후를 창조한다.

① 건강의 보루를 창조한다: 우리의 집단생활은 우선 건강을 중시한다. 건강한 보루를 창조하는 것은 목적이 질병과 싸우는데 있다. 좋은 전술가는 싸우지 않고 적의 군대를 물리치니, 그러므로 약간의 예방이 열명의 의사를 능가하는 것이다. 건강의 보루는 세 가지 방어선이 있다: 첫째 방어선은 병균을 박멸하고, 병균 및 병균을 옮기는 것

39 육재 문학조 선생과 학생이 고성사(古聖寺) 산비탈 위 소나무 숲 내에서 학습한 장소

을 완전히 제거하는 도구를 제조하는 것으로, 파리채, 쥐덫, 음식물 덮개, 모기장, 물 끓이는 화로, 소독기계 같은 것이고, 동시에 기타 과학방법을 채택하여 병균의 침범과 병균을 옮기는 것과 싸우는 것이다. 두 번째 방어선은 환경 위생을 실시하여, 우물, 변소, 주방, 식당, 하수구와 고인 썩은 물, 창고와 가축우리, 쓰레기 더미 같은, 모든 곳에 자주 적절한 처리를 실시함으로써, 병균이 번식하여 만연하지 못하도록 한다. 세 번째 방어선은, 적나라한 신체의 힘에 기대어, 병균과 육박전을 하는 것이다. 이 방어선에 포함되는 것은 영양, 운동, 예방주사, 생리 위생에 대한 인식이다. 치료란 바로 세 가지 방어선이 모두 육박전으로 쳐 부수어져서 또한 실패를 알리는 것이고, 어쩔 수 없이 후방의 병원으로 들려 들어와 처리를 구하는 것이다. 그리하여 치료는 싸움의 방어선이 아니고, 상처를 치료하는 장소이다. 가장 좋은 것은 이 세 방어선 위에 건강의 보루가 창조되도록 노력하여, 치료소가 헛되이 설치한 것이나 다름없도록 만드는 것이다. 우리는 이 방향으로 진행하여야 하며, 집단 창조의 달 안에 기초를 세우고, 이 후에도 계속 그것을 점차 완성할 것을 희망한다. 그러나 이미 병균과 싸우는 이상, 어떻게 주도면밀하든지 관계없이, 부상당한 병사가 있게 마련이어서, 그러므로 치료소 업무도 감히 소홀할 수 없으며, 그것이 효과적으로 그 임무를 집행하도록 해야 한다.

② 예술의 환경을 창조한다: 우리는 모든 환경을 예술의 정신이 표시되어 나오도록 가르쳐야 하고, 형식과 내용이 일치되게 해야 한다. 이것은 오래된 절을 새로운 건물로 장식해야 한다는 것이 아니니, 늙은 할멈이 분을 바르고 연지를 바르고, 입술에 화장하면 이상하고 보기가 흉한 것이다. 그러나 전쟁터에는 진용이 있고, 학교에는 학교

의 면모가 있으니, 그 안에 있는 것이 반드시 모두 밖으로 형상화 되어야 하므로, 우리는 예술화된 학교의 면모를 중시해야 한다. 갑오(甲午)[40] 전에, 중국의 해군도 세계 4위 정도여서, 한 번 일본에 큰 시위를 한 적이 있다. 한 명의 견문이 있는 일본 관리가 해안에서 한 번 보더니 말하기를 "저것을 취하고 그것을 대신할 수 있다."고 하였다. 사람들이 그 이유를 물으니 그가 말했다: "대포는 군함의 중심이다. 나는 그들이 대포 위에다가 바지를 말리는 것을 보았고, 그래서 그의 말로(末路)가 곧 다다를 것을 알았다." 이런 안목은 얼마나 예리한가! 그는 군함의 용모(대포 위의 바지)를 보고, 청 해군의 군기가 뒤떨어지는 것을 똑똑히 본 것이다. 우리가 필요한 학교의 면모는 낭비의 화려한 장식이 아니고, 마음 속의 예술감이 추구하는 소박함의 표현이다. 우리의 학교의 면모는 잘 정돈된 체계가 있고, 순서와 질서가 있으며, 침범할 수 없는 위엄이 있어야 한다. 어떤 물건이 마땅히 어느 곳에 놓여야 하거나 혹은 그 곳에 놓는 것만 허락된다면, 마땅히 어떻게 놓는 것도 단지 그렇게 놓는 것뿐이며, 자기 자리를 얻지 못하는 것도 허용하지 않는다. 그리고 어떤 물건이든, 이미 무리를 이루었으면, 바로 정렬해야 한다. 짚신도 정렬하고, 삿갓도 정렬하고, 빗자루도 정렬하고, 삼태기도 정렬하고, 호미도 정렬하고, 문구(文具)도 정렬하고, 수건도 정렬하고, 세수 대야도 정렬하고, 책상도 정렬하고, 걸상도 정렬하고, 의자도 정렬하고, 침대도 정렬하고, 이불도 정렬하고, 책도 정렬하고 모든 것을 정렬하여 대오를 일으킨다. 물건도 정렬하고 사람도 정렬한다. 움직이지 않는 것도 정렬해야 하고, 움직이는 것도 정렬해야 한다. 정렬해서 들어가고, 정렬

40 1894년, 청 정부와 일본 사이에 발생한 갑오전쟁

해서 나온다. 정렬하기 전, 정렬할 때, 정렬한 후, 온 몸은 그것을 소박한 예술정신으로 관철하면, 바로 항전 건국 중에 마땅히 있어야 할 학교의 면모를 이루는 것이다. 이 학교의 면모를 교란하는 것은 도련님, 아가씨, 명사파[자유 방종한 생활을 하는 지식인], 낭만파, 개인주의, 자유주의의 남겨진 요물이 있으나, 우리는 감화시키며 노력하여 극복해 나간다.

③ 생산의 영역을 창조한다: 우리는 경제 난관을 건너야 해서, 수입은 늘리고 소비는 줄여야 하며, 임시적인 것과 근본적인 것을 함께 다스려야 한다. 임시적인 것을 행하는 방법은 절약하면서 기부를 받는 것이다. 근본적인 계획은 효율적인 생산에 종사하는 것인데, 십 년 동안 나무를 심는 방법으로써, 백 년 동안 사람을 심는 큰 계획을 관철하는 것이다. 현재 "한 줌의 흙 운동(寸土運動)"[41]을 진행하고 있는데, 모두가 "한 줌의 황토는 한 줌의 금이다(一寸黃土一寸金)"는 뜻을 알게 하여, 후에 집단의 힘을 사용해서 땅이 그 힘을 다하도록 만드는 것이다. 이 일을 진행할 때, 여러 일들이 우리를 상당히 흥분되게 하였다. 저녁식사 종이 이미 울렸는데, 우리는 한 어린 학생의 옆에 고추 묘(苗) 10뿌리가 놓여있고, 왼쪽에는 빈 땅이 실제로 없었는데, 단지 작은 물 웅덩이가 남겨진 것을 보았다. 그는 물을 쳐내어 다른 곳으로 흘려 보내고, 몇 개의 돌을 주워 진흙으로 작은 둑을 만들어, 다시 좋은 흙을 가져다 웅덩이를 평평하게 메우고, 고추 묘를 다 심고서야 비로소 손을 씻고 학교로 돌아가 저녁을 먹었다. 그 때, 또 한 명의 학생이 먼 곳에서 아직도 일을 하고 있는 것이 보여서, 내

41 경제적 어려움을 극복하기 위하여, 타오싱즈 교장이 육재 선생과 학생에게 학교 안과 밖에서 황무지를 개간하여 식량과 채소를 생산하도록 호소한 것

가 가서 그에게 말을 걸었더니, 그가 말했다. "나는 오늘 오백 개의 구덩이를 파고, 고구마 모종을 다 심으면 비로소 손을 놓겠습니다." 그의 기술 속에는 아직 우리를 만족시킬 수 없는 많은 곳이 있지만, 그러나 우리에게 얼마간의 어린 농부의 정신이 있는 것은, 우리가 작은 범위 가운데의 한 줌의 흙 운동 임무를 완성하기에 족하다. 우리 중에도, 어떤 사람은 손을 움직이는데 나태하고, 혹은 생산을 장난삼아 한다. 나는 창조 노동의 용광로 속에서, 그들이 점차 자신들의 약점을 극복할 수 있어서, 자신을 손과 두뇌 쌍방이 지휘하는 작은 노동자로 만들기를 희망한다.

④ 학문의 기후를 창조한다: 기후는 생물 성장의 필요 조건이다. 우리가 학문을 증진하려면, 반드시 진리를 추구하는데 필요한 기후를 창조해야 한다. 일반적으로 소위 기후는 공기와 열의 변화가 도달한 것인데, 학문의 기후도 진리를 추구하는 열정과, 그 필요한 상당한 문화 자양분 및 그 풍부한 배합이 구성된 것이라 말할 수 있다. 진리를 추구하는 열정과 그 한도는 물론 우선 하늘이 부여하는 것이나, 그러나 각 사람들이 그 한계를 다 얻는가 그렇지 않는가는, 바로 집단 혹은 서로의 격려에 의지하고 있다. 그러나 진리를 추구하는 문화 자양분의 배합에 의존하게 되면 창조를 기대하게 된다. 구체적으로 말하면, 우리는 지식을 추구하는 열정을 배양하고, 그리고 대자연과 대사회를 넓게 보며 요약해서 받아들이는 것 이 외에, 반드시 자연과학관이나 사회과학관이나 예술관, 그리고 도서관을 건립해야 한다. 문화자양분에 대한 수집이 풍부하면 할수록, 배합이 적절하면 할수록, 바로 그 학문이 증진하는데 도움은 역시 더욱 큰 것이다. 이런 것은, 우리 이러한 학교에서는, 집단창조를 제외하고, 실현할 방

법은 없다. 5월 27일부터 시작하여, 우리는 분담하고 협조하여 이 문화 식량을 사들였다. 우선 도서관의 철저한 개조는, 완전히 하나의 새 도서관을 창조하는 것과 다름없었고, 결국 집단의 힘으로써 기초를 다지는 임무를 완성했다. 도서관의 개조는 집단의 힘의 풍부함을 증명하였고, 동시에 모든 집단창조에 대해서 하나의 도달할 수 있는 수준을 수립하였으며, 또한 뜻하지 않게 모범적인 작용을 일으켰다. 우리는 두 개의 위장이 있기에, 두 종류의 식량, 두 개의 주방, 두 개의 큰 일을 담당하는 것이 필요하다. 쌀 값이 하늘에 오르면서부터, 정신식량은 치우치고 메말라서, 모두는 마치 하나의 큰 위장과 작은 머리의 동물로 변한 것 같다. 사실 정신의 위장이 굶주리는데, 밥의 위장은 또한 어찌 부를 수 있겠는가? 이러한 치우치고 메마름을 면하기 위해서, 우리는 "간식"을 먹는 것 외에, "두뇌의 간식" 도 먹어야 하고, "문화 간식"도 먹어야 한다. 우리는 "간식"비 혹은 문화 간식비를 규정하기로 결심했다. 쌀 값의 20분의 1이 안되지만, 두뇌가 너무 작게 자라고, 변변치 못하게 자라는 것을 피해야 한다.

을. 문화열쇠

살아 있는 인재교육은, 지식을 주입하는 것이 아니라, 문화를 개발하는 보물창고의 열쇠를, 힘을 다하여 우리가 알고 있는 것을 학생에게 건네주는 것이다. 문화열쇠의 주요한 네 묶음은 바로 국문(國文), 수학(數學), 외국어(外國文), 과학방법(科學方法)이다. 국문, 수학, 외국어 세 종류는 초기에 수준에 따라 학급을 나누어 수업하는 것이 가장 경제적이다. 예술 부문의 학생들에 대한 수학은, 다만 일상생활을 처리하기에 충분한 수준에 도달하여야 하며, 이 후에 그 자유에 맡겨 선택할 수 있다. 지식의 전초, 풍부한 학술은 외국에 많이 있으므로, 인재 새싹은 발견하자마자 바로 외국어를 가르쳐야 한다. 최소한 하나의 외국어를, 국문과 동시에 함께 진행하고, 이르면 이를수록 좋으며, 바람, 비, 추위, 더위에도 중단되지 않도록 한다. 만약 중도에 그것이 깊게 연구할 만하지 않은 것으로 발견되면, 바로 외국어를 반드시 즉시 중지해야, 시간의 낭비를 면한다. 과학방법은 전부를 학급 수업을 채용할 필요는 없으며, 일부분은 그 행동 상에서 방법을 얻도록 해야 비로소 유용하다. 이 과학방법은 마치 학문을 하는 것과 일하는 것을 포함한 각 방면에 적합해 보인다. 예전에 하나의 이야기에서 언급하기를, 한 도인이 손을 써서 한 번 겨냥하여, 돌을 건드리니 금이 되었다. 한 제자가 옆에서 무표정하게 보아서, 도인이 말했다. "너가 금을 가져가면 부를 이룰 수 있다" 제자가 고개를 가로저었다. 도인이 그가 어째서 금이 필요하지 않는지 물었더니, 제자가 말했다. "제가 마음에 든 것은 당신의 그 손가락입니다." 세상에는 금에 미혹되어 금을 건드린 손가락을 잊어버리는 것이 무수히 많은데, 문화열쇠가 비록 반을 나누어 사람을 잴 수는 있지만, 그러나 자물쇠를 여는 지점에서 찔러줘야 한다. 만약 죽도록 책을 읽어서, 녹이 슬어 버리면, 또한 열쇠의 효능을 잃어버리게 된다.

병. 특수한 학습

이것은 육재가 학교를 세운 하나의 특징인데, 우리는 음악, 희극, 문학, 사회, 자연, 회화의 여섯 조를 설치했고, 지혜 측정, 특수 측정에 의하여, 전쟁고아를 선발하여 가장 그 재능과 흥미에 적합한 한 조에 가입하여 학습함으로써, 인재의 재능에 따라 교육되기를 기대하고, 각자가 자기 자리에 있도록 힘쓴다. 우리의 목적은 인재의 어린 새싹이 시기 적절한 배양을 얻도록 하고, 시기를 놓쳐 시드는 것을 피하게 하는 것이다. 특수한 능력의 어린 새싹은, 일단 발견하자마자, 바로 어릴 때부터 가르치기 시작해야 하는데, 세계학문의 유년(幼年)의 역사적 사실과도 부합될 뿐 아니라, 바로 우리의 저 매우 짧은 2년간의 실험도, 노선이 정확함을 증명했다. 장래에, 만약 예정된 계획대로 공예조와 농예조를 추가로 설치하면, 훨씬 쉽게 효력을 보게 되고 필요에도 적합하다. 학교에 시찰 온 친구 한 분이, 이 방법을 보고 도리에 맞으니 보편적으로 추진할 것을 주장하였다. 이는 신중하게 고려하는 것이 필요하다. 나는 성(省)마다 우선 한 군데를 설립하여 이 자산으로써 실험하여야, 이익이 생기고 오히려 해로움이 없을 것이라고 생각한다. 장래 학교를 창립하는 인재가 증가하게 되면, 각 한 명의 행정감찰 책임자 구역마다 한 군데를 설립하여도, 역시 속하여 실행이 가능할 것이다.

정. 자동적인 힘의 배양

생활, 일, 학습을 만약 모두 자동(自動)으로 하게 할 수 있으면, 교육의 얻는 효과는 일은 반이 되지만, 성과는 배가 반드시 될 것이다. 그래서 우리는 자동력(自動力)의 배양에 특별히 주의를 기울이고, 그것을 전부의 생활, 일, 학습의 가운데 관철시킨다. 자동은 자각적(自覺的) 행동이지, 자발적(自發的) 행동은 아니다. 자발적 행동은 자연스러운 원시적 행동이고, 배우지 않아도 할 수 있다. 자각적 행동은 적절한 배양을 필요로 하며, 그 후에 실현 가능하다. 그러므로 자동은 배양과 대립하지 않으며, 오히려 자동은 정확한 배양을 할 필요가 있다. 어떻게 해야 비로소 정확한 배양이라고 할 것인가? 자동 위에서 자동을 배양해야, 비로소 정확한 배양이다. 만약 목적이 자동을 위한 것이었으나, 그러나 오히려 피동의 방법을 사용하였다면, 그러면 단지 피동을 생산할 수 있을 뿐, 자동을 생산할 수는 없다. 어떤 사람은 마치 자동을 할 수 있는 배양이 필요 없어 보이는데, 그것은 그가 자각적으로 자기가 자기를 배양하는 훈련을 할 수 있기 때문에, 사실 그는 더 높은 배양을 운용하였던 것이며, 바로 나로부터의 배양인 것이다. 우리의 음악 지도위원회와 위원은 모두 중경(重慶)에 있는데, 매달 한 분이 향촌으로 내려와 여러 날을 가르친다. 그가 향촌에 없을 때는, 학생이 결국 자동적으로 매 달의 학습 진도를 완성할 수 있는데, 이는 매우 우리를 기쁘게 하는 일이다. 최근 도서관을 개조하는 것도, 시작하자마자 십여 명의 유년 관리원을 배양하는 것을 착수했는데, 도서관을 개조하면서 그들이 도서관을 관리하도록 배양되었다. 현재 모든 도서관은 모두 그들로 인하여 주관되었고, 또한 우월한 성과가 있었다. 2주년을 기념하는 것은 삼백 통에 가까운 편지를 보내야 했는데, 우리는 이 기회를 잡아 이십여 명의 어린 비서를 배양하였다. 합격되지 못한 글은 휴지통 속으로 버려져 들어가는데, 기껏해야 세 번만 버려져 들어가면 바로 합격이 된다. 이 편지쓰기 합격은 서예시험 합격과 마찬가지가 아닌가? 같지 않은 것은, 삼백 통의 편지를 보내는 것이, 한 명의 서기가 50일의 성과와 마찬가지라는 것이다. 게다가 서예시험 합격은 편지를 쓰는데 반드시 적용된다고 할 수는 없으나, 그러나 편지를 쓰는 것이 이미 필요성에 부합된다면, 서예는 반드시 합격이다. 현재 어린 회계사, 어린 간호사의 배양을 완성해야 하고, 동시에 어린 생산 책임자, 어린 요리 책임자의 배양도 시작한다. 우리의 근본 방침은, 자동(自動) 위에서 자동력(自動力)을 배양해야 하는 것이다. 사람마다 하나의 일을 하는 것을 배우되, 중복해서 균등하게 똑같이 노동하거나 똑같이 놀게 하지 않는다. 일반적으로 학문을 하는 사람과 일을 하는 사람은 항상 서로 경시하는데, 현재 학문을 하는 사람이 다스리는 일을 배운다면, 즉 일을 하는 것이 역시 학문을 하는 것이다. 또 일반적인 일을 하는 것은, 일을 하기 위해서 일을 하기 때문에, 사무주의로 흐르는 것을 면하지 못한다. 만약 작은 것에서부터, 학문을 하기 위해 일을 하는 태도를 양성하면, 두 가지 그 이익을 얻는다.

두 가지 문제에 대해 다시 고려한다

(1) 일반과목(普修課)과 특수과목(特修課)의 관계: 육재 창립 초기에는 일반과목과 특수과목의 시간을 각 반반으로 가정하였다. 일반과목은 부(部)[교육부]의 조항에 정해진 내용에 따라 진행과정이 실시된다. 특수과목은 전례가 없어서, 각 조의 학술성질에 따라 그 과목과정을 정한다. 후에, 연구결과에 따라서, 시간을 개정했는데, 일반과목이 대략 3분의 2를 차지했고, 특수과목은 3분의 1을 차지했으며, 동시에 각 조에 주어진 신축적인 기회로써, 또 각 조의 진행과정의 필요에 따라서, 해마다 특수과목의 시간의 증가를 가늠한다. 우리가 항상 만나는 질문은, "당신들 학생은 몇 년 만에 졸업하는가?" 이다. 우리는 문제가 보통학교처럼 그렇게 간단하지 않다고 대답한다. 특수과목은 우리는 학생들이 계속 배워 나가기를 희망하며, 학업을 마칠 때는 이제 겨우 일단락 지어졌음을 알려준다. 보통과목은 대략 다른 학교와 같은 해의 기한에 졸업한다. 계속되는 두 번째 질문은, "당

신은 3분의 1의 시간을 특수과목에 쓰면서, 어떻게 다른 학교와 같은 기한에 졸업할 수 있는가?"이다. 왜냐하면 네 가지 조건이 그것을 가능하게 만들 수 있다: ① 우리의 이곳은 거의 한해 전체가 학교이고, 혹은 사계절이 학교이다. 겨울방학생활과 여름방학생활 동안, 이름은 비록 다르지만, 그러나 얼마간은 여전히 매일 매일 수업을 한다. 비교하면, 우리는 한해 전체 수업하는 것은 10여 주는 많을 것이다. ② 특수 과목의 일부분은, 학력 상에서 일반과목으로 옮길 수 있다. ③ 만약 집단 탐구와 집단 창조로, 특별히 학문의 기후를 창조하는 것을 효과적으로 실현해 내면, 학생은 그 가운데서 푹 빠져 연구하여, 자연스럽게 언제 어디서든지 많은 것을 받아들이게 되는데, 보통과목의 내용과 맞먹는다. ④ 특수 과목의 편협성을 예방하고 바로잡기 위해서, 우리는 학생들을 각 조의 입장과 관점에서 많은 방면으로 인도하여, 일반과목 각 부문에 대해 그들이 속한 조의 학술과의 관련을 힘을 다해 찾아낸다. 일반과목을 담임하는 지도교사는, 언제든 힘을 다해 그의 과목과 특수과목의 연관을 찾아내어 요점을 잡아서 밝혀낼 수 있다. 동시에, 특수과목을 담임하는 지도교사는 이에 비교적 깊이 연구하는 학생들에게 이르러, 그 조(組)마다의 현 단계의 학습의 정수를 제출해서, 심오한 내용을 알기 쉽게 풀어, 전교에 공개하도록 함으로써, 전교의 보통과목 내용을 풍부하게 만든다. 이러면, 일반 과목과 특수 과목의 넓은 골을 메워서, 일반적인 특수가 특수적인 일반의 경계에 도달할 수 있다.

(2) 집단 검토에서 가능한 폐단: 집단생활에는 반드시 자아검토가 있어야 하며, 그 후에 자신의 약점을 극복하고, 본인의 우수한 점을 더욱 발양할 수 있다. 이런 검토저녁회(檢討晩會)의 원래 의미는, 일을 더 잘하도록 가르치고, 학문을 더 정확하게 추구하며, 생활을 더 풍부하고 합리적으로 보내는 것이다. 한 발 더 나아가서는, 우리가 살고 있는 생활, 추구하는 학문,

하는 일이 항전건국의 요구에 부합하는지의 여부, 그리고 어떻게 우리의 생활과 학습과 일을 항전건국의 큰 계획에 더욱 협력하게 할 수 있는지 항상 일깨워야 한다. 그것은 우리가 가까운 것에 집착해서 먼 것을 잊어버리고, 작은 나를 위하여 큰 나를 잊어버리지는 않는지 여부를 일깨워야 한다. 이렇게, 저녁회는 비로소 교육의 의의가 생기도록 열 수가 있으며, 비로소 참가하는 즐거움을 가지고, 참가하는 괴로움을 없애도록 할 수 있다. 그러나 검토저녁회는 하나의 위험이 있는데, 말하자면 잠깐이라도 조심하지 않으면, 그것은 자주 집단재판으로 변할 수 있어서, 작은 일을 하기 위해 많은 사람의 시간을 낭비하고, 오랜 시간이 지나면, 학우 사이에 풀기 어려운 개인적인 원한이 맺어질 수 있다. 검토를 당하는 사람인 약자는 소리를 삼키며 굴복하고, 강자는 원한을 품고 보복하면, 이미 단체의 화목을 손상하고 역시 개인에게 무익하며, 심지어 낙원은 고해의 바다로 변하니, 실제로 집단검토를 잘못 사용하여서 이러한 결과를 낳는다. 옛 사람이 말하였다. "닭을 잡는데 어찌 소 잡는 칼을 쓰는가" 하물며 소 잡는 칼을 가지고 이(蝨)를 죽이겠는가? 만약 항상 사용하여 닭을 죽이고 이를 죽이는 것에 사용하면, 소를 죽일 때가 되어, 죽일 수 없음을 걱정해야 할 것이다. 집단검토는 한 단체의 가장 날카로운 공개적인 도구(公器)이니, 작은 일에 쓸 수 없으며, 작은 일에 쓰면 무뎌진다. 교정의 방법은 민주입법에 있다. 법을 집행하는 사람(有司)이 법을 집행하여, 한 면을 풀어서 열어젖히면, 백성은 스스로 새로워지는 길이 생긴다. 열 개의 눈이 지켜보는 것은, 추악하고 더러운 것이 숨는 것을 용납하지 않는다. 그리고 근본의 그림에서, 먼저 그 큰 것을 세우면, 그 작은 것은 빼앗을 수 없다. 개혁하여 새롭게 하면, 때가 오래지 않아, 조화로운 기운이 더해갈 뿐 그침이 없으며, 진일보하여 동지와 학우가 우정 위에서 균등한 경계에 도달할 수 있고, 그것은 전교가 진실로 단결하는

데 도움이 된다고, 미리 예측 할 수 있다.

비쉬누를 영접하라! 브라만교[42]는 세 개의 큰 신(神)이 있다: 하나는 창조의 신이고 이름은 브라흐만이다. 또 다른 하나는 파괴의 신인데 이름은 시바이다. 마지막은 보존의 신인데 이름이 비쉬누(Vishnu)이다. 우리의 생활교육운동은, 육재학교를 포함하여, 자세히 검토하면, 우리에게 보존의 신이 부족하다는 것을 발견하게 된다. 우리는 비쉬누를 우리의 집단에 가입하는 것을 환영해야 한다. 우리는 보존을 위해 보존하는 것이 아니라, 더 높은 창조를 위해 보존한다. 인도의 이야기가 말하는 것과 같이, 더욱 진실하고, 더욱 선하고, 더욱 아름다운 창조를, 비쉬누 손에 있는 연꽃에서 생겨 나오게 하자.

육재 학생이 교실에서 수업을 한다.

이 글은 1941년 《전시교육(戰時教育)》 제6권 제6, 7, 8을 합한 것이다.

42 인도 고대 종교의 하나. 후에 힌두교로 개명됨

37. 매일 네 번 묻다

每天四问

오늘은 본교의 삼 주년 기념으로, 나는 몇 가지 의견을 내어 여러분들과 대화하니, 선생, 학우, 직원들은 참고하세요.

본교가 작년 이 주년 기념에서부터 올해 삼 주년 기념까지, 이와 같이 몹시 어렵고 고통스러운 속에서 1년을 견딜 수 있었다는 것은, 거의 기적이다. 이 기적은, 한 사람의 역량으로 해낼 수 있는 것이 아니고, 전체 선생, 학우, 직원들이 공동으로 견지하고, 공동으로 진보하며, 공동으로 창조하였고, 그리고 사회가 우리에게 관심을 기울여서 인사들의 힘을 다한 찬조가 얻어낸 것이다. 본교의 이 일년 중, 우리 선생, 학우, 직원 이백 명은 마치 배를 탄 것 같았다. 가릉강(嘉陵江)에 놓여 표류하면서, 큰 구멍이 새는 위험은 비록 없었지만, 그러나 작게 새는 구멍은 몇 개 나왔는데, 이러한 작은 구멍도 큰 구멍으로 변할 수 있어서, 우리의 배를 침몰하게 한다. 그러나 우리의 배는 이와 같은 작은 구멍 때문에 침몰하지 않았는데, 결국 우리들 같은 배를 탄 사람들이, 작은 구멍을 보기만 하면, 바로 생각할 수 있는 방법을 다 생각하여 힘껏 틀어막았기 때문이다. 어떤 때는 손으로 막았고, 어떤 때는 발로 막았고, 심지어 어떤 때는 머리로, 온몸의 힘으로 틀어막아서, 결국은 이 배의 이 작은 구멍을 막는 것이 그쳐졌고, 평온하게 이 일년을 건너서, 목적지에 도달하였다. 이는 하나의 기적이고, 하나의 공동 노력이며, 공동으로 창조한 기적이다. "모든 것이 기념이다(一切爲紀念)", 이제 방금 주석(主席)이 말한 이 구호는, 당연히 제출한 뜻은 그 쓸모가 있다. 모두가 힘을 들여 이 목적을 향해 창조하니, 매우 좋은 것이다. 그러나 나는 이 구호에 대해 약간의 걱정이 있는데, 돈을 너무 많이 쓸까 걱정이고, 힘을 너무 많이 써서 기진맥진하게 될까 걱정이고, 얻는 것보다 잃는 것이 많을까 염려한다. 그래서 나는 내년 사 주년 기념은 방침을 바꿔야 한다고 주장한다. 우리의 성과는, 내일부터 바로 기획하고 준비를 시작하면, 날마다 조금씩 쌓여서, 물이 흘러 도랑이 만들어지는 성과여야 하는 것이다. 다시는 단기간 내에 많은 돈을 쓰거나 많은 힘을 쓰지 말아야 하고, 단지 내년 7월 1일이 되어, 평상시의 성과가 꾸며지기 시작한다면, 즉 매우 풍부한 성과를 가지게 된 것이고, 다시는 금년과 작년 같이 이렇게 바쁘지 않을 것이다. 모두들 또한 매우 여유롭고 매우 한가하며, 그리고 여유 있는 사 주년 기념을 보낼 수 있다.

지금 나는 네 가지 문제를 제기하는데, "매일 네 번 묻다"라고 부른다.

첫째 물음: 나의 신체는 진보가 있는가?
둘째 물음: 나의 학문은 진보가 있는가?
셋째 물음: 나의 일은 진보가 있는가?

넷째 물음: 나의 도덕은 진보가 있는가?

첫째 물음: "나의 신체는 진보가 있는가?"

우선, 우리가 매일 마땅히 물어야 하는 것은, "자신의 신체는 진보가 있는가? 있다면 얼마나 진보했는가?" 이다. 왜 이렇게 물어야 하는가? 왜냐하면 "건강이 제일"이기 때문이다. 몸이 없다면 모든 것이 끝장이다! 나는 지난해 이 주년 기념 전, 9일 추병권(鄒秉權) 학우의 죽음이 생각나게 되는 것을 금할 수 없다. 올해 삼 주년 기념 전, 9일에는 위국광(魏國光) 학우가 죽었다! 두 사람이 죽은 날짜는 딱 1년이었고, 시간 상으로도 8-9 시간 서로 차이가 날 따름에 불과했다. 이 두 학우의 죽음으로 인해, 나로 하여금 우리는 반드시 계속 "건강의 보루(建康堡壘)"를 건립해야 한다는 것을 연상하게 했다. 건강의 보루를 건립하기 위해서, 몇 가지 점을 반드시 주의해야 한다.

(1) "과학적 관찰과 진단" 과학은 우리에게 자세한 관찰과 분석을 가르치는데, 예를 들어서, 추병권, 위국광 두 학우의 죽음, 특히 위국광 학우의 첫 번째의 죽음은 우리 선생과 학우의 과학적 관찰력이 부족했다고 말하지 않을 수 없다. 위국광 학우의 병은 "회충"의 징후였는데, 그가 학교 침실에서 회충을 토한 적이 있었는데도, 같은 방 학우는 보았지만 보고하지 않았고, 선생도 자세히 살펴보지 않았으며, 병원에 도착하고도 또 가래통에 회충을 토했는데, 또 주의를 기울이지 않았다. 이는 바로 과학의 중요한 증거인 "민감함"이, 일종의 과학적이지 않은 "둔감함"

으로 된 것이다. 의사는 또 부주의를 반복하여, 즉 이러한 둔감한 아래서 그에 근거하여, "맹장염"으로 잘못 판단을 했다. 비록 그의 복통의 부위가 맹장염의 부위이기는 하나, 그러나 이미 "염증(炎)"이라고 칭한 이상, 반드시 "열(熱)"이 나야 하는데, 그날은 열이 없었으니, 맹장염이 아니라고 단정할 수 있었다. 어찌 칼로 절개하여 치료할 필요가 있었는가?! 사실 위국광 학우의 병은 회충이 내장과 위장에 쌓여 엉켜서 말썽을 일으켜, 아래로 내려갈 수 없어서, 위로 올라와 토해 나온 것이다! 만약 토한 회충의 증거를 제출하였다면, 의사는 반드시 맹장염이라고 황급히 단정하지 않았으며, 수술하여, 염증을 생겨, 죽음에 이르지 않았다! 위국광 학우의 죽음으로 인하여, 우리는 반드시 "과학적 경각심"을 높여야 한다. 이후에 질병을 만나면, 반드시 과학상의 확실하고 일반적인 증거를 잡아내어야, 비로소 잘못된 진단에 이르지 않고, 신체를 손상시키지 않을 것이다. 그렇지 않으면, 추병권, 위국광 학생의 죽음의 위험을 따르게 될 것이다. 때문에 과학적인 경각성을 높이는 것은, 생명을 지키는 최소한의 조건이다. 가장 중요한 것은 여전히 과학적인 위생 방법을 사용해서, 자신의 신체를 잘 조절하여, 병이 생기지 않도록 하는 것이다! 과학은 우리에게 잘 살아가고 생존하도록 가르칠 수 있다! 우리는 오늘 이후 마땅히 과학적인 지능을 많이 높여서, 과학을 향해 노력하고, 과학적 건강의 보루를 건립하려고 노력함으로써, 우리 모두의 건강과 생명을 보증하자.

(2) "음식의 조절과 개선" 이번에 중경(重慶)에 갔는데, 일로 인하여 남안(南岸)에 도착하였고, 양경광(楊耿光, 본명은 杰)선생을 만날 수 있었다. 양 선생은 이번에 우리의 일 년 동안, 경제 도움이 가장 많고 가장 힘을 쓰는 한 분의 열성적인 후원자이다. 아동과 청년들의 영양 문제를 이

야기 한 김에, 양 선생은 독일은 아동과 청년의 영양문제에 대해서 매우 사소한 데까지 신경 쓴다고 말했다. 독일의 한 대학교수는 자신의 아들의 영양에 대해 이렇게 말했다: "나는 어떻게 하여 이렇게 좋은 신체가 생겼고, 이렇게 힘든 일을 맡을 수 있을까요? 그것은 바로 나의 부모가 나를 어릴 때부터의 영양을 잘 조절하여 공급하여서, 신체가 철근콘크리트로 만드는 것 같이 건설되었습니다. 신체를 건설하는데 가장 좋은 재료는 쇠고기인데, 그래서 나는 매일 내 아들에게 반 근의 쇠고기를 주어 먹게 해야 한다고 결정하였고, 25세까지 계속하였더니, 그의 신체는 철근콘크리트와 같이 건설되었고, 나와 마찬가지로 힘든 큰 일을 맡을 수 있습니다." 나치 독일 정부는 전국의 아동 및 청년의 신체 건강과 영양에 대해, 매우 사소한 데까지 관심을 쏟는데, 우리가 오늘 영양문제에 대해 독일을 언급하는 것은, 나치 독일처럼 아동과 청년의 신체를 견실하고 강건하게 배양한 후에, 그들을 전선으로 강제로 보내어 침략자의 총알받이가 되라는 것이 절대 아니다. 그러나 이와 같이 새로운 세대의 아동과 청년의 영양문제의 방법을 중시하는 것은 주의할 필요가 있다. 소련은 사회주의의 국가로서, 아동과 청년의 영양문제에 대해, 역시 사소한 데까지 관심을 쏟는데, 그래서 그는 일체의 건설에 있어서와, 저항 침략에 있어서, 도처에 모두 활동적인 민족청년의 활력이 표현된다. 기타 많은 국가의 정부 법령 중에도 아동과 청년의 영양문제를 역시 많이 주의를 기울이고 있다. 우리가 오늘 이야기하는 영양 문제는, 역시 현재와 장래에 사람마다 어렵고 무거운 임무를 맡을 수 있게 하기 위해서다. 이를 하는 것을 내걸어, 우리의 음식을 개선함으로써, 국가민족을 위해 매 사람마다 신체의 건강을 소중히 하자.

(3) "피곤함을 예방하는 휴식" "하루 종일 배불리 먹고, 마음을 쓰는

바가 없다.", 물론 옳지 않으나, 그러나 지나치게 노력하거나, 지나치게 긴장해서 고생스럽게 일해도, 한 사람의 신체의 건강에 방해가 된다. 두뇌의 힘을 방해하여 빈약해지고, 체력을 방해하여 결핍되며, 심지어 큰 병으로, 학업과 일의 시간을 허비할 뿐만 아니라, 전체 생명의 기한도 감소시킨다! 그래서 나는 작년에 이미 "피로를 예방하는 휴식" 문제를 제기하였지만, 오늘 다시 제기하니, 모두가 항상 경각심을 보여서, 피로를 예방하여, 신체가 과도한 피로에 이르지 않기를 희망한다. 날마다 흥미진진하게 일하고 공부할 수 있으면, 건강은 필연적으로 유쾌한 가운데 진보한다. 이미 누군가가 과하게 피로하다고 하면, 재빨리 "피로를 회복하는 휴식"을 취해야 한다. 적절한 휴식은, 건강한 신체의 주요한 비결의 하나이고, 절대로 소홀히 해서는 안 된다. 건강을 소홀히 하는 사람은, 자신의 생명과 장난을 하고 있는 것과 마찬가지다.

(4) "위생교육을 사용하여 의사를 대체한다." 위생의 가장 중요한 것은 질병을 예방하는데 있다. 위생교육은 사람에게 질병을 예방하고, 질병을 감소하는 것을 가르치는데 있는 것이다. 위생교육이 잘 행해지면, 비록 병을 생기지 않게 하는 효과를 100 퍼센트 해낸다고 말할 수 없으나, 그러나 적어도 백분의 구십의 질병을 감소시킬 수 있다. 나머지 예방에서 예상 외에 발생한 것은 단지 백분의 십의 질병뿐이니, 이미 매우 적은 요소를 차지하고 있으며, 위생교육 효력이 큰 것을 나타내기에 충분하다. 현재 학교의 경제 상황으로써 말하자면, 이삼천 원을 지출해서 의사 한 명 불러오기가 어렵다. 우리의 학교는 가난한 학교이고, 중국의 촌락은 가난한 촌락이다. 우리들의 학교는 이백 명인데, 만약 다섯 식구의 가정으로 계산하면, 사십 호의 가정 촌락과 마찬가지다. 만약 이 비례로써 계산하면, 전 중국에 약 백만 개의 촌락이 있고, 매 촌락마다 한 명의 의

사를 초청하는 것이 필요하면, 일백만 명의 의사가 있어야 한다. 현재 중국의 인력과 경제력은 모두 이렇게 하는 것을 허락하지 않고, 이렇게 하기에 충분할 수도 없어서, 그래서 우리 학교도 이렇게 하지 않기로 결정하였고, 의사를 초청하지 않기로 결정하였다. 우리는 위생교육의 효력으로 의사를 대체하는 것을 추진할 것을 결심함으로써, 위생교육이 의사를 대체함으로써, 건강의 승리를 보증해야 한다. 두 달 전에, 나는 벌써 학교에 편지를 보내, 십여 개의 구체적 사실을 제출하였고, 의거하여 실행하기를 희망하였으며, 현재 생각해 보면, 아직도 충분하지 못해서, 보충이 필요하다. 보충된 후를 기다려, 교무회의에 제출하여 빠른 진행을 상의할 것이다. 그러나 오늘 여기에 먼저 모두에게 제출해 알려서, 모두가 많이 의견을 준비하여, 의견을 나타내기를 희망한다. “과학적 건강의 보루”를 건립하는데 있어 한 몫의 힘을 다하는 것이 많아지는 것은, 위생교육의 실행상에서 한 몫의 힘이 많아지는 것이고, 위생교육의 승리상에서 한 몫의 보증이 많아지는 것이다. 모두가 “과학적 건강의 보루”를 건립하는 주요한 구성원의 한 명, 용장의 한 명이 되어, 공동으로 “건강제일”의 승리를 보증하자.

둘째 물음: “나의 학문은 진보가 있는가?”

그 다음, 우리가 매일 마땅히 물어야 하는 것은, “자신의 학문은 진보가 있는가? 있다면 얼마나 진보했는가?” 이다. 왜 이렇게 물어야 하는가? 왜냐하면 “학문은 모든 전진의 활력의 원천”이기 때문이다. 학문은 어떻게 해야 진보할 수 있을까? 방법을 가지고 연구하는 것은 중요하다. 현재 내가 다섯 글자(字)를 생각했는데, 우리의 학문이 쉽게 진보하도록 도울 수 있다. 다섯 자는 무엇인가?

첫 번째 글자는 "일(一)" 이다. 이는 "하나를 전념하다(專一)"의 일(一)이다. 순자(荀子)[기원전313~기원전238, 전국시대 사상가]는 "하나를 좋아하면 즉 넓어진다(好一則博)."라고 말했다. 이 구절은 매우 본질적이고 근본적인 의미가 있다. 왜냐하면 하나를 전념하는 문제가 생겨서 중심을 삼아, 연구에 종사하면, 옆에서 찾고 넓게 당길 수 있어, 자연스럽게 넓고 커지게 된다. 내가 보기에 세계의 유명한 학자가 학문을 하는 것에 대한 해석은, 이처럼 정밀하고 간결한 것은 아직 많지 않은데, 학문을 하는 것은 반드시 "하나를 전념하다"의 "일(一)"을 해야 하며, 이는 불변의 진리이다. "전일하다"의 영문은 Concentration[집중]인데, 우리가 한 건의 사물에 대해 한 마음 한 뜻으로 연구할 수 있다면, 반드시 어느 날 갑자기 깨닫게 되는 때가 있을 수 있을 것이다. 그래서 나는 능력이 있는 연구하는 선생과 학우에게 바라건대, 반드시 하나의 제목을 선택하여 정하고 연구에 종사하면, 설령 매우 작은 문제라도, 매우 깊이 있고 매우 박식한 큰 이치를 연구해 낼 수 있다. 남에게나 나에게도 모두 실용적인 이로운 점을 얻을 수 있고, 또한 큰 공헌이 있을 수 있다.

두 번째 글자는 "집(集)"이다. 집이라 함은 바로 "수집(蒐集)하다"의 집이다. 집은 전자[篆字: 한자 서체의 한 가지]의 서법에 따르면, 이러한데 "𨿽", 마치 수많은 갈고리들과 같다. 우리가 학문을 연구하는데 중심 제목이 생기면, 수많은 재료를 수집해야 하는데, 모양이 "집(集)"의 전자의 서법과 같으니, 많은 갈고리들을 사용하여 도처에서 끄집어내고, 위아래, 옛날과 현재, 오른쪽과 왼쪽, 중국과 외국에서 끄집어내며, 앞과 뒤, 사면팔방에서 끄집어내어, 한 곳에 끄집어 낸 것을 모으면, 세세하게 연구하기 좋은 것이다. 집(集)의 영문은 Collection[수집]으로, 우리에게 풍부한 재료가 있으면, 있는 그대로 철두철미하게 그것을 명명백백하게 연구할 수 있으며, 비로소 그 문제의 문제점이 있는 곳을 진정하게 이해할 수 있고, 비로소 핵심적인 문제가 해결되면 다른 것들은 잇따라 풀리게 되어, 비로소 물이 흐르는 곳에 도랑이 생기는 효력을 얻을 수 있다. 그래서 나는 모두가 문제마다, 모두 반드시 관련된 많은 자료를 수집함으로써, 심오하면서도 훌륭하지만 더욱 완벽한 연구를 희망한다. 연구에서 발생한 힘과, 연구에서 강화된 창조의 역량으로, 집단으로 창조하고, 공동으로 창조하며, 창조 위에서 건립한 우리의 사업의 새로운 생명으로, 우리 사업의 새로운 생기를 수립하여, 우리의 사업의 새로운 기초를 안정시킨다.

세 번째 글자는 "찬(鑽)"이다. 찬은 바로 "뚫고 들어가다(鑽進去)"의 찬(鑽)으로, 깊이 들어간다는 뜻이다. 찬은 매우 큰 힘을 써야 비로소 뚫고 들어갈 수 있으며, 내면으로 깊이 들어가서, 분명하게 볼 수 있고, 진귀한 보물을 얻는다. 학문을 하는 것은 비록 물건을 뚫는 모양새로 그렇게 뚫을 수는 없으나, 그러나 가장 좋은 방법을 사용할 수 있으면, 역시 매우 빨리 뚫고 들어갈 수 있다. 내가 어떤 나라에 있을 때, 금광을 참관했는데, 그들이 채굴하는 기계는, 대기의 압력을 활용해 동력을 발생하는 것이었다. 내가 그들이 채굴하는 속도를 보니, 현대에 "전화(電化)"라고 불리는 전력과 비교하여, 약간 곱절로 증가된 것인지는 아직 모르겠다. 우리가 하는 학문도 이와 같은데, 만약 우리가 학술 분위기 중의 대기 압력 아래서, 뚫고 가는 동력을 발생할 수 있으면, 반드시 내면으로 깊이 들어가서, 학문의 근원의 오묘함과 비결을 알아내고, 그리고 반드시 매우 좋은 수확을 가질 수 있다. "찬"이라는 글자는 영어로 Penetration[침투]이다. 그래서, 나는 모두가 하나의 문제에 대해 확정하면, 전력으로 내면을 향해 뚫어야 하고, 큰 이치를 뚫어 나오게 하여, 우리의 학술 분위기가 비약적 진보가 생겨나도록 하기를 바란다.

네 번째 글자는 "부(剖)"이다. 이는 "해부하다(解剖)"의 부이고, 바로 "분석하다(分析)" 뜻이다. 어떤 재료는 파고 들어가는 것도 아직 부족하여, 반드시 해부를 해내어 그것의 진위, 즉 유용한지 아니면 독소가 있는지를 보아야 한다. 취하고 버림으로써, 깨끗하게 변화시켜 활용한다. "부"라는 글자는 영어로 Analyzation[분석]이다. 그래서 나는 모두가 문제마다 수집할 수 있는 자료에 대해, 뚫고 들어가거나 깊이 들어가는 것 외에도, 반드시 더욱 주의하여 한 번 해부하는 노력을 하기를 바란다. 분석하여 세밀하게 들어가서, 마치 해부칼 아래에서처럼, 현미경 아래에서처럼, 명명백백하게 보고, 분명하게 분석하여, 진짜 유용하고 독소가 없으면 바로 가져다 활용한다. 만일 가짜이거나 독소가 있으면, 즉 포기하고 내다 버리고 쓰지 않는다. 이와 같이, 재료를 감별하고, 재료를 신중하게 선택하면, 자연스럽게 응함으로 인해 적합한 것이다.

다섯 번째 글자는 바로 "인(韌)"이다. 인은 강인한 것인데, 노신(魯迅) 선생이 주장한 "인성전투(韌性戰鬪)"의 인이다. 학문을 하는 것은 일종의 장기간의 전투작업이며, 그래서 반드시 인성전투의 정신이 있어야, 비로소 장기간의 전투 중에, 많고 많은 어려움을 싸워 이기고, 각종 장애물을 제거하며, 새로운 도로를 개통해 내어, 새로운 경계로 들어갈 수 있다. "인(韌)"은 영어에서 아직 적합한 어휘를 찾아 번역하기 어려운데, 간신히 Toughness[단단함, 억셈]로 번역할 수 있다. 그래서 나는 모두가 학문을 하면서, 인성전투의 정신을 활용해야만, 긴 세월이 지나도 쇠퇴하지 않고, 항상 게으르지 않고 꾸준하게 견지해 나가면, 결국엔 버드나무 그늘이 우거지고 온갖 꽃이 만발한 또 하나의 마을(柳暗花明又一村)[곤경 속에서 희망이 나타남을 뜻함]의 경계에 도달할 수 있다. 나는 우리들 사람마다 "일(一)", "집(集)", "찬(鑽)", "부(剖)", "인(韌)" 다섯 글자를 해 낼 수 있고, 학문을 하면서 반드시 훤히 뚫리는 날이 생겨서, 나에게나 다른 사람에게나 사회에도 모두 공헌이 있기를 바란다.

셋째 물음: "나의 일은 진보가 있는가?"

다시, 우리가 매일 마땅히 물어야 하는 것은, "자신이 맡은 일은 진보가 있는가? 있다면 얼마나 진보했는가?" 이다. 왜 이렇게 물어야 하는가? 왜냐하면 일을 하는 것의 좋고 나쁜 영향은 우리의 생활, 학습에 모두 매우 큰 것이기 때문이다. 나는 일에 대해서도 몇 가지 의견을 내어서, 모두의 참고로써 제공한다.

첫 번째 가장 중요한 것은, 바로 "자리를 지켜야(站崗位)" 하는 것이다.

각 사람마다 맡고 있는 책임이 다르고, 각 사람마다 각 사람의 자리가 있기에, 각 사람마다 마땅히 각 사람 스스로의 자리 위에 서서, 자신의 자리를 견고하게 지키며, 자기 자리 위에서 노력하고, 자기 자리의 직무를 잘 하는 것이, 이것이 책임을 다하는 첫째 걸음이다. 나는 최근에 사람마다 "자리를 지키는" 교육이 필요하다는 생각이 들었다. 자신의 일자리 위를 견고하게 지키는 것은, 스스로를 교육하여 책임을 알게 되고,

책임을 이해 하고, 책임을 지게 하니, 자신을 교육하면서 진보하는 것이다.

두 번째로 중요한 것은 바로 "민첩하고 정확해야(敏捷正確)" 하는 것이다. 사람들은 항상 말하기를, 일을 하면 "민첩"해야 한다고 하는데, 이는 맞다. 그러나 나는 일을 하는 것이 단지 민첩하게만 하면 충분하지 못하다고 느낀다. 민첩하기는 민첩하지만, 민첩함으로 인하여 잘못한다면 어떻게 될까? 그래서 민첩의 아래 반드시 "정확" 두 자를 더해야만, 일이 민첩하고 그리고 정확하여 비로소 효력이 있다. 한 건의 일을 다른 사람이 하면 네 시간이 필요하지만, 당신이 단지 두 시간 혹은 세 시간에 해낸다면, 게다가 매우 정확하게 할 수 있다면, 이는 비로소 일의 효력이라 할 수 있다. 일은 어떻게 해야 민첩하고 정확하게 할 수 있을까? 이는 숙련됨과 정교하고 섬세함에 의지해야 한다. 진지하지 못하고 경솔하면, 가장 쉽게 실수하여 일을 망친다. 일을 하는 것은 산술의 연산기초와 같이, 빠르게 연산해야 하고, 정확하게 연산해야 한다.

세 번째로 중요한 것은 "끝까지 잘 해야(做好爲止)" 하는 것이다. 어떤 사람들은 일을 하면, 시작은 있으나 마무리는 없고, 동쪽에서 하고서 서쪽에서 잃어버리고, 서쪽에서 하고는 동쪽에서 잃어버리니, 바빠서 지낼 수 없고, 하나의 일도 이루는 것이 없어서, 즉 일을 중도에서 포기한다. 우리가 일을 하면 계획에 따라 하고, 기한에 따라 완성해야 하니, 즉 반드시 굳센 의지를 단호히 지켜서, 줄곧 끝까지 잘 해내야 한다.

넷째 물음: "나의 도덕은 진보가 있는가?"

마지막으로 우리가 매일 마땅히 물어야 하는 것은, "나의 도덕은 진보가 있는가? 있다면, 얼마나 진보하였는가?" 이다. 왜 이렇게 물어야 하는가? 왜냐하면 도덕은 사람이 되는 근본이기 때문이다. 근본이 일단 나쁘면, 설령 당신에게 여러 학문이나 능력이 있다고 해도, 큰 쓸모가 없다. 그렇지 않으면, 도덕이 없는 사람이, 학문과 능력이 더 크면 클수록, 그름을 위해 나쁜 짓을 할 가능성이 더 커서, 그래서 나는 얼마 전에, 우리 모두의 "인격장성(人格長城)을 건설"하기 위해서, "인격 방어(人格防)"를 제안했다. 인격장성을 건설하는 기초는, 즉 도덕이다. 현재 "공공 도덕(公德)"과 "개인 도덕(私德)"으로 나누어, 두 방면으로 이야기 한다.

먼저 "공공 도덕(公德)"을 이야기 한다. 한 집단이 견고할 수 있는지 없는지는, 번창할 수 있는지 없는지 이며, 바로 집단마다 구성원이, 공공 도덕을 돌보고, 공공 도덕을 수호하여, 그 중요함을 판단할 수 있는지 없는지를 보아야 한다. 만일 하나의 집단의 구성원이, 사람마다 공적인 도덕을 전제로 하고, 행동마다 주의한다면, 이 집단은 반드시 날마다 견고함을 더하고, 날마다 번창함을 더할 것이다. 그렇지 않고, 다수의 사람이 단지 개인 이익만 돌보고, 집단 이익을 돌보지 않으면, 이 집단의 기초는 반드시 흔들리고, 동시에 반드시 쇠락할 것이다. 그렇지 않으면, 이런 공공 도덕을 돌보지 않는 사람을 이 집단에서 깨끗이 없애야만, 이 집단은 비로소 새로운 생기의 희망을 향해 전환한다. 그래서 우리는 행동마다, 모두 공공 도덕에 방해가 되는지 아닌지, 공공 도덕에 도움이 되는지 아닌지를 물어야 한다. 공적인 도덕에 방해되는 것은, 아직 하지 않은 것은 하지 않기로 마음을 정하고, 이미 시작한 것은, 즉각 멈추어 하지 않는다. 만약 공적인 도덕에 도움이 되는 것이면, 모두가 뜻을 모으고 힘을 다해 그것의 성공을 돕는다.

다시 "개인 도덕(私德)"을 이야기한다. 개인 도덕을 중요시 하지 않는 사람은, 언제나 공공 도덕을 방해하는 사람이 된다. 그래서 한 사람의 개인 도덕은 더욱 중요하며, 개인 도덕은 더욱 공공 도덕의 근본이다. 개인 도덕의 가장 중요한 것은 "렴결(廉潔)"[청렴결백(淸廉潔白)]인데, 일체의 나쁜 마음 씀씀이와 나쁜 실행은 모두 청렴결백하지 않아서 일어난다. 때문에 내가 "인격장성의 건설"을 말할 때, 양진(楊震)의 "사지(四知)"[43], 간디의 한밤중의 "환금(還金)"[간디가 열두세 살 즈음, 형의 팔찌에서 금을 훔치고 돌려주고 뉘우친 일], 워싱턴이 용감하게 잘못을 인정한 것[조지 워싱턴이 어린 시절, 아버지의 벚꽃나무를 자른 후 솔직하게 용서를 구한 일화], 풍옥상(冯玉祥)선생[중국의 군벌, 정치가, 국민당에 입당해서 북벌에 참가했으나, 뒤에 반 장개석 운동을 벌임. 항일전쟁 활약. 내전반대 주장.]이 이야기하던 평노정(平老靜)의 "금팔찌를 돌려준" 이야기를 언급하는데, 모두 우리 개인 도덕에 좋은 본보기이다. 우리 사람마다 모두 이런 모범을 본받아, 자신의 개인 도덕을 건립하면, "인격 장성"을 건설해 낼 수 있다. 개인 도덕이 건강하고 온전함으로 인해 공공 도덕의 효용이 확대되면, 집단이 이익을 모색하는 것이니, 우리의 학교가 필연적으로 사 주년에 도달하는 것은, 일종의 고귀한 품성의 성과가 표현되어 나오는 것이다.

내가 오늘 연설한 "매일 네 번 묻다"은, 모두가 도덕을 진보하는 수업의 참고로 삼으라고 제공하였다. 만약 융통성있게 응용하여 행한다면, 내년에는 오늘의 사 주년을 기념할 때, 반드시 사람마다 신체의 건강 위

43 후한(後漢)의 양진(楊震)의 고사. 양진이 큰 벼슬에 올랐을 때, 창읍령(昌邑令) 왕밀(王密)이 캄캄한 밤에 금 10근을 품고 그에게 전달했다. 양진은 받지 않았다. 왕밀이 말하기를 "깊은 밤이라 아는 자가 없습니다." 양진이 말하기를 "하늘이 알고, 땅이 알고, 내가 알고, 당신이 안다. 어찌 아는 자가 없다고 하겠는가?"

에 큰 진보가 있고, 학문의 연수(進修) 위에 큰 진보가 있으며, 일의 효능 위에 큰 진보가 있고, 도덕 품격 위에 큰 진보가 있을 것이니, "물이 흐르는 곳에 도랑이 생기는(水到渠成)" 진보가 선명하게 드러나, 크고도 큰 진보가 있을 것이다.

1942년 육재학교 설립 3주년 기념회에서,
타오싱즈가 "매일 네 번의 물음"을 발표한다.

이 글은 1942년 7월 타오싱즈 선생이 육재학교 삼 주년 기념식에서 강연한 내용이다.

38. 육재학교 교육 강령 초안

育才学校教育纲要草案

1. 육재학교의 성질과 그 내용

⑴ 육재학교(育才學校)는 중화민국 교육의 취지와 항전건국의 수요에 따라서, 생활교육의 원리와 방법을 활용하여, 전쟁고아 중 우수한 아동을 배양하고, 항전건국의 인재가 되도록 만든다.

⑵ 육재학교가 하는 것은 건국교육(建國教育)이고, 동시에 항전교육(抗戰教育)이다. 어떤 사람은 항전교육을 벗어나 건국교육을 제기하고는, 건국교육의 이름을 걸고, 평시교육(平時教育)을 행하고 있는 것이 현실이다. 우리의 견해는 달라서, 오늘의 건국교육은 반드시 항전교육이어야 하고, 오늘날 진정으로 중국의 항전 전면에 필요한 항전교육을 움켜쥐면, 필연적으로 건국교육이다. 육재학교는 어떤 사람들의 견해로 보아서는 "건국교육" 이다. 왜냐하면 그들은 육재가 단지 미래의 인재를 배양한다고만 여기기 때문이다. 그러나 우리는 이것이, 육재가

바로 건국교육이라는 것을 결코 보증하지 못한다고 여긴다. 육재가 건국교육인 것을 보증하는 것은 육재가 동시에 바로 항전교육인 것에 달려있다. 오늘 육재학교의 아동은 반드시 전시생활을 보내야 하기에, 반드시 항전을 위해 복무해야 하기에, 반드시 항전의 용광로 중에서 단련해야 한다. 그렇지 않으면, 우리에겐 그들이 미래의 건국인재가 되는 희망의 이유가 없다. 육재학교의 교육은, 이름만 내건 건국교육이 아니고, 항전과 건국의 통일교육, 항전 건국교육이다.

(3) 육재학교가 하는 것은 인재교육인데, 음악, 연극, 회화, 문학, 사회, 자연 등 조로 나눈다. 그러나 전통적 인재교육과 방법이 다른 곳이 있다. 전통적 인재교육은, 일반적으로 먼저 보통의 기본교육을 준비하고, 그 다음에 전문적 고등교육을 받는다. 우리의 방법은 이렇게 엄격한 시간상의 구분을 하지 않고, 우리는 먼저 특수재능의 아동을 뽑아 확보하고, 시작할 때에 그 일반기초교육과 특수기초교육을 동시에 주의한다. 전자는 그리하여 아동으로 하여금 일반지능과 우량한 생활습관과 태도를 획득하도록 하게하고, 후자는 그리하여 특수재능의 아동에게 특수한 영양을 구비하여 주어, 그 특수재능을 발전하게 하고, 시들게 이르지 않게 만들고, 동시에 전문지능의 기초를 획득하도록 그것을 배양한다. 표면상 보기에, 이는 일반 기초교육과 전문과목 기초교육의 너무 이른 구분이지만, 그러나 우리의 방법에 따르면, 이는 일찌감치 일반 기초학습과 전문과목 기초학습의 균열을 방지한다. 우리는 미리 아동에게 세계와 인생에 대해 일원적인 견해를 배양해야 한다. 만약 유년 다윈의 생물에 대한 농후한 취미가 위대한 진화론자 다윈이 발전한 조건의 하나라면, 그러면 오늘날 아동의 개별적인 특출한 경향을 발전시키는 것을 앞당기는 것에, 사실 그 이유가 있다. 만약 중국의

최근 몇 년 동안 문화작업의 광범위한 사회실제생활과의 단절과, 기술 전문가의 정확한 인식의 부족을 쓰라린 교훈으로 삼을 수 있다면, 그러면, 오늘날 일반 기초교육과 특수교육 가운데를 하나로 일치하게 하여 그러한 분열경향을 방지하는 것에, 사실 그 필요가 있다.

(4) 육재학교가 하는 것은 지식(知)과 감정(情)과 의지(意)가 합일된 교육이다. 중국의 수십 년의 신교육은 지식판매의 교육이었으며, 뜻이 있는 사람은 일찍이 개탄하여 감정교육을 제창하였고, 지식, 감성, 의지가 함께 중시되는 교육이다. 이러한 종류의 주장은, 대체로 나쁘지 않지만, 그러나 유감은 지식교육과 감정교육이 절대 대립하지 않는다는 것을 명확하게 분간하지 못하는 것이고, 동시에 지식, 감정, 의지 세 가지는 절대 분리된 훈련 중에서 결코 얻어질 수 없다. 책으로 교육시키면 아마도 아동들이 신속하게 많은 지식을 획득하게 만들 수 있을 것이고, 신경질적인 교사는 아마도 아동들이 신속하게 풍부한 감정을 획득하게 만들 수 있을 것이며, 전제적 훈련은 아마도 한 사람이 독단적 의지를 획득하게 할 수 있을 것이지만, 그러나 우리가 어떻게 이러한 지식에서 얻을 것이고, 어떻게 이러한 감정에서 얻을 것이며, 어떻게 이러한 의지에서 얻을 것인가? 지식, 감정, 의지의 교육은 완전한 것이고, 통일된 것이다. 지식의 교육은 아동에게 죽은 지식을 주입하는 것이 아니고, 아동에게 사회 흥미와 행동의 의지를 동시에 불러 일으키는 것이다. 감정교육은 아동에게 나약한 감정을 배양하는 것이 아니고, 아동이 가지고 있어야 할 감정을 조절하고 계발하게 하는 것이며, 중요한 것은 진리의 감정을 추구하는 것이다. 감정의 조절과 계발 중에 아동이 그 의의와 방법을 이해하도록 하면, 바로 동시에 지식의 교육인 것이다. 진리의 감정을 추구하는 것을 양성하게 하고 더불어 노력하여 받들어

행할 수 있으면, 바로 동시에 의지교육인 것이다. 의지교육은 개인에게 맹목적인 의지를 드높이는 것이 아니라, 사회와 역사 발전에 부합하는 의지를 배양하는 것이다. 합리적인 의지의 배양과 정확한 지식교육은 분리될 수 없고, 굳센 의지의 획득과 일정한 상황 아래의 정서의 격발과 냉정은 나눌 방법이 없다. 지금 우리는 통일된 교육 중에서 아동의 지식, 감정, 의지를 배양하고, 그 자각을 일깨워, 그 인격이 완비된 발전을 획득하도록 할 것을 요구한다.

(5) 육재학교가 하는 것은 지혜(智), 인자함(仁), 용기(勇)가 합일된 교육이다. 지혜, 인자함, 용기 세 가지는 중국의 중요한 정신유산이고, 과거에는 그것은 "천하의 변함없는 도덕"으로 여겨졌고, 오늘날에도 여전히 개인의 완벽한 발전의 중요한 지표라고 할 수 있다. 특히 지금 항전건국 시기에, 우리는 지혜, 인자함, 용기를 겸하여 수양한 사람을 필요로 하는데, 지혜롭지 않고 인자한 것은 겁쟁이의 인자함이고, 지혜롭지 않고 용감한 것은 필부(匹夫)의 용기이고, 인자하지 않고 지혜로운 것은 교활한 지혜이고, 인자하지 않고 용맹한 것은 인색한 용기이고, 용감하지 않고 지혜로운 것은 현실에 맞지 않는 담론의 지혜이고, 용감하지 않고 인자한 것은 입으로만 떠드는 인자함이다. 중국 동자군(童子軍)[44]은 지혜, 인자함, 용기를 그 훈련의 목표로 여기는데, 이는 매우 의의가 있는 것이다. 육재학교는 지혜, 인자함, 용기를 그 일부분 훈련의 목표로 삼을 뿐 아니라, 전체생활과 과정을 통함으로써, 지혜, 인자함, 용기의 과녁에 도달한다. 우리는 매 학생마다 개성 위에 지혜의

---

44 1912년 무창(武昌) 문화서원에서 설립, 남경 국민정부 성립 후 중국 동자군 총회가 설립됨. 동시에 초등학교와 중학교에서 동자군 교육 과정이 있었고, 동자군의 관리가 보급되었다.

마음이 촉촉하게 젖어있고, 사회와 대중의 열성을 이해하고, 나로부터 희생하는 정신으로 사회와 대중에 봉사할 것을 요구한다.

(6) 육재학교는 하나의 실험성질을 가지고 있는 학교이다. 첫째, 항전 동안, 중국은 이전에는 한 적 없는 아동 공공교육 사업이 생겼는데, 육재학교는 그 중 특수한 한 종류이다. 우리는 특수한 재능을 가지고 있는 아동의 공공교육을 충분히 실험해 주기를 희망한다. 둘째, 육재학교가 생활교육의 원리와 방침을 일종의 지도방침으로 삼아, 나는 이와 같은 지도방침을 충분히 실험해 주면, 우리는 이런 종류의 실험이 생활교육이론에 새로운 발전을 줄 수 있다고 깊게 믿는다.

(7) 육재학교의 전체 교육의 기초를 건설하는 것은 집단생활 위에 있다. 이 곳은 낡은 교육장소가 아니고, 새로운 생활장소이다. 이 곳의 문제는, 아동에게 어떠한 교육을 줄 것인가에 그치지 않고, 동시에 더욱 어떻게 아동에게 그러한 교육을 받아들이게 할 것인가에 있다. 이 곳의 문제는, 우리에게 교육이상과 계획이 마땅히 있어야 할 뿐 아니라, 어떻게 집단생활을 통해 그러한 이상과 계획에 도달할 것인가에 있다.

이른바 집단생활은 전체 교육의 기초로서, 세 가지 의의가 있다:

첫째, 집단생활은 아동의 자아가 사회화로 향하는 과정에서 아동심리가 정상적으로 발전하기 위해 필요한, 중요한 추진력이다. 이러한 종류의 정상적인 발전을 얻지 못한 아동은, 마침내 그 몸은 단지 비극으로 마칠 수 있다. 둘째, 집단생활은 한 사람의 집단정신을 점점 배양할 수 있다. 이는 개인주의를 극복하고, 영웅주의와 비관적이고 나약

한 사상의 효과적인 약제(藥劑)이며, 중화민족은 지금 역사상 전례 없는 항전건국의 전환점에 처해 있기에, 이런 종류의 집단정신이 마땅히 매 사람마다의 혈액 속으로 용해되어야 한다. 셋째, 집단생활은 여러 사람의 힘을 활용하여 집단적으로 합리적인 생활, 진보적인 생활, 풍부한 생활을 창조한다. 이와 같은 풍부함으로써, 진보적이고 또 합리적인 생활의 혈액으로 아동에게 자양분을 주고, 집단생활의 부단하게 스스로 새로워지는 창조의 과정으로 아동을 교육한다. 구체적으로 말하면, 집단생활의 작용은 아동을 단결시켜 진리를 추구하는 어린 학생이 되게 하고, 단결하여 알면 바로 전하는 어린 선생이 되게 하고, 단결하여 손과 두뇌를 동시에 사용하는 어린 노동자가 되게 하며, 단결하여 침략에 반항하는 어린 전사가 되게 한다.

(8) 육재학교의 집단생활은 반드시 합리, 진보와 풍부를 유지해야 하고, 그리고 그의 합리, 진보와 풍부를 유지하려고 하면, 즉 두 가지 중요한 조건이 있다:

1. 사회발전과 연계하고, 전체 세계와 소통한다.
2. 집단 아래에서, 민주를 발전시키고, 개성을 중시한다.

(9) 육재학교의 집단생활은 아래의 몇 가지 생활을 포함한다.

1. 노동생활
2. 건강생활
3. 정치생활
4. 문화생활

전통교육 중에서 이른바 노동교육은 노동생활을 소홀히 하고 있으며, 이른바 건강교육은 건강생활을 소홀히 하고 있고, 이른바 정치교육은 정치생활을 소홀히 하고 있고, 각종 교실 중에서, 문화생활을 강의하며 진정한 문화생활을 소홀히 한다. 육재학교의 생활과 교육은 통일된 것이며, 그것은 노동생활이 즉 노동교육인 것을 인정하고, 노동생활을 활용하여 교육하며, 노동생활을 주어서 교육한다. 그것은 건강생활은 즉 건강교육인 것을 인정하고, 건강생활을 활용하여 교육하며, 건강생활을 주어서 교육한다. 그것은 정치생활은 즉 정치교육인 것을 인정하고, 정치생활을 활용하여 교육하며, 정치생활을 주어서 교육한다. 그것은 문화교육을 인정하고, 문화생활을 활용하여 교육하며, 문화생활을 주어서 교육한다.

(10) 육재학교의 집단생활은 비록 성질 상에서 노동생활, 건강생활, 문화생활로 구분되지만, 그러나 생활의 집단성 이 한 점 위에서, 우리의 노동생활, 문화생활을 결정하는 것이, 흔히 동시에 바로 정치생활이다. 본질적으로 말하면, 노동생활, 건강생활, 문화생활의 해석, 동원, 조직의 과정은 모두 정치생활이고, 또한 모두 정치교육이다. 이로 인하여, 육재학교의 집단생활은, 그 종합적인 의의상 말하면, 바로 일종의 정치생활이다. 또한 다시 말하자면 육재학교의 정치교육은 모든 집단생활을 뒤덮고 있다.

(11) 육재학교의 생활은 계획적이고, 이러한 계획적인 집단생활의 집단성이 전체의 집단생활을 결정하는데, 동시에 바로 이것이 정치생활이다. 마찬가지로 육재학교의 집단의 교육성이 전체의 집단생활을 결정하여서, 동시에 즉 문화생활이다. 솔직하게 말하면, 노동생활, 건

강생활, 정치생활은, 집단토론과 검사를 하는 가운데서 모든 언어문자의 표현능력의 단련 및 사고추리의 응용 등등이 바로 동시에 문화생활이다. 노동생활, 건강생활, 정치생활은 학생정신과 품격 위에서 연마하고 단련하여서, 동시에 문화교육이다. 그래서, 육재학교의 집단생활은 그 종합적인 의의에서 말하면, 동시에 또 문화교육이다.

(12) 육재학교의 집단생활은 그 종합적인 의의에서 말하면, 한 편으로는 정치교육이고, 다른 한 편으로는 또 문화교육이다. 이 두 가지와 집단생활은 서로 영향적이다. 집단생활이 더 풍부해지면, 정치교육도 더 충실해지고, 정치교육이 더 충실해지면, 집단생활의 정치인식의 수준도 더 높아진다. 마찬가지로, 집단생활이 더 풍부해지면, 문화교육도 더 충실해지고, 문화교육이 더 충실해지면, 집단생활의 문화수준도 더 높아진다.

(13) 육재학교의 정치교육, 문화교육은 집단생활에서 그 종합적인 의의가 있는데, 우리는 이 두 방면의 지도방침을 확정할 것을 요구한다: 1. 오늘날 우리는 역사상 아직 전례가 없는 민족해방전쟁 중에 있다. 모든 항전 중에 관통하는 가장 근본문제는 전국이 정성으로 단결하고, 삼민주의[민생(民生), 민족(民族), 민권(民權)]의 지도에 따르는 것인데, 이는 전국 국민의 공통된 요구로서, 조금도 의심의 여지가 없이 육재학교의 정치교육도 마땅히 정성으로 단결하고, 항전에 복종하고, 삼민주의를 실행할 것을 최고의 원칙으로 삼는다. 2. 인류 역사상의 문화유산은 넓기는 마치 바다와 같은데, 바다와 같이 거대한 문화유산을 모두 아동에게 받아들이게 하려고 하면, 불가능할 뿐만 아니라, 또한 교육원리와도 서로 부합하지 않는다. 그래서, 육재학교는 오늘 문화교육

에 대해 말해보면, 그 내용에 대해 말하자면, 반드시 아래의 여러 점들을 확정해야 한다. (1) 인류역사상 중요하고 대표성이 있는 문화유산을 압축하여 반응한다. (2) 철학과학(사회와 자연)과 예술의 역사의 발전 및 그 사회에서 실천적 의의를 주의해 보라. (3) 인류 진화사 및 중국 역사적 인식에 중점을 두라.

(14) 마지막으로, 육재학교의 일반기초교육의 성공을 획득할 수 있을지 없을지, 특수기초교육이 비교적 많은 학습시간을 얻을 수 있을지 없을지는, 모두 아동들이 문화의 도구를 신속하게 획득할 수 있는지 없는지를 보고 결정해야 하며, 이는 교육 상의 기본 건설의 문제이다. 한 아동이 적당한 언어문자를 활용해서 분명하게 그의 사상을 표현할 수 없으면, 우리는 이 아동이 받은 것은 불완전한 교육이라고 말할 수 있다. 이른바 문화의 도구의 교육은, 이러한 몇 항목을 포함한다: 1. 언어, 2. 문자, 3. 그림, 4. 수학, 5. 논리. 넓은 의미로 말하면, 이 다섯 가지 항목은 함께 사상을 표현하는 도구이다. 이러한 도구를 획득하여야만 비로소 깊이가 있는 학문을 추구할 수 있으며, 비로소 복잡한 일을 처리할 수 있다. 전통교육도 매우 이러한 도구를 중시했으나, 그러나 그것은 두 가지 근본적인 결점이 있다: 첫째, 편협하다. 읽고, 쓰고, 셈하는 것만 가장 중요한 도구로 여긴다; 둘째, 잘못되었다. 무턱대고 읽고, 쓰고, 셈하면서 자신이 읽고, 쓰고, 셈하는 것을 학습한다. 오늘 우리가 문화의 도구교육을 제안하는 것은, 아울러 그 중요성을 강조하는 것은, 절대 그것을 일반 기초교육의 위에 두어, 하루 종일 언어문자, 수학 논리를 학습하는 것이 아니다. 만일 이렇다고 한다면, 이는 바로 3R[45]

45 읽고(Read), 암송하고(Recite), 되새긴다(Review)

교육의 잘못을 범하는 것이다. 우리는 도구교육은 마땅히 풍부한 집단생활 가운데서 흡수하고, 그것을 스스로의 혈액으로 배양하는 것으로 여긴다. 언어, 문자, 그림을 활용하여 집단생활을 표현하고, 집단생활 중 통계적 사항을 활용하여 계산의 재료로 삼으며, 집단생활 중의 사실, 논쟁을 활용하여 아동의 객관적 논리를 발전하고, 아동의 비현실적인 논리를 대체한다.

그러나 다른 하나의 방면에는 잘못된 경향도 있다: 그것은 설계교학법(設計教學法)[46]자인데, 근본적으로 도구교육의 특성을 경시한다. 그들이 언어문자와 산술의 학습을, 각각의 그다지 관련 없는 교과단원의 활동에 계속 연결시켰는데, 억지논리로 갖다 붙이며 인위적인 조작을 가득하게 한 것이다. 우리의 방법에 의하면, 한편으로는 이 도구를 활용하여 집단생활 사항을 표현하고, 한편으로는 또한 언어문자 중의 우수한 작품 및 계산활동의 훈련을 일종의 문화활동으로 조직해서, 학습에 종사한다. 아동은 이러한 문화의 생산도구를 획득한 이후에, 그는 자동적(自動的)으로 광범위한 지식을 흡수할 수 있다.

2. 육재학교의 생활, 학습과 작업 제도

(1) 육재학교의 생활, 학습, 작업은 기본상 하나가 되는 것이며, 그 중 일반 활동은 모두 하나의 골간으로 조직된 집단생활의 조직 아래

46 실용주의 교육의 일종의 교학제도. 미국의 킬패트릭(William Heard Kilpatrick) 교수가 창안함. 학생이 스스로 행동함으로 말미암아 학습의 목적과 내용을 결정하고, 스스로 행동하는 설계로부터, 실행의 활동 중에 관계 있는 지식과 능력을 획득한다고 주장한다.

속한다. 이 조직은 생활과 학습의 조직을 통일하였고, 집단생활과 일상 사회 봉사조직을 통일하였다. 이 조직체계는 개략적으로 아래와 같다: 1. 육재학교 아동생활단을 설립한다 2. 음악, 희극, 문학, 사회, 회화, 자연, 공예, 농예 등의 조(組)는 각각 하나의 중대(中隊)로 편성하고, 중대 아래 약간의 분대(分隊)를 설립한다 3. 각 조는 일반교육수준이 같은 아동을 하나의 학급(學級)으로 편성하고, 보통교육을 함께 받게 한다 4. 각 조의 각각 다른 분대의 아동은, 연령의 많고 적음과 작업의 경험에 따라 배합하여, 혼합조가 약간의 사회봉사대를 이루어, 부근 촌락의 사회봉사를 전적으로 맡는다.

(2) 학습활동 중의 일반학습은 일반생활의 조직 중에 포함되어 있다.

(3) 작업과 봉사(服務)의 일반적인 조직은 또한 일반생활의 조직 중에 포함되어 있는데, 육재학교는 항전의 용광로 중에서 아동을 단련시키기 위해서, 동시에 항전작업의 필요를 위해서, 서로의 기회를 얻으면 언제든지 전시공작대(戰時工作隊)를 조직해야 한다; 만약 일반생활 조직 중에서, 비교적 고정적인 생활이 있고, 작업과 학습이 이미 아동에게 비교적 판에 박은 습관을 갖게 하였어도, 그래도 전시공작대는 일부러 이러한 판에 박힌 습관을 부수고, 아동에게 당연히 받아야 하는 훈련을 준다.

(4) 이상 각 항의 조직은 얼기설기 얽혀 있는 작용을 모두 발휘하여, 전교의 아동들이 서로 서로 접촉할 수 있게 하고, 다만 이 각 조직 중에, 분대는 평소 생활, 작업, 학습의 기본 조직이다.

(5) 육재학교는 가르침과 훈계의 합일(敎訓合一)을 주장하고, 동시에 육재학교는 단호히 체벌을 반대한다. 체벌은 권위제도의 잔재로서, 시대의 의의상에서 말하면 그것은 이미 죽어 없어져야 할 것이 되었다. 그것은 비단 아동이 실행을 개선하도록 하는데 부족할 뿐 아니라, 꺼꾸로, 그것은 아동을 어두운 심연으로 떠밀어 내린다. 육재학교 교사의 가장 큰 책임은 아동이 기율(紀律)에 대해 자각적 필요, 자각적 준수를 불러일으키는 것이고, 아동이 학습에 대해 자각적 필요, 자동적 추구를 불러일으키는 것이다.

(6) 육재학교의 집단생활의 조직의 원칙은 민주집중제이다. 민주집중제의 운용은, 한편으로는 당면한 집단생활을 완전하게 할 수 있고, 다른 한편으로는 아동이 참여하는 미래 민주정치의 기초를 배양해야 한다.

(7) 육재학교는 분대의 저녁모임(晩會)을 중시하는데, 무릇 집단생활 중의 문제나, 시사 및 그 날 지도원이 가르친 것은 반드시 충분하게 토론하여 주면, 이는 아동의 학과 이해를 증가하는 것 이외에도, 동시에 아동의 언어 표현 능력을 증진한다.

(8) 육재학교는 자아비평을 중시한다. 자아비평은 민주를 발전시키는 유효한 수단이고, 자아비평은 자각성을 촉진하여 일깨우는 무기이다.

(9) 육재학교는 총결(總結) 능력의 배양을 중시한다. 총결은 학습 중의 각종문제나, 자아비평 및 토론 중 서로 같지 않은 의견 등을 포함하는 것을 필요로 하며, 한편으로는 아동의 능력을 넓히고, 또 한편으로

는 논리를 연습한다.

(10) 육재학교는 아동의 자아교육정신을 길러야 한다. 교사에게 배우는 것을 제외하고도, 여전히 동료에게 배우고, 민중에게 배우고, 도서관으로 향해 가서 배우고, 사회와 자연계로 향해 가서 배운다. 그는 집단생활에 열렬히 참가할 수 있고, 그러나 동시에 또한 문제를 냉정하게 사고할 수 있다. 아동의 자아교육정신을 강화시켜 키우기 위해서, 육재학교는 매일 아동에게 상당한 시간과, 자유롭게 사색하고, 자유롭게 활동하는 기회를 준다.

(11) 육재학교의 종합적인 교육과정은: 1. 아동을 행동의 주체로 삼고, 교사의 앎의 지도 아래서, 행동과 앎의 계속하여 연결되어 맞물리는 과정을 진행한다. 2. 아동을 행동의 주체로 삼고, 동시에 아동 자신의 앎을 영도자로 삼아, 행동과 앎이 계속하여 연결되어 맞물리는 과정을 발전한다. 2. 육재교육 목적의 하나는 첫 번째 과정에서 천천히 발전하여 두 번째 과정에 이르는 것이다.

(12) 육재학교의 일반적인 "가르침, 배움, 실행함"의 과정은, 세 가지 형식이 있다. 1. 작업 혹은 문제를 중심으로 하는 가르침, 배움, 실행함의 과정 2. 사물의 역사발전을 중심으로 하는 가르침, 배움, 실행함의 과정 3. 각 학과, 각 체계의 학습과 연구의 가르침, 배움, 실행함의 과정. 이 세 가지 과정은, 육재학교는 참고하고 종합하여 상호적으로 활용한다.

육재학교의 교사와 학생은 기본상 집단생활 위에서 함께 배우는 것이고, 학생이 선생의 교육을 받는 것뿐 아니라, 선생도 학생의 교육을 받고 있다. 이곳의 우리는 부정확한 두 종류의 경향에 반대해야 한

다: 한 종류는 가르침과 배움의 경계를 완전히 없애버려서, 교사의 지도작용을 부정하는 잘못된 경향이다. 다른 한 종류는 다만 가르침만 고려하여, 학생의 흥미는 묻지 않고, 학생이 제출한 질문은 주의를 기울이지 않는 잘못된 경향이다. 전자의 경향은 필연적으로 계획이 없고, 생활에 따라 굴러가 버린다. 후자의 경향은 필연적으로 맹목적으로 학생에게 주입하여 강제 비육된 오리로 만들어진다.

우수한 교육종사자는 한편으로는 객관적인 상황에 따라 교육계획을 정해내고, 다른 한편으로는 어떻게 생활과 실천을 통해 이 계획을 실천할지를 알고, 동시에 어떤 상황 하에서 그의 계획을 수정하고, 동시에 그의 계획을 발전할지를 안다.

이른 아침, 육재 학생이 연못가에서 열심히 책을 읽는다.

이 글은 1936년에 쓰여졌으며, 4월 《타오싱즈교육논문선집(陶行知教育論文選輯)》에 실렸다.

39. 대중교육과 민족해방운동
大众教育与民族解放运动

왜 대중교육을 필요로 하는가? 중국은 전례 없는 국난과 마주하고 있다. 이 엄중한 국난은, 소수의 사람들은 이미 해결할 수 없으며, 대중이 반드시 일어나 나라를 구하는 책임을 져야 중국은 비로소 구제될 수 있다. 우리의 "우방"[47]은 요녕(遼寧)의 철, 산서(山西)의 석탄, 길림(吉林)의 삼림, 화북(華北)의 목화밭, 복건(福建)의 근거지 및 전국의 부유한 자원을 착취하려 하는 것이지, 자신만 돌보고, 부자 노릇을 하며, 행복을 누리기만 하면 되는 일이 절대 아니다. 그는 우리 4억 5천만 국민을 망국노(亡國奴)[나라가 망한 노예], 그의 노예로 만들려고 한다. 노예가 되는 것은 당연히 편할 수가 없는 것이며, 그를 위해 농사짓고 노동하는 것을 제외하고도, 그를 위해 군인이 되어야 하며, 그를 위해 공격하는 다른 사람의 맨몸포탄이 되어야 한다. 다만 대중이, 망국노가 되기를 원치 않고, 생명을 가지고 적의 맨몸포탄이 되느니, 생명을 가지고 모든 민족의 자유평등을

---

47 일본 제국주의를 풍자함

쟁취하는 것이 낫다고 각오하고 일어나면, 우리의 국난은 반드시 해결된다. 그러나 중국의 대중은 소수의 사람들의 압박과 착취를 받았고, 지금까지 시간, 돈, 기회가 없어서, 자신과 민족의 문제를 철저히 깨닫는 것을 잃어버렸다. 게다가 수천 년의 마취작용으로, 그들은 재난을 만나도, 독단적으로 팔자가 그렇다고 말할 것이다. 우리는 정확한 교육으로, 대중을 인도하여, 운명이 정해져 있다는 미신을 돌파하고, 마취의 가면을 열어젖히며, 재난의 실마리를 찾아내어, 그 자신의 힘의 위대함을 느끼게 되면, 적의 침략음모를 분쇄함으로써, 위기에 직면한 조국을 자유평등의 낙원으로 바꾸어야 한다. 대중교육은 무엇인가? 대중교육은 대중 스스로의 교육이고, 대중 스스로가 운영하는 교육이며, 대중을 위해 복지를 도모하고 고통을 없애는 교육이다 (새로운 대중교육은 대중의, 대중에 의한, 대중을 위한 교육을 의미한다: The new mass education means an education of the mass, by the mass and for the mass). 이러한 교육과 소수의 사람들의 교육은 물론 크게 다르고, 소수의 사람들이 대중을 대신하여 설립한 소위 민중교육, 평민교육과도 근본적으로 모순된다. 대중교육은 대중을 깨어나라고 가르쳐야 한다. 단지 대중에게 생산, 생산, 생산만을 가르쳐, 한층 더 살찌게 하여, 소수의 사람들이 많고 많은 착취를 하게 하는 교육은 대중교육이 아니다. 대중교육은 대중에게 진실한 말을 한다. 대중에게 전문적으로 거짓말을 하는 교육은 거짓교육으로, 대중교육이 아니고, 대중교육은 마취된 대중의 왜곡된 이론에 대하여 정면으로 반박해야 한다. 시작은 바보인 척, 귀머거리인척 하고, 계속하여 벙어리로 변하더니, 결국엔 현재의 세력 아래 굴복하니, 이는 앞잡이 교육이지 대중교육이 아니다. 대중교육은 대중이 행동하게 가르치고, 모두가 집단의식에 따라 행동하도록 가르친다. 대중에게 단지 앉아서 듣기만 하라고 가르치고, 대중에게 일어나 행동하라고 가르치지 않으며, 혹은 소수의 사람들의 의사에 따라 일어나 행동하는 것은, 모두 목각인형 교육이지 대중교육이 아니다. 대중교육은 대중에게 생활을 교육과정으로 가르치는데, 비상시기의 계획적이고 조직적인 생활로써, 그들의 비상시기에 계획적이고 조직적인 교육과정을 하도록 해야 한다. 이 비상생활은, 당면한 민족해방, 대중해방의 생활전투이다. 이는 대중교육의 중심 과목이다. 여기에서 우리는, 민족해방과 대중해방은 하나의 분해될 수 없는 운동이라는 것을 지적해 내야 한다. 만약 대중이 일어나지 않으면, 민족해방운동도 결코 성공할 수 없다. 그러나 만약 목숨을 걸고 민족해방을 쟁취하지 않는다면, 중국의 대중 스스로도 해방을 얻기 어렵다. 그리하여, 대중교육은 하나의 큰 과목밖에 없는데, 이 큰 과목은 중국 민족 대중의 해방을 쟁취하는 것이다. 만약 단지 대중을 문을 닫아버리고 글자를 알고 책을 읽게만 가르친다면, 그것은 현실을 도피하는 도주교육이지 진정한 대중교육이 아니다.

대중교육은 어떻게 하는가?[48] 대중교육은 현 단계에서 반드시 금전난관을 돌파해야, 비로소 대규모로 해낼 수 있다. 아래 두 원칙과 하나의 새로운 도구는 한편으로 대중교육이 금전난관을 돌파하게 해 주고, 한편

---

48 본 편이《중국대중교육문제》책에 들어있을 때, "대중교육은 어떻게 하는가?" 이 구절 뒤에 아래 단락의 글이 씌어있었다: "교육부의 통계에 의거하여, 초등학생마다 매년 8위안 9자오(角)의 교육비를 써야 하고, 민중학생은 매년 1위안 8자오의 교육비를 써야 한다. 현재 중국은 2억의 학업을 중단한 성인과, 7천만명의 진학하지 못한 아동을 가지고 있다. 이 2억7천만 명은 당연히 우리 대중교육의 대상이다. 위의 비용에 비추어 계산하면, 10억위안이 있어야 비로소 초보적인 대중교육을 보급할 수 있다. 이 숫자는 대중 자신이 해낼 수 없을 뿐 아니라, 교육부도 작년에 엄청난 노력을 다하여 단지 삼백 몇만 위안의 의무교육 경비를 기획했을 뿐이어서, 이 10억의 대중교육경비에 대해서는 반드시 기획해 낼 수 없다. 그래서,"

으로는 또 대중교육을 더 효력이 있게, 더 의의 있게 진행하게 한다.

1. 사회 즉 학교

대중교육은 몇 백만, 몇 천만의 돈을 써서 무한대학(武漢大學)의 황궁 같은 학교건물을 건설할 필요가 없다. 공장, 농촌, 점포, 가정, 무대, 찻집(茶館), 군영, 학교, 사당, 감옥, 모두가 대중대학의 이루 다 헤아릴 수 없는 분교가 된다. 객실, 부뚜막, 베란다, 정자(亭子)안 이 모든 곳에서 독서회, 구국회, 시사토론회 등을 열 수 있다. 심지어 무덤도 우리의 교실이 될 수 있다. 누가 무명 영웅의 무덤과 만리장성의 북문 입구에 있는 지나(支那)[China]용사의 무덤이 우리의 가장 좋은 교실이 아니라고 말할 수 있는가?

2. 알면 바로 전한다

진리를 얻은 사람은 진리를 전수하는 의무를 지고 있다. 기꺼이 사람을 가르치지 않는 사람은 교육을 받는 것에 걸맞지 않다. 앞서 나가는 지식인은 당연히 대중교육의 사명을 추진하는 책임을 지고 있다. 그러나 매우 단기간을 거치면, 앞서 나가는 대중과 앞서나가는 어린 아이는 똑같은 선생이 될 수 있어서, 우리는 모두가 학생이고, 모두가 학우이며, 모두가 학비를 받지 않는 선생이라고 말할 수 있다. 전달하는 선생과 어린 선생의 손에서, 지식의 사유는 분쇄되었고, 진리위공(眞理爲公)[진리는 모든 사람이 공유해야 한다]은 우리의 공동의 신조가 되었다.

3. 병음신문자

병음신문자(拼音新文字)는 대중의 문자이다. 신문자가 있으면, 대중은 한 달이나 반 달의 노력을 들이기만 하면, 책을 읽고, 신문을 보며, 문장을 쓸 수 있다. 초급 신문자 교육은 단지 세 푼의 돈 만으로, 바로 만들어 이루어질 수 있어서, 대중교육이 다시는 자선가의 구제를 기다리지 않아도 된다. 확실히, 문화구제는 식량구제와 마찬가지로 비참하며, 마찬가지로 의지할 수 없다. 수재와 가뭄이 든 지방에서, 10명 중 9명이 굶어 죽고 남은 한 명이 남아, 비로소 한 덩어리의 빵을 기다리는데, 이 얻기 힘든 한 덩어리의 빵도 거의 변해서 시큼한 풀처럼 변했다. 신문자! 신문자! 신문자[병음(倂音)표기를 의미함]는 대중의 문자이다. 그것은 대중의 진실된 마음의 이야기를 말해야 한다. 그것은 대중의 마음 중의 사실을 써야 한다. 아는 것도 돈이 들지 않고, 쓰는 것도 돈이 들지 않고, 배우는 것도 돈이 들지 않는다. 붓 끝의 총검으로, 앞으로 찌르고 찌르고 찔러, 평측성(平仄聲)[시문(詩文)의 음운(音韻)의 높낮이]을 꿰뚫고, 방괴자(方塊字)[한자를 의미함]를 찔러 부셔서, 사람마다 모두 글자를 알도록 가르쳐서, 대중의 문화를 창조하고, 대중의 위치를 제고하여, 현 시대의 제일 큰 사업을 완성해야 한다.

사회 즉 학교와, 알면 즉시 전하는 두 가지 원칙에 의거하여, 신문자와 기타 유효한 도구들을 가지고, 대중을 인도하여 조직하고 일어나 중화민족대중의 해방을 쟁취하도록 인도하는 것이 바로 중국에 필요한 대중교육이다.

이 글은 1943년 4월 《타오싱즈교육논문선집(陶行知敎育論文選集)》에 실린 글이다.

40. 민주적 아동절
民主的儿童节

아동의 생활은 한 면의 사회의 거울이다.

한 나라의 정치, 경제가 민주적인지 아닌지는, 쟁론할 필요 없이, 이 한 면의 거울을 가져다가 비추어보기만 하면, 바로 명백해진다. 왜냐하면 아동은 정말로 사람의 지위가 낮아서 말이 경시되기 때문에, 아동의 몸에 정치경제가 반영되는 것은 가장 철저하고 또 숨기기 어렵다. 만일 "중추절(仲秋節)의 달은 유난히도 밝다(月到中秋分外明)" 이 말이 정확하다면, 그러면, 당신은 아동절에서 아동생활을 반영하는 것을 더욱 분명하게 볼 수 있다. 운이 좋은 아동은, 1년 365일, 매일 매일 아동절을 보내는데, 4월 4일[49]은, 그저 강조된 아동절일 뿐이다. 불행한 아동에게는, 4월 4일 조차도 그들과는 관계없고, 그들은 아동절에도 여전히 구두를 닦고, 개똥을 줍고, 힘든 노동을 하고, 굶주리고, 추위에 시달리고, 매를 맞는

49 해방전 중국의 아동절. 현재 중국의 아동절은 6월 1일

다. 굶주림, 추위, 매가 그들이 받는 선물이다. 경극을 보고(廳戱), 영화를 보고, 사탕을 먹고, 연예회에 참가하는데 그들의 몫은 없다. 민주는 심오한 의미가 아니고, 통속적으로 말하면, 바로 "모두는 몫이 있다" 이다. 재수가 없는 때에는 "재앙(禍)이 있으면, 같이 감당한다"는 것이고, 행운이 시기에는 "복(福)이 있으면 모두 누린다"는 것이며, 평소 때는 "모두의 일은 모두가 이야기하고, 모두가 생각하며, 모두가 한다"는 것이다. 아동절은 전국 아동의 아동절이고, 소수 아동의 아동절이 절대 아니다. 우리는 아동 행복에 대해서 전체 매 아동마다 몫이 있는 것을 이루어야만, 비로소 민주적 아동절이라 할 수 있다. 이른바 아동의 행복은 도대체 무엇들인가? 일반 백성들이 사랑하고 좋아하는 "복록수희(福祿壽喜)" 네 자를 가지고 설명할 수 있다.

(1) 복(福), 어머니의 사랑이 있고, 독서가 있고, 6개의 해방[50]이 있다. 배움에 있어 그 재능을 배양할 수 있고, 소소한 창조의 기회가 있고, 후대를 매우 넓고 크게 애호하는 공감을 가지고 있다.
(2) 록(祿), 배부르게 먹고 따뜻하게 입는다.
(3) 수(壽), 공포를 받지 않고, 착취당하지 않으며, 상처를 받지 않고, 병을 앓지 않으며, 요절하지 않는다.
(4) 희(喜), 새해를 맞고, 명절을 보내며 모두 크게 행복해 한다.

이 4개의 행복을 실현시키려면, 나는 아이들이 네 가지 물건을 가져

50 1. 아동의 두뇌를 해방하여, 그것을 생각할 수 있게 한다. 2. 아동의 두 손을 해방하여, 그것을 할 수 있게 한다. 3. 아동의 눈을 해방하여, 그것을 볼 수 있게 한다. 4. 아동의 입을 해방하여, 그것을 말할 수 있게 한다. 5. 아동의 공간을 해방하여, 그것을 대자연과 대사회와 접촉할 수 있게 한다. 6. 아동의 시간을 해방하여, 그들을 과거를 보게 핍박하지 않고, 그들이 자신이 학습하기를 갈망하는 것을 학습할 수 있게 한다.

야 한다고 생각한다.

(1) 장난감, 단체 오락의 장난감

(2) 학용품, 학문을 추구하는 도구

(3) 용구, 일상생활의 용구

(4) 공구, 손과 뇌를 같이 쓸 수 있는 공구

아동절은 깨달은 어른이 전체 아동을 위하여 행복을 쟁취하는 기념일이다. 우리는 아동을 위해 하루의 기쁨을 쟁취해야 할 뿐 아니라, 아동을 위해 장기의 행복을 쟁취해야 한다. 최소한 올해 아동절부터, 불행한 아동을 위해 한 해의 학습 재료를 쟁취해야 한다. 만약 매 학교마다 혹은 단체마다 그 부근의 불행한 아동을 위해, 이러한 운동을 개시하여, 그들이 아동절에 하루를 기쁘고 의미있는 생활을 보내게 하고, 동시에 한 해의 진보의 자료를 얻으면, 항상 이로운 점이 있다. 그러나 민주적 아동절의 먼저 해결되어야 하는 조건은, 정치경제적 민주이다. 만약 정치경제가 민주적이지 않으면, 어린 아이의 행복은 필연적으로 매우 적은 수의 도련님과 아가씨로 제한된다. 그러나 만약 정치경제가 일단 민주화가 되면, 자유의 신(神)은 반드시 즉시 그가 가장 관심이 있는 가장 불행한 어린 아이 속으로 날아갈 것이고, 그들을 따뜻한 품 속으로 안을 것이다. 따라서, 진정으로 어린 아이를 사랑하고 보호하는 친구라면, 반드시 민주적 전사여야 한다. 우리가 민주적 정치경제를 서둘러 이루도록 함으로써, 민주적 아동절을 실현시키자.

이 글은 1947년 3월 《타오싱즈교육논문선집(陶行知教育論文選輯)》에 실린 글이다.

41. 5주년으로부터 50주년을 보다
从五周年看五十周年

육재학교(育才學校)는 수많은 고난(千災萬難) 가운데서 놀랍게도 5년을 살아왔는데, 하나의 기적이라고 볼 수 있다. 이 기적은 학교의 이사회, 육재의 친구, 교사, 노동자 친구, 학우가 가장 기념할 만한 집단적인 창조이다.

우리는 이 기적의 가장 좋은 방식을 기념하고, 그것을 사랑하고, 그것을 보호하고, 그것을 발전시키고, 그것을 번식시켜서, 새로운 중국과 새로운 세계가 창조되는 중에서, 그것의 역량과 공헌을 발휘하게 한다.

우리는 자신의 약점을 극복하고, 우리의 우량한 전통을 보듬어 앞으로 나아가자. 내일은 6주년의 첫날이다. 앞으로 발걸음을 내딛는 순간이, 바로 우리의 앞 길을 결정한다. 약점은 가장 무거운 짐이므로, 약점을 깨끗이 없애야지만 비로소 움직일 수 있고, 그렇지 않으면 우리는 중도에서 포기할 수 있다. 약점은 가장 큰 적이므로, 내부의 첩자를 깨끗이 없애야지만 비로소 뒷걱정이 없을 수 있으며, 그렇지 않으면 자신이 자신을 망가뜨리게 할 수 있다. 멀리 싸우러 가는 전사는, 먼저 용기를 가지고 자신의 약점을 수술해야 한다. 개개인마다 모두 이러한 용기를 가져야만, 비로소 밝게 빛나는 앞 길을 전개시킬 수 있고, 십만 팔천 리의 긴 여정을 갈 수 있다.

무엇이 우리의 우량한 전통인가? 우리가 몸에 지니는 무장(武裝)은 무엇인가? 자신의 이 무장의 배치가 충분한지 아닌지 검사한다.

첫째, 두뇌를 받들어 총사령으로 만들어라. 사람의 높고 낮음은, 대개 그가 받드는 총사령에 따라 판단의 표준으로 삼는데, 어떤 사람은 배를 받들어 총사령으로 삼고, 어떤 사람은 생식기를 받들어 총사령으로 삼는다. 우리 육재는 결연하게 두뇌를 추천하여 총사령으로 하여, 우리가 진리를 추구하고, 진리를 관통하고, 진리를 위해 전쟁을 하는 것을 지휘해야 한다. 이러한 의견은, 우리의 뱃가죽을 조롱박같이 걸어두라는 것[조롱박은 속이 비었으니, 배가 텅텅 비었다는 뜻]이 절대 아니고, 또한 우리의 생식기를 환관처럼 거세해버리라는 뜻도 아니며, 단지 그들을 머리 위에서 걷도록 허락하면 안되고, 그들에게 주객이 전도되게끔(喧宾夺主), 우리의 행동을 지휘하도록 허락하면 안 된다. 우리의 최고사령관은 단지 하나, 바로 우리의 두뇌이다. 그것은 영원토록 우리를 잘못된 길로 인도하여, 진 적이 없다.

둘째, 대중의 행복에서 멈추어라. 우리가 학문을 하는 것은 어떠한 일을 하는 것인가? 관직에 올라 부자가 되기 위해서인가? 자신의 좁은 울타리의 이익을 위해서인가? 아니다! 《대학(大學)》에서는 "대학의 도는 밝은 덕을 밝히는데 있고, 백성을 새롭게 하는데 있으며, 지극한 선에서 멈추는데 있다(大學之道, 在明明德, 在新民, 在止于至善)"고 말한다. 우리는 더욱 분명하게 말하고 싶다. "대학의 도는 국민의 덕을 밝히는데 있고, 국민과 친해지는데 있으며, 국민의 행복에서 멈추는데 있다(大學之道 : 在明民德, 在親民, 在止于人民的幸福)." 대덕(大德)은 천하위공(天下爲公)[온 세상은 모두가 공유하는 것이다]보다 작아질 수 없다. 국민은 우리의 친구이고, 우리는 국민의 친구이니, 반드시 친근하게 한 덩어리로 만들어, 어깨를 나란히 하여 전투를 해야 한다. "멈추다(止)"는 조준한다는 뜻을 표시한 것인데, 일체의 가르치는 것, 배우는 것, 행동하는 것, 탐구하는 것, 하는 것은 모두 국민의 행복이다. 사람들은 육재학교가 마치 "작은 대학"과 같다고 말하는데, 설령 육재학교가 성장하여 하나의 충분한 대학이 되더라도, 일관적으로 이 이치를 근거하여 운영해야 한다.

셋째, 전교(全校)가 단결하여 하나의 거인을 이룬다. 개교 후 석 달 동안, 보육회(保育會) 원장이 학교에 와서 참관했는데, 본교의 선생과 학생을 집안 자제(子弟)라고 칭했었다. 작년에는 부시학(部視學)[51]이 학교를 시찰하러 왔는데, 역시 본교가 화목하고 경건하며, 매우 성실하게 단결한다고 하였다. 우리는 도달하기를 희망하지만 이룬 적이 없는 그 경계를 스스로에게 묻는다. 비록 이룬 적이 없으나, 그러나 모두가 자각하여 모두 한 마음으로 협력해야만, 그 경계를 창조해 낸다. 왜냐하면, 이 단결의 심리가 있기에, 비록 우연히 작은 조(組)의 작은 마찰을 발견했다고 해도, 단지 일깨워 주기만 하면, 바로 얼음이 녹고 구름이 흩어지듯, 단결을 단단하게 형성할 수 있다. 크게 말하면, 전 세계의 민주가 단결해야 비로소 파시즘과 싸워 이길 수 있고, 전국이 단결해야 비로소 일본 제국주의와 싸

51 당시 국민정부의 교육부의 관료(學官), 소속된 학교와 교육행정기구의 일을 시찰하는 것을 전적으로 관리함

워 이길 수 있다. 우리 학교도 선생과 학생, 노동자가 단결하면, 비로소 인재 새싹의 재배의 실험 및, 하늘 높이 치솟은 거대한 나무의 삼림의 번식을 완성할 수 있다. 우리는 단결의 우량한 전통을 유지해야 하고, 더 높고, 더 견고하고, 더 자각하는 단결로써, 진일보된 창조의 성공을 보증함이 필요하다.

넷째, 마음을 비우라, 마음을 비우라, 마음을 비우라, 하나도 아는 것이 없고, 하나도 할 수 있는 것이 없다는 것을 승인하라. 배우고 익히라, 배우고 익히라, 배우고 익히라, 남이 알지 못하는 바와, 남이 할 수 없는 바를 배워라. 마음을 비우는 것(虛心)과, 배우고 익히는 것(學習) 이 네 자는 문자 상에는 우리의 우량 전통이지만, 실제 상에는 우리의 최대 약점이다. 많은 사람이 눈은 높지만 실력은 모자라는 결함을 범했고, 마음을 비우는 것은 허위가 되었다. 우리의 오늘 이후의 임무는 문자선전과 실제생활을 통일하여, 명실상부하게 마음을 비우는(虛心) 학습을 이루고, "교만함(驕)"이라는 글자를 우리의 태도에서 뽑아버려야 한다. 교만함이라는 단어는 우리의 진보를 가로막는 가장 큰 적이다. 우리는 마음을 비워서 모든 사람에게 배워야 한다: 선생에게 배우고, 대중에게 배우고, 어린 아이에게 배우고, 친구에게 배우고, 또한 적에게도 배우고, 대자연에게 배우고, 또한 대 사회에게도 배워서, 전문적으로 배워야 하고, 또한 폭넓게 배워야 한다.

다섯째, 건강의 보루를 건립해라. 이 신체는 자신에게 속하지 않고, 우리의 생활은 전체 민족, 더 나아가 신인류를 위한 소유이고, 우리는 위생교육과 환경위생으로써 의사를 대체하고, 건강의 보루를 조성해야 하며, 한 점 한 방울의 생활력과 창조력 모두 낭비에 이르지 않도록 해야 한다. 특히 매 한 사람마다 스스로 그의 신체를 소중히 해야 한다. 이 신체를 보존하고 있고, 단련하고 있다가, 민족 및 신인류의 적과 죽을 힘을 다해 싸워야 한다. 자신의 정력을 낭비하여 요절에 이르게 하는 것은, 적의 앞잡이와 마찬가지고, 민족과 신인류의 죄인이 되는 것이다.

큰 시대는 이미 도달하였다. 우리는 특수과목을 지속적으로 연구 토론하는 것을 제외하고도, 몇 가지 큰 학문을 강화하여, 큰 시대의 필요에 응답해야 한다.

첫째, 전시에는, 매 학교마다 마땅히 하나의 학문적 조직일 뿐 아니라, 하나의 전투체가 되어야 한다. 왜냐하면 중국은 전시에도 옛날 그대로 평시(平時) 교육을 하는데, 그러므로 어떤 학교들은, 심지어 대학에서도, 일단 적을 만나게 되면, 어쩔 줄 모르고 허둥대며, 이 놈은 우물에 뛰어들고, 저 놈은 목을 매어 자살한다. 삼백 년 전 갑신(甲申) 때에 목을 맨 황제[52]가 있었는데, 그것은 자업자득이었다. 현재의 갑신년에도, 목을 맨 학생이 있으니, 교육정책과 교육당국은 그 책임을 피할 수 없다. 학교마다 그 지역의 국민이 마땅히 전투체를 구성하면, 목숨을 아끼지 않는 학생은 있을 수 있어도, 목을 매어 자살하는 학생은 있을 수가 없다.

달은 밝고 별은 드문데, 철조(鐵鳥)[53]가 서쪽에서 날아온다면, 누가 적의 낙하산이 봉황산 위에 떨어지지 않는다고 말할 수 있는가? 만약 떨어져 내려오면, 마땅히 우리가 목을 매고 자살할 때가 아니고, 적이 제 발로 찾아오니 때려눕힐 기회이다. 이 목적을 더욱 중시하려고 하면, 우

---

52 명(明) 숭정황제(崇禎皇帝)

53 당시 일본 침략자의 폭격기

리는 군사훈련을 더욱 중시해야 한다. 군사훈련은 무팔고(武八股)[형식적이고 내용 없는 무예를 의미함]일 수 없고, 군사훈련은 진짜 무예를 가르쳐야 한다.

둘째, 평시에는, 특히 전시에도, 학교마다 마땅히 하나의 소비의 조직일 뿐 아니라, 하나의 생산체여야 한다. 우리는 두 손을 뻗어 노동을 생산해야 한다. 우리는 자신의 힘으로 생활하는 것을 배워야 한다. 우리 조직마다, 힘을 내어, 그 조(組)의 경제기초를 건립하고, 합쳐서 전교의 경제기초를 건립한다. 가능한 범위 내에서, 우리는 이루어야 한다: 먹는 채소는 스스로 심고, 입는 옷은 스스로 실을 뽑고, 스스로 직물을 짜며, 스스로 제작한다. 우리가 청춘을 광철파(光鐵坡)[54]의 황량한 들판에 보내 주었으니, 광철파는 우리에게 청춘을 돌려줄 것이다.

셋째, 과학을 배워서, 과학의 신중국 창조를 돕는다. 현재의 세계는 과학의 세계이다. 모든 중국은 반드시 과학의 세례를 받아야, 비로소 생존에 적합할 수 있다. 항전건국의 대업은, 모두 과학의 힘에 기대야만 완성된다. 우리는 먼저 자연조(自然組)를 충실하게 하여야 하고, 동시에 자연조를 봉사의 중심(服務中心)로 삼아 전교에 과학을 보급한다(과학적 생활과 과학적 학습을 보급한다). 과학적 의의는 마땅히 사회과학을 포괄하고, 또 사회조(社會組)가 책임을 맡아야 하며, 전교가 과학적 안목으로 세계를 관찰하고, 인생을 관찰하도록 인도한다. 그것을 토론하고, 그것을 분석함으로써, 정확한 이해와 합리적 처리를 추구한다. 시기는 이미 도래하였고, 조금도 지체할 수 없다. 우리는 반드시 과학의 새싹을 배

---

54 당시 육재의 선생과 학생이 황무지를 개간하여 생산한 황폐한 산, 육재학교에서 약 5킬로미터 떨어져 있음

양하여야 하고, 과학의 종자를 골고루 뿌려서, 전 중국에 온통 과학의 꽃을 피게 만들고, 과학의 열매를 풍성하게 수확해야 한다.

넷째, 민주를 학습해서, 민주적 신중국 창조를 돕는다. 민주의 큰 물줄기와 파도는 이미 도달하여서, 그것에 저항할 수 있는 힘이 없다. 우리는 반드시 민주의 생활 중에 민주를 학습하고, 동시에 일반 국민이 민주적 조직 중에서 민주를 학습하고, 여러 사람을 관리하는 일을 학습하고, 어떻게 중화민국의 주인이 되는지를 학습하는 것을 돕는다.

타오싱즈는 어린 아이들이 배우고, 단결하여 진리를 추구하는 어린 선생이 되는 것을 장려하였다.

본 원고는 1944년 6월에 쓰인 글이지만 원고를 끝내지 못했다가 1951년 4월이 되어서야 엄편교육서점판(嚴編教育書店版)《육재학교(育才學校)》에 실렸다.

42. 창조적인 아동교육
创造的儿童教育

창조적 아동교육은, 교육이 아이들을 창조할 수 있다는 것이 아니다. 아동의 창조력은 수천 수만의 선조들이, 적어도 50만년의 환경 적응 투쟁을 거쳐서 얻은 것이 전해져 내려온, 재능의 정수이다. 이 창조력을 발휘하거나 혹은 방해하거나, 강화하거나 혹은 약화시키거나, 배양하거나 혹은 파괴하는 것은 환경이다. 교육은 아동 자신의 기초 위에서 환경의 영향을 걸러내고 동시에 활용함으로써, 이 창조력의 발휘를 강화하여 배양하고, 그가 잘 하는 것을 더 힘을 가지도록 함으로써, 민족과 인류에 공헌한다. 교육은 무언가를 창조할 수 없으나, 그러나 교육은 아동의 창조력을 해방하고 일깨우는 것으로써 창조의 작업에 종사할 수 있다.

우리는 특히 중국의 어린 아이가 고통의 바다 속에서 자라나고 있음을 안다. 우리는 마땅히 아동의 고통의 바다를 아동의 낙원으로 창조하여야 한다. 이 낙원은 어른이 창조해서 어린 아이에게 주는 것도 아니고, 어린 아이 스스로가 홀로 창조해야 하는 것도 아니다. 우리가 하나의 낙원을 만들어 어린 아이에게 주면, 아마도 오래지 않아 바로 고통의 바다로 변할 것이다. 오로지 어린 아이 스스로에 의하여 창조하면, 아마도 고통의 바다를 창조해 낼 것이다. 그래서, 마땅히 어른이 어린 아이의 대오 속에 가입하여, 어린 아이와 같이 창조한다.

1. 우리를 아이가 펼친 대오 속에 늘어놓아, 아이들 속의 일원이 된다

우리가 아동의 대오 속에 가입하여 일원으로 되는 것은, 피상적인 것이 아니고, 가장한 것이 아니며, 참된 것이어야 하며, 정감 방면에서 어린 아이와 하나의 전선(戰線) 위에 서야 한다. 나는 일찍이 한 수의 작은 시를 쓴 적이 있는데, 우리가 어린 아이의 대오 가운데서, 가지고 있어야 하고 가지고 있지 않아야 할 태도를 묘사하였다.

아이들 마을 안엔 늙은이가 없다
늙은이도 모두 어린 아이로 변하네.
어린 아이로 변하는 것은,
손오공을 배우지 말아라.
손오공은 사타동에서
소찬풍으로 변한 적이 있다.
소찬풍,
얼굴 모양은 닮았지만
붉은 엉덩이에 한 줄기 꼬리를 끌고 있었다.

우리는 아동의 대오 속에 가입하려면, 첫 걸음은 그 어린 아이의 마음(赤子之心)을 잃지 않는 것을 이루어서, 어린 아이의 대오 속의 한 사람이 되어야 한다.

2. 어린 아이에게 힘이 있는 것을 안다

우리가 아동 생활 중에 가입하면, 어린 아이에게 있는 역량이, 단지 역량 뿐 아니라, 창조력도 가지고 있는 것을 발견한다. 우리는 어린 아이의 대오 속으로 파고 들어가야만 비로소 이 새로운 지식과 새로운 발견이 생길 수 있다.

예전에 효장학교가 운영을 중지하였을 때, 효장의 교사와 사범생이 효장 초등학교의 맡은 직무로 돌아갈 수 없었다. 서당훈장은 어린 아이들로부터 거절 당했고, 농민을 억지로 초빙하기도 어려워서, 부득이하게, 어린 아이 스스로 조직하였다. 학우를 추천하여 교장으로 삼아 교원을 담당하고, 스스로 가르치고, 스스로 배우고, 스스로 운영하며, 또한 스스로 자동학교(自動學校)라고 칭하였는데, 이는 중국에서 처음으로 해 낸 작은 창조이다. 나는 이 소식을 들은 후에, 바로 한 수의 시를 써서 그들을 축하하였다.

진실로 이상한 학교가 있다:
큰 아이가 자동적으로 어린 아이를 가르친다.
온갖 종류의 직업들이 선생이니,
선생이 없어도 배움은 그대로 있다.

다 쓰고 난 후, 몇 명의 큰 학생에게 주어, 그들의 가르침을 청했더니, 그들이 말하기를 매우 좋고 매우 아름답다고 하여, 그래서 속달 우편으로 부쳤다.

삼일 째 날에, 그들이 한 통의 답신을 보냈는데, 나에게 감사의 인사 외에, 이 시에 고쳐야 할 한 글자가 있다며 말하기를, 큰 아이가 작은 아이를 가르친다면, 설마 어린 아이는 큰 아이를 가르칠 수 없다고 말씀하시는 것은 아니겠지요? 큰 아이가 자동(自動)을 할 수 있으면, 설마 어린 아이는 자동을 할 수 없다고 말씀하시는 것은 아니겠지요? 또한 큰 아이가 작은 아이를 가르치는 것이 무엇이 이상한가요? 한 꿰미의 질문 폭탄이 크다(大)는 글자를 터뜨려 분쇄하였고, 나는 바로 그것을 "어린 아이가 자발적으로 어린 아이를 가르친다"고 고쳤더니, 더욱 좋았다. 흙투성이 다리의 농촌의 어린 아이가 유학생의 시를 고치니, 또한 중국에서 이전에 없던 증명이고, 어린 아이가 창조력이 있다는 증명이다.

또 한 번은 내가 남통주(南通州)에 "어린 선생"을 홍보하러 가서, 일분 연설문 한 편을 썼는데, 내용 중 한 단락이 "책을 읽고서, 사람을 가르치지 않는다. 어떤 사람인가? 사람이 아니다."라고 있었다. 내가 연설한 후 한 어린 아이가 즉시 와서 말하기를, 타오 선생님, 당신의 연설은 "사람이 아니다"를 "나무인형이다"라고 고치는 것이 가장 좋은데, "나무인형"이 "사람이 아니다"에 비해 더 좋아요. 왜냐하면 "사람이 아니다"는 구체적이지 않기 때문인데, 탁자도 사람이 아니고, 의자도 역시 사람이 아니어서, "나무 인형"은 우리에게 구체적인 인상을 주기 때문이다. 이 또한 어린 아이가 창조력이 있다는 증명이다. 우리는 진정으로 어린 아이가 창조력이 있는 것을 인정해야, 비로소 선입견에 은폐되지 않을 수 있다.

어린 아이는 어느 정도 모두 그 창조의 능력을 가지고 있다.

3. 아동의 창조력을 해방한다

우리가 아동이 창조력이 있음을 발견하고, 아동이 창조력이 있음을 인식했으면, 바로 진일보하여 아동의 창조력을 해방시켜야 한다.

(1) 어린 아이의 두뇌를 해방한다. 아동의 창조력은 고유의 미신, 선입견, 곡해(曲解), 환상으로 층층이 머리를 싸매어 천으로 둘둘 말아버렸다. 우리는 아동의 창조력을 발전시켜야 하여, 먼저 아동의 두뇌를 미신, 선입견, 곡해(曲解), 환상 중에서 해방시켜야 한다. 미신을 믿어서는 안되고, 선입견을 가져서도 안되며, 곡해를 해서도 안되고, 환상은 더욱 안 되는데, 환상은 현실과 반대인 것이다. 이러한 갖가지 해서는 안 되는 머리를 싸고 있는 천을, 동강 동강 찢어 내려야만 하는데, 마치 중국 여자가 용감하게 전족의 천을 찢어버린 것과 같다. 전족 천이 생긴 후부터, 예전의 중국 부녀는 오늘도 싸매어지고, 내일도 싸매어지고, 올해도 싸매어지고, 내년도 싸매어져서, 뼈는 싸매어 끊어지고, 살은 싸매어 문드러져서, 싸매어 한 쌍의 세 촌(寸)[약 3.33cm]의 금련(金蓮)[전족을 한 여자의 발]을 이루었다. 머리를 싸매는 천이 생기고부터, 중국의 아동, 청년, 성인도 오늘도 싸매어지고, 내일도 싸매어지고, 올해도 싸매어지고, 내년도 싸매어져서, 마치 각각의 사람이 모두 싸매어 세 촌의 머리를 이루지 않으면 안 되는 것 같다. 만약 중화민족이 세 촌의 머리로써 국제무대에 출현하여, 삼화검(三花臉)[경극분장의 하나. 생활수준이 낮은 노인을 의미함. 사리분별이 명확하지 않고 코에 하얀 점이 있는 것이 특징]으로 노래 부르고 싶지 않으면, 바로 머리

를 싸매는 천을 일제히 풀고, 중화민족의 창조력이 범위를 뚫고 나갈 수 있도록 해야 한다. 삼민주의 첫 번째 요지를 말하면: 대체로 인류는 하나의 일에 대하여, 그 중의 도리를 연구하여, 우선 사상을 발생시키고, 사상을 관통한 이 후에 비로소 신앙이 생기며, 신앙이 생기면, 비로소 힘이 생긴다. 사상이 통달하는 것은, 두뇌가 해방되는 것과 마찬가지다. 오직 두뇌에서 해방되어 나오는 창조력 만이, 비로소 왜놈(日本鬼)을 물리쳐서, 신중국을 건립할 수 있다.

(2) 어린 아이의 두 손을 해방한다. 인류가 허리 뼈를 똑바로 세우면서부터, 앞 발은 한 쌍의 자유롭게 활동할 수 있는 손으로 변했고, 하루에 천리를 가도록 진보했으며, 모든 동물을 초월했다. 이 획기적인 해방 이후, 인류는 바로 도구와 무기와 문자를 창조하고, 아울러 이를 사용함으로써 더 높은 창조에 종사할 수 있었다. 만일 인류가 두 손을 묶어버리면, 두뇌의 명령을 집행할 수가 없다. 우리는 두뇌의 지휘 아래에서 손을 사용하여야 하는데, 기계(機器)를 활용하여 제작하게 하고, 무기를 활용하여 전쟁하게 하고, 계측기계(儀器)를 활용하여 발명에 종사하도록 한다. 중국은 어린 아이에 대해 줄곧 손을 움직이는 것을 허락하지 않았는데, 손을 움직이면 손바닥을 맞아야 했고, 흔히 이로 인해 아동의 창조력을 파괴했다. 한 친구의 부인이, 어린 아이가 그녀의 새로 산 금시계를 잡아당겨 망가뜨렸다고, 크게 노하여, 어린 아이를 한바탕 늘씬하게 때렸다. 후에 그녀가 우리 집에 와서 말했다. "오늘 아주 후련한 일을 했어요. 우리 집 아이가 금시계를 잡아당겨 망가뜨려서 한바탕 때려 줬어요." 나는 그녀에게 중국의 에디슨이 아무래도 당신에게 총살당할까 두렵다고 말했다. 나는 그녀와 자세하게 대화했고, 그녀는 비로소 그녀의 어린 아이의 이런 행동은 원래 발전 가능성이 있는 것임을 크게 깨달았고, 바로

우리를 향해 바로잡을 방법을 가르쳐달라고 청했다. 나는 "당신은 아이와 금시계를 같이 시계포에 보내서, 시계 장인에게 수리를 요청하는데, 그가 얼마의 돈을 요구하던, 당신은 그 돈을 주세요. 단, 부가적 조건은 당신의 어린 아이가 옆에서 그가 어떻게 수리하는지를 보아야 합니다. 이렇게 시계포는 교실이 되고, 시계 장인은 선생이 되고, 아드님은 속성 학생이 되며, 수리비는 학비가 되어, 당신의 아이의 호기심은 만족할 수 있으니, 혹은 그가 어쩌면 수리를 배울 수 있을 겁니다."라고 말했다. 어린 아이의 두 손은 이렇게 해방시켜야 한다. 중국은 이 방면에서는 가장 낙후되어, 현재에 와서야 비로소 두 손을 해방하는 토론을 시작한다. 에디슨의 시대에, 미국 학교의 선생도 매우 완고하였는데, 에디슨이 화학약품을 가지고 놀기 좋아했기 때문에, 삼 개월이 채 되기 전에, 그를 퇴학시켰다. 다행히도 그에게는 현명한 어머니가 계셨고, 그를 이해하여, 집안의 지하실을 그에게 주어 실험을 하게 하였다. 에디슨은 어머니의 이해를 얻어, 비로소 점차 자신을 발명의 왕으로 만들었다. 그때 미국의 초등학교 선생은 학생의 창조력의 발전을 가로막는 것을 면할 수 없었다. 우리는 보육원(保育員) 혹은 선생이 에디슨의 어머니를 따라 배워서, 어린 아이에게 손을 움직일 기회가 있기를 희망한다.

(3) 어린 아이의 입을 해방한다. 어린 아이는 문제가 있으면 그들이 묻는 것이 허락되어야 한다. 문제의 해답 속에서, 그들의 지식을 증진할 수 있다. 공자는 태묘(太廟)에 들어가서, 일마다 물었다. 나는 예전에 한 수의 시를 썼는데, 이 도리를 발휘했다. "수많은 것을 발명하는데, 시작점은 하나의 질문이다. 금수(禽獸)는 사람만 못하여, 묻지 못하는 채로 보낸다. 현명한 자는 정확하게 묻고, 아둔한 사람은 바보처럼 묻는다. 인력이 하늘의 조화를 이기는 것은, 단지 매 일마다 묻는데 있다." 그러나 중

국은 말을 많이 하는 것을 허락하지 않는 습관이 일반적인데, 어린 아이가 언론의 자유, 특히 질문의 자유를 얻어야, 비로소 그의 창조력을 충분히 발휘할 수 있다.

(4) 어린 아이의 공간을 해방시킨다. 예전의 학교는 완전히 하나의 새장이었고, 개량된 학교는 크게 만든 새장이다. 어린 아이를 새장에서 해방시켜야 한다. 확대된 새장은 새장을 비교적 크게 하고, 나무 한 그루가 있고, 가짜 산이 있고, 원숭이가 같이 놀고 있지만, 그러나 여전히 확대된 모범 새장이지, 새의 고향은 아니고, 새의 세계도 아니다. 새의 세계는 산림이고, 한없이 넓은 바다와 하늘이다. 현재 새장 형식의 학교가, 아이를 길러내는데 쓰는 것은 야채를 소금으로 절이는 교과서이다. 우리 어린 아이의 정신영양은 매우 빈약하며, 이는 오리 사육만도 못한데, 오리를 사육하는 것은 그래도 자양분을 사용하여 오리새끼를 포동포동하게라도 키운다. 우리는 어린 아이의 공간을 해방하여, 그들에게 대자연의 화초, 나무, 푸른 산, 맑은 물, 해와 달, 별 및 사회 중의 사(士), 농(農), 공(工), 상(商), 삼교구류(三教九流)[중국의 상식. 삼교(三敎): 유교(儒敎), 불교(佛敎), 도교(道敎). 구류(九流): 유가(儒家), 도가(道家), 음양가(陰陽家), 법가(法家), 명가(名家), 묵가(墨家), 종횡가(縱橫家), 잡가(雜家), 농가(農家)]를 접촉하게 하며, 자유롭게 우주에 대해 질문하고, 만물을 벗으로 삼는 동시에, 중국과 외국의 옛날과 현재의 갖가지 직업에 대해서도 배우게 한다. 창조는 넓고 큰 기초를 필요로 한다. 공간을 해방했으면, 비로소 풍부한 자료를 수집할 수 있으며, 인식의 안목을 확대하여서, 그 안에 있는 창조력을 발휘한다.

(5) 어린 아이의 시간을 해방시킨다. 현재 일반 학교는 아동의 시간을 너무 빠듯하게 편성한다. 찻잔에 공간이 남아 있어야 비로소 물을 담

을 수 있다. 현재 중학교는 월례고사, 학기고사, 졸업고사, 연합고사, 진학 고사가 있고, 연달아 몇 개 학교를 시험 본다. 어떤 사람은 저승문에 게시한 명단을 가서 볼 수 밖에 없다. 초등학교 아동마저도 모두 이중의 협공을 받고 있어야 한다. 대낮에는 선생이 수업을 감독하고, 야간에는 가장(家長)이 수업을 감독하니, 모두 과거 보는 것을 준비하기 위함이고, 목숨을 걸고 과거를 보러 가니, 대자연과 대사회의 귀중한 지식을 받아들일 시간이 얼마나 있는가? 과거를 보러 가는 것과 길을 재촉하는 것은 같다. 길을 재촉하는 사람은 길가의 풍경을 서두르다 놓쳐버리고, 여정에서 마땅히 해야 하는 의미 있는 일을 서두르다 놓쳐버린다. 의사를 불러 사람을 구하는 것이 아니라면, 길은 서두르는 것이 적당하지 않다. 시험을 보는 것은 이렇게 중요하지 않으며, 더욱 서두르는 것이 적당하지 않다. 과거를 보는 것은 우선 얼굴의 혈색을 쫓아내고, 건강을 쫓아내며, 부모에 대한 보살핌을 쫓아내고, 민족과 인류에 대한 책임을 쫓아내고, 심지어 항전의 본인의 책임마저도 모두 쫓아낸다. 가장 하지 말아야 하는 것은, 시험을 보는 것이 시간을 몰아내는 것이다. 나는 개인적으로 과도한 시험제도의 존재를 반대한다. 일반 학교는 아동의 전부의 시간을 점거하고, 아동이 인생을 학습하는 기회도 잃어버리게 하고, 창조를 할 생각이 없는 성향으로 양성하여, 성인이 되었을 때, 시간이 있어도, 어떻게 손을 써서 그의 창조력을 발휘할지를 모른다. 창조적 아동교육은, 우선 아동을 위하여 시간의 해방을 쟁취하여야 한다.

4. 창조력을 배양한다

어린 아이들의 두뇌, 두 손, 입, 공간, 시간을 모두 해방하였으면, 우리는 어린 아이의 창조력에 대해 적당한 배양을 주어야 한다.

(1) 충분한 영양이 필요하다. 어린 아이들의 체력과 심리는 모두 적당한 영양을 필요로 한다. 적당한 영양이 있어야, 비로소 높은 창조력을 발휘할 수 있고, 그렇지 않으면 창조력은 쇠약해지거나 심지어는 요절한다.

(2) 하층의 양호한 습관을 건립해서, 상층의 성능을 해방하여, 고급한 사려의 추구에 종사하게 할 수 있다. 그렇지 않으면, 반드시 일용(日用)의 피곤함에 부서져야 하여, 위로 비약할 수 없다.

(3) 재량에 맞게 교육을 시행해야 한다. 소나무와 모란이 필요로 하는 비료는 서로 다르며, 당신이 소나무의 비료를 사용해 모란을 키우면, 모란은 여위어 죽을 것이고, 반대로, 당신이 모란의 비료를 사용하여 소나무를 키우면, 소나무는 견디지 못하고, 타 죽을 것이다. 아동의 창조력을 키우는 것은 정원사와 같아야 하는데, 우선 그들을 인식해야 하고, 그들의 특징을 발견해야 하며, 알맞은 비료, 수분, 태양광, 아울러 해충을 제거해 주어야 한다. 이렇게, 그들은 비로소 무럭무럭 자라날 수 있으며, 그렇지 않으면 시드는 것을 면할 수 없다.

마지막으로, 내가 모두에게 주의를 환기시켜야 하는 것은, 창조력이 가장 발휘될 수 있는 조건은 민주이다. 당연히 민주적이지 않은 환경 아래에서도, 창조력은 또한 표현된다. 그러나 소수에 제한될 뿐이고, 뿐만 아니라 그 타고난 재능을 충분히 발휘할 수 없다. 그러나 만약 창조력을 대량으로 개발해야 한다면, 사람 광산 중의 창조력을 대량으로 개발한다면, 단지 민주만이 비로소 해낼 수 있고, 단지 민주의 목적, 민주의 방법이 비로소 이러한 큰 일을 완성할 수 있다. 미국의 존 듀이(John Dewey) 선생이 최근 나에게 편지를 보내 말했다. "현재 세계는 이렇게 친밀하게 관계하고 있는데, 만약 민주의 목적과 방법이 전 세계 구석마다 모두 보편적으로 수립할 수 없다면, 나는 우리 미국도 오랜 번영을 유지하기 어려울까 걱정한다."

민주가 교육 상에서 응용하는데 있는 세가지 최고 요점:

(1) 교육의 기회균등은, 바로 교육은 모든 사람이 공유하는 것이고, 문화도 모든 사람이 공유하는 것이다. 우리는 빈부의 기회균등, 남녀의 기회균등, 노소의 기회균등, 각 민족과 계층의 기회균등을 요구한다.

(2) 관용과 이해. 교육자는 에디슨 어머니처럼 그렇게 에디슨을 관용하여, 에디슨이 퇴학당해서 집에 돌아왔을 때, 지하실을 그에게 주어 실험을 하게 하여야 한다. 우리는 마이클 패러데이를 이해해 준 리보 사장처럼 패러데이를 관용하여, 리보의 가게에서 도제(徒弟)로 일하면서, 책 제본이 가장 늦었지만, 그러나 리보가 그가 한편으로는 책을 제본하면서 한편으로는 책을 읽는 것을 이해하여, 결국 패러데이로 하여금 전기학에서 눈부신 공적을 만들게 하였다.

(3) 민주생활 중에서 민주를 배운다. 전제생활 중에는 노비(奴才)나 노예(奴隸)를 길러낼 수는 있어도, 주인 노릇을 하는 국민을 키울 수는 없다. 민주생활은 규율이 없는 난잡함이 절대 아니다. 민주는 자각적(自覺的) 규율이 있어야 하고, 국민은 민주적 자각규율 가운데서 주인공이 되는 것을 학습한다. 민주적 설득 호소 아래에서, 사람마다의 창조력은 모두 두각을

나타낼 기회를 얻고, 뿐만 아니라 사람마다의 창조력은 모두 충분히 해방되어 나타날 수 있다. 민주만이 비로소 최대다수의 창조력을 해방시킬 수 있으며, 동시에 최대다수의 창조력을 발휘하여 가장 높은 봉우리에 도달하게 만든다.

육재 학생들의 운동회.

이 글은 1944년 12월 16일 중경(重慶) 《대공보(大公報)》에 실린 글이다.

제6부

사회대학(1946: 사회대학 개념 정립)

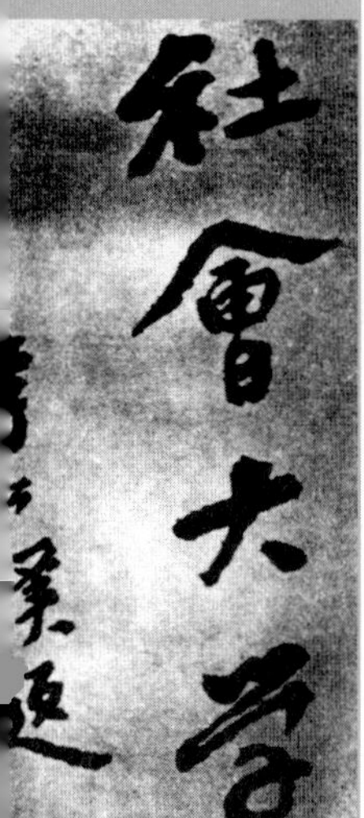

43. 사회대학운동
社会大学运动

사회대학(社會大學)은 두 종류가 있다. 하나는 유형의 사회대학이고, 다른 하나는 무형의 사회대학이다. 사회대학운동은 유형의 사회대학을 보급하여야 하고, 동시에 무형의 사회대학에게 정식으로 인정을 주어야 하며, 사람마다 모두 이 무형의 사회대학의 존재를 승인하여, 언제 어디서나 어떤 일이라도 학습을 진행하도록 한다.

무형의 사회대학은, 단지 사회는 있고, "대학"의 이름이 없을 뿐이다. 그것은 푸른 하늘을 지붕으로 삼고, 대지를 바닥으로 삼으며, 이십팔수(二十八宿)[하늘의 적도를 따라 그 남북에 있는 별들을 28개의 구역으로 구분하여 부른 이름]를 담장으로 삼고, 인류 모두가 학우이다. "할 수 있는 사람은 다른 사람을 가르치고, 할 수 없는 사람은 다른 사람을 따라 배운다(會的教人, 不會的跟人學)"는 원칙에 따라 말하면, 인류는 모두 선생이고, 또한 모두 학생이다. 신세계의 창조는, 우리의 주요한 과목이다. 무형의 사회대학은, 비록 사회대학의 이름은 없으나, 확실하게 그것은 하나의 가장 위대한 대학이고, 가장 자유로운 대학이며, 가장 가난한 사람의 필요에 부합하는 대학이다. 우리 가난한 사람은 가진 게 하나도 없고, 있다면 바로 단지 이러한 사회대학뿐이다. 이 무형의 사회대학이 우리의 것인 이상, 우리는 마땅히 그것을 인정하고, 그것을 인식하고, 그것을 우리의 우리 자신의 보배로 삼아야 한다. 그것을 운용하여 우리 자신을 교육하고, 자신과 동료 이웃에게 배움을 좋아하는 습관을 양성하여, 늙어서도 활기차게, 늙어서도 배우게, 늙어서도 진보하게 만든다. 이 의미를 사람마다의 마음 속에 파고 드는 것이, 사회대학운동의 첫 번째 임무이다.

황제(黃齊) 선생이 살아서, 중화직업교육사(中華職業教育社)의 한 회의에 참석하였을 때, 그는 명단 배열에서 가장 첫 번째에 있었다. 일부의 청년간부가 성미를 참지 못하고 주석에게 물었다: 황 선생은 어느 대학을 졸업하였습니까? 강문어(江問漁) 선생이 대답하였다: "황 선생은 사회대학 졸업생입니다." 모두는 비로소 말이 없었다. 강선생이 말한 사회대학은, 내가 가리킨 무형의 사회대학이다. 황제선생이 살아서 이미 이 무형의 사회대학으로 인하여 성과가 있었으니, 우리 여러분은 모두 이 대학을 철저하게 파악하여 학문을 진행하고, 진리를 추구함으로써, 일반백성을 위해 봉사할 것이다.

유형의 사회대학은 야간대학(夜大學), 새벽대학(早晨大學), 우편통신대학(函授大學), 신문대학(新聞大學), 여행대학(旅行大學), 전파대학(電播大學)이다. 중경(重慶)에서 창립한 사회대학은 야간대학인데, 순수하게 직업청년들로 인하여 자동적으로 창립한 것이다. 어떤 지방의 직업청년은, 아침 9시가 되어서야 작업을 시작한다. 아침에 두세 시간의 학습을 진행할 수 있으니, 새벽대학을 창립하여, 이러한 청년의 수요에 응할 수 있다.

야간대학 또는 새벽대학에 들어갈 수 있는 청년은, 나의 짐작으로는 중국에 족히 4백만 명이 있다. 매년 고등학교 졸업생이 11만 명이고, 정식대학생으로 시험에 합격될 수 있는 사람은 단지 1만여 명뿐이니, 그러면 매년 9만여 명이 그 들어갈 곳을 얻지 못하고 있는 것이다. 인생에서 16세부터 40세까지는, 최소한 마땅히 열심히 공부해야 한다. 이렇게 계산하니, 2백16만 명이 있는데, 죽거나 병에 걸리는 16만을 빼도, 응당히 2백만의 고등학교 졸업생이 있어서, 사회대학이 주는 진학(進修)의 기회를 요구한다.

이 외에, 대학 1학년, 2학년, 3학년을 중퇴하고, 어쩔 수 없이 일을 찾아 자신의 젊은 시절을 먹여 살리지 않으면 안 된다. 또한 대학 4년의 교육을 받은 사람도, 또한 시대가 이미 변하여 다시 공부할 필요를 느낀다. 또한 다수의 독학하는 청년은, 만일 사회대학의 편리를 얻으면, 더 신속하게 진보 할 수 있다. 단지 강의를 들을 수 있고, 또 필기를 기록할 수 있기만 하면, 입학 자격이 있다. 이렇게 추측하면, 적어도 2백만명을 다시 더한다. 이로 인하여, 나는 중국 전국에 4백만 직업청년은 사회대학이 그들의 진학(進修)을 돕는 것을 필요로 한다고 추측한다. 우리는 마땅히 전국에서 사회대학운동을 전개하고, 각 대도시에서 야간대학과 새벽대학을 건립하여, 이 광대한 수요를 마땅히 구제해야 한다. 정통대학은 야간대학, 새벽대학을 부설하는 것이 물론 가능하지만, 그러나 단독으로 설립하는 것이 더욱 필요하다. 그것은 직업청년, 진보학자 혹은 열성 사회인사와 분담하여 혹은 협력함으로 인하여 조직을 제의할 수 있다. 모든 것은 간단하고 쉽게 실행해야 하고, 자신의 환상과 야심으로 방법을 매우 어렵게 만들면, 그러면 발전과 보급에 장애가 된다. 야간대학, 새벽대학을 보급하고 발전하는 것이, 사회대학운동의 두 번째 임무다.

우편통신대학, 전파대학에 대해서, 집중적으로 운영하여야 한다. 여행대학은 바다, 육지, 하늘 세 측면을 포괄한다. 신문대학은 좋은 신문을 중심으로 삼아, 좋은 잡지와 아울러 일상적인 좌담회로써 보조한다. 이 몇 가지 사업을 효과적으로 운영하는 것이, 사회대학운동의 세 번째 임무이다.

사회대학은 유형적, 무형적에 관계없이, 공동의 대학의 도(大學之道)가 있어야 한다. 공자의 대학의 도는 "대학의 도는 밝은 덕을 밝히는 데 있고, 백성을 새롭게 하는 데 있으며, 지극한 선에 머무르는 데 있다(大學之道在明明德, 在新民, 在止于至善)."이다. 현재는 시대가 같지 않아서, 우리는 몇 개의 글자를 고치는 것을 제의하니, "대학의 도는 국민의 덕을 밝히는 데 있고, 국민과 친해지는데 있으며, 국민의 행복에 머무르는 데 있다(大學之道在明民德, 在親民, 在止于人民之幸福)."로 되었다.

사회대학의 도는 우선 국민의 대덕(大德)을 이해하여야 한다. 국민의 대덕에는 4가지가 있다.

(1) 깨닫는 것이다. 국민들은 중화민국이 하나의 큰 회사이고, 각각의 국민이 모두 사장이라는 것을 깨달아야 한다. 남자는 남자사장이고, 여자는 여자사장이고, 어른은 큰 사장이고, 어린 아이는 어린 사장이다.

(2) 연합하는 것이다. 사장이 되는 것은 힘이 있어야 하며, 힘은 연합에서 나온다. 연합하지 않고 힘이 없으면, 흉악한 친구는 우리를 거들떠보지도 않는다. 그래서 연합해야 하고, 4억 5천만의 모든 국민이 연합하여 사장이 되어야지 비로소 옳은 것이다.

(3) 해방하는 것이다. 힘이 있으면, 해방을 진행해야 한다. 우리는 연

합하여, 해방의 투쟁을 진행하는 중에서 우리의 힘을 증가하고 성장시켜야 한다. 우리는 여섯 가지 해방을 쟁취하는 것을 배워야 한다. 1. 두뇌해방, 2. 두 손 해방, 3. 눈 해방, 4. 입 해방, 5. 공간 해방, 6. 시간 해방.

⑷ 창조하는 것이다. 해방된 힘은 잘 사용하여, 창조 위에서 사용하여, 새로운 자신을 창조하고, 새로운 중국을 창조하며, 새로운 세계를 창조해야 한다.

사회대학의 도는 백성들과 친근해야 한다. 우리는 "국민과 친해지는 도리(親民的道理)"가 "국민을 새롭게 하는 도리(新民的道理)"보다 맞아떨어진다고 여긴다. 우리는 일반 백성의 대오 속으로 뚫고 들어가서 일반 백성과 친근하게 되어, 일반 백성의 가족(親人)으로 변해야 하며, 동시에 일반백성이 우리를 확실하게 그들의 가족으로 인정하도록 해내야 한다.

사회대학의 도는 국민을 위하여 행복을 만들어야 하는 것이다. 일체의 학문은, 모두 국민의 행복을 향해 노력하는 것을 조준해야 한다. 이른바 국민의 행복은 일반백성 자신의 말을 사용해 말하면, 복록수희(福祿壽喜)[사랑, 풍요, 수명, 기쁨]이다. 국민이 원하는 복록수희 네 가지 행복에 따라 진행하여야, 우리의 학습이 비로소 국민에게 유익하고, 비로소 사회대학이라 불릴 수 있다. 오직 사회대학과 국민의 행복이 하나가 되어야만, 후에 사회대학운동이 비로소 사람마다 마땅히 참가하는 부유한 의미의 큰 운동이 된다.

1947년 3월《타오싱즈교육논문선집(陶行知教育論文選輯)》에 실렸다.

44. 사회대학을 말하다
谈社会大学

국민정부 32년[1943년] 연감 통계에 따르면, 6만 명의 대학생과 84만 명의 중학생이 있다. 다시 이 숫자에 근거하면, 평균적으로, 10만 고등학교 졸업생은 오직 1만 명만 대학에 진학할 수 있는 것이다. 나머지 십 분의 구의 고등학교 졸업생 최소한 9만 명은, 정규대학의 밖으로 버려진 것이다. 다시 연령을 계산하면, 마땅히 고등교육을 받아야 하지만 배움의 기회를 잃은 사람은, 열여섯 살에서 사십 살까지, 이 이십여 년 중에, 배움의 기회를 잃은 청년은 매년 십만 명이 계산되므로, 즉 이백만 명은 있을 것이다. 이 이백만 명, 반드시 그들에게 줄 고등교육이 있어야 한다. 그들이 대학교육을 받아들일 능력을 가지고 있는 것도 필요하다. 이 외에, 사회에는 아직 매우 많은 청년이 있는데, 그들도 똑같은 지식 수준을 가지고 있고, 똑같은 받아들이는 능력을 가지고 있다. 그래서 좀 적게 계산되어, 한 배(倍)를 더하니, 마땅히 대학교육을 받을 필요가 있는 사백만 명이 있을 것이다. 수복(收復)구역은 아직 넣지도 않았다. 이렇게 많은 사람이 고등교육을 받아야 하지만, 정규대학 수가 많지 않아, 수용할 방법이 없으며, 게다가 대다수는 모두 정규대학에 들어갈 힘이 없다. 이 때문에, 그들의 교육문제를 해결하는 것은 확실히 큰 일이다. 국가는 마땅히 그들에 대해 책임져야 하고, 사회도 마땅히 그들에 대해 책임을 지고 일어나야 한다. 사회대학은 바로 이러한 객관적인 요구 아래서 생겨난 것이다.

진정하게 사회대학을 운영하려면, 진정하게 이 8백만 명의 요구에 적절히 응답하려면, 그것의 조건은 바로 반드시 "간단"해야 할 것이다. 간단해야만 비로소 쉽게 실행하고, 보편적으로 일어난다. 이른바, "간단"한 방법, 그것은 또한 세가지 요소를 포함하고 있다. 첫째는 열정적인 교수가 있어야 하고, 둘째는 배움을 좋아하고 대학 학력의 배움의 기회를 놓친 청년이 있어야 하며, 셋째는 대학의 도(道)가 있어야 한다. 건물은 우리가 대학의 도를 포함하여 안에 두고 있는 것이 아니다. 그리고 만약 대학의 도가 없다면, 두 종류의 인물(학생과 교수)은 하나의 길에서 연결될 수 없다.

공자는 교장 겸 교수였고, 그의 학생은 72현이 있었으며, 혹은 "어른 5,6명, 아이 6,7명(冠者五六人, 童子六七人)"[논어 선진편. 공자와 증석의 대화. 공자가 나를 알아주는 사람이 있을 때 어떻게 하겠느냐는 질문에, 증석이 함께 하겠다고 한 사람의 숫자]이다. 그의 대학의 도는 "밝은 덕을 밝히는 데 있고, 백성을 새롭게 하는 데 있으며 지극한 선에 머무르는 데 있다.(在明明德, 在新民, 在止于至善)"이었다. 이 세 가지가 있으면 간단한 대학은 만들어진다.

소크라테스도 교장 겸 교수였고, 그의 학생은 아테네 청년이었으며(플라톤도 그의 학생 중 하나이다), 길거리 시장이 바로 교실이어서, 그는 시장에서 왔다갔다하며, 아테네의 청년들과 변증법을 질문하였다. 그의 대학의 도는 "스스로 밝힌다(自明)"(Know them-selves)이다. 그는 비록 대학의 진실을 가지고 있었으나, 그러나 그는 제자가 있는 것을 인정하는 것을 크게 기뻐하지 않았다.

그는 간단하기 때문에, 쉽게 행하였고, 선생이 되는 학자가 있었고, 학문의 실력이 충분한 배움을 좋아하는 학생이 있었으며, 대학의 도가 있어서, 그래서 바로 사회대학을 구성하였던 것이다. 특별히 중국에서는, 대학의 발전을 방해하는데 필요하지 않은 것을 하는 것은 필요치 않다. 어떤 서양식 건물인지, 기금(基金), 설립 문서(立案)…… 이런 것들이 있어서 이렇게 많고도 거대한 청년의 학문을 탐구하는 것을 돌볼 수 없으니, 오직 그 실행이 쉬워야, 바로 보편화되기 쉬운 것이다.

우리의 이 대학(사회대학)은 열정적인 교수와, 열정적인 학생과, 또한 우리의 새로운 대학의 도가 있다: "국민의 덕을 밝히는 데 있으며 국민과 친해지는데 있으며 국민의 행복에 머무르는 데 있다(在明民德, 在親民, 在止于人民之幸福)." 우리가 서양식 건물이 없으면, 빌릴 수도 있고, 소작을 할 수도 있다. 책이 충분하지 않다면, 모든 중경시(重慶市)의 도서관을 우리들이 모두 가서 볼 수 있고, 친구의 책을 서로간에 교환하여 읽을 수도 있다. 현재는 기금이 없지만, 장래에도 기금은 없을 것이며, 일체의 장만하는 경비는 모두 서적과 작업 도구에 쓰여진다. 시작은 비록 간단하지만, 필연적으로 시간에 따라 발전하고 증가하며, 사회과학에서 자연과학으로 발전할 것이다.

사회대학의 창립은 독특하다. 그는 세가지 방법으로 나타날 수 있으며, 모두 매우 편리한 것이다.

첫째, 중경(重慶) 사회대학의 방식: 배움을 좋아하는 청년들이 단결하여, 스스로 제안하고, 스스로 기획 준비하고, 자금을 조달하며, 스스로 이사를 추천하고, 교장을 선출하며, 초빙한 교수의 명단을 공개한다.

둘째, 이는 다른 지방에서 채용될 수 있으며, 열정적인 재야(在野)와 현직(在朝) 교수가 단결하여, 배움을 좋아하는 학생과 자신의 친구를 찾아서, 협력하여 창립한다.

셋째, 사회적으로 명망 있는 사람이 단결하여, 열정적인 교수와 배움을 좋아하는 학생을 찾아서, 공동으로 창립한다.

세 가지 방법 모두 가능하다.

중경(重慶) 사회대학은, 1월 1일에 기획 준비하여 1월 15일에 개학했다. 간단하기 때문에, 매우 빠르게 창립하였다. 이 학교는 넉 달이 한 학기이고, 매일 네 번 수업에, 매 수업은 45분이며, 1년에 3학기가 있어, 2년 8개월이면 졸업할 수 있다. 중경 이곳은 계속 운영해 나갈 것이고, 다른 지방도, 우리는 이러한 간단한 방법을 사용하여 광범위하게 창립함으로써, 이 거대한 청년 군중의 수요에 응하기를 매우 희망한다.

교장구(較場口)[중경시 지역 명칭]의 사건이 2월 10일에 발생하여, 3월 16일 교육부의 훈령으로 교육국에서 사회대학 시찰을 나온다고 들었다. 3월 19일, 교육국에서 시찰을 나와서, 사회대학 기금을 계획하는 것이 필요하고, 설립 문서(立案)수속이 이행되어야 하며, 동시에 "설비가 누추하다"는 평이 있었다. "간단", 사회대학 사람들이 인정한 것이다. 그의 방법은 간단하여야 하고, 간단하여야 비로소 쉽게 행할 수 있다. "누추함(陋)"은 일종의 다른 견해가 있어야 한다: 《누실명》[55]의 군자가 그 곳에 머무

55 당(唐)대 문학가, 철학가인 유우석(劉禹錫)의 작품

는데, "어찌 누추함이 있겠는가(何陋之有)"가 우리의 변호가 되었다. 학문을 하는 사람이 있어 교수가 되었고, 배움을 좋아하는 청년이 있어 학생이 되었으며, 또한 새로운 대학의 도가 있어 관철시켜 지침이 되게 하였으니, "군자가 그것을 하였는데, 어찌 누추함이 있겠는가(君子辦之, 何陋之有)?"라고 말할 수 있다.

결국 이 후의 사회대학의 전망의 추측은 어떠한가?

만일 정치가 민주화가 되면, 정부는 반드시 이 청년들을 염려할 것이고, 그들에게 대학교육의 기회를 받도록 기회를 줄 것이며, 대학을 창립하여 이러한 종류의 고등교육을 보급할 것이다. 장래에는 하나의 사회대학으로 그치지 않고, 두루 모두 창립할 것이다. 나의 이 계획은 이미 10년을 가지고 있었고, 예전에 제기하지 않았던 것은, 그런 정치환경 속에서는 불가능했기 때문이다. 현재는 정협회(政協會)[56]가 성공했고, 또한 이 계획도 정치협상회의 결의 중의 요구와 정확히 부합하므로, 비로소 시험 운영하여, 그 시험 운영에서 나온 방법과 경험을, 정부 및 사회인사에게 제공하여 참고하여, 대규모로 창립할 수 있을 것이다. 만약 파시즘 정치라면, 이 학교는 존재할 수 없다. 그래서 사회대학의 전망은, 장래에 정치가 민주의 길로 가는지 아닌지, 혹은 파시즘주의에 멈춰 서는지, 혹은 진짜와 가짜가 분명하지 않은 단계인지에서 결정된다.

이 글은 1946년 3월 15일 《민주(民主)》 제 27기에 실린 글이다.

56 1946년 1월 이전의 정치협상회(政治協商會)를 개최하였다

45. 교육생활의 넘치는 기억들

教育生活漫忆

내가 민주교육의 필요를 느끼고 실천을 하기 시작한 이래, 벌써 19년이 되었다. 회상하면, 이는 하나의 압박이고 힘든 역사였다. 현재 중국은 단결하고 고군분투하여 일본 파시즘 침략자의 야심을 분쇄했다. 어떤 종류의 의미에서, 중국의 진정한 민주교육은, 최근에야 비로소 궤도에 점차 들어오고 있다고 말할 수 있다.

일본에는, 대부분의 일본인들이 크게 차이가 없이 모두 글자를 안다. 그러나 예전의 일본은 오히려 중요한 것이 결핍되어 있는데, 그것은 바로 민주적 요소이다. 민주적 요소가 부족한 것은, 바로 일본의 불행의 근원이다. 요컨대, 중일(中日) 양국의 진정한 민주교육의 발전은 오늘날에도 기다릴 필요가 있다. 새로운 민주교육이 시작하는 때, 일본은 글을 아는 사람이 많을 뿐 아니라, 이번 패전으로 인하여 파시즘 세력도 이미 타도되어서, 그래서 일본에 유리한 부분이 적지 않다. 그러나 중국은? 민주교육과 문맹 퇴치 운동(識字運動)이 여전히 필요하여 동시에 겸하여 시행해야 한다. 중국 민주교육의 앞길의 어려움은 일본에 비해 많다.

일본, 그는 이미 상당한 기초가 있어서, 그래서 하나의 새로운 방침을 정하기만 하면 되지만, 중요한 것은 확정한 후에 흔들려서는 안 된다.

효장학교의 시대

내가 "보급교육"과 "민주교육"의 문제에 대해서, 주의를 기울이기 시작한 때가 민국 7, 8년[1918~1919년]이고, 민국 16년[1927년]에서야 비로소 하나의 조직이 생겼다.

맨 처음 우리가 전개한 것은 "향촌교육"운동이었고, 민국 16년 남경(南京) 화평문(和平門) 밖에 효장학교를 창설하였는데, 목적은 전국에 백만 명의 향촌교사를 만들어, 그들이 향촌교육을 보급하는 일에 종사하도록 호소하는 것이었다. 민국 8년[1919년], 나는 "생활교육"에 관한 연설을 하였는데, 동시에 뜻을 확정했다: (1) 생활의 교육; (2) 생활을 위하여 교육한다; (3) 생활의 향상과 진보를 위해 교육한다. 민국 16년에 "생활교육"에 대해 더 진일보된 정의 3항을 만들었다: (1) 국민의 교육; (2) 국민이 국민을 교육한다; (3) 국민이 자신의 생활의 향상과 진보를 위해 바라는 교육. 중국인구의 4분의 3이 모두 농촌에 거주하고, 농업을 경영하기 때문에, "국민의 교육" 운동을 보급하는 것은 향촌교육운동과 어떤 다른 것도 없다.

민국 16년 이래의 교육 운동의 경험으로 인하여, 우리는 약간의 이치를 발견했다.

첫째, 우리는 과거의 교사가 단지 협의의 교육범위 안에서 정체되는 것은 충분하지 않다고 깨달았는데, 왜냐하면 교사도 체력이 있고, 손도 있고 발도 있으며, 충분한 노동능력을 갖추고 있기 때문이다. 동시에 농민도 마땅히 묵묵히 노동만 해서는 안되고, 사상의 필요성을 가지고 있어야 한다. 총괄하면, 우리는 사상과 생활의 구체적 관련성을 깨달은 것이다.

우리는 손과 두뇌를 만일 하나로 뭉칠 수 있으면, 농민과 노동자는 비로소 혁명의 농민, 그리고 혁명의 노동자가 될 수 있는 것을 발견했다. 그리고 교육자는 두뇌와 손발의 동맹을 획득하면, 비로소 하나의 창조적 능력이 있는 학자가 될 수 있다.

둘째, 우리는 가르침과 배움(教學)의 본질은 학습이고, 그리고 "학습"은 또한 실천이며, 배운 후엔 사람을 가르칠 수 있는 것을 깨달았다. 이 점이, 즉 말하자면 가르침과 배움과 실행함의 합일인 것이다.

이른바, "실행(做)"은 광범위한 의미의 생활실천을 포함하는 뜻이다. 그리고 학습 혹은 가르침과 배움(教學)은, 단편적인 것이 아니라, 하나의 전체적인 것이고, 가르침과 배움은 반드시 먼저 손과 두뇌의 결합과 사상과 생활의 합일이 있어야 하는데, 다시 말하면, 단지 "육체노동(勞力)" 뿐 아니라, 동시에 "정신노동(勞心)"도 해야 한다는 것이다.

이러한 의의(意義)의 교육운동의 실천 중에, 학교교육의 편협성을 느끼는 것은 충분히 당연한 것이다. 이로 인하여 세 번째 이치를 발견하는 것을 성공했으며, 그것은 바로 진정하게 교육하기 위해서는, 반드시 "사회가 즉 학교이다"는 이 점을 성취해야 한다는 것이다. 모든 향촌이 나의 학교이다; 이를 확대하면, 모든 중국이 나의 학교이다; 이를 더 확대하면, 모든 세계와 더 나아가 우주가 모두 우리의 학교이다.

이렇게 말하면, 하나의 학교에 오로지 기대어 교육업무를 추진하는 것은 불가능한 것이다. 모든 교육과정 중에서 학교는, 마치 전체 건물 가운데의 거실 같은 것이다. 교육 즉 교학의 범위에 대한 관념은, 이렇게 일단 확대되면, 학교의 자연도 매우 넓고 커지고, 교사도 많아지며, 과목도 복잡해지고, 학생의 범위에 대해서도 훨씬 많아지게 된다. 그런 까닭에 교육적 효과도 더욱 건실한 것이다.

결론적으로 말하면, 우리가 효장학교를 창립한 목적은, 애초에 지식인과 농민 사이를 접촉하고 결합하는데 있었으며, 그런데 후에 이 양자의 관계는 매우 큰 교제와 감화를 발생했다. 우리의 노정에 근거하여 이렇게 말할 수 있다: (1) 생활은 즉 교육이다가 발전을 이루는 것으로 인하여, (2) 가르침과 배움과 실행함이 하나로 합해지고, 그리고 나서 더욱 발전을 이루면, (3) 사회는 즉 학교인 것이다. 교육운동을 혁신하는 것과 민주운동은 어떤 관계가 있는가? 농민과 노동자는 이 과정 중에서 점차적으로 교육자를 가장 정다운 벗으로 여기는데, 이 점에서 매우 중요한 의의가 있다.

우리는 효장학교에서 실행한 교육은, 여러가지 관계로 인하여 결국 보급과 실현이 어려워, 학교도 부득이하게 운영을 중지하였다. 그러나 이는 오히려 우리의 "사회 즉 학교"의 신념을 더욱 확고히 했으며, 더욱 "모든 사회를 포함시키기" 위해 지속적으로 노력하였다.

공학단의 창시와 어린 선생 운동

"1.28"전쟁[1932년 1월 28일 상하이사변]이 발발하고, 나는 일본제국주의 반 침략 투쟁에 대해 적극적으로 참가하는 것 외에, 보급교육의 사명이 한층 더 중요한 것을 매우 깊게 느꼈다. 이로 인하여, 다른 새로운 원인을 더 발견했기에, 이는 내가 특별히 여러분에게 알려야 한다.

중국은 본래 가난한 나라이고, 그래서 교육도 "가난한 방법"을 채용해야 한다. 나는 이 점을 주의하여, 어린 선생 운동을 비로소 전개한 것이다. 그러나 이 어린 선생 운동은 갑자기 생각 난 것이 아니고, 원래 민국 11년[1922년] "평민교육"을 제창하던 때에, 나에겐 57세의 어머니가 계셨다. 그녀에겐 바램이 하나 있었는데, "평민천자과(平民千字課)"를 배우고자 하는 것이었다. 나와 나의 여동생은 매일 우리의 운동을 보급하느라 바빠서, 어머니께 천자과를 가르쳐 드릴 시간마저도 없었다. 결론적으로 나의 여섯 살밖에 안된 아들 소도(小桃)[본명은 도효광(陶曉光)이다]를 그의 할머니가 천자과를 읽도록 가르치도록 하였는데, 왜냐하면 소도(小桃)는 그때 이미 천자과 제 1권을 익숙하게 읽었기 때문이다. 이 대담한 시도는 놀랍게도 성공하였고, 할머니와 그녀의 손자는, 혹은 놀기도 하고 혹은 책을 읽기도 하면서, 점점 더 흥미가 좋아져서, 한달 후에는 제 1권을 여유롭게 완독하였다. 그때 나의 어머니가 책을 읽는 16일째 날에, 나는 장가구(張家口)[하북성 장가구시(河北省 張家口市)]에 도착했는데, 천자과 중의 문자를 사용하여, 그녀에게 한 통의 편지를 써 보냈더니, 어머니가 받고서, 뜻밖에도 매우 쉽게 다 읽었다. 그 때를 회상하니, 그 일의 본질 속에 중대한 의의가 포함되어 있다고 느꼈다.

"1.28" 전쟁 이후에, 어린 선생(小先生) 운동은 전국적 성격의 운동이 되어 발전되어 나갔다.

우리는 상해 교외의 대장진(大場鎭)[상해시 보산구(寶山區)의 지역명]에서 "노동을 하여 학생을 부양하고(工以養生), 배워서 학생을 밝히며(學以明生), 단결하여 학생을 보호한다(團以保生)"는 구호를 제시하고 산해공학단(山海工學團)을 운영하였다. 그러나 우리는 노동 기술을 전파하는 것에 절대 편중되지 않았고, 교육을 받은 사람을 민간에 투입함으로써, 모든 사회를 학교가 되도록 하고, 모든 사회의 교양 수준을 높이는 것을 목표로 삼았다. 그리고 전파자는 바로 어린 선생이었다. 대장진(大場鎭) 부근에는 25개의 마을이 있었는데, 함락되기까지 줄곧, 그 어린 선생들은 모두 교육을 보급하는 업무를 위해 분투하고 있었다. 당시, 상해특별시 지역의 제방(兪塘)이나 고가다리(高橋), 구 공공(公共) 조계(租界)[외국인 거주지를 의미함], 구 프랑스 조계 및 산해공학단 안에는 이미 만여 명의 어린 선생이 활동하고 있었다. 공학단의 구체적 교육방법은, 교사마다 40명의 학생을 담임하는 것을 통하여, 그들을 어떻게 학교 밖에서 가난한 사람과 가난한 아이들에게 문자를 아는 것을 가르치도록 교육하는 것이다. 이것이 바로 학교를 발전기가 되게 하고, 학생을 전선이 되게 하며, 양자가 하나로 합쳐져 전등에 불을 밝히는(즉 대중교육) 운동이다. 바꾸어 말하면, 사회와 학교를 완전히 유기적으로 하나로 일치되게 해 주는 것이다. 어린 선생을 통하여 "알면 바로 전한다"는 구호 아래 농민, 노동자, 부녀자들에게 전파해 주니, 그들은 즉시 "전하는 선생"이 되어, 다시 다른 사람에게 전해 주었다. 예전에는 교육으로써 민중을 행동하게 하였는데, 그 다음은 농민, 노동자, 부녀자들로 인하여, 자동적으로 교육을 움직인다.

공학단이 도시로 들어가고, 사회대학으로 발전한다.

"9.18"[1931년 9월 18일 만주사변], 일본 파시즘이 한층 더 다가와 그의 마수를 내뻗을 때, 줄곧 농촌 안에서 일하던 우리가, 비로소 대도시로 발전하였다. 우리의 공학단도, 상해의 북신경(北新逕), 양수포(楊樹浦), 정안사(靜安寺), 조가도(曹家渡), 포동(浦東) 등지에서 활동의 거점을 개척하고, 다른 공학단을 조직했는데, 아동 공학단도 있고, 신문팔이 공학단도 있고, 부녀 공학단도 있는 등등 각양각색이다. 그들은 모두 반은 일하고 반은 배우며, 배운 후에는 다시 다른 사람에게 전해 준다.

우리의 최후의 목적은:

> 배움을 추구하는 취미를 배양하여, 배움을 좋아하는 민족을 조성한다.
> 사람을 가르치는 취미를 배양하여, 가르침에 게으르지 않는 민족을 조성한다.
> 우리의 학교(사회가 즉 학교이다)는 절대로 연령상의 제한이 없고, 영원히 배우고 그리고 지겨워하지 않으며, 죽을 때까지 하는 배움을 좋아하는 것이 목표인 최고학부이다. 그것이 사회대학이고, 국민의 대학인 것이다.

이 글은 1946년 《타오싱즈선생기념집(陶行知先生紀念集)》에 실린 글이다.

〈중국 현대교육가 타오싱즈〉 번역을 마치며

나와 타오싱즈의 첫 만남은 2013년 3월 봄 중국 북경에서였다. 2012년 겨울, 아버님께서 갑자기 세상을 떠나셨다. 아버님의 유산을 정리하던 중, 아버님의 지인의 소개로 북경의 타오싱즈 교육기금회를 만나서 되었다. 타오싱즈 교육기금회를 만나고 중국의 타오싱즈 교육가에 대해서 알아가면서 현대 중국의 교육철학을 형성한 중국의 위대한 교육가를 우리 한국에서는 거의 모르고 있다는 사실이 놀라웠다. 최조영(崔祖瑛) 타오싱즈 교육기금회 집행 회장은 타오싱즈의 사상을 서강대학교를 통해 한국에 알리기를 원하셨다. 나는 한국으로 돌아와 서강대학교 유기풍 총장님을 만나서 중국의 타오싱즈 교육가를 소개해 드렸고, 서강대와 중국 타오싱즈와의 만남을 준비해나갔다. 이런 노력을 인정받아 나는 타오싱즈 교육기금회 중한우호대사로 임명되었다.

타오싱즈(陶行知)의 비밀은 그의 이름에 숨겨져 있다. 그의 원래 이름은 "원쥔(文濬)"으로 왕양명(王陽明)의 지행합일(知行合一)사상에 심취하여 "즈싱(知行)"으로 개명하였다가, 그의 나이 43세에 "행동이 앎에 우선한다"는 깨달음을 얻고 "싱즈(行知)"로 개명한다. "행동(行)은 앎(知)의 시작이고, 앎(知)은 행동(行)의 완성이다"로 표현되는 그의 사상은 타오싱즈

교육철학의 정수이며, 핵심이다. 타오싱즈가 말하기를 "'앎은 행동의 시작'이라는 생각은 '독서는 행동의 시작'으로 바뀐 후, 또 '강의를 듣는 것은 행동의 시작'으로 바뀌었다. 중국의 학자들은 먼저 안 후에 행동해야 한다는 학설에 마취되어서, 이것이 자연스럽게 습관으로 굳어졌다. 만약 아는 것이 있다면, 남의 아는 바를 아는 것에 불과하고, 내가 이른바 앎이라고 하는 것이 아니다."라고 주장하며, 행동이 앎에 우선함을 강조하고 있다. 최근 한국의 교육도 과학기술의 발달과 더불어 강의실에서의 가르침보다는 학생들에게 경험과 능동적 배움이 강조되는 추세이다. 1930년에 씌어진 그의 글이 거의 약 90년이 지난 오늘날 한국의 교육현실에 비추어보아도 그다지 어색하지 않은 것이 매우 흥미로웠다.

타오싱즈를 알아가면서 또 한편으로 중국의 대입 수험을 1년 동안 연구하였다. 그리고 2014년 10월, 중국의 "외연사(外研社)" 출판사에서 나의 분석결과를 책으로 출간할 수 있었다. 그런데 운명처럼 이 책은 나를 타오싱즈의 세계로 더 깊이 데려갔다. 나의 책과 함께 첫 번째 방문한 도시는 난징(南京)이었다. 인연이었을까? 책을 기증한 난징6중학이 바로 1923년 타오싱즈가 처음 교장으로 부임했던 난징안휘공학(南京安徽公學)이었던 것이다. 학교에 기증을 마치고 난징 매원신촌(梅园新村)에 있는 국공합작(1924~1927) 시절 중국공산당 사무실을 찾았다. 이 곳에 전시되어있는 중국 근대역사물을 보다가 또 타오싱즈와 마주쳤다. 1946년 6월 23일 상해에서 내전을 반대하며 외치고 있는 사진과, 1946년 10월 18일 타오싱즈가 뇌일혈로 세상을 떠났을 때 그 당시 전 중국이 얼마나 애도하였는지의 기록이 자세히 전시되어 있었다. 난징은 타오싱즈 활동 당시 중국의 수도였고 주 활동무대였던 것이다. 타오싱즈가 세운 효장사범학교는 난징 북쪽 효장촌에 있다.

난징 이 외에도, 북경, 상해, 시안, 랴오닝성 등 전 중국 어디를 가더라도 나는 타오싱즈와 마주쳤다. 한 예로 섬서성 시안의 한 학교에 갔을 때도 복도에서 타오싱즈를 만났는데, 그 글은 "나는 좋은 선생은 책을 가르치는 것도 아니고, 학생을 가르치는 것도 아니며, 바로 학생을 배우게 하는 것이라 생각한다."라고 씌어있었다. 바로 이 곳에서 나는 중국의 학교는 획일적이고 경직되고, 통제되어 소극적인 인간형을 양산할 것이라는 기존의 생각을 바꾸게 되었다. 또한 타오싱즈의 교육사상이 중국교육제도에 녹아있는 정도가 내 생각보다 깊다고 느꼈다. 그때부터 타오싱즈의 사상이 과연 무엇인지 제대로 연구해 보자고 마음먹게 되었다.

타오싱즈의 연구과정은 타오싱즈 교육기금회에서 받은 타오싱즈사상문고(合肥工业大学出版社)를 스터디하는 것으로 시작하였다. 타오싱즈 글은 연설문이나 기고문, 편지글이 많았으며, 약 3개월간의 스터디 끝에 70편의 글을 정리할 수 있었다. 70편의 글은 약 3개월 간의 초벌번역을 거치면서 45편으로 다시 정리하였다. 전반적인 편집은 글의 내용이 씌어졌거나 발표된 연도순으로 정리했다. 1936년 2월 〈전투〉라는 글을 쓰고 나서 1937년 7월에 중일전쟁이 발발한다. 따라서 이 책의 내용은 당시 중국의 중요한 시대적 상황에 비추어 이해할 필요가 있다. 초벌번역을 마치고, 약 1년여의 시간 동안 세부교정을 진행했다. 타오싱즈의 글에는 당시 중국의 혼란스러운 상황, 즉 신해혁명으로 청나라가 무너지고, 이어지는 일본제국주의의 침략, 중국의 국민당과 공산당의 갈등과 같은 당시의 극도로 혼란스러운 국내정세가 반영이 되어 있으며, 그 어려웠던 상황 속에서, 힘들고 지친 중국국민들의 마음을 어루만지며 새로운 나라의 희망을 준비하는 지식인의 고뇌가 잘 드러나있다. 따라서 그의 글에는 엄숙하면서도 자애롭고 확신과 결의에 차있는 지도자의 느낌이 물씬 배어있다. 번역하면서 타오싱즈의 심경과 그 분위기를 해치지 않고 살려내려고 노력하였다. 그리고 타오싱즈의 글은 마치 사람의 인체구조처럼 분명한 뼈대가 있고 구조가 있다. 번역은 매끄러운 문장 표현보다는 그 뼈대와 구조를 해치지 않고 개념 그대로를 전달하는데 목적을 두었다.

타오싱즈를 연구하기 시작할 때는 실은 호기심에서 출발했었지만, 번역을 마쳐가는 지금은 타오싱즈를 존경하고 있는 나 자신을 발견한다. 타오싱즈는 두 아들이 있었다. 두 아들이 6세와 8세가 되었을 때 아버지의 후광으로 자꾸만 아무런 일도 할 필요가 없는 도련님(小爷)이 되어가는 아들들의 미래를 걱정하여 자신이 스스로 모든 사회적 지위를 버리고 봉급도 5분의 1로 줄여서 평범한 교장이 되었다. 타오싱즈 사상은 가르침과 배움과 실행을 합일하는 것으로서, 머리와 손을 함께 쓰라고 가르친다. 그러나 자신의 아들들이 자신의 후광으로 인해 오히려 자신의 신념에 벗어나게 되는 행동을 하게 되자, 스스로 자신의 지위를 낮추는 결단을 한 것이다. 진정 신념과 행동이 일치되는 타오싱즈를 알아가면서 어려운 중국근대사에 중국교육철학의 기틀을 마련한 그의 사상보다도 그의 도덕성에 깊은 존경을 느끼게 되었다. 그 도덕성이 사람들로 하여금 존경심을 품게 하였고, 그 존경심이 많은 사람들로 하여금 자발적인 참여를 하도록 하였을 것이다. 즉 그의 도덕성은 지금까지도 많은 사람들이 타오싱즈의 교육철학을 존경하고, 연구하고 자발적으로 따르게 만들었던 이유였을 것이다.

타오싱즈의 글을 번역하면서 가장 가슴에 남는 한 문장을 뽑으라고 한다면 "교육은 국가 건립의 근본이다"라는 말이다. 어찌보면 당연한 말이지만 실은 교육에 대한 나의 생각을 완전히 뒤집어 놓은 말이다. 청나라가 멸망하고 중화인민민주주의 공화국이라는 역사에 존재하지 않던 새로운 나라를 준비하면서 타오싱즈가 가장 강조한 말이며 그의 신념이기도 하였다. 이 말을 이해하기 전에는 나는 학교는 인재양성을 위한 기관이고, 국가건립의 근본은 국가정부에 있다고 생각하였다. 타오싱즈는 공화국이란 한 사람 한 사람이 주인이 되는 나라이며, 이 나라의 주인은 반드시 학교에서 "자치"에 대한 교육을 받아야 한다고 말한다. 그는 공화국의 학교에서 가장 중요한 교육은 "학생자치" 교육이며, 이를 위한 선생님을 키워내기 위하여 타오싱즈가 직접 효장사범학교와 육재학교 등을 만들었다. 그의 도덕성과 그의 교육사상과 그의 신념이 모두 그의 행동으로 실천되었고, 현재 중국 교육제도의 기초철학을 이루었으니 그는 현대 중국 교육의 아버지라고 일컬어질 만 하다.

이 책을 진행하는데, 처음 타오싱즈 스터디를 함께 한 서강대 신방과 대학원의 호몽접(胡夢蝶), 초벌번역을 함께 한 서강대 중문과대학원의 김이삭에게 깊은 감사를 드린다. 이 분들의 협조와 노고가 없었더라면 나의 연구는 불가능했을 것이다. 또한 이 책의 감수를 해 주신, 나의 대학 은사님이신 정인재 선생님께는 깊이 머리숙여 감사드린다.

타오싱즈는 일반적으로 학문을 하는 사람과 일을 하는 사람은 항상 서로 경시하는데, 현재 학문을 하는 사람이 다스리는 일을 배운다면, 즉 일을 하는 것이 역시 학문을 하는 것이다. 만약 작은 것에서부터, 학문을 하기 위해 일을 하는 태도를 양성하면, 두 가지 그 이익을 얻는다. 원래 나는 중국에 일을 하러 들어간 사람이었는데, 타오싱즈를 통하여 학문의 경험을 하게 되었다. 앞으로는 타오싱즈의 교육철학 및 현실적 구현에 대해서 더 심도있게 연구해 볼 생각이다. 타오싱즈의 가르침대로, 이 연구는 나의 일과 분리되지 않고 모두의 이익을 누릴 수 있을 것이다.

이 책은 2012년 12월 갑자기 병환으로 세상을 떠나신 아버지께 바친다. 내가 타오싱즈를 만날 수 있었던 것은 분명 저 세상으로 가신 아버지가 만들어 주신 인연이라 믿는다. 타오싱즈의 교육사상을 통하여, 내가 그러했듯이 한국과 중국이 서로의 역사와 문화를 이해하면서 상호간 우호적인 관계가 더욱 깊어지기를 기원해 마지 않는다.

2016년 3월 1일

한국 서울 상수동에서

임형택 씀.

《中国近代教育家陶行知》翻译后记

我是2013年3月在北京第一次接触到陶行知的。2012年冬天，我的父亲突然离世，在整理父亲遗产的时候，通过父亲的友人介绍，我在北京认识了陶行知教育基金会。在和基金会的朋友们交流的过程中，我了解到教育家陶行知和中国近现代的教育哲学，但在韩国，人们对如此伟大的教育家居然一无所知，这点让我十分惊讶。陶行知教育基金会崔祖瑛执行会长希望能通过西江大学向韩国介绍陶行知思想。于是我回到韩国，向西江大学柳基丰校长介绍了陶行知，并一直致力于促成陶行知教育基金会和西江大学的交流。我的努力得到了陶行知教育基金会的肯定，基金会任命我为“陶行知教育基金会中韩友好大使”。

陶行知的秘密隐藏在他的名字里。他的本名为文濬，后来依据王阳明“知行合一”的思想，改名为“知行”。在他43岁时，他觉悟到“先行后知”，于是再次改名为“行知”。“行是知之始，知是行之成”是陶行知教育思想的核心和精华。陶行知指出，“知是行之始”一变而为“读书是行之始”，再变而为“听讲是行之始”。中国学子被先知后行的学说所麻醉，习惯成了自然。如果有所知也不过是知人之所知，不是我之所知。因此陶行知强调“先行后知”。最近韩国的教育趋势也是如此，随着科学技术的发展，比起在教室里被动灌输知识，他们更注重通过实践体验主动学习。陶行知先生在1930年写下的文字居然能很好地反映在现在的教育现象中，我觉得十分难能可贵。

在了解陶行知的过程中，我也对中国英语高考进行了为期一年的研究。2014

年10月，在李小唤女士帮助下，我通过中国外研社将我的研究结果以教辅书的形式出版了。没想到这本书也让我更进一步地进入了陶行知的世界。我将此书以陶行知教育基金会的名义捐赠给了中国各地的中学。在了解这些地区的历史和文化的同时，我开始学习和了解中国的历史和文化。我带着我的书第一次去的地方就是中国南京。也许就是缘分吧，我去捐赠的南京六中就是1923年陶行知第一次担任校长的南京安徽公学。捐书之后我就去了位于南京梅园新村的国共和谈时期中国共产党代表团办事处旧址（1946.5.3-1947.3.7）。我在浏览这里的中国近现代历史文物的时候又一次见到了陶行知。1946年6月23日在上海反对内战的照片，和1946年10月18日陶行知因脑溢血离世的时候，举国上下哀悼的照片。南京是当时中国的首都，也是陶行知重要的活动舞台。位于南京北部的晓庄村有陶行知创设的晓庄师范学校，陶行知的墓地也在旁边。现在南京晓庄学院已经发展成一所大学。在2014年11月17日我第一次去晓庄学院参观的时候，我和陶行知研究会的缘分开始了。吕德雄秘书长将他的著作《陶行知师德理论》赠予我，并鼓励我进行陶行知研究。

除南京之外，在北京、上海、西安、辽宁等中国很多地方，我都能见到陶行知的足迹和影响。例如我跟陶行知教育基金会副理事长郑大炜在陕西省西安市的一个学校的走廊里也见到了陶行知的照片。照片上写着"我以为好的先生不是教书，不是教学生，乃是教学生学"。就在这里，我改变了以前对中国教育呆板单一被动、培养消极人物的看法。另外陶行知的教育哲学对中国教育制度的影响比我想象得还要深远。从那时开始，我就下定决心好好研究一下陶行知思想。

对陶行知的研究是从《陶行知思想文库》（合肥工业大学出版社）的研究开始的。关于陶行知言论的文章大部分是由演讲稿、投稿和信件等构成。大约用了三个月时间总共整理出了70余篇文章，然后再用三个月时间将这70余篇文章翻译整理成45篇韩语文章。整体的编辑顺序是按照文章发布的时间顺序来整理的。希望为读者梳理出陶行知教育思想产生、发展的大概脉络，以便从总体上对陶行知教育思想有所了解。韩文翻译初稿完成后，大约花了一年的时间进行修改调整。为了更好地了解陶行知思想，我和陶行知教育基金会、中国陶行知研究会的朋友们进行过多次讨论。

虽然一开始我是抱着好奇的心态去研究陶行知思想的，但随着翻译工作的进行，我开始越来越尊敬陶行知先生。陶行知有两个儿子，在两个儿子6岁和8岁的时候，他担心两个儿子会变成把父亲当靠山，自己什么都不做的"小爷"，于是毅然辞去所有社会职务，成为了一个普通的校长。陶行知思想强调教学做合一，主张在劳力上劳心。当自己的儿子因为自己的身份地位而做出违背自己教育思想的行为时，他主动放弃自己的社会地位。陶行知用实际行动践行着自己的思想，我觉得他本人的品德与他建立中国近代教育哲学框架，都同样值得世人尊敬。这种尊敬让大家愿意主动参与到中国教育发展中来，也是至今人们尊敬陶行知先生，研究陶行知思想并自觉地弘扬和践行他的思想的理由。

在翻译过程中，给我留下最深刻印象的就是"教育是立国的根本"这句话。这句话完全改变了我对教育的认识。这句话是清朝灭亡后，中国在摸索新出路时陶行知最经常强调的一句话，也是他的教育信念。在还没有理解这句话的时候，我认为学校只是培养人才的机关，立国的根本是国家政府。但陶行知认为的共和国，就是每个人都是国家主人，国家的主人一定要在学校进行学习"自治"的教育。他认为在共和国的学校里最重要的教育就是"学生自治"教育。陶行知亲自建立了晓庄师范学校和育才学校等教育机构。他的品德，他的教育思想和他的信念，都通过实际行动得以践行。我认为可以将他称之为"中国现代教育思想之父"。

非常感谢一开始和我一起研究陶行知的西江大学新闻广播系的研究生胡梦蝶，帮我进行韩文初稿翻译的西江大学中文系研究生金伊萨，没有她们的帮助，我的研究将很难进行下去，这本书也不会得以出版。另外，我还要深深感谢帮我校对验收这本书的我的恩师郑仁在老师。郑仁在老师是韩国研究阳明学的大家，是韩国研究中国哲学的第一人，翻译过中国哲学家冯友兰等人的作品。郑仁在老师的校对验收，让这本书有了更高的权威性，也让陶行知的思想能更准确地传达给韩国读者。

陶行知说"寻常治学之人与治事之人常常相轻，现在治学之人学治一事，则治事亦治学了。倘从小即养成其为治学而治事之态度，则两受其益了。"本来我去中国目的是为了工作，通过接触陶行知，让我有了研究学问的经验。未来我将更有深度地研究陶行知教育思想，并思考如何将其现实化。就如陶行知先生所说："治学和治事，两受其益的。"

我将这本书献给于2012年12月忽然去世的父亲。我相信我和陶行知的缘分是父亲给予我的。通过陶行知教育思想的传播，我希望韩国和中国能加深互相了解，能建立起更深厚的友谊。

2016年3月1日

林亨泽写于韩国首尔上水洞

정인재 선생님과 번역작업에 대한 후기

난 왜 타오싱즈를 번역해야만 했을까? 누가 나에게 이 질문을 던지면 나는 "한국사람들은 중국에 대해 몰라도 너무 모른다"라고 대답할 것이다. 대답이 돌아온다. "뭘 모른단 말인가?"

중국에서 만나는 나의 지인들은 말한다. 한국사람들은 한국인들이 보는 기준으로 중국을 정의할 뿐 아니라 오히려 가르치려 든다고, 그래서 대화하기 어렵다고 말한다. 상대방이 나를 이해하고 있다고 내가 믿고 있거나, 또는 이해하려고 노력한다는 것을 서로가 안다는 것은, 상대방과 내가 대화를 시작할 수 있는 초석이다. 내가 타오싱즈를 번역하여야만 했던 것은, 내가 바로 이 대화의 초석이 필요했기 때문이다.

2013년 3월부터 2016년 3월까지 3년동안 타오싱즈 출판을 준비한 후, 나는 이 책이 완성되었다고 생각했다. 그래서 출판 전에 대학 은사님이신 정인재 선생님께 눈도장을 찍는다는 생각으로 전화를 드렸다. 그 때 선생님은 베트남에 계셨다. 서울 목동 연구실에 돌아오시기를 기다려 원고를 들고 갔다. 선생님께서 기억하시는 임형택은 아마도 중국어는 전혀 못했고, 신방과 출신에, 사업을 했으며, 컴퓨터를 좋아하는 인물이었을 것이다. 선생님은 오랜만에 온 제자가 중국어와 중국교육철학 얘기를 꺼내니, 그

동안 변화된 모습에 좀 놀라와 하셨다. 나는 선생님과 긴 대화를 하였다. 선생님은 내 얘기를 경청해 주셨다. 내가 어떻게 타오싱즈를 만나게 되었는지, 중국에서 어떤 시간을 보냈는지, 지금까지 번역 작업은 어떻게 이루어져 왔는지, 타오싱즈 안에는 어떤 내용이 있는지, 내가 왜 이 책을 한국에 소개하려 하는지를 모두 들어주셨다. 그리고서는 선생님께서 "그러면 내가 원고를 한 번 보겠다"라고 말씀하셨고 나는 선생님께 준비된 원고를 드렸다. 그리고 이틀 뒤, 선생님으로부터 전화가 왔다. 연구실로 좀 오라고 하셨다. 서둘러 갔더니, 선생님께서는 새카맣게 수정되어 있는 두 페이지의 원고를 내게 보여주셨다. 지금의 원고는 번역 오류가 너무 많아서 이대로는 출판이 어려울 것 같다는 선생님의 말씀과 함께, "지금부터 나하고 이 내용을 다시 새로 번역하든지 아니면 내 이름을 빼고 가라"라고 하셨다.

정인재 선생님은 한국 양명학의 최고 권위자이시다. 그리고 타오싱즈는 양명학의 사상을 이어받아 교육철학으로 발전시킨 인물이다. 한국에서 타오싱즈 사상이 양명학 전문가인 정인재 선생님을 피해갈 길은 없었다. 나는 선생님께 새로 번역을 하겠다고 말씀드리고 처음부터 다시 번역을 하기 시작했다. 그리고 선생님의 지도대로 내가 번역한 타오싱즈를 같이 읽어 내려가기 시작한 날이 바로 2016년 4월 5일이었다.

선생님과 번역을 하기 전에 나는 선생님께 여쭈었다. "선생님, 제가 선생님께 그래도 보은은 해야겠는데, 어찌하면 좋겠습니까?"라고 했더니, 선생님께서는 "나는 너가 학교에 들어갔으면 좋겠다. 이 타오싱즈를 다 읽고 나서 우리나라에서 이 일을 담당해야 할 사람이 있어야 하는데, 너 말고 누가 하겠느냐. 그래서 대학원에 입학을 했으면 한다. 그것이 보은이다"라고 하셨다.

정인재 선생님과의 스터디는 매주 화요일마다 선생님 목동 연구실에서 진행되었다. 진행방법은 타오싱즈 총 45장 중에서 내가 일주일간 선생님의 원칙에 따라 번역한 분량을, 화요일에 선생님과 같이 읽는 형식으로 진행되었다. 선생님의 원칙이란 네 가지였다. 첫째. 사용된 한자는 한 자도 번역에서 빼지 말 것, 둘째. 사용되지 않은 한자를 번역에 넣지 말 것, 셋째. 순서 바꾸지 말 것, 넷째. 두 번 사용하지 말 것. 선생님께서는 "이 책은 문학 서적이 아니다. 이 책은 교육 철학 서적이다. 문체가 거칠어도 상관없다. 원 저자 타오싱즈가 하는 얘기를 듣고 이해하여 그대로 독자에게 전달해야 한다"라고 하셨다. 그야말로 한 코 한 코 뜨개질 하듯, 원문을 읽으면서 새로이 번역해 나갔고, 모르는 내용을 따로 정리해서 선생님께 질문했다. 그리고 내가 선생님 앞에서 번역한 내용을 소리내어 읽으면 선생님께서 중국어 원문을 보시면서 나의 번역을 수정하면서 점검해 나갔다.

번역은 3가지 판본을 사용했다. 합비(合肥)공업대학 판본은 오타가 비교적 많아 정인재 선생님과의 강독에는 사용하지 않았다. 후난(湖南)교육출판사 타오싱즈 전집본은 1984년 판본이어서, 초기 원문에 가까운 타오싱즈의 글을 볼 수 있었다. 타오싱즈 전집 중 최신판이라고 할 수 있는 사천(四川)출판사 판본을 주 번역 원서로 사용했다. 전체 번역 내용 중, 옛날 판본인 후난 출판사 판본을 사용한 곳이 단 한 곳 있는데 바로 '2장. 실험주의와 신교육'편에서 "케케묵은 근원(舊之源)을 막을 수 있고도, 다시 항상 새로운 길(新之道)을 열 수 있으니"라는 표현을 중경출판사 판본은 '근원(源)'과 '길(道)'을 바꾸어 사용하였다. 이는 오래된 구판이 더 이치에 맞다고 판단하였다. 이렇게 정확한 번역을 위해 하나의 판본만을 보지 않고, 두 개 이상의 판본을 비교하였음을 밝힌다.

주석은 역자주석은 "[ ]"로 표시하였고, 사천(四川)출판사 판본 주석은 해당 위치에 번호표시를 하여 문장 아래에 정리하였다. 한자의 발음표기는 "타오싱즈(陶行知)"만 중국어발음을 그대로 옮겼고, 그 외는 가급적 한국에서 사용하는 한자 발음표기를 하였다. 또한 한자 표기는 한국에서 사용하는 번체자를 기본으로 하였으나, 각 장의 제목의 한자 병기는 중국에서 사용하는 간체자를 사용하였는데, 이 책을 두고 중국인과 한국인이 대화를 하면서 더욱 친하게 되기를 바라는 마음을 담았다.

정인재 선생님은 왕양명 연보를 번역 중이셨다. 그 번역팀이 매주 화요일 오후 3시부터 저녁 6시 사이에 목동 정인재 선생님 연구실에서 번역을 진행하고 있었는데, 선생님은 나를 그 팀에 참가시키셨다. 그리고 번역작업이 어떻게 진행되는지를 보게 하셨다. 그리고 6시에 번역회의가 끝나면, 그 때부터 나와 선생님은 따로 남아, 밤 9시까지 3시간 동안 다시 타오싱즈를 읽어나갔다. 정인재 선생님은 그 늦은 시각까지 시간을 쪼개서, 피곤을 누르시고 연신 눈을 부비시면서 함께 타오싱즈를 읽었다. 난 정인재 선생님을 통해 진정한 학자의 모습을 보았다. 그 피곤한 상태에서도 좋은 글귀가 나오면 "그렇지!! 참 대단해!!"하시며 신이 나서 무릎을 치시는 선생님의 순수한 모습은 진정 왕양명이 지향했던 인간형인 성인(聖人)을 닮아 있다고 느꼈다.

선생님은 국어사랑을 항상 강조하셨다. 타오싱즈가 외국 문물을 받아들이되, 중국실정에 맞게 고쳐서 사용해야 한다고 가르쳤듯, 정인재 선생님도 타오싱즈 사상을 받아들이되 한국실정에 맞게 고쳐 써야 한다고 강조하셨다. 번역작업 중 타오싱즈의 표현을 적합한 한국어로 표현하는데 매우 많은 시간과 노력을 들여야 했다. 타오싱즈의 교육사상에서 가장 중요한 단어는 做이다. 이 단어는 처음에는 "행동함"으로 번역되었다. 그리고는 다시 의지를 가지고 행동함을 표현해 주기 위해서 "행위함"으로 번역되었다. 그러다가 타오싱즈의 교육사상과 우리나라 실학사상과의 관련성을 얘기하는 중에 선생님께서 "실학과의 관련성을 담아서 실행이라고 하자!"라고 하셨다. 그리하여 타오싱즈의 做는 "실행"이 되었다. 이런 식으로 번역 감수작업은 그렇게 천천히 진행되었다.

2016년 7월 26일, 정인재 선생님 밑에서 타오싱즈 45장의 1차 번역을 완성하였다. 나 스스로도 기존의 번역에 그렇게나 많은 오류가 있었는지를 스스로 깨닫고 정말 놀랐다. 내가 기존의 번역의 오류라고 말하는 것은 다른 것이 아니라, 타오싱즈가 원문에서 했던 말들을 내가 마음대로 삭제했고, 내가 마음대로 말을 만들어 넣었으며, 내가 마음대로 순서를 바꾸어 내용을 왜곡시켰고, 내가 마음대로 두 번 사용해 뜻을 부풀렸음을 인정하게 되었다는 것이다. 1차번역을 마친 후 나는 곧 다시 처음부터 다시 두 번째 재 번역을 시작하였다. 약 4개월 전, 내가 번역한 내용을 다시 보니, 또한 새로이 많은 오류들을 발견할 수 있었고, 번역은 점점 정교해져 갔다. 선생님께서 시간이 나시는 어떤 날은 전화하셔서 부르셔서, 아침 10시부터 저녁 9시까지 읽기도 했다. 그러던 중 마침내 2016년 9월 6일, 선생님께서는 "이제 큰 오류는 보이지 않으니 올해 중에 출판을 준비해 보자"라고 말씀하셨다. 그제서야 나는 번역작업이 일단락 되는 것을 알았다.

처음 질문으로 돌아가보자. 우리는 중국에 대해서 "무엇을 모른단 말인가?" 우리는 현대 중국인들이 어떤 교육을 받고 어떻게 자라나는지를 몰랐다. 현대 중국인들은 절대로 낡은 공산주의 사상이론에 갇혀있지 않다. 우리나라보다 훨씬 많은 서양인들과 동양인들이 중국을 드나들고 있으며 지금도 매우 다양한 문화가 섞이고 있다. 중국에 대해서 한마디로 말하라고 한다면 나는 주저 없이"다양성"이라고 말한다. 중국은 다양한 나라다. 만일 미국과 중국을 통째로 섞는다면, 이는 중국이라 부를 수 있으나 절대 미국은 아니라고 감히 말할 수 있다. 타오싱즈는 실행을 강조하였다. 공자의 행함(爲), 왕양명의 행함(行)에 이어 타오싱즈의 실행함(做)은 현대 중국 교육사상의 바탕이 되어, 중국인들을 스스로 움직이게 만들었다. 한 나라의 발전 뒤에는 반드시 철학이 뒷받침 되어있다. 현대 중국의 발전 뒤에는 타오싱즈의 실행함의 교육사상이 있다.

2016년 여름은 정말 무더웠다. 그 여름에, 선생님과 둘이서 마주앉아서 땀을 훔치고 눈을 비비며 한 자 한 자 읽어 내려간 시간은, 나에게는 마치 도를 닦는 것 같은 시간이었다. 마음이 편안하였다. 양명학자이신 정인재 선생님의 지도처럼, 타오싱즈의 교육사상이 우리나라에 뿌리내리기를 바라는 마음이다.

2016년 10월 18일.
타오싱즈 125주년 탄신일에
한국과 중국의 영원한 우호적 발전을 기원하며,
임형택 씀.

중국 근대사 주요 연표

1891년 10월 18일	**타오싱즈 탄생**
1911년 10월 10일	신해혁명, 청나라 멸망
1912년 1월 1일	쑨원(孫文)의 중화민국 성립
1914년 9월 18일	**타오싱즈 미국유학 떠남 (23세)**
1917년 8월	**타오싱즈 중국으로 돌아옴 (26세)**
1919년 5월 4일	5.4운동
1921년 7월	중국공산당 창립
1924년 1월	제1차 국공합작 시작
1925년 3월 12일	쑨원(孫文) 서거
1927년 3월 15일	**타오싱즈 효장사범학교 설립 (36세)**
1927년 4월 12일	상해 정변 (1차 국공합작 종료)
1927년 8월 1일	난창 봉기 (공산당과 국민당의 첫 번째 군사 충돌)
1928년 12월 29일	장제스(蔣介石)에 의한 북벌 완수 (베이징 점령)
1931년 9월 18일	만주 사변 (9 18 사변)
1932년 10월 1일	**타오싱즈 산해공학단 설립 (41세)**
1932년 1월 28일	상해 사변 (1 28 사변)
1932년 3월 1일	만주국 성립
1932년 4월 29일	상해 윤봉길 열사 의거

1934년 10월 16일	중국 공산당 대장정 시작
1935년 1월	쭌이 회의 (마오저뚱(毛澤東) 시대의 개막)
1935년 10월	중국 공산당 대장정 산시성 도착
1935년 12월 9일	12.9운동 북경에서 일어난 학생 항일 구국운동
1936년 7월	**타오싱즈 국민외교사절로 임명. 26개국 순방 (45세)**
1936년 12월 12일	시안사변
1937년 7월 7일	중일전쟁 발발
1937년 12월 13일	난징대학살
1939년 7월 20일	**타오싱즈 육재학교 설립 (48세)**

1941년 12월 7일	일본 진주만 기습 폭격
1945년 5월 7일	제2차 세계대전 종전 (독일 항복)
1945년 8월 6일	히로시마 원자폭탄 투하
1945년 8월 9일	나가사키 원자폭탄 투하
1945년 8월 15일	일본 항복 선언
1945년 9월 2일	일본 항복 문서에 사인
1945년 9월 3일	항일전쟁 승전일
1946년 6월 23일	타오싱즈 상해에서 내전반대 시위
1946년 6월 26일	중국 국공 내전 발발
1946년 7월 25일	**타오싱즈 서거 (55세)**
1949년 10월 1일	중화인민민주주의 공화국 설립
1949년 12월	중국 국공 내전 종전

참고문헌

- 『陶行知 全集』, 方明 主编, 四川教育出版社, 2009.4.
- 『陶行知 全集』, 曹先捷 主编, 湖南教育出版社, 1984.1.
- 『陶行知 生活教育思想』, 徐明聪 主编, 合肥工业大学出版社.
- 『陶行知 幼儿教育思想』, 徐明聪 主编, 合肥工业大学出版社.
- 『陶行知 创造教育思想』, 徐明聪 主编, 合肥工业大学出版社.
- 『陶行知 师范教育思想』, 徐明聪 主编, 合肥工业大学出版社.
- 『陶行知 普及教育思想』, 徐明聪 主编, 合肥工业大学出版社.
- 『陶行知 德育思想』, 徐明聪 主编, 合肥工业大学出版社.
- 『陶行知师德理论及其当代价值』, 吕德雄 等著, 人民出版社.
- 『陶行知教育思想 名言录』, 北京立业公信科技有限公司 编印.
- 『陶行知』, 贾培基 著, 重庆出版社.
- 『說文解字』, 許愼 著, 九州出版社.
- 『간명한 중국 철학사』, 펑유란 지음, 정인재 옮김, 형설출판사.
- 『전습록 1 · 2』, 왕양명 지음, 정인재 한정길 역주, 청계.
- 『간디자서전』, 함석헌 옮김, 한길사.
- 『논어』, 공자 지음, 김형찬 옮김, 홍익출판사.
- 『맹자』, 맹자 지음, 박경환 옮김, 홍익출판사.
- 『대학 중용』, 주희(朱熹) 엮음, 김미영 옮김, 홍익출판사.
- 『순자』, 순자 지음, 김학주 옮김, 을유문화사.
- 『존 듀이 교육론』, 마틴 드워킨 엮음, 황정숙 역, 씨아이알.